X-PG E4,30

72.-

Bassam Tibi
Pulverfaß Nahost

Bassam Tibi

Pulverfaß
Nahost

Eine arabische Perspektive

Deutsche Verlags-Anstalt
Stuttgart

Die Deutsche Bibliothek – CIP-Einheitsaufnahme
Tibi, Bassam:
Pulverfaß Nahost : eine arabische Perspektive / Bassam Tibi. –
Stuttgart : Deutsche Verlags-Anstalt, 1997
ISBN 3-421-05088-6

Typographie und Satz: Martina Gronau, Stuttgart
Druck und Bindearbeit: Franz Spiegel Buch GmbH, Ulm
Printed in Germany
ISBN 3-421-05088-6

Dem teuren Freund und Friedensstifter
Herbert C. Kelman,
dem jüdischen Humanisten und Holocaust-Überlebenden,
zum 70. Geburtstag
gewidmet.

In Dankbarkeit für seine Vorarbeit zur
israelisch-palästinensischen gegenseitigen Anerkennung
als Voraussetzung für den Frieden
und die Völkerverständigung im Nahen Osten.

Inhalt

7

Vorwort

Dieses Buch ist ein Beitrag zum Verständnis des Friedens im Nahen Osten aus einer arabischen Perspektive. Nach der Gründung des Staates Israel, 1948, haben die arabischen Staaten das neue politische Gebilde strikt abgelehnt. Die zweite Hälfte des 20. Jahrhunderts war in jener Region der Welt eine Geschichte arabisch-israelischer Kriege und gegenseitiger Ablehnung. Mit Blick auf den Übergang zum neuen Jahrhundert hat es zunächst die Hoffnung auf eine Veränderung gegeben. Denn der Oslo-Frieden von 1993 war ein großer Durchbruch und auch mit der Verheißung eines neuen Geschichtsabschnittes in der nahöstlichen Region verbunden. Sowohl Araber als auch Israelis haben zuvor in fünf großen arabisch-israelischen Kriegen ihre Energien und Ressourcen verschwendet und unnütz Menschenleben geopfert.

Die Wende begann mit dem Golfkrieg von 1991 und der darauf folgenden internationalen Madrid-Nahostfriedenskonferenz im Oktober desselben Jahres; der Durchbruch folgte im September 1993 in Oslo. In diesem zeithistorischen Rahmen haben die Araber erkannt, daß Israel eine Realität ist, die sie anerkennen müssen; sie machten aber zugleich deutlich, daß auch Israel im Gegenzug seinen Beitrag zum Frieden leisten müsse. Nach dem Oslo-Frieden haben die Araber ihre Blockadepolitik gegenüber Israel aufgegeben. Dies öffnete Israel zudem die Tore der Welt. Dutzende afro-asiatischer Staaten, die aus Solidarität mit ihren arabischen Partnerstaaten die diplomatischen Beziehungen zu Israel, besonders nach dem Sechstagekrieg 1967, abgebrochen hatten, haben das Blatt gewendet und Israel wieder anerkannt. Nun zwingt die im Mai 1996 neu gewählte israelische Likud-Regierung unter Netanyahu die Araber, erneut den alten Kurs einzuschlagen.

Der Oslo-Frieden war zunächst nur ein Wegzeichen der Hoffnung. Wie brüchig dieser Frieden ist, belegt die Tatsache, daß allein ein Regierungswechsel in Israel nach der Wahl vom Mai 1996 den eingeschlagenen Weg gefährden konnte. Diese Problematik bildet den Gegenstand dieses Buches, das am Beispiel des arabisch-israelischen Konflikts und der Palästina-Frage in die Politik des Nahen Ostens als einem Pulverfaß der Weltpolitik einführen will. In der nahöstlichen Politik sieht es gegenwärtig so aus, als hätten Araber und Israelis die Rollen getauscht. Hatten die Araber früher eine Politik des »Neinsagens« zum Frieden mit Israel konsistent getragen, so ist es heute umgekehrt. Nun ist es Israel unter Netanyahu, das den in Oslo eingeleiteten Friedensprozeß torpediert. Der gegenwärtige Zustand wirft viele Fragen auf, auf die dieses Buch in größeren zeithistorischen Zusammenhängen der internationalen Politik Antworten zu geben versucht.

Als ein in Damaskus geborener syrischer Araber habe ich mich mit Nahostpolitik schon als Schüler befaßt, der als Zwölfjähriger 1956 den Suez-Krieg bewußt miterlebt hat, als Israel, vereint mit den alten Kolonialmächten England und Frankreich, arabisches Land angegriffen hat. Im Jahre 1962 kam ich von Damaskus nach Frankfurt, wo ich mir die Grundlagen der westlichen Zivilisation und der damit verbundenen wissenschaftlichen Denkweise angeeignet habe. Während meiner Frankfurter Lehrjahre bei meinen jüdischen Lehrern Horkheimer und Adorno – auch bei Fetscher – begann ich, mich wissenschaftlich mit dem arabischen Orient zu befassen, den Europäer selbstzentriert Nahen Osten nennen, weil er östlich und nah von Europa liegt. Doch habe ich am Beginn meiner wissenschaftlichen Untersuchungen den arabisch-israelischen Konflikt aus Gründen, die ich noch ausführen werde, aus meiner Perspektive herausgelassen.

Vielleicht hat die durch die arabische Blockade gegenüber Israel von 1948 bis 1991 – mit Ausnahme des im neunten Kapitel zu erläuternden Camp David-Friedens von 1978/79 – verursachte regionale Isolierung eine paranoide Einstellung bei den Israelis hervorgerufen. Eine Folge hiervon ist ihre ethnozentrische Neigung, alles Nahöstliche in der arabischen Umwelt Israels als Reaktion auf die »zionistische Herausforderung« zu deuten. So wird beispielsweise der arabische Nationalismus von israelischen Historikern als ein pawlowscher Reflex auf den Zionismus geschichtlich falsch interpretiert. Das ist der Grund dafür, daß ich in meinen ersten Arbeiten über den Nahen Osten – zum Beispiel in meinem Buch über den arabischen Nationalismus (1971) – den arabisch-israelischen Konflikt aus meiner Perspektive herausgenommen habe. In jenem seitdem in der angelsächsischen Ausgabe international zum Klassiker gewordenen Buch (3., völlig neu bearbeitete englisch-amerikanische Edition:»Arab Nationalism: Between Islam and the Nation-State«, London und New York 1997) weise ich nach, daß die Geschichte des panarabischen Nationalismus ein eigenständiger, bis in das 19. Jahrhundert zurückreichender Gegenstand ist und bis 1948 weder mit Israel noch mit dem Zionismus zu tun hatte. Daher enthält jenes Buch kein Wort hierüber. Es ist möglich – wie ich gezeigt habe – ein Buch über den Panarabismus zu schreiben, ohne auf den arabisch-israelischen Konflikt einzugehen.

Es war ein jüdischer Humanist und ein Überlebender des Holocausts, Herbert C. Kelman, der mich erstmals 1982 an der Harvard University motiviert hat, mich mit dem arabisch-israelischen Konflikt zu befassen. Dieses Buch ist Herbert C. Kelman zu seinem 70. Geburtstag am 18. März 1997 gewidmet. In seinen»Conflict-Solving Workshops« in Harvard habe ich seitdem wiederholt beobachten können, wie dieser große jüdische Friedensstifter Palästinenser und Israelis zusammengebracht hat und sie zu gegenseitiger Anerkennung als Grundvoraussetzung für den Frieden bewegen konnte.

Ich denke, es ist für den Leser wichtig zu erfahren, wie sich das vorliegende Buch in mein Gesamtschaffen und in meine persönliche Geschichte bei der Beschäftigung mit diesem Gegenstand einreiht. Meine erste Arbeit über den arabisch-israelischen Konflikt ist unter dem Einfluß von Herb Kelman in Harvard 1982 über den Camp David-Frieden entstanden und in»Beiträge zur Konfliktforschung« im selben Jahr erschienen. Die Lehren bleiben auch 15 Jahre danach dieselben (vgl. Kap. 9 unten): Camp David war ein separater ägyptisch-israelischer Frieden. Benötigt wird im Nahen Osten jedoch ein umfassender Frieden.

Wer den Frieden will, der muß sich mit seiner Negation, das heißt mit dem Krieg befassen. Aus dieser Sicht folgte mein Buch »Konfliktregion Naher Osten«, in dem die beiden Nahostkriege vom Juni 1967 und Oktober 1973 im Mittelpunkt stehen. In jener, in Princeton 1986/87 entstandenen, Studie zeige ich die Eigendynamik des Konflikts im Nahen Osten. Vor der ersten Veröffentlichung (1989) wurde sie in Kairo und Khartoum 1987/88 mit arabischen Kollegen diskutiert und entsprechend neu konzipiert. Wiederum unter dem Einfluß von Herbert C. Kelman habe ich jene in deutscher Sprache entstandene Princeton-Studie 1990–93 in Harvard neu in englischer Sprache gefaßt und unter dem Titel »Conflict and War in the Middle East« veröffentlicht. Im Lichte des Oslo-Friedensprozesses habe ich sie 1995/96 wiederum in Harvard überarbeitet bzw. erweitert; sie wird mit dem neuen Untertitel »From Interstate War to New Security« in London und New York als »Second Edition« veröffentlicht. Diese in den vergangenen zwei Jahrzehnten entstandenen und überarbeiteten zwei Studien bilden parallel zu zahlreichen Aufenthalten im Nahen Osten den Hintergrund dieses im Zeitraum 1996/97 geschriebenen Buches über den Friedensprozeß im Nahen Osten. Hinzu kommt meine langjährige Mitwirkung am Fundamentalism Project der American Academy of Arts and Sciences (1988–93), die sich auch in diesem Buch (Kap. 7) niederschlägt. Aus diesen Arbeiten entwickelten sich folgende drei Erkenntnisse, die das Gedankengut dieses Buches entscheidend prägen:

– Der Nahe Osten ist zwar damals, zu Zeiten des Kalten Krieges, wie heute, nach dem Ende der Bipolarität, in die Weltpolitik eingebettet, hat jedoch seine *Eigendynamik,* die *lokal und regional* bestimmt ist. Mit anderen Worten: Nahostkonflikte sind keine »Süddimension« globaler Konflikte; sie können, wie ich in der Einleitung zeige, nur in ihrem regionalen Kontext sachgerecht verstanden werden.
– Der Nahostkonflikt ist zwar politisch bestimmt, ist aber dennoch mit religiösen Inhalten durchsetzt, die zu einer erheblichen Komplikation beitragen. Die in diesem Rahmen erfolgte *Politisierung der Religion* – gleichermaßen bei Juden und Muslimen – führt zu einem politischen Absolutismus, der als religiöser Fundamentalismus in Erscheinung tritt. Wie in Kapitel 7 gezeigt wird, erschwert der Fundamentalismus kompromißlerische Konfliktlösungen.
– Das Ende des Kalten Krieges und des politisch-militärischen Wettbewerbs zwischen den Supermächten bedeutet das Ende der von institutionellen Armeen getragenen zwischenstaatlichen

Kriege im Nahen Osten. Dennoch bleibt der Konflikt gewaltförmig, denn er wird stattdessen in Form von Aufständen, Terrorismus und informellen Kriegen – wie z.b. die beiden im ersten und sechsten Kapitel erläuterten Katjuschakriege 1993 und 1996 – ausgetragen.

Diese in großen internationalen, noch anzuführenden Projekten sowie vor Ort im Nahen Osten gewonnenen Erkenntnisse leiten die friedenspolitische Analyse dieses Buches und helfen, die Komplexität des Gegenstands zu erklären und beleuchten.

Aus der ersten Erkenntnis der regionalen Eigendynamik ist zu schlußfolgern, daß keine externen Mächte, sondern nur die Konfliktparteien selbst den Frieden herbeiführen können. Eine Ausnahme bilden die USA, die durch ihre »Sonderbeziehung« / »Special Relation« zu Israel einen erheblichen Einfluß auf den jüdischen Staat ausüben können, dem allerdings durch die Israel-Lobby in Washington Grenzen gesetzt werden. Generell aber gilt die Erkenntnis, daß auswärtige Akteure bestenfalls als dritte Partei, das heißt als Makler / Vermittler auftreten können. Diese Zusammenhänge werden im neunten und zehnten Kapitel bei meinen Ausführungen über die amerikanische Nahostpolitik veranschaulicht.

Aus den beiden anderen genannten Erkenntnissen, das heißt der religiösen Färbung des Konflikts und seiner außerinstitutionellen, das heißt nicht von staatlichen Armeen ausgetragenen, Gewaltförmigkeit folgt, wie wichtig der Frieden für die Lösung dieser nicht mehr leicht kontrollierbaren Erscheinungsformen dieses Konflikts ist. Die Kombination von Fundamentalismus und irregulären Kriegen ist furchterregend – gleichermaßen für die Region und für die Weltpolitik.

Mir scheint es an dieser Stelle wichtig zu erläutern, was ich damit meine, wenn ich dieses Buch als eine »arabische Perspektive« präsentiere. Zur Verdeutlichung meiner arabischen Position sind vielleicht einige persönliche Bemerkungen von Nutzen. Obwohl Araber väterlicher- und mütterlicherseits, habe ich in meinem Buch »Die Verschwörung« (1993, 1994²) die arabische Politik aus intellektueller Redlichkeit einer scharfen Kritik unterzogen und mir dadurch lebensbedrohliche Anfeindungen zugezogen. Bin ich nun in diesem Buch weniger »kritisch« geworden, weil ich die arabische Position vertrete? In dem Kommuniqué des arabischen

Gipfels von Kairo direkt nach der Likud-Wahl (dazu Kap. 3) finde ich ein Friedensprogramm, mit dem ich mich – auch als Kritiker – voll identifizieren kann. Das hat mich veranlaßt, diesem Buch über den Frieden im Nahen Osten mit großer Überzeugung eine arabische Perspektive zu geben.

Der größte Dank gebührt meinem jüdischen Freund und semitischen Bruder Herbert C. Kelman. Zwischen 1982 und 1997 konnte ich von ihm nicht nur das Nachdenken über friedliche »Konfliktlösung«/»Conflict Resolution«, sondern auch die Erkenntnis lernen, daß die Liebesfähigkeit und die Gabe, verzeihen zu können, zum Friedenswerk gehören. Mich beeindruckt es, wie der von den Naziverbrechern nach der Kristallnacht vertriebene Herbert C. Kelman den Deutschen verziehen und seinen Frieden mit ihnen gefunden hat. Der Frieden zwischen den zerstrittenen semitischen Brüdern und Schwestern, Juden und Arabern, müßte im Vergleich zu jener schwierigen Versöhnung eine Leichtigkeit sein.

In Harvard gehört mein Dank auch meinen jüdischen, mit mir dem Frieden verbundenen Freunden Prof. Everret Mendelsohn und Dr. Sara Roy. Everret war der Leiter des Forschungsteams des oben angeführten Fundamentalism Project an der American Academy of Arts and Sciences und auch Forschungsgruppenleiter in dem Projekt über »Middle East Security« derselben Akademie (vgl. Kap. 10). In Kairo, London und Harvard haben wir unsere Arbeit an beiden Projekten durchgeführt. Von Sara Roy, die als beste Kennerin der Welt über Gaza (vgl. Anm. 36 zur Einl.) bekannt ist, habe ich unendlich viel über Gaza gelernt und bei ihr bewundert, wie sie aus ihrem Jüdisch-Sein eine ethische Verpflichtung ableitet, die Entmenschlichung der Palästinenser in Israel radikal abzulehnen.

Mein Dank gehört auch meinem geschätzten Kollegen Werner Weidenfeld für seine wiederholten Einladungen zu dem Kronberger Symposium zum Frieden im Nahen Osten 1995 – 97 und zuvor 1991 zum Mittelmeer-Kongreß in Barcelona. Das Bertelsmann-Symposium für Politiker und Nahostexperten ist zu einer wichtigen Institution über diesen Gegenstand geworden. Nicht eine deutsche Universität, sondern eben die Bertelsmann Stiftung hat es dem international geschätzten Kollegen Werner Weidenfeld ermöglicht, diese Institution ins Leben zu rufen, die in diesem Buch in Kapitel 8 gewürdigt wird. Es ist bedauerlich, daß die einst europaweit führende deutsche Universität heute außer einer destruktiven selbstgefälligen Politisierung, gleich ob nach links oder rechts, nichts zu bieten hat. Weder dem Links- noch dem Rechtsprovinzialismus der deutschen Politikwissenschaft konnte ich bei der Anfertigung dieses Buches etwas abgewinnen. Der wissenschaftliche Hintergrund dieses, allerdings für Laien, das heißt für ein breites Publikum geschriebenen Buches ist Harvard, nicht eine deutsche Universität, und seine praktische Grundlage ist im Nahen Osten – vor allem in Kairo – und an internationalen Institutionen erworben worden.

In dem Bewußtsein, wie wenig die Deutschen über den Nahen Osten und andere nichtwestliche Regionen wissen, möchte ich das folgende Erlebnis in Harvard nicht verschweigen.

Auf dem Festdinner des »Visiting Committee« des Harvard Center for International Affairs hat der große Harvard-Historiker Charles Meyer, der das Harvard Center for European Studies leitet und einen von der deutschen Krupp-Stiftung gestifteten Lehrstuhl innehat, an mich die persönliche Frage gestellt, wie Deutschland als international gewichtiges Land mit dem »selbstzentrierten Outlook seiner Wissenschaft« auskomme! Ich bat ihn, dieselbe Frage an Professor Karl Kaiser zu stellen, der im April 1997 als Mitglied des Committee zugegen war. Deutsche Gelehrte für internationale Politik vom Kaliber Karl Kaisers und Werner Weidenfelds sind leider in Deutschland im Übergang zum neuen Jahrhundert eine Seltenheit. Professor Kaiser verdanke ich die Mitwirkung an seinem großen Projekt über »Deutsche Außenpolitik« (3 Bde., mein Beitrag in Bd. 2), worin ich meine Thesen über Fundamentalismus und Zivilisationskonflikte in die deutsche Diskussion einbringen konnte. Professor Kaiser, der besser als ich weiß, wie wenig international die deutsche Sozial- und Geschichtswissenschaft ausgerichtet ist, formuliert dies nur höflicher. Die deutsche Universität hatte einst eine große akademische Tradition, von der heutzutage – zumindest in den Geisteswissenschaften – leider nicht sehr viel übrig geblieben ist. Das betrifft dieses Buch jedoch wenig, da es sich als ein Publikumsbuch an Laien wendet. In diesem Bereich ist Deutschland, wo noch eine bildungsbürgerliche Lesekultur vorhanden ist, weit besser als die USA, wo das postalphabetische Zeitalter durch die Vorherrschaft der elektronischen Medien angebrochen ist. Bei den Amerikanern kann man kaum noch einen Unterschied zwischen Post- und Analphabeten erkennen.

Auch einem europäischen Kollegen schulde ich Dank, nämlich dem Schweizer Professor Kurt Spillmann und seiner Forschungsstelle für Sicherheitspolitik an der ETH in Zürich. Dort habe ich mehrmals meine Ideen zu unterschiedlichen Nahostkonflikten und 1995 besonders über die Chancen des Friedens im »Pulverfaß Naher Osten« vorgetragen. Diese Beiträge sind in die internen Dokumentationen jenes ETH-Instituts aufgenommen worden.

In meiner Göttinger Insel, der Abteilung für Internationale Beziehungen an der Georg-August-Universität, habe ich viele Fassungen dieses Buches geschrieben, was mich zu folgender Ausführung veranlaßt: Um mich vor dem Vorwurf zu schützen, Zukunftsperspektiven für den Nahen Osten vom Schreibtisch einer deutschen Universität oder von Harvard aus zu entwickeln, ist es mir sehr wichtig, darauf hinzuweisen, daß meine Überlegungen eine praktische Grundlage haben; sie sind sowohl in Kairo und Amman, als auch in internationalen Foren mit arabischen und amerikanischen Policy-orientierten Nahostexperten, also keinen Elfenbeinturm-Wissenschaftlern, diskutiert worden. Den folgenden Überlegungen liegt das bereits angeführte große Projekt »Conflict and War in the Middle East« zugrunde.

Ich möchte hier auch nicht die Zwickmühle verschweigen, in der ich mich als ein »fremder«, in Deutschland wirkender Wissenschaftler befinde. Mache ich solche Angaben über die Herkunft meiner Arbeit nicht, dann wird mir von manchen vorgehalten, als »deutscher Professor ex cathedra über andere Kulturen zu dozieren«. Wage ich aber, wie hier, diese Hinweise auf meine international durchgeführten Projekte – in den USA eine Normalität, die man »Acknowledgement« nennt -, dann werde ich der »Prahlerei« über meine internationalen Kontakte bezichtigt und zur »Bescheidenheit« gemahnt. Das, was manch Deutscher »Prahlerei« nennt, gilt in internationalen Institutionen als Sachanmerkung zur Hintergrundgeschichte eines Buches sowie auch als Danksagung an Personen und Einrichtungen, die als Förderer wirkten. Ich bitte meine deutschen Leser, mich so zu nehmen wie ich bin und zu respektieren, daß es auch andere Sitten und Gepflogenheiten als die ihrigen gibt. Dieses Buch wäre im Elfenbeinturm der deutschen Universität nicht möglich gewesen und deswegen verweise ich hier auf den internationalen Hintergrund seiner arabischen Perspektive. Ich danke den deutschen Lesern meiner Publikumsbücher, ohne deren ermutigende Unterstützung ich den in Deutschland oft unerfreulichen Elfenbeinturm nicht erfolgreich hätte verlassen können. Zu den offenen Deutschen, die mir helfen, meine Deutschlandbindung zu halten, gehören meine Mitarbeiterinnen auf meiner Göttinger Insel. Ohne die Georg-August-Universität hätte ich diese Göttinger Insel nicht gehabt, daher mein großer Dank an meine Heimatuniversität. Vor allem ist noch meine liebe Frau Ulla zu nennen, die als Kind von ihrem deutschen Vater gelernt hat, Fremdenhaß und Antisemitismus als Barbarei abzulehnen. Ohne diese lieben Deutschen wäre es manchmal schwer, sich in Deutschland heimisch zu fühlen.

Ein großer Dank gebührt der Deutschen Verlags-Anstalt, die die Umsetzung der Idee, dieses Buch zu schreiben, sehr gefördert hat. Ohne die tatkräftige Unterstützung meiner Assistentin Daniela Heuer M.A., die mich während meiner Arbeit mit wertvoller redaktioneller Assistenz und Hinweisen unterstützte, und meiner Mitarbeiterin Anke Ringe, eine liebenswerte Frau der Buchkultur, wäre dieses Buch ganz gewiß nicht entstanden. Ich bin allen zu aufrichtigem Dank verpflichtet.

Bassam Tibi

Center for International Affairs
Harvard University, März / April 1997
und Göttingen, Mai / Juni 1997

Kein »neuer Naher Osten«?
Die Likud-Regierung und der Friedensprozeß im Nahen Osten

»Nachdem ich im Namen Israels (den Friedensvertrag) unterschrieben hatte ... konzentrierten sich meine Gedanken auf eine andere Frage: Wie soll der ›neue Nahe Osten‹ aufgebaut werden? Nun beenden wir die Streitigkeiten der Vergangenheit, aber damit ist es nicht getan. Wir müssen nicht nur das Elend beheben, sondern auch das Glück der Bevölkerung der Region anstreben.«

Schimon Peres, »Die Versöhnung. Der Neue Nahe Osten«, Berlin 1993, S. 53.

»Die wichtigsten Probleme liegen freilich noch vor uns: ... Jerusalem und die jüdischen Siedlungen sowie die Frage, ob es einen palästinensischen Staat geben soll. Unsere Antworten werden ... anders ausfallen als die meiner Vorgänger.«

Netanyahu nach seiner Wahl im Interview mit dem *SPIEGEL*, 39/1996, S. 146.

»Bisher ist von einem ›neuen Nahe Osten‹ noch kaum etwas zu merken, es ist vielmehr der alte problembeladene, gewaltbereite, der sich immer wieder zu Wort meldet.«

Wolfgang G. Lerch, »Der lange Weg zum Frieden«, München 1996, S. 43.

Der Beginn der Zerstörung des Friedensprozesses:
Zwischen Provokation und Hoffnung

Alarmiert vom Wahlsieg des Likud-Blocks und angesichts der während des Wahlkampfs von Benjamin Netanyahu exzessiv gegen den Oslo-Frieden betriebenen Polemik fand im Juni 1996 der erste arabische Gipfel seit der Golfkrise 1990 statt. Beim bis dahin letzten Gipfel vom August 1990 waren die arabischen Staatschefs im Streit auseinandergegangen und der folgende Krieg (1991) führte nur zur Vertiefung der arabischen Fragmentation. Der Likud-Wahlsieg im Mai 1996 hat nun die Situation verändert. Geschlossen haben die arabischen Staatschefs im Juni 1996 ihren Willen zum Frieden bekundet und Netanyahu entschieden davor gewarnt, den in Oslo erreichten Kompromiß zu gefährden.

Zwischen Juni 1996 und April 1997 hat sich der – bisher auf einen Frieden zusteuernde – Nahe Osten wieder in ein »Pulverfaß« zurückverwandelt. Im April 1997 tagten die Außenminister der Arabischen Liga in Kairo und erklärten den Friedensprozeß für vorläufig beendet. Zuvor, im Spätsommer und Herbst 1996, hatte sich Netanyahu mehrfach mit dem ägyptischen Präsidenten Mubarak, mit PLO-Chef Arafat und mit dem jordanischen König Hussein getroffen, so daß bei den »gemäßigten« Arabern zunächst, trotz der parallel betriebenen Provokationen der neuen Likud-Regierung, die optimistische Neigung wuchs, sich mit den neuen Verhältnissen in Israel nach dem Ende der Peres-Rabin-Ära zu arrangieren. Die darauf folgenden Wechselbäder, deren Höhepunkt die Beschlagnahmung und Besiedelung arabischen Bodens in Ostjerusalem war, hatten jedoch eine zunehmend ernüchternde Wirkung. Das Har Homa-Siedlungsprojekt auf dem Berg Abu Ghunaim in Ostjerusalem war das einschneidende Ereignis, das zu der zitierten Entscheidung der arabischen Minister im April 1997 führte. Zuvor, im September 1996, hatte Netanyahu unter dem Gelände der islamischen al-Aqsa / Felsendom-Heiligtümer einen Touristentunnel eröffnen lassen, was zu großem Blutvergießen führte. Eine weitere Provokation war die Verzögerung der Räumung von Hebron (arab. al-Khalil), wie es die Oslo-Vereinbarung vorschreibt. Das Einlenken Netanyahus Mitte Januar 1997 weckte voreilige, ungerechtfertigte Hoffnungen.

Die Geschichte zwischen dem nach der Verzögerung erfolgten Einlenken Netanyahus und der neuen Provokation von Har Homa, die den Friedensprozeß zum Erliegen brachte, ist es wert, zum besseren Verständnis des Gegenstands im einzelnen dargestellt zu werden. Der Dezember 1996 war ein nachrichtenarmer Monat. Das war aber nicht der einzige Grund dafür, daß die Journalisten aller Medien ihren Blick auf eine mögliche Überraschung zum Jahresende, das heißt auf die erhoffte Wende im seit dem Likud-Wahlsieg festgefahrenen Nahostfriedensprozeß richteten: die Einigung auf den israelischen Abzug aus Hebron. Fast stündlich trafen neue Spekulationen über eine angeblich bevorstehende Vereinbarung zwischen dem neuen israelischen Premier und dem Präsidenten der Palästinensischen Autonomiebehörde / PNA (Palestinian National Authority) ein. Doch auch Weihnachten verging dann für die arabischen Christen (ca. 20 Prozent der Palästinenser) ohne die Freude über den Abzug der israelischen Besatzungstruppen. Und schließlich verging auch das Jahr 1996 ohne die erhoffte Vereinbarung. Netanyahu hatte angeblich keine Zeit, eine Entscheidung zu treffen, weil er sich »Wichtigerem« – in diesem Fall den brennenden Haushaltsproblemen seines Landes – widmen mußte.

Nach dem Kairo Interim-Abkommen von 1995, das auf dem Oslo-Frieden basiert, wurden viele palästinensische Städte in der israelisch besetzten Westbank, nicht jedoch Hebron, autonom, das heißt der Palästinensischen Autonomiebehörde unterstellt. Auch die damalige Labour-Regierung verzögerte jedoch den Abzug der israelischen Truppen. In Hebron leben mehr als 120 Tausend palästinensische Araber und nur 400 jüdische Siedler, die jedoch bis Januar 1997 von zweitausend israelischen Soldaten geschützt wurden. Diese Siedler sind vorwiegend fundamentalistisch ausgerichtet (vgl. Kap. 7); sie waren nach dem für die Araber demütigenden Sechstagekrieg von 1967 in Hebron eingezogen und beanspruchen diese Stadt als substantiellen Teil von Erez Israel, das heißt von Groß-Israel, für sich. Die besetzten Gebiete gehören nach Auffassung der Siedler zu Judäa und Samaria als Bestandteile von Erez Israel. Diese fundamentalistischen Siedler gehören zum Wählerkreis, der Netanyahu mit einer Mehrheit von 29000 Stimmen an die Macht gebracht hat.

Das Jahr 1997 hat ohne die für Ende Dezember erhoffte Vereinbarung zwischen Israel und der PNA für den Frieden düster begonnen. Dann jedoch schaltete sich der jordanische König Hussein durch einen Blitzbesuch in Gaza ein; ihm gelang es, Arafat zu Kompromissen zu bewegen.[1] Parallel dazu machte der amerikanische Regierungsvertreter Dennis Ross Netanyahu deutlich, daß die Fortsetzung des Friedensprozesses für die amerikanischen Interessen in der nahöstlichen Region von strategischer Bedeutung sei. Scheitere dieser Friedensprozeß, dann sei mit einem Ansteigen des Antiamerikanismus parallel zum wachsenden Einfluß islamischer Fundamentalisten zu rechnen. Dies hätte zur Folge, daß die westlichen Interessen in der Region bedroht würden. Israel kann sich einen Konflikt mit seinem Patron USA nicht leisten.

Nach der Intervention von König Hussein lenkte Arafat ein, so daß Netanyahu kein Vorwand blieb. Arafat erklärte sein Einverständnis mit einem erheblich verlängerten Zeitraum für den Abzug der israelischen Soldaten aus Hebron. Trotz der entscheidenden Bedeutung des »Coup von König Hussein« behielt der andere, im Friedensprozeß zentrale arabische Staat, Ägypten, jedoch – unter amerikanischer Regie – das Heft in der Hand. Im neunten Kapitel werde ich ausführlich über die zentrale Rolle Ägyptens im Nahen Osten informieren. Als Zeichen ihrer Anerkennung ist die Reise des inzwischen abgelösten jordanischen Minsterpräsidenten Abdulkarim Kabariti nach Kairo zu sehen, um dort Präsident Mubarak persönlich einen Brief von König Hussein zu übergeben.[2] Dies erfolgte noch vor dem Blitzbesuch des Königs in Gaza, um Mubarak über den Prozeß ins Bild zu setzen.

In dieser Situation hatte Netanyahu keine Argumente mehr vorzubringen. Unter großem amerikanischen Druck schien er zum Friedensengel zu werden und gab seine Zustimmung, Teile von Hebron zu räumen. Nur äußerlich entschied er gegen sein eigenes Lager, den Likud und die mit ihm verbündeten ultraorthodoxen und jüdisch-fundamentalistischen Parteien.[3] Was zunächst als ein großer revisionistischer Eingriff in die Ideologie von Groß-Israel[4] erschien, enthüllte sich später als Kuhhandel innerhalb der Regierungskoalition, der im Skandal um Rechtsbeugung und Korruption, in den Netanyahu verwickelt war (Bar-On-Affäre), aufgedeckt wurde (mehr hierzu in Kap. 10). Doch stellte sich damals (am Freitag, dem 17. Januar 1997) neue Hoffnung ein, als die ersten Soldaten aus Hebron abrückten. Arafat und seine Entourage zogen schließlich am Sonntag, den 19. Januar, unter dem Jubel der Palästinenser in die Stadt ein.[5]

Der palästinensische Einzug in Hebron war mit einer Fülle von Symbolen beladen. In der arabo-islamischen Welt sind Symbole von überragender Bedeutung. Der symbolische Zeitpunkt war der islamische Fastenmonat Ramadan und der symbolische Ort Palästina. Nach Ramadan feiern die Muslime das Fest »Aid-al-Fitr« (drei Tage, die in ihrer Bedeutung mit dem christlichen Weihnachten vergleichbar sind) und beenden damit die Fastenperiode. Am 8. Februar, am Ende des Ramadan, betete Arafat in Hebron im islamischen Teil des Grabs des Patriarchen, den wir Muslime »al-Haram al-Ibrahimi« nennen. Im Verlauf der ersten Februarhälfte trafen sich Netanyahu und Arafat, um weiter miteinander zu verhandeln. Als Zeichen des guten Willens entließen die Israelis zahlreiche Palästinenser, vor allem Frauen, die des Terrorismus verdächtigt waren, aus israelischen Gefängnissen. Die Hoffnung von Januar / Februar 1997 überwog die Provokation von September 1996 (Tunnelkrieg) in Jerusalem.

Der israelische Abzug aus Hebron verstärkte die Hoffnung der den Frieden bejahenden Araber, daß der Friedensprozeß mit Netanyahu doch fortgesetzt werden könne. Das einflußreiche arabische Magazin *al-Wasat* sprach in diesem Zusammenhang damals von einem Sieg für den Frieden, weil der Likud durch das Hebron-Abkommen einen »Rückzug in bezug auf die Grundsatzideologie der religiösen Koalition Netanyahus« eingeleitet habe. Dasselbe Magazin mußte aber vier Monate später, nach der neuen Netanyahu-Provokation von der »Ermordung des Friedensprozesses«[6] berichten; die Hoffnung entschwand.

Die Gefährdung

Die Labour-Partei Israels hatte die Wahl zur Knesset von 1992 mit der Parole »Land für Frieden« gewonnen. Nach den Terroranschlägen islamischer Fundamentalisten 1995/96 änderte sich die Stimmung im Land: Die neue Parole, mit der der Likud und die religiösen Parteien 1996 die Wahl gewannen, hieß »Frieden für Sicherheit«. Auf der Basis der ersten Parole war 1993 der Durchbruch von Oslo gelungen.[7] Bei der zweiten Parole schien es so, als würde Israel seine Sicherheit ohne Zugeständnisse an die andere Konfliktpartei, die Palästinenser, erlangen wollen. Wie aber sollte dies möglich sein? Der Friedensprozeß geriet infolge der neuen provokationsreichen Politik Netanyahus unweigerlich in eine Sackgasse; er ist seitdem ernsthaft gefährdet. Die von Palästinensern und Israelis im September 1993 in Oslo unterschriebene Prinzipiendeklaration bedeutet vorrangig eine gegenseitige Anerkennung der unmittelbaren Konfliktparteien. Nach Auffassung des großen jüdischen Harvard-Gelehrten Herbert C. Kelman, der im Vorfeld von Oslo über zwei Jahrzehnte zwischen Juden und Palästinensern vermittelt hat, gilt eine »gegenseitige Anerkennung« als erste Voraussetzung für jede Konfliktlösung.[8] Die Detaillösungen des Friedens müssen hierauf aufbauen. In Oslo gelang der Durchbruch auf dem Wege zum Frieden eben durch diese gegenseitige Anerkennung, und genau dies macht den Geist von Oslo aus. Die Hoffnung, Kriege im Nahen Osten[9] gehörten der Vergangenheit an, schien Wirklichkeit geworden zu sein. Es ist Netanyahu, der diese Hoffnung von Juden und Arabern zerstört.

Der in Oslo eingeleitete Friedensprozeß war mit der Vision eines nahöstlichen Friedens im Rahmen des Versprechens eines »Neuen Nahen Ostens« verbunden. Die israelischen Wahlen vom 29. Mai 1996 brachten jedoch mit dünner Mehrheit eine neue Likud-Block-Regierung mit Benjamin Netanyahu an die Macht.[10]

Auf ihrem eingangs angeführten Gipfel vom Juni 1996 haben arabische Staatschefs Netanyahu, trotz seiner bekannten Versuche, dem Friedensprozeß Steine in den Weg zu legen, eine Chance zum Umdenken und zur Einhaltung bereits eingegangener Verpflichtungen gegeben. Die israelische Seite reagierte seitdem aber mit wiederholten Provokationen: vor Har Homa im März 1997 erfolgte Ende September 1996 die angeführte Öffnung eines Tunnels unter dem Gelände der drittheiligsten Moschee für die Muslime, der al-Aqsa-Moschee in Jerusalem, für Touristen. Für Muslime heißt dieses Gelände al-Haram al-Scharif und gilt als islamisches Heiligtum.[11] Daraufhin entluden sich am 25./26. September die Frustrationen der arabischen Bewohner der von Israel besetzten Gebiete und resultierten in gewalttätigen Massendemonstrationen.[12] Hierbei schoß die israelische Armee mit scharfer Munition auf palästinensische Zivilisten. Es gab 73 Tote: 58 Palästinenser und 15 Israelis. Im Frühjahr 1997 folgten auf beiden Seiten eine Reihe von Gewalttaten. Damit war der Frieden endgültig in Frage gestellt.

Nach diesem Gewaltausbruch vom September fand im Oktober ein – durch die Unnachgiebigkeit Netanyahus – zu einem Fototermin degradiertes Treffen beim US-Präsidenten in Washington statt, an dem neben Netanyahu und Arafat auch der jordanische König Hussein teilnahm. Der ägyptische Präsident weigerte sich, nach Washington zu reisen und warnte die Israelis vor »der Gefahr eines neuen Krieges«. Nach dem gescheiterten Washington-Gespräch schloß sich der gemäßigte jordanische König dieser Warnung an[13], nachdem er sich zuvor stets für eine Öffnung gegenüber Netanyahu ausgesprochen hatte.

Ist der Nahostfrieden nun wirklich durch die Politik Netanyahus[14] und seiner Koalition von Likud und ultraorthodoxen Parteien gefährdet? Das ist die zentrale Frage, auf die dieses Buch durch die Analyse der großen historischen Zusammenhänge der Nahostpolitik – parallel zu den erforderlichen Hintergrundinformationen – eine Antwort aus arabischer Perspektive zu geben versucht.

Die Vorgeschichte

Die als »Durchbruch« gewürdigte und in Oslo erfolgte gegenseitige Anerkennung von Israelis und Palästinensern hat ihre Vorgeschichte. Denn der Friedensprozeß hat bereits unmittelbar nach dem Golfkrieg 1991 begonnen. Der Golfkrieg hatte, wie noch zu zeigen sein wird, sehr anschaulich demonstriert, wie Nahostkonflikte miteinander verzahnt sind. Saddam Hussein hatte seine militärische Übermacht nicht nur gegenüber Kuwait – und zuvor im ersten Golfkrieg in den Jahren 1980-88 gegenüber Iran –, sondern durch seine Scud-Raketen vor allem gegenüber Israel zur Schau gestellt. Zu den Lehren des zweiten Golfkriegs von 1991 gehörte bei allen Beteiligten die Erkenntnis, daß der erste Schritt zu einem Frieden im Nahen Osten durch ein arabisch-israelisches Friedensgespräch eingeleitet werden müsse. So wurde der Nahostfriedensprozeß auch nicht durch eine Golfkonferenz, sondern – höchst bemerkenswert – von einer Friedenskonferenz zwischen Arabern und Israelis unter der Obhut der Präsidenten der beiden damaligen Supermächte USA und UdSSR, Bush und Gorbatschow, eingeleitet. Die internationale Nahostfriedenskonferenz in Madrid 1991 war der erste Markstein auf dem Weg zu Friedensverhandlungen nach dem Golfkrieg.

In Madrid saßen erstmals Araber und Israelis – darunter trotz des israelischen Widerstands auch Palästinenser als Mitglieder der jordanischen Delegation – an einem Tisch, wenngleich – mit Ausnahme Ägyptens – ohne gegenseitige völkerrechtliche Anerkennung. Der damalige jordanische Außenminister, mein Freund Kamal Abu-Jaber[15], der die Delegation seines Landes in Madrid leitete, berichtete mir in vielen Gesprächen an der Europäischen Akademie der Wissenschaften und Künste in Salzburg, an deren euro-islamischem Dialogforum wir beide mitwirken, von den Berührungsängsten der Israelis gegenüber den Palästinensern, die in der jordanischen Delegation saßen. Die damalige Likud-Regierung unter Schamir verleugnete schlicht jede Existenz der Palästinenser.

Trotz aller Schwierigkeiten wurde in Madrid der erste Grundstein zum nahöstlichen Frieden gelegt. Es gab zwar zuvor den Camp David-Frieden zwischen Ägypten und Israel, den wir im neunten Kapitel näher kennenlernen werden. Es handelte sich aber dabei um einen Separatfrieden. Erst der in Oslo beschlossene Frieden hat Israel aus seiner weltweiten Isolation befreit. Die neue Likud-Regierung setzt diese Öffnung nun durch ihre Politik aufs Spiel.

Ein Mitglied der israelischen Delegation in Madrid war ein damals kaum bekannter Beamter des Außenministeriums namens Benjamin Netanyahu; sein damaliger Vorgesetzter, Außenminister David Levy, war wie er selbst ein überzeugter Likud-Politiker, dessen Herz nicht gerade für den Frieden schlug. Nach der Madrid-Konferenz folgten die im zweiten Teil dieses Buches noch näher zu erläuternden Verhandlungen in Washington. Hierbei wurde mehr als deutlich, daß sich mit der damals amtierenden Likud-Regierung wohl kein Friedensgeschäft würde machen lassen. Es mangelte schon an der ersten Grundvoraussetzung: die bereits einleitend angeführte gegenseitige Anerkennung von Israelis und Palästinensern.

Ich möchte zur Illustration die These von der vor Oslo fehlenden gegenseitigen Anerkennung zwischen den Konfliktparteien anhand der Situation der Palästinenser in Israel veranschaulichen. Israel ist zwar fast die einzige Demokratie, leider aber eine »ethnische Demokratie«, im Nahen Osten, weil Nicht-Juden nicht dieselben Bürgerrechte haben. Der Begriff der »ethnischen Demokratie«[16], umschreibt ein System, das nicht allen die gleichen Rechte gewährt. Er stammt von dem israelischen Politikwissenschaftler Sammy Smooha, der ihn in einer Harvard-Vorlesung über »ethnische Demokratie in Israel« im Oktober 1996 erläuterte. Bei dieser Vorlesung schlug ein lateinamerikanischer Fellow unbefangen vor, den Begriff »ethnische Demokratie« deutlicher als »Rassismus« darzustellen, eben weil eine solche »Demokratie« die Menschen in ungleiche Gruppen einordnet. Palästinenser mit israelischer Staatsangehörigkeit haben, nur weil sie Nicht-Juden sind, eben nicht dieselben Rechte. Die anderen Palästinenser der besetzten Gebiete sind buchstäblich »Kolonisierte« im Sinne von Fanon, »Die Verdammten dieser Erde«. Trotz dieser Kritik ist Israel für die jüdische Bevölkerung – nicht aber für die dort lebenden Araber – eine Demokratie.

In einer Demokratie kann eine Regierung durch Wahlen abgesetzt werden. In diesem Sinne traf die israelische Bevölkerung im Jahre 1992 ihre Entscheidung: Abwahl der Likud-Regierung. Die Wahl der von Rabin angeführten Labour-Partei war ein israelisches Votum für den Frieden. Denn Rabin und Peres stellten sich der Wahl, ein Jahr nach der Madrider Konferenz von 1991, mit dem Versprechen des Friedens. 1993 wurde das Versprechen in Oslo eingelöst. Der israelische Professor Yair Hirschfeld hatte im Vorfeld im Auftrag Rabins die geheimen Fäden zu Arafats PLO gesponnen. Ich werde die Einzelheiten dieser spannenden Geschichte im fünften und sechsten Kapitel erzählen.

Ehe Hirschfeld seinen Auftrag bekam, stand die israelische Regierung vor der Wahl, auf der Suche nach Frieden entweder die syrische oder die palästinensische Karte zu spielen. Das bedeutete die Alternative, das Friedensangebot entweder zuerst Syrien oder der PLO zu unterbreiten. Das Spiel mit der palästinensischen Karte schien das leichtere zu sein, und so fiel die Wahl auf Arafat als ersten Verhandlungspartner. Auf Vermittlung der zu jener Zeit als Soziologin in der Westbank« arbeitenden Frau des damaligen, inzwischen verstorbenen norwegischen Außenministers Johan J. Holst kam es zu den Geheimverhandlungen von Oslo. Das Ergebnis war die im September 1993 öffentlich verkündete Oslo-Prinzipienvereinbarung. Auf sie folgte die gegenseitige Anerkennung zwischen der PLO und Israel und schließlich das Händeschütteln von Rabin und Arafat im Weißen Haus in Washington.

Dies wurde als der vielversprechende Beginn einer neuen Epoche des Friedens, das heißt eines neuen Nahen Ostens betrachtet; eine große historische Wende schien eingeleitet zu sein. War der Oslo-Frieden eine Fehl- oder Frühgeburt[17], oder ist in Oslo der richtige Weg eingeschlagen worden? Ist der Nahostfrieden brüchig oder ein Prozeß, von dem keine Rückkehr mehr möglich ist? Die Antwort auf diese Frage bildet den Gegenstand dieses Buches, dessen Grundthemen in dieser Einleitung umrissen werden.

Palästina-Staat oder palästinensische »Bantustan-Reservate«?

Bei Beantwortung der eben gestellten Fragen ist unparteiisch festzuhalten, daß die Bildung eines palästinensischen Staates in den besetzten Gebieten die conditio sine qua non, das heißt die Voraussetzung ist, mit der der Frieden steht und fällt. Im Motto zu dieser Einleitung zitiere ich ein *SPIEGEL*-Interview mit Netanyahu, in dem er andere Antworten als die seiner Vorgänger Rabin und Peres ankündigt. Dazu gehört folgende Aussage: »Die Palästinenser werden nicht die alleinige Hoheit über ihre Grenzen haben.« Die Schlußfolgerung daraus lautet: »Niemals volle Souveränität« *(SPIEGEL,* 39/1996, S. 146). Wie ernst sind diese und ähnliche Aussagen zu nehmen? Sind sie taktische Hinhalte-Manöver gegenüber den Likud-Wählern? Oder bringen sie den Geist Netanyahus zum Ausdruck?

Netanyahu sagt, sein Staat respektiere eingegangene internationale Verpflichtungen, also auch das Oslo-Abkommen. Sehr zentral und von entscheidender Bedeutung ist hierbei folgender Tatbestand: Die PLO ging nach Oslo und unterschrieb dort die erwähnte Prinzipienvereinbarung im Glauben an die Gültigkeit einer wichtigen Annahme – der die Israelis nicht widersprachen und somit implizit zustimmten. Es geht um die palästinensische Erwartung, daß der Friedensprozeß in die Bildung eines palästinensischen Staates in den besetzten Gebieten münden wird. Hierüber gab es in Oslo ein »Tacit Agreement« / »stillschweigende Übereinkunft«. In diesem Sinne wurde das Gaza-Jericho-Abkommen nur als der Beginn des palästinensisch-israelischen Friedens, also nicht als das Endresultat, verstanden. Zu keinem Zeitpunkt war in Oslo die Rede davon, daß der jüdisch-palästinensische Frieden auf einer israelischen Zulassung von autonom verwalteten palästinensischen Reservaten nach dem Vorbild der »Homelands« der schwarzen Bevölkerung in der ehemaligen Apartheid-Republik Südafrika beschränkt bleiben würde. Selbstverwaltung war nur als Vorstufe zur Bildung eines selbständigen Palästinenserstaates gedacht. Wäre die Bildung von Reservaten als eine Art palästinensischem »Bantustan« das Endziel der Friedensgespräche gewesen, wären die Palästinenser mit Sicherheit nicht nach Oslo gegangen und hätten der Prinzipienerklärung nie zugestimmt. Ein »palästinensisches Bantustan« wäre nichts anderes als eine Ansammlung autonom verwalteter, loser und willkürlich miteinander verbundener geographischer Landflecken unter israelischer Oberhoheit. Das scheint die Lösung zu sein, die Netanyahu vorschwebt. Die Alternative hierzu ist ein Palästinenserstaat, ohne den es keinen Frieden im Nahen Osten geben wird und kann.[18]

Trotz seiner den Frieden gewiß nicht fördernden Provokationen hat Netanyahu bei seinen wiederholten Besuchen in Washington sowie in den arabischen Hauptstädten Kairo und Amman 1996 in den dort geführten Gesprächen Lippenbekenntnisse zum Frieden abgegeben. Das scheinbare Wagnis des Hebron-Abkommens Mitte Januar 1997 hat zunächst die Deutung von Netanyahu als pragmatischem Politiker untermauert. Beobachter glaubten, er riskiere einen Konflikt nicht nur mit den jüdischen Siedlern, sondern auch mit den drei in seinem Kabinett vertretenen religiösen Parteien. Diese haben 25 Sitze in der Knesset – im Gegensatz zu 16 Sitzen im alten Parlament. Durch die Enthüllung des Skandals um die Berufung des Staatsanwalts Roni Bar-On wurde vor der Har Homa-Provokation bekannt, daß Netanyahu mit dem korrupten Chef der Schas-Partei, Arye Deri, einen Deal abgeschlossen hatte (vgl. Kap. 10); von einem Bruch mit den ultraorthodoxen Parteien konnte also keine Rede sein. Netanyahu hatte das Schweigen der Ultraorthodoxen zu Hebron mit der rechtswidrigen Berufung von Roni Bar-On gekauft.

Gewiß will Netanyahu mit den Palästinensern zusammenarbeiten, daher auch sein Einlenken in Hebron. Von den palästinensischen Sicherheitsbehörden erwartet er allerdings, daß sie für Israel die Funktion eines Handlangers übernehmen, etwa durch Erfüllung der Aufgaben der israelischen Soldaten gegen islamische Fundamentalisten und palästinensische Nationalisten. Und daß er dies zuläßt, wird Arafat von den palästinensischen Nationalisten vorgeworfen. Doch die Autonomiebehörde versteht unter Sicherheit ein gemeinsames israelisch-palästinensisches Unternehmen und sieht sich nicht als Erfüllungsgehilfe, dem von Israel bloß Polizeifunktionen aufgebürdet werden. Wenn Israelis auf palästinensische Zivilisten schießen, können palästinensische Sicherheitsbeamte nicht tatenlos zuschauen. Entsprechend haben die palästinensischen Polizisten das Feuer auf israelische Soldaten eröffnet, als diese am 25./26. September 1996 palästinensische Zivilisten erschossen; es gab 15 israelische, aber ein Mehrfaches an palästinensischen Toten. Dennoch folgte auf die Notwehr der palästinensischen Polizei ein großer Aufschrei.

Generell befindet sich die Autonomiebehörde in einer Zwickmühle. Zum einen ist sie für das Wohl der palästinensischen Bevölkerung verantwortlich, zum anderen muß sie aber zugleich dafür sorgen, die Israelis vor Gewalttaten islamischer Fundamentalisten zu schützen. Jedesmal wenn die Autonomiebehörde – wie von ihr erwartet wird – energisch gegen fundamentalistische Terroristen vorgeht, gibt es unter den Linken und Liberalen im Westen wegen angeblicher Menschenrechtsverletzungen große Entrüstung. Geht die Autonomiebehörde aber nicht massiv gegen die Fundamentalisten vor, dann wird ihr »Kumpanei mit den Terroristen« vorgeworfen. Wie soll Arafat nun handeln?

Im Zeitalter des Fernsehens und der manipulierenden Einflußnahme durch die Medien hatten mehrere Terroraktionen zwischen Ende Februar und Anfang März des Jahres 1996 – oder richtiger die Fernsehbilder hierzu – genügt, um die zuvor, besonders nach der Ermordung Rabins (November 1995), geschlossen auf Seiten der israelischen Labour-Friedensregierung stehende israelische Wählerschaft umzustimmen. Daß der Mord an Rabin von einem jüdischen Fundamentalisten verübt wurde, war daraufhin schnell vergessen. Danach blieben nur die Opfer islamischer Selbstmord-Terroristen in der Wahrnehmung der israelischen Öffentlichkeit präsent. Das Ergebnis: Am 29. Mai 1996 wurde Netanyahu – wenn auch, wie bereits angemerkt, mit einer Mehrheit von nur 29000 Stimmen – zum neuen Ministerpräsidenten Israels gewählt. Ob Netanyahu den Nahostfrieden zum Scheitern bringt, hängt davon ab, welche Antwort seine Politik auf die zentralen Fragen gibt, die ich im folgenden Abschnitt ansprechen werde.

Bei der Bewertung der Politik Netanyahus präsentiere ich als ein in Damaskus geborener Araber und deutscher Wahlbürger eine arabische Perspektive. Für meine Biographie ist zentral, jüdische NS-Opfer als Lehrer gehabt zu haben; meine Freunde im israelischen und jüdisch-amerikanischen Friedenslager (zum Beispiel Herbert C. Kelman, vgl. Anm. 8) sowie mehrfache Aufenthalte zu Vorlesungen in Israel haben mir geholfen, eine ausgewogene Analyse zu bieten. Ich habe einen arabischen Frieden mit Israel bereits uneingeschränkt befürwortet, als eine solche Position noch die Gefahr, als »Verräter« ermordet zu werden, einschloß. Sehr erfreulich ist die heutige Situation, in der ich mich mit der gegenwärtigen arabischen Friedensposition identifizieren kann. Die arabische Wahrnehmung des Nahostkonflikts hat sich glücklicherweise geändert. In diesem Buch will ich die Hindernisse auf dem Weg zum Frieden in den gesamten zeithistorischen Rahmen[19] des Konflikts einordnen und hierbei komplizierte Zusammenhänge für ein allgemein interessiertes Lesepublikum erläutern und erhellen. Dennoch bleiben Netanyahu und seine Likud-Regierung im Fokus meiner Analyse.

Der Likud-Block und Netanyahus drei »NOs« zum Frieden

Rabin hatte die Wahl von 1992 mit dem Versprechen einer Friedenspolitik gewonnen. Dagegen enthielt das Wahlversprechen des neuen Siegers ein »Nein« zu den drei wichtigsten Voraussetzungen für einen nahöstlichen Dauerfrieden: »Nein« zum Palästina-Staat, »nein« zur Teilung Jerusalems und schließlich »nein« zu einer vollständigen Rückgabe der Golanhöhen an Syrien. Hierdurch ist nach dem Wahlsieg Netanyahus eine völlig neue Situation eingetreten.

Um Netanyahu Fairness widerfahren zu lassen, will ich in Etappen versuchen, die neue Politik darzustellen. Die erste Auslandsreise des neu gewählten Ministerpräsidenten im Juli 1996 ist hierfür entscheidend; sie führte ihn in die Metropole der Schutzmacht Israels, nach Washington. Enttäuschend für Netanyahu war es, bei jenem fünftägigem Staatsbesuch von der Clinton-Administration belehrt zu werden, daß die USA von seiner Regierung die Einhaltung der in Washington 1993 und 1995 unterschriebenen Vereinbarungen mit den Palästinensern erwarteten.[20]

Nach Israel zurückgekehrt erwarteten ihn andere Unannehmlichkeiten: Der israelische Gewerkschaftsbund Histadrut rief zum Generalstreik auf. Hierbei ging es nicht nur um die neue Haushaltspolitik der Likud-Regierung, sondern indirekt auch um den Friedensprozeß. Netanyahu wurde von seinem Vorgänger im Amt, Schimon Peres, bei seiner Ankunft mit harschen Worten der Kritik empfangen. Er reagierte mit einer Flucht nach vorn und kündigte – jedoch nur verbal – die Auflockerung der Aussperrungspolitik der palästinensischen Arbeiter an. Taten folgten dem natürlich nicht.

Mit den Belehrungen aus Washington im Kopf flog Netanyahu noch im selben Monat, in der Woche unmittelbar nach seiner Rückkehr aus den USA, nach Kairo, um mit dem Präsidenten des wichtigsten arabischen Landes, mit Hosni Mubarak, zu verhandeln; Ergebnisse gab es jedoch auch hier nicht, dafür aber einen sehr kühlen Empfang und eine feindlich gestimmte Presse.[21] Netanyahu nutzte diesen Kairo-Besuch, um seine Position in der Region, vor allem gegenüber den arabischen Partnern, zu stabilisieren. Die Ägypter spielten hierbei zunächst mit. Als Netanyahu aber in den darauf folgenden Monaten nicht von seiner Position abrückte, hat der ägyptische Außenminister der Öffentlichkeit über die arabische Presse den Gegenstand der Verhandlungen bekanntgegeben: Im Oktober 1996 verkündete Amru Musa, Netanyahu habe Präsident Mubarak bei seinem Juli-Besuch in Kairo um Zeit gebeten, damit er seine Position innerhalb des Likud festigen könne; er werde danach aber sicherlich alle von der Vorgängerregierung eingegangenen Verpflichtungen erfüllen. Die Ägypter, die Netanyahu Glauben geschenkt hatten, fühlten sich durch seine Hinhaltetaktik betrogen. Ihnen wurde klar, daß der israelische Premier nur Zeit zum Manövrieren, nicht aber zur Erfüllung völkerrechtlich bindender Verpflichtungen gewinnen wollte. Nur ein Regierungsjahr hat der Weltöffentlichkeit gezeigt, daß dies generell Netanyahus politischer Stil ist. Die Folge war tiefes Mißtrauen.

Ein gegenseitiges Vertrauen, wie einst mit Rabin und Peres, gibt es bereits seit 1996 nicht mehr. Veranschaulicht wird dies durch die Anwesenheit Arafats, Mubaraks und Netanyahus auf dem Weltwirtschaftsforum in Davos von Januar 1997. Der für die Außenpolitik zuständige Mitherausgeber der *Frankfurter Allgemeine Zeitung*, Günther Nonnenmacher, berichtete von dort:

»Die Herren vermieden jede öffentliche Gemeinsamkeit; von Proto-
kollpausen getrennt, vom je eigenen Sicherheitstroß abgeschirmt,
hielten sie ihre Reden ... Es gab zwar nichtöffentliche Treffen, aber
von Durchbrüchen irgendwelcher Art war nichts zu hören und zu
spüren.«[22]

Nach dem Davos-Wirtschaftsforum reiste Netanyahu erneut nach
Washington. Es war zugleich der erste Besuch im Jahre 1997 und
seit dem Hebron-Abkommen. Es ist merkwürdig, daß die wichtigsten drei arabischen Staatschefs, König Hussein, Mubarak und
auch Arafat, sich in der Folge mit Besuchen in Washington ab-
lösten, dort aber nicht gemeinsam mit dem US-Präsidenten,
geschweige denn mit Netanyahu verhandelten.

Vor dem Beginn der Bauarbeiten im Har Homa-Siedlungsprojekt ging es in Washington um die Frage, ob es bei Hebron bleibt,
oder ob der nächste Schritt die Vorbereitung syrisch-israelischer
Verhandlungen zwecks einer Einbindung Syriens in den Friedensprozeß sein kann. Dahinter steht die Erkenntnis, daß es ohne Syrien keinen umfassenden Nahostfrieden geben kann.[23]

Ich möchte fragen: Wie lassen sich Netanyahus Besuche in
Washington und Kairo im Jahr seiner Wahl, 1996, aus der Retrospektive von 1997 bewerten? Netanyahus erklärtes Ziel bei seinem
ersten Besuch in Washington 1996 war es, die amerikanische Regierung für seine Politik eines – wie er sagte – »harten Verhand-
lungskurses«, mit den Arabern allgemein und den Palästinensern
im besonderen, zu gewinnen. Netanyahu hatte jedoch von Beginn
an schlechte Karten, weil der US-Präsident Bill Clinton während
der israelischen Wahlen eindeutig sowohl für die Person des bisherigen Ministerpräsidenten Schimon Peres als auch für die Friedenspolitik der Labour-Regierung Partei ergriffen hatte. Dennoch
empfing er Netanyahu verhalten freundlich. Clinton hatte in seinen Verhandlungen mit Netanyahu eine sichere Basis, weil er, wie
ihm die *New York Times* bescheinigt, den Ruf hat, »einer der ›un-
beirrbarsten‹ pro-israelischen Präsidenten der USA seit langem zu
sein« *(NYT* vom 9. Juli 1996). Clinton konnte es sich somit leisten,
kein Einverständnis zur neuen Likud-Politik der zitierten drei
»NOs« zu geben. Bei dem ersten »NO« handelt es sich um Netanyahus Ablehnung der Idee eines Palästina-Staates in den besetzten
Gebieten, das zweite »No« gilt der Teilung von Jerusalem und das
dritte »No« betrifft die Rückgabe der Golanhöhen an Syrien.

Im Grunde handelte es sich bei den drei angeführten Streit-gegenständen um die drei wichtigsten Voraussetzungen zu einem Dauerfrieden im Nahen Osten. Ich habe schon angeführt, daß das Urteil über Netanyahu und seine Politik von seiner Antwort auf die anstehenden Fragen abhängt. Alle drei »Nein«-Antworten bringen eine neue Position zum Ausdruck und disqualifizieren zugleich die israelische Friedenspolitik der Labour-Regierung von 1992–1996. Die aktuelle, nach der Har Homa-Krise eingetretene Situation, die ich ausführlich im abschließenden zehnten Kapitel untersuche, führt zu dem Ergebnis, daß wir vom Ende des Friedensprozesses, also nicht bloß von einer verfahrenen Situation, sprechen können.

Schon lange vor der eingetretenen Krise hat ein Leitartikler der *International Herald Tribune* argumentiert, daß die Erfüllung von Netanyahus Wahlversprechen einer »Kriegserklärung gleichkom-me«. Zwar gibt es noch keinen Krieg, wohl aber Anzeichen, daß eine neue Intifada ausbrechen könnte (mehr dazu in Kap. 10). Vor allem hat die Wiederaufnahme der Siedlungspolitik zur Zer-störung des Friedensprozesses geführt. Netanyahus Regierung hat in diesem Punkt Ernst gemacht und bereits am 2. August 1996 das durch die Labour-Regierung eingeführte Verbot des Siedlungsbaus in den besetzten Gebieten aufgehoben.[24] Die Palästinenser emp-fanden diesen Beschluß als Kriegserklärung und tun dies auch weiterhin.

Die Aufnahme des Likud-Falken General Ariel Scharon als Infrastruktur (sprich: Siedlungs) -minister in das neue Kabinett mit einem Budget von 2 Milliarden Dollar war ein deutliches Indiz für den Willen, einen massiven Ausbau bestehender Siedlungen und die Gründung neuer Siedlungen voranzutreiben. Scharon spricht von Arabern als »Insekten« und macht aus seiner rassisti-schen Verachtung der Palästinenser keinen Hehl. Unvergeßlich bleiben seine Bluttaten als israelischer Verteidigungsminister während des Eroberungskrieges im Libanon[25] im Jahre 1982, als er mit seinen Truppen Beirut belagerte und später persönlich die Massakrierung von Palästinensern in den Flüchtlingslagern von Sabra und Schatila zuließ. In Israel gab es seinerzeit einen Auf-schrei in der Bevölkerung und große Anti-Scharon-Demonstratio-nen. Mit Scharon läßt sich sicher kein Frieden schließen (vgl. Kap. 10). Peres hatte – als israelischer Friedenspolitiker – Scharon im Blick, als er nach dem Wahlsieg des Likud in der Knesset schrie:

»Ich schäme mich als Jude nicht, Arafat die Hand zum Frieden gereicht zu haben.« CNN-Zuschauer konnten diese dramatische Szene am Bildschirm verfolgen.

Eine Sonderbeziehung: Israel und die USA

Die USA sind nach dem Ende des Kalten Krieges die einzige Großmacht, die den Ansprüchen, die früher an eine Supermacht gestellt wurden, gerecht wird. Dies ist aber nicht der einzige Grund dafür, daß Washington die Drehscheibe bei der Suche nach einer friedlichen Lösung des Nahostkonflikts ist. Israel genießt eine Sonderstellung in der amerikanischen Politik. Seit seiner Entstehung erhält es jährlich eine Milliardenhilfe aus den USA. In den 90er Jahren beträgt die staatliche US-Hilfe ca. 3 Milliarden Dollar jährlich, zu der noch Hunderte von Millionen Spenden und Kredite jeglicher Art hinzukommen. Der Michigan-Professor Organski spricht vom »36 Billion Bargain«.[26] Als Netanyahu als frisch gewählter Premierminister im Juli 1996 in Washington eintraf, wußte er nur zu gut, daß sein Land auch weiterhin auf die USA angewiesen bleibt. Nach dem Ende des Kalten Krieges spricht man nicht mehr von Supermächten, sondern von den »Global Players«/»globalen Spielern«. Im Sinne meiner einleitenden Bemerkung sind die USA von ihrem Gewicht her nach der Auflösung der bipolaren Weltordnung der Militärblöcke der einzige Global Player in der Weltpolitik, und besonders im Nahen Osten. Gerade in dieser Region kann nichts ohne den Segen der USA geschehen, sowohl im Guten als auch im Schlechten. Aus diesem Grund wird das besondere Gewicht der USA beim Nahostfrieden in den beiden Kapiteln des Schlußteils gebührend gewürdigt.

Trotz der Israel-Lobby in Washington haben die USA aber ihre eigenen Interessen in der Region, so daß sie es sich nicht leisten können, die arabischen Positionen zu übergehen. Denn Öl gibt es in den arabischen Ländern[27], nicht in Israel. Aber in Washington gibt es zwar eine Israel-, jedoch keine Araber-Lobby. Dieses Mißverhältnis macht es für jeden amerikanischen Präsidenten schwer, eine ausgewogene Nahostpolitik zu betreiben, die beiden Seiten gerecht wird.

Dieses Buch ist hoffentlich ausgewogen, wenngleich darin eine arabische Perspektive für den Frieden im Nahen Osten zum Ausdruck kommt. Diese Perspektive entwickele und verfolge ich, ohne dabei aufzuhören, in meinem Denken ein Araber und ein sachlich orientierter und urteilender Wissenschaftler zu sein. In diesem Sinne sehe ich zwar die Sonderbeziehung Israel / USA, erkenne aber auch deren Grenzen. Die meisten arabischen Politiker dagegen glauben, daß in bezug auf Israel alles in amerikanischer Hand liege.[28] Es ist wahr, daß jährlich Milliarden Dollar nach Israel fließen. Dies schließt auch die Waffenhilfe ein, Israel ist also in höchstem Maße von den USA abhängig. Der israelisch-deutsche Wissenschaftler Dan Diner hat mit der von ihm geprägten Formel »westliche Abhängigkeit und autonome Gewaltanwendung Israels«[29] scharfsinnig wie kein zweiter die Komplexität auf einen Begriff gebracht.

Die Israel-Lobby in den USA ist ein großer Machtfaktor[30], so daß kein amerikanischer Präsident sich eine Politik erlauben kann, die nicht in einem besonderen Maße freundlich gegenüber Israel ist. Demnach können die USA auf israelische Entscheidungen nicht immer Einfluß nehmen, ebenso wie israelische Politiker amerikanischen Präsidenten nicht diktieren können, wie sie politisch zu entscheiden haben. Israel und die USA sind normale Verbündete, die ihre jeweils eigenen Interessen haben und selbständig entscheiden. Und dennoch spricht man in Washington von »Special Relationship« / »Sonderbeziehungen«. Es ist sehr bedauerlich, daß nur wenige arabische Politiker in der Lage sind, dieser Tatsache richtig Rechnung zu tragen. Zu ihnen gehören der jordanische König und der ägyptische Präsident.

Die USA verfolgen im Nahen Osten politische und wirtschaftliche Interessen. Es ist daher nicht nur mit dem Hinweis auf die einflußreiche Israel-Lobby zu erklären, daß die USA im Nahen Osten einen Schwerpunkt ihrer Außenpolitik – neben oder zumindest in der Rangfolge gleich hinter Europa – haben. Die amerikanische Suche nach einem nahöstlichen Frieden[31] muß im Licht beider hier angeführter Aspekte gesehen werden.

Wer wie der Autor in den USA gelebt hat, weiß, daß die jüdische »Community« in den USA trotz der Bindung an Israel keineswegs in allen Fragen einig ist und auch nicht blind hinter Israel steht. Beispielsweise hat die propalästinensisch engagierte amerikanisch-jüdische Wissenschaftlerin Cheryl Rubenberg eine in den USA viel beachtete Studie mit dem Nachweis vorgelegt, daß es nicht zum

»amerikanischen nationalen Interesse« gehört, Israel zu unterstützen.[32] Der bereits erwähnte große jüdische Gelehrte Herbert C. Kelman, der für dieses Buch eine besondere Bedeutung hat, hat als Diskussionsleiter bei einem Vortrag, den der ehemalige Likud-Botschafter Israels in den USA, Zalman Schoval, in Harvard gehalten hat, nach dessen Äußerung: »Ich bin hier als Botschafter Israels an die amerikanischen Juden« mit dem Satz: »Sie sind hier der Botschafter Israels an das amerikanische Volk« interveniert.

Ohne die USA kann kein Konflikt im Nahen Osten gelöst werden, aber die Verbindung Israel – USA und die amerikanischen Interessen in der Region sind weit komplizierter als manch Araber sich dies vorstellt. Für einen dauerhaften Frieden müssen Israelis und Araber unter sich Formen des Zusammenlebens finden. In diesem Sinne können und sollen die USA nicht mehr als Vermittler sein. Im neunten und zehnten Kapitel werden wir mehr über diesen Gegenstand erfahren.

Netanyahu – Hard-Liner oder pragmatischer Politiker?

Benjamin Netanyahu ist zwar ein Israeli, ist aber von seiner Sozialisation her eher ein Amerikaner, weil er in den USA aufgewachsen ist. Im zehnten Kapitel werde ich näher auf die kulturellen Probleme eingehen, die er häufig im politischen Umgang mit einer jüdisch-arabisch orientalischen Umwelt hat. Hier möchte ich jedoch nur den Aspekt hervorheben, daß Politiker im Nahen Osten, das heißt auch in dem sich westlich gebenden Israel, mehr Gewicht haben als Institutionen. Das gilt auch für den amerikanisierten Netanyahu. Max Weber hat in seinen »drei Typen der legitimen Herrschaft« unter anderem zwischen persönlicher und legaler (Amts)Herrschaft »kraft Satzung« unterschieden. Es trifft zu, daß Netanyahu sich als ein für vier Jahre gewählter Ministerpräsident von seinen arabischen Gesprächspartnern, die auf Lebenszeit herrschen, unterscheidet. Aber dennoch ist Israel in dem Sinne gewissermaßen orientalisch, daß ein Politiker der Politik dort seinen persönlichen Stempel aufdrückt, ebenso wie dies in den arabischen Nachbarländern der Fall ist! Nur mit dem Hinweis auf diese Eigenart ist zu verstehen, daß ein neugewählter Politiker in Israel *alles* ändern und bis dahin eingegangene völkerrechtliche Verpflichtungen über Bord werfen kann. In einer westlichen Demokratie wäre dies nicht möglich. Max Weber nennt seine Herrschaftstypen »reine Typen«, die es in ihrem Modellcharakter in der Wirklichkeit nicht gibt. In diesem Sinne ist die Politik des israelischen Ministerpräsidenten in Wirklichkeit eine Mischung von persönlicher und legaler Herrschaft. Israel ist zwar demokratischer als seine arabischen Nachbarn, aber ganz gewiß keine westliche Demokratie. Es ist nicht zu leugnen: Als syrischer Araber und europäischer Wahlbürger habe ich mehr Rechte als mein palästinensischer Namensvetter Ahmed Tibi, Arafats Berater, mit dem ich oft verwechselt werde, der einen israelischen Paß besitzt.

Obwohl ich auf die Richtigkeit meiner Aussage insistiere, daß sich der amerikanisierte Netanyahu unserer gemeinsamen orientalischen Umwelt nicht entziehen kann, übersehe ich nicht, daß eine Personifizierung den komplexen Verhältnissen nicht gerecht wird. In diesem Sinne darf man mit Labour, das heißt mit Peres und früher mit Rabin, nicht automatisch Frieden assoziieren und im Gegenzug Netanyahu Friedensgegnerschaft zuschreiben. Selbst auf die Gefahr hin, ins offene Messer der Polemiker, die meine Arbeit nicht mögen, zu laufen, möchte ich meine nach der Bekanntgabe der israelischen Wahlergebnisse vom ZDF-Heute Journal am 30. Mai 1996 ausgestrahlte Stellungnahme im Gespräch mit Alexander Niemetz anführen, bei der ich die positive Einschätzung vertrat: Auch mit Netanyahu wird der Friedensprozeß weitergehen. Es war ein Likud-Politiker – nämlich Menachem Begin –, der 1978/79 den Camp David-Frieden mit Ägypten abgeschlossen und die Sinai-Halbinsel an Ägypten zurückgegeben hatte. Demnach, so führte ich seinerzeit im ZDF aus, ist es durchaus nicht ausgeschlossen, daß die neue Likud-Regierung mit Syrien verhandeln und die Golanhöhen unter gewissen Bedingungen zurückgeben wird. Erinnern wir uns: Peres hat besonders nach dem Mord an Rabin im November 1995 und den Terroranschlägen von Februar/März 1996 den Rückzug der israelischen Truppen aus Hebron stets verzögert; es war also nicht die Labour-Regierung, sondern der Likud-Premierminister Netanyahu, der – wenn auch unter amerikanischem Druck – angeordnet hat, Hebron zu räumen und zwei Drittel der Stadt an die Palästinensische Autonomiebehörde zu übergeben.

In gleicher Weise ließe sich argumentieren, daß Netanyahu gar nicht die Absicht hatte, den Falken Scharon als Infrastrukturminister in sein Kabinett aufzunehmen; hierzu wurde er von seinem Außenminister David Levy durch Rücktrittsdrohungen quasi gezwungen, was in gewisser Hinsicht eine Demütigung durch den ehemaligen Chef bedeutete. Aus dieser Sicht kann der Beobachter Netanyahu also einige Pluspunkte einräumen, und dies habe ich in der zitierten Stellungnahme getan. Es kommt hinzu, daß es objektiv kein Zurück hinter den Frieden mehr gibt; dies würden die USA auf die Dauer nicht zulassen, und auch in Israel gibt es heute keine Mehrheit mehr für eine kriegerische Politik. Darüber hinaus hängt an dem Nahostfrieden ein auch für Israel wichtiges Milliardengeschäft. Der Nahostfrieden ist nicht nur eine politische, er ist – für Israel – auch eine wirtschaftliche Angelegenheit. In einem in der *International Herald Tribune* abgedruckten Leitartikel der *New York Times* zu den israelischen Wahlen standen die klaren Sätze:»Jeder Versuch, sich von den erreichten Friedensvereinbarungen abzuwenden, würde Israel in den Zustand der feindlichen Umzingelung zurückwerfen und sein Wirtschaftswachstum unterminieren« (*IHT* vom 1./2. Juni 1996). Im April 1997 hatte ich nach meiner Rückkehr aus Harvard die Gelegenheit, bei der *Turkish Democracy Foundation* mit hochrangigen israelischen Experten zusammenzukommen; sie berichteten von dem Unbehagen der israelischen »Business Community« über Netanyahu, der ihr die erhofften Geschäfte im »Neuen Nahen Osten« mit der entsprechenden Verheißung großer wirtschaftlicher Vernetzungen zu verderben scheint.

Mit anderen Worten: Trotz der hervorgehobenen persönlichen, also nicht institutionellen, Politik Netanyahus warne ich davor, die Rhetorik des Hardliners losgelöst von den vorgegebenen politischen Bedingungen zu bewerten. Dadurch kann die Rhetorik in ein richtiges Licht gerückt und die von ihr abweichenden pragmatischen Handlungen verständlicher gemacht werden.

Die zentrale Frage ist zunächst, wie das bisher Erreichte an »Frieden« stabilisiert werden kann: zum Beispiel durch weiteren Abzug israelischer Truppen aus den besetzten Gebieten im Anschluß an die bereits erfolgte partielle Räumung von Hebron. Im Sinne des Friedens darf Netanyahu seine Politik nicht an seiner Rhetorik der »drei Nein« aus der Zeit des Wahlkampfs orientieren, sonst gibt es keinen Frieden. Auch bei seinen Besuchen in

Washington 1996 und 1997 behielt Netanyahu diese Rhetorik bei und blieb hartnäckig. Wird es so weitergehen? Bei den Dokumenten, die im Beisein des US-Präsidenten in den Jahren 1993 und 1995 im Weißen Haus unterschrieben worden sind, handelt es sich um völkerrechtliche Friedensverträge. In den Verhandlungen mit Arafat im Oktober 1996 argumentierte Netanyahu jedoch, Israel habe eine neue Regierung, weshalb alte Vereinbarungen neu verhandelt werden müßten. Mit diesen Äußerungen kommt der Wandel des amerikanisierten Israeli zu einem orientalischen Politiker zum Ausdruck, für den völkerrechtliche Verträge nur wertloses Papier sind. Auf der Basis der bestehenden innenpolitischen Konstellation in Israel wird der Nahe Osten bis zum Ende dieser Legislaturperiode, also bis zur nächsten Wahl im Jahr 2000, mit Netanyahu leben müssen. Mehr Frieden wird es nicht geben, dafür weniger Sicherheit. Weder in der Region, noch international genießt Netanyahu Respekt und Wertschätzung. Zu einem ähnlichen Ergebnis sind wir bereits im September 1996 in Harvard im Kreis von Nahostexperten um Professor Kelman nach einem Vortrag des israelischen Sicherheitsexperten Shai Feldman gelangt (vgl. Anm. 14 oben). Netanyahu ist außenpolitisch ein Anfänger mit einer dünnen Wählerbasis, zu der auch die Ultraorthodoxen gehören. Sein Jonglieren ist also nicht Ausdruck der Handlungen eines politischen Fuchses, – wie etwa beim syrischen Präsidenten Assad, der genau weiß, was er will. Präsident Clinton hat sich über ihn beschwert, daß er nicht in der Lage sei, zuzuhören und Probleme anzusprechen: »Er sitzt zwei Stunden lang dem US-Präsidenten gegenüber und redet nur über seine ... Probleme.«[33] Das ist charakteristisch für die Person Netanyahu, die heute über der Institution des israelischen Staates steht.

Ein arabisches »Ja« zum Frieden
Bereits im Vorwort zu diesem Buch lautete das Argument: Früher haben die arabischen Staaten Israel belagert und es isoliert; heute isoliert sich Israel durch seine Friedensblockadepolitik selbst. Das arabische Lager ist in unserer Zeit mehrheitlich offen für den Frieden. Es war höchst bemerkenswert, daß es nach den israelischen Wahlen gleichermaßen Ägypten und Jordanien auf dem arabischen Gipfel vom Juni 1996 in Kairo gelungen ist, alle arabischen Staa-

ten zu mäßigen und zu einer Friedenspolitik mit Israel – natürlich auf der Basis von Gegenseitigkeit – zu verpflichten. Erst nachdem alle Vermittlungsversuche des jordanischen Königs Hussein und des ägyptischen Präsidenten Mubarak gescheitert waren, Netanyahu von seiner Siedlungspolitik im arabischen Ostjerusalem abzubringen, haben die arabischen Außenminister auf ihrem Treffen der Arabischen Liga im April 1997 beschlossen, den Friedensprozeß einzustellen. Es hängt ausschließlich von Israel ab, wann er wieder aufgenommen werden kann.

Netanyahu erschöpft sich bei seinen Erklärungen der Ursachen für den blockierten Friedensprozeß in wiederholten Hinweisen auf den Terrorismus. In seinem kleinen Buch »Fighting Terrorism«[34] von 1995, das er nach dem Wahlsieg mit dem Vermerk »Ministerpräsident des Staates Israel« unverändert neu verlegt hat, klammert er sich an das magische Wort »Terrorismus«, um die Welt zu erklären. Dies erinnert an die Beschwerden von Präsident Clinton über Netanyahu, der nicht zuhören könne und monologisch nur von seiner Sicht der Welt spreche.

Aus einer dem Frieden verpflichteten Perspektive war es sehr bedauerlich, daß Netanyahu nach dem arabischen Gipfel vor dem Antritt seines Washington-Besuches im Juli 1996 auf das Kairoer Kommuniqué polemisch mit der vereinfachenden Forderung nach einer Bekämpfung des Terrorismus von der arabischen Seite reagierte. Er hatte wohl vergessen, daß sich die arabischen Staaten – jedoch ohne Syrien, Sudan und Libanon – auf dem internationalen Antiterror-Gipfel der Staatschefs vom 13. März 1996 zusammen mit dem damaligen israelischen Ministerpräsidenten Peres zur entschlossenen Bekämpfung des Terrorismus bekannt hatten. In Washington griff Netanyahu die Terrorismus-Problematik mit polemischen Tönen erneut auf! Das sind Monologe eines Politikers, aber sicher kein Boden für einen Friedensdialog.

Gewiß, der Terrorismus ist eine Hürde auf dem Weg zum Frieden, was ich in diesem Buch im siebten Kapitel eingehend zeigen werde. Doch ist diese Problematik kein Gegenstand für Polemik, dafür ist sie zu ernst. Terrorismus üben nicht nur islamische Fundamentalisten, sondern auch jüdische Siedler und vor dem Abzug aus Hebron sogar israelische Soldaten aus.[35] Einen wichtigen Beitrag gegen den Terrorismus könnte die neue israelische Regierung dadurch leisten, daß sie das Elend der Gaza- und Westbank-Palästinenser durch die Öffnung der Grenze für palästinensische Arbeiter verringert. Die jüdische Harvard-Nahostexpertin Sara Roy hat fundiert die strukturellen Rahmenbedingungen aufgezeigt, die katastrophale Auswirkungen bei jeder Aussperrung der Gaza-Arbeiter hervorrufen. Die Folgen für die Lebensbedingungen palästinensischer Familien sind immens.[36] Das sind die strukturellen Ursachen des Terrorismus.

Seit den Terroranschlägen zwischen dem 25. Februar und dem 4. März des Jahres 1996 sind die Übergänge für die palästinensischen Arbeiter geschlossen, sieht man von einzelnen punktuellen Erleichterungen ab. Dadurch entsteht ein täglicher Einkommensausfall an Arbeitslöhnen in Höhe von 5 bis 6 Mio. US-Dollar. Durch das Fehlen eines sozialstaatlichen Systems bedeutet dieser Ausfall Armut und Elend für die unmittelbar Betroffenen. Das weiß auch Netanyahu. Aus diesem Grunde versuchte er, die nach seiner Rückkehr aus Washington im Juli 1996 ihm gegenüber geäußerte Kritik in Israel abzuschwächen. Beim Abschluß dieses Buches, im Frühsommer 1997, galt die Aussperrung, von unbedeutenden Modifikationen abgesehen, unverändert.

Nach dem ergebnislosen Treffen mit Netanyahu – im Beisein von Clinton – in Washington im Oktober 1996 sagte Arafat:»Wenn wir dem Verhungern ausgesetzt werden, wie können die Israelis sich sicher fühlen?« (*New York Times* vom 11. Oktober 1996, S. A 10). Hungernde Menschen können die ethische Bedeutung des Friedensbegriffes nicht abstrakt reflektieren. Kurzum: Das arabische »Ja« zum Frieden ist kaum zu übersehen; es ist aber auch nicht unerschütterbar. Die Likud-Politik trägt dazu bei, das arabische »Ja« wieder in Frage zu stellen. Die Beschlagnahme arabischen Bodens und der Siedlungsbau in Ostjerusalem waren bis zum Abschluß dieses Buches der größte Anschlag auf den Frieden.

Noch einmal: Der Terrorismus – Polemik und Fakten

Ich habe gerade mit Blick auf Netanyahus Weltsicht sowie seine Politik in bezug auf den Terrorismus ausgeführt, daß diese Problematik so ernst ist, daß sie ohne polemische Töne angegangen werden sollte. Ich möchte dies im weiteren noch vertiefen. Es ist überflüssig zu sagen: Der Terrorismus gefährdet den Frieden. Es läßt sich mit Sicherheit behaupten, daß der Likud ohne die Hamas-Terroraktionen von Februar/März 1996 nicht an die Macht gekommen wäre. Terroristen können unter Menschen, die sich im Elend und in einer Notsituation befinden, wie Fische im Wasser agieren.

Es ist nachgewiesen, daß alle Selbstmord-Terroristen aus dem Kreis der im Dezember 1992 von Israel in den Südlibanon deportierten Hamas-Palästinenser stammten. Im südlibanesischen Ort Mardj al-Zuhur haben die deportierten palästinensischen Fundamentalisten, obwohl sunnitisch, von ihren libanesischen Hizbullah-Betreuern den schiitischen Selbstmord-Terrorismus gelernt. Auf dem zweiten Kronberger Nahostfriedenssymposium der Bertelsmann Stiftung sagte mir der leitende Planungsminister der Palästinensischen Autonomiebehörde, Nabil Scha´at, ironisch, Israel habe die Hamas-Deportierten durch die Entsendung nach Südlibanon ungewollt zu Stipendiaten der Hizbullah mit einer Ausbildung in Sachen Terrorismus gemacht. Mit anderen Worten, man kann den Terrorismus nicht verbal verurteilen und gleichzeitig eine Politik betreiben, die ihn faktisch fördert.

Es ist allgemein bekannt, daß palästinensische Muslime *sämtlich* Sunniten sind, also den Selbstmord-Terror als Märtyrertod nicht kennen. Es ist ebenso nachgewiesen, daß *keiner* der in Israel arbeitenden Palästinenser je in Terroraktionen dieser Art verwickelt war. Warum dann die Aussperrung? Von israelischer Seite bekommt man auf diese Frage stets als Antwort: Vergeltung des Terrorismus.

Auch während des ersten Netanyahu-Besuchs in Washington war der Zusammenhang von Elend und Terrorismus ein zentrales Gesprächsthema. Die *New York Times* veröffentlichte Interviews mit Gaza-Palästinensern, die von der Aussperrung betroffen waren. Sie sagten, in Washington spreche man über hohe Politik – über Jerusalem, den Palästina-Staat und den Golan -, die dringenden Belange der Menschen in Palästina seien jedoch andere. Ein Gaza-Palästinenser sagte:»Wenn Sie die Wahrheit erfahren wollen: Uns interessiert nur, wann die Aussperrung aufhört und wann wir wieder Lohn haben werden; hier gibt es keine Nahrung, keine Medizin. Komm in mein Haus und schau Dir an, wie 16 Menschen in zwei Zimmern wohnen.«[37] Das veranschaulicht die Konditionen, die seither der anhaltenden Stimmung im strukturell deformierten Gaza zugrundeliegen, wie es die zitierte jüdische Kollegin Sara Roy (Anm. 36) sorgfältig beschreibt.

Um nicht mißverstanden zu werden: Es liegt mir keineswegs daran, den Terrorismus mit Hinweisen auf seine strukturellen Ursachen zu beschönigen. Auch übersehe ich nicht, daß es auswärtige Mächte gibt, an deren oberster Stelle der Iran steht[38], die den Terrorismus in der Welt des Islam, das heißt auch in den besetzten Gebieten, und auch weltweit fördern. Aber die Art und Weise, wie Netanyahu das Problem angeht, um von anderen Problemen abzulenken, ist weder dazu geeignet, mit dem Terrorismus umzugehen und ihn zu bekämpfen, noch den Friedensprozeß zu retten.

Zusammenfassend möchte ich unterstreichen, daß neben den drei Grundfragen der »hohen Politik«, das heißt Jerusalem, Palästina-Staat und Golanhöhen, die materiellen Bedürfnisse der leidenden Palästinenser zentral für den Frieden zwischen den staatlichen Konfliktparteien bleiben. Ägypten führt hierbei das arabische Lager (vgl. Kap. 9) an, doch der wichtigste Vermittler ist König Hussein von Jordanien (vgl. Kap. 3). Zwischen 60 und 70 Prozent der jordanischen Bevölkerung sind Palästinenser.[39] Der zukünftige Palästina-Staat wäre ohne eine wirtschaftliche Vernetzung mit Jordanien nicht lebensfähig und auch nicht in der Lage, die Lebensbedingungen der Palästinenser zu verbessern. Der Terrorismus kann losgelöst von diesem politischen und wirtschaftlichem Hintergrund nicht angemessen dargestellt werden.

Israelisches Roulett

Der einzige arabische Staatschef, der 1996 nicht auf Peres gesetzt und einen Wahlsieg Netanyahus vorausgesagt hatte, war der jordanische König Hussein. Als die Friedensverhandlungen wieder aufgenommen wurden, kam ihm die Funktion eines Scharniers zwischen der Likud-Regierung und den Palästinensern zu. Netanyahu, der diese wichtige Vermittlerrolle zunächst anerkannt und die jordanische Hauptstadt kurz nach seinem Kairo-Besuch im Juli 1996 aufgesucht hatte, hat jedoch bis zum Abschluß des Hebron-Abkommens durch seine Unnachgiebigkeit die Position König Husseins in einem Grad verschlechtert, daß das jordanische Parlament und weite Teile der Öffentlichkeit die Einstellung der Normalisierungspolitik mit Israel forderten. Insbesondere wiegt schwer, daß von Netanyahu in bezug auf die islamische institutionelle Präsenz in Jerusalem keine Kompromisse zu erwarten sind. Dies kann von König Hussein von Jordanien, der den Status des »Scharifen von Jerusalem« hat, niemals akzeptiert werden.

Nach der optimistisch stimmenden Wiederaufnahme der israelisch-palästinensischen Verhandlungen mit dem Hebron-Erfolg vom Januar 1997 folgte der Schock der Beschlagnahme des Bergs Abu Ghunaim und dessen Freigabe für den Siedlungsbau. Die palästinensisch-israelischen Gespräche wurden eingestellt. Diese Verhandlungen sind aber sowohl in bezug auf die Einhaltung bestehender Verträge als auch für die Stabilisierung bereits erfüllter Leistungen von zentraler Bedeutung. Es scheint so, als hätte Netanyahu aus den Gewalttätigkeiten infolge der törichten Eröffnung des Tunnels unter der al-Aqsa-Moschee Ende September 1996 nicht viel dazu gelernt. Sonst hätte es kein Har Homa gegeben. Damit hat Netanyahu den Boden für eine neue Intifada[40] bereitet (dazu Kap. 10). Arafat kann nicht riskieren, daß eine zweite Intifada der Palästinenser ausbricht, weil diese nicht von der PLO, sondern von den islamischen Fundamentalisten von Hamas und Djihad Islami getragen werden würde. Die Situation ist hierfür mehr als reif. Dies haben sowohl der bereits erwähnte Gewaltausbruch Ende September 1996 als auch die Unruhen von März / April 1997 gezeigt.

Wenn hier von Fundamentalismus die Rede ist, dann ist es wichtig hinzuzufügen, daß Fundamentalismus kein Schimpfwort ist, sondern die politische Ordnungsideologie eines Gottesstaates.[41] Jüdische und islamische Fundamentalisten haben – wie ich im siebten Kapitel zeigen werde – exklusive Ansprüche und können deshalb keinen Frieden miteinander schließen.

Ich möchte diese Einleitung nicht ohne einen Hinweis darauf abschließen, daß das zentrale Problem des Friedens nicht Netanyahu heißt. Ich würde mich sehr mißverstanden fühlen, wenn nach der Lektüre bei meinen Lesern dieser Eindruck entstände, obwohl ich mit Nachdruck das Gewicht der Person dieses Politikers angesprochen habe. Das Problem der neuen Likud-Regierung ist, daß sie ein Amalgam vieler kleiner Parteien darstellt, die sich in ihrer Politik-Programmatik voneinander unterscheiden. Angesichts der dünnen Mehrheit zählt jede Stimme, und jede Rücktrittsdrohung eines Ministers hat ihre Wirkung. Die schon erwähnte Roni Bar-

On-Affäre ist hier einzuordnen. Somit ist Netanyahu in vieler Hinsicht erpressbar. Verschlimmert wird die Situation dadurch, daß er selbst als ein relativ unerfahrener Politiker, der in einer ihm kulturell nicht vertrauten Welt agiert, kein Konzept für eine regionale Politik im Nahen Osten hat, das heißt bei seinen politischen Entscheidungen von der Hand in den Mund lebt. Hinzu kommt, daß er – etwa im Gegensatz zu Rabin und Peres – in Israel nicht als Autorität gilt und entsprechend wenig respektiert wird. Nicht nur westliche Korrespondenten in Israel vertreten diese Einschätzung; auch der zitierte israelische Sicherheitsexperte Shai Feldman[42] sagte in Harvard, Netanyahu mangele es an Respekt von seiten seiner eigenen »Peer Group«. Wie geht es weiter?

Bis zur Bar-On-Affäre, die den Ruf Netanyahus – als nunmehr lediglich mangels Beweisen nicht verurteilter Politiker – schädigte, gab es die Hoffnung auf eine große Koalition zwischen Likud und Labour als Ausweg. Eine solche Koalition der großen nationalen Einheit in Israel – ohne die drei kleinen ultraorthodoxen Parteien Schas, Torah-Partei und Nationalreligiöse Partei ist seit jener Affäre nicht mehr möglich, weil Netanyahu sich dadurch in große Abhängigkeit von den angeführten kleinen Parteien begeben hat. Der Friedensprozeß ruht. Das Roulett-Spiel von Netanyahu ist nicht nur sehr abenteuerlich, sondern auch für die gesamte Region sehr gefährlich. Ich möchte in dieser Einleitung nicht meine aktuelle Analyse im zehnten Kapitel vorwegnehmen, sondern hier schließen und zu den großen zeitgeschichtlichen Zusammenhängen des Friedensprozesses übergehen.

Erster Teil

Die Ausgangslage – Gefährdung des Friedens: Von der Labour-Regierung zum Likud-Wahlsieg

»Die Araber werden auf ihrem Gipfel in Kairo ihren Entschluß unterstreichen, am Friedensprozeß ... festzuhalten, sie werden hierbei die internationale Gesellschaft, insbesondere die USA an ihre besondere Verantwortung erinnern ... Zunächst haben die Araber die amerikanische Friedensinitiative aufgenommen und ihr Vertrauen geschenkt in bezug auf die Verwirklichung eines gerechten und umfassenden Friedens auf dieser Basis: Land für Frieden. Aber Israel kehrt diesem Friedensprozeß nicht nur den Rücken, es torpediert darüber hinaus sämtliche hierauf bezogenen wertvollen Bemühungen ... Alle Araber haben überall in der arabischen Welt den israelischen Ministerpräsidenten gehört, als er aller Welt sowie seiner Knesset lauthals verkündete, er werde weder die Golanhöhen noch Jerusalem zurückgeben. Noch gefährlicher als all dies ist die Betonung seiner Absicht, die Siedlungspolitik in allen besetzten arabischen Gebieten voranzutreiben ... Der neue israelische Ministerpräsident verhält sich so, als wären der Friedensprozeß sowie seine Prinzipien und die internationale Legitimität, auf der er fußt, einfach unverbindlich für seine Regierung. Das ist eine äußerst gefährliche Einstellung, die die (nahöstliche) Region zu Explosionen und Kriegen führen könnte.

Der staatliche Radio-Sender von Damaskus am Freitag, den 21. Juni 1996, nach *al-Quds al-Arabi* vom 22./23. Juli 1996, S. 4.

»Ich glaube schon, daß wir mit Netanyahu zusammenarbeiten können. Darüber hinaus bin ich der Auffassung, daß der Friedensprozeß
unumkehrbar ist.«

König Hussein in: *al-Dustur* (Amman) vom 9. Juni 1996, S. 6.

»Ich fühle, daß es keinen Grund zum Pessimismus gibt ... Bei den israelischen Wahlen ging es nicht um eine Entscheidung für oder gegen
den Frieden, sondern allein um eine Entscheidung über die Person des
Premierministers. Ich glaube, die überwältigende Mehrheit der Israelis ist für den Frieden ... Die Israelis haben ihre Wahlentscheidung
(für die Person) getroffen und wir müssen sie in einem demokratischen Rahmen akzeptieren.«

Rede König Husseins an der New York University vom Dienstag, den 11. Juni 1996,
in Passagen abgedruckt in: *Jordan Times* (Amman) vom 13./14. Juni 1996.

Einführung

Ein deutscher sozialdemokratischer Politiker, der als der außen-politische Experte seiner Partei gilt, kommentierte nach dem Likud-Wahlsieg mit selbstgenügsamer Sicherheit: »Der Friedens-prozeß im Nahen Osten ist zu Ende.« In einem ZDF-Fernsehinter-view mit Alexander Niemetz vom 30. Mai 1996 widersprach ich dem SPD-Politiker. Man soll Politiker nicht nach ihrer Rhetorik, sondern nach ihren Taten beurteilen. Einige Monate nach dem angeführten ZDF-Interview, im Oktober 1996, traf ich in Harvard den befreundeten, an der Hebräischen Universität in Jerusalem lehrenden, großen israelischen Politikwissenschaftler Schlomo Avineri, der über Netanyahus Politik sehr betrübt war. Avineri ist nicht nur ein international bekannter Gelehrter, sondern auch ein Israeli mit politischer Erfahrung. Er diente einst einem Labour-Kabinett als Regierungsdirektor im Außenministerium. Avineri sagte freundlich in bezug auf meinen ZDF-Kommentar: »Du bist zu großzügig zu uns«; er meinte, man solle Netanyahu schärfer kri-tisieren, ohne jedoch vorschnell zu behaupten, der Friedensprozeß sei am Ende. Avineri teilte meine Ansicht, daß der Friedensprozeß unumkehrbar ist, wenngleich er Rückschläge erleiden kann. Ent-sprechend bedeuteten die Abwahl von Schimon Peres und der Wahlsieg von Likud einen Rückschlag für den Friedensprozeß.

In den als Motto zu diesem Teil »Gefährdung des Friedens« zitierten arabischen Positionen kommen unterschiedliche Ein-schätzungen zum Ausdruck. In meiner eigenen Analyse will ich parallel zur Unterbreitung von Informationen für den interessier-ten Laien stufenweise die vielen Facetten der Frage des gefährde-ten Friedens – stets mit den erforderlichen Nuancen – untersu-chen, statt eine rigorose Schwarz-Weiß-Malerei zu betreiben. Die Leser sollen hierbei Basisinformationen über den entsprechenden zeithistorischen Kontext erfahren.

Im Mittelpunkt stehen zwei unterschiedliche arabische Ein-schätzungen, die in den als Motti ausgewählten Zitaten zu diesem Teil zum Ausdruck gebracht werden; zum einen geht es um die durch Syrien artikulierte arabische Sorge über den Fortgang des Friedensprozesses und um die Frage, ob mit Netanyahu tatsächlich das »Aus« zu erwarten ist. Dem steht die bis zur Besiedelung ara-bischen Bodens in Ostjerusalem ab 18. März 1997 optimistische

Position des jordanischen Königs gegenüber. Die Kontrastierung der jordanischen mit der syrischen Wahrnehmung der politischen Situation dient dazu, den Lesern zu zeigen, wie spannend es ist, der Frage nach der Gefährdung des Friedens im Nahen Osten nachzugehen.

Besonders im dritten Kapitel werden die arabischen Positionen näher beleuchtet. Obwohl König Hussein optimistischer als der syrische Präsident Assad ist, gibt es unter den Arabern einen Konsens über die zentralen Fragen des Friedens und über mögliche Perspektiven für eine befriedigende Lösung. Interessant ist, daß König Hussein von den Arabern fordert, das Ergebnis der demokratischen Wahl in Israel zu respektieren (vgl. Motto), zumal es möglich sei, mit Netanyahu zusammenzuarbeiten. Wer hat Recht? Syrien oder Jordanien?

Kapitel 1

Vor der Wahl des Likud – Der zweite Katjuschakrieg

Fernsehbilder bestimmen, wer gewählt wird
Demokratie ist zwar die beste Regierungsform, die die Menschheit je gekannt hat, aber sie hat auch ihre Schwachstellen. In Israel darf ein Premierminister auf der Basis einer hauchdünnen Mehrheit von nur 29000 Stimmen regieren, obwohl seine Partei Sitze im Parlament verloren hat. Hinzu kommt, daß Terroristen die Stimmung der israelischen Wähler beeinflussen können, und daß die Fernsehbilder von den Terroranschlägen von Februar / März 1996 sowie von den Katjuscha-Raketen der »Hizbullah« / »Partei Gottes« den entscheidenden Ausschlag bei der Wahl gegeben haben. Mit dem Versprechen »mehr Sicherheit« siegte Netanyahu über Peres, der von »mehr Frieden« sprach. Die Fernsehkameras interessieren sich nicht für Frieden, sondern für »action«. Dieses Bildmaterial liefern die Fundamentalisten.

Bei der Wahl vom Mai 1996 wurden Parlaments- und Premierministerwahl erstmals getrennt durchgeführt. Netanyahu hat die demokratische Legitimation erhalten, für alle Israelis zu handeln. Immerhin ist dies noch besser als ein System, in dem ein nur mehrere Tausend Menschen umfassender Clan ohne Wahlen für die gesamte Bevölkerung spricht. Dies trifft zum Beispiel auf den Takriti-Clan von Saddam Hussein im Irak, die Saudis in Arabien und die Sabah-Familie in Kuwait zu.

Außer dem Vorbehalt gegenüber einer äußerst knappen Mehrheit gibt es im Zeitalter der Vorherrschaft der Medien einen noch wichtigeren Zweifel an der Demokratie, der die manipulative Beeinflußbarkeit der Wähler betrifft. Die erste Fassung dieses Kapitels entstand in Harvard im September 1996 während des amerikanischen Präsidentschaftswahlkampfes; hier fand ich zahlreiche Beweise für meine Bedenken. Zu den Themen des Wahlkampfs gehörten zu jenem Zeitpunkt an vorderster Stelle der Terrorismus und der irakische Diktator Saddam Hussein, – nicht als reale Person, sondern als Pappkamerad. Es ging dabei nicht um die Sache selbst, sondern vielmehr darum, welcher der beiden Präsidentschaftskandidaten die amerikanischen Wähler davon überzeugen konnte, der Garant gegen die beiden genannten, von den Amerikanern irrational empfundenen externen Bedrohungen zu sein. Bei aller Überzeugung von der Häßlichkeit des irakischen Diktators, weiß ich nicht recht, wieso er eine Bedrohung für die Amerikaner sein soll! Dennoch förderten Fernsehbilder im Wahlkampf gezielt diese Wahrnehmung.

Ich bin fest davon überzeugt, daß der Abwurf von 44 Marschflugkörpern auf den Südirak Anfang September 1996 nicht Saddam Hussein galt, sondern als Beweis gegenüber den Wählern diente, Clinton könne, wie die *New York Times* schrieb, »stand up to bullies«/»dem Maulhelden die Stirn bieten«[1], nachdem der Rivale Bob Dole dem amtierenden Präsidenten Schwäche vorgeworfen hatte. Die Brutalität der amerikanischen Bombardierung war dem Republikaner Newt Gingrich, der im Fernsehen den verursachten wirtschaftlichen Schaden mit dem Preis der Raketen verglich und rechnerisch zu einem negativen Saldo kam (Raketenpreis ca. 1 Million, verursachter Schaden 60 Tausend US-Dollar), nicht genug.

Nicht anders war es in Israel vor den Wahlen im Mai 1996. Die in der iranischen Botschaft in Damaskus gegründete Hizbullah nervte die Israelis im April 1996 durch ihre militärisch jedoch kaum wirksamen Katjuscha-Raketen. Zuvor, Ende Februar bis Anfang März, hatte eine Serie von Selbstmord-Terroraktionen der fundamentalistischen Hamas stattgefunden. Im Gegensatz zu regulären Armeen können weder Terroristen noch die Werfer von Katjuscha-Raketen durch eine militärische Übermacht eingeschüchtert werden. Die militärische Bilanz läßt sich nicht mehr an dem Grad der Bewaffnung organisierter Staatsarmeen bemessen.[2] Im »irregulären Krieg« – so der neue Fachausdruck – nutzen organisierte Armeen wenig (vgl. Anm. 10).

Ohne den veränderten politisch-militärischen Rahmenbedingungen Rechnung zu tragen, wollte die Labour-Regierung von

Peres kurz vor der Wahl Stärke demonstrieren. Aus diesem Grund ließ sie sich in einen Krieg mit der Hizbullah verwickeln, der statt ihr zu helfen nur schadete. Die Militäraktion »Früchte des Zorns« vom April 1996 wird in diesem Buch als »zweiter Katjuschakrieg« bezeichnet. Bereits 1993 wurde während der letzten Juliwoche ein heftiger Katjuschakrieg im Südlibanon geführt (vgl. Kap.6). Der militärische Höhepunkt dieses Krieges war die israelische Besetzung des Südlibanon über die seit 1982 bestehende, von Israel kontrollierte Sicherheitszone hinaus.

Das Debakel der israelischen Militäraktion »Früchte des Zorns«

Die israelische Aktion »Früchte des Zorns«, die zum zweiten Katjuschakrieg geführt hatte, endete in einem Debakel. Die »Früchte«, die Peres erntete, waren »bitter«, wie die *Financial Times* kommentierte: es war der entscheidende Test für Peres[3], und er verlor ihn.

Die Fernsehbilder sowohl aus dem Südlibanon als auch von den israelischen Opfern der Terroranschläge islamischer Fundamentalisten waren für die Wiederwahl der Labour-Regierung alles andere als förderlich. An diesem Beispiel läßt sich wieder der kritisierte, weil manipulative, Einfluß der Medien illustrieren.

Nur durch die amerikanische Intervention gelang es im April 1996, den verlustreichen Katjuschakrieg im Südlibanon zu beenden, ohne jedoch dabei das eigentliche Ziel zu erreichen. Erst nach langem Hin und Her zwischen Damaskus und Jerusalem hatte der damalige amerikanische Außenminister Warren Christopher die Kriegsparteien im Südlibanon zum Einlenken bewegen können.[4]

Ab Samstag, den 27.April, um 3.00 Uhr mitteleuropäischer Zeit, schwiegen die Waffen. Bereits zwei Stunden nach Eintreten des Waffenstillstands hatten einige hundert der fast eine halbe Million umfassenden Kriegsflüchtlinge damit begonnen, von Beirut wieder in den Südlibanon zurückzukehren. Wie US-Außenminister Christopher in einem anschließenden CNN-Interview, die Hoffnungen dämpfend, sagte, sei die getroffene Vereinbarung weder längerfristig noch ein Friedensvertrag; sie garantiere lediglich, daß Israel und die Hizbullah nicht länger die Zivilbevölkerung angreifen. Das Recht der schiitischen Hizbullah, Katjuscha-Raketen auf Israel abzufeuern, sowie das Recht Israels, hierauf mit Bombardierungen zu reagieren, wurden in der Vereinbarung nicht bestritten. Das spätere Vorgehen beider Kriegsparteien bestätigte dies. In den Augen der israelischen Wähler war Peres durch das Waffenstillstandsabkommen ohne eine Schwächung der Hizbullah der klare Verlierer. Nach diesem Debakel konnte Netanyahu während des Wahlkampfs mit starken Sprüchen auftrumpfen. Der zweite Katjuschakrieg im Südlibanon dauerte 16 Tage. Noch am Freitag, dem 16. Tag, dauerten die Kämpfe an, begannen aber in den ersten Stunden des 17. Tages abzuflauen. Die iranisch geförderte schiitische Hizbullah[5] feuerte in diesen 16 Tagen mehr als 1000 Raketen auf Nordisrael ab, die jedoch kaum eine spürbare militärische Wirkung zeigten. Die israelische Luftwaffe und Artillerie reagierten hierauf dennoch überproportional mit massiven Bombardierungen, die den Südlibanon in eine Kriegsruine verwandelten und einen wirtschaftlichen Schaden von ca. 500 Millionen US-Dollar anrichteten. Die Infrastruktur wurde hierbei erheblich zerstört, ca. eine halbe Million Menschen zur Flucht gezwungen und unbetroffene Zivilisten (zum Beispiel in Qana) – darunter viele Frauen und Kinder – getötet. Die Hizbullah wurde durch das israelische Vorgehen nicht geschwächt, ganz im Gegenteil, sie ist aus diesem zweiten Katjuschakrieg gestärkt hervorgegangen. In den Augen der notleidenden Bevölkerung hat sie zudem mehr Legitimität gewonnen als die andere, gemäßigte Partei der libanesischen Schiiten, die von Nabil Berri angeführte Amal.[6] Sogar unter den Christen hat die Hizbullah Zustimmung als eine nationale Widerstandsbewegung erlangt. Entscheidend an dem vorläufigen Waffenstillstandsabkommen, das – wie erwähnt – noch keine Friedensvereinbarung ist, ist die darin enthaltene Aufforderung, die seit Februar 1996 unterbrochenen syrisch-israelischen Friedensverhandlungen wiederaufzunehmen. Das ist jedoch weder vor noch nach der israelischen Wahl vom Mai 1996 geschehen.

Kriege sind bekanntlich nicht nur militärische Ereignisse; sie haben auch und vor allem jeweils entscheidende politische Implikationen, insofern mit ihnen politische Zielsetzungen verfolgt werden. Auf den ersten Katjuschakrieg vom Juli 1993 folgten die israelisch-palästinensische Prinzipienerklärung von Oslo und der entsprechende Friedensvertrag zwischen der PLO und Israel. Nach dem zweiten Katjuschakrieg wurde die Frage gestellt: Wird diesmal hinter den Kulissen an einer vergleichbaren Friedenslösung, vor allem mit Syrien, gearbeitet? Heute wissen wir, daß dies nicht der Fall war. Die wichtigste indirekte Auswirkung jenes Krieges war die Abwahl der israelischen Friedenspartei und damit das Ende der Labour-Regierung. Die Medien haben durch die Bilderflut im Fernsehen und durch eine oberflächliche Berichterstattung über das moderne »Säbelrasseln« mit Raketen, Flugzeugen und Artillerie ohne die Erklärung der Zusammenhänge zu diesem negativen Ergebnis beigetragen.

Die Hizbullah und ihre fanatischen Gotteskämpfer mögen zwar Angst und Schrecken verbreiten, weil sie durch ihren Terrorismus für Blutvergießen und damit für Schlagzeilen und sensationelle Bilder in den Medien sorgen; politisch sind sie jedoch keine selbständige Größe, sondern lediglich ein Werkzeug der anderen Konfliktparteien, das heißt Syrien und Iran.[7] Die Richtigkeit dieser Feststellung illustriert allein die Tatsache, daß die Vorgeschichte dieses zweiten Katjuschakrieges weder mit der Hizbullah noch mit dem Südlibanon direkt zu tun hatte.

Um die Problematik zu verstehen, muß sich der Leser vergegenwärtigen, daß es zwischen Israel und Syrien, als der entscheidenden Macht im Libanon, von den USA vermittelte Gespräche gegeben hatte. Im Februar 1996 waren die Verhandlungen im amerikanischen Wye / Maryland jedoch ergebnislos abgebrochen worden. Israel war zu Zugeständnissen bereit, diese gingen aber nicht so weit, wie die Syrer erwarteten. An vorderster Stelle stand und steht immer noch die geforderte Rückgabe der Golanhöhen als Voraussetzung für den Frieden. In einem bemerkenswerten Interview mit Schimon Peres nannte die *Financial Times* die Syrien-Sackgasse der israelischen Friedenspolitik das »Damaskus-Dilemma«.[8] Beide Konfliktparteien verpaßten damals eine goldene Chance zur Erweiterung des nahöstlichen Friedenshorizonts, weil es beiden an Flexibilität mangelte.

Während des zweiten Kronberger Symposiums der Bertelsmann Stiftung zum Nahostfrieden im März 1996 hatte ich ein Gespräch mit dem israelischen Delegationschef bei den angeführten Verhandlungen mit Syrien, dem Fachkollegen von der Tel Aviv Universität und damaligem israelischen Botschafter in Washington, Professor Itamar Rabinovich, geführt. Beim Abbruch der Verhandlungen ging die Labour-Regierung offenbar davon aus, daß das letzte Wort noch nicht gesprochen war. Im Gegensatz zu der offiziellen syrischen Haltung wirkte Botschafter Rabinovich auf mich sogar relativ optimistisch.

Ein anderes wichtiges Ereignis vor dem zweiten Katjuschakrieg, das zum besseren Verständnis der Entwicklung ins Gedächtnis gerufen werden muß, war das amerikanische Embargo gegen den Iran als »Förderer des Terrorismus« und die damit verbundene Weigerung der Clinton-Regierung, sich mit dem Iran an den Verhandlungstisch zu setzen. Die Iraner wollten durch ihre Trumpfkarte im Libanon die USA zwingen, mit ihnen Gespräche aufzunehmen. Die USA ließen sich hierauf aber nicht ein.

Die Hizbullah und ihr Umfeld

Die Katjuscha-Nadelstiche der Hizbullah stehen nicht für sich selbst, sie müssen im Licht der angeführten politischen Hintergrundgeschichte gesehen werden. Im Vorfeld hat die Hizbullah vom Südlibanon aus während des gesamten Monats März 1996 – wenn auch mit Unterbrechungen – ihre Raketen auf Nordisrael abgefeuert. Israel sollte auf diese Weise durch einen Stellvertreter daran erinnert werden, daß es ohne einen Frieden mit Syrien keinen Frieden an der libanesisch-israelischen Grenze geben kann. Und die USA, als Israels wichtigster Verbündeter, sollten daran erinnert werden, daß der Iran auch außerhalb seiner Grenzen über Schalthebel in der Region verfügt. Die hiermit indirekt übermittelte Botschaft, die kein Fernsehbild vermitteln konnte, lautete klar: Wer Frieden im Südlibanon will, muß auch mit Syrien und Iran verhandeln.

Um nicht mißverstanden zu werden: Die Hizbullah-Kämpfer verstehen sich selbst als religiös-patriotische Beschützer des Libanon vor Israel, und nicht als Handlanger Syriens und Irans, von deren Unterstützung ihre Führung tatsächlich jedoch äußerst abhängig sind. Eine der Folgen des Katjuschakrieges ist, daß das Beschützer-Image der Hizbullah als eine patriotische Gruppierung sogar von den libanesischen Christen akzeptiert wird und daß diese Partei mit Hilfe Israels an Legitimität gewonnen hat. Der Krieg mit Israel hat die konfessionellen Spannungen im Libanon vorläufig verdrängt und im Ergebnis eine antiisraelische, nationale Front hervorgerufen.

Hinter der israelischen Militäroperation »Früchte des Zorns« gegen die Hizbullah stand die Illusion, daß Israel auf die Katjuscha-Raketen mit seiner weit überlegenen Kriegsmaschinerie effektiv und einschüchternd zurückschlagen könne. Es trifft zwar zu, daß die israelischen Streitkräfte aus allen fünf arabisch-israelischen zwischenstaatlichen Kriegen von 1948 bis 1982 stets als Sieger hervorgegangen sind.[9] Aber die Welt hat sich seither radikal verändert. Früher wurden die regionalen Kriegsparteien als Klienten der Supermächte jeweils von Washington oder von Moskau ausgerüstet. Der post-bipolare Krieg ist dagegen nicht mehr ein solcher zwischen regulären Armeen, wie dies bei den früheren fünf arabisch-israelischen Kriegen der Fall war. Die israelischen Politiker und Militärs scheinen die weltpolitische Entwicklung nach dem Ende des Kalten Krieges nicht angemessen verstanden zu haben. Durch den »irregulären Krieg« als »low intensity-Krieg«[10] (wie in Bosnien, Somalia, Afghanistan, Liberia u.a.) ist eine völlig neue sicherheitspolitische Situation eingetreten. Der arabisch-israelische Konflikt bildet hier keine Ausnahme.[11]

Gegen die neue Art der irregulären Kriegsführung kann selbst eine sonst überlegene Luftwaffe mit ihren weitreichenden Möglichkeiten der ausgefeilten Satellitenaufklärung wenig ausrichten. Aus dieser Perspektive läßt sich sagen: Der Katjuschakrieg im Südlibanon war weder politisch noch militärisch eine kluge Entscheidung der Peres-Regierung und endete daher in einem völligen Debakel. Denn sowohl innenpolitisch in Israel selbst, als auch in der Region und sogar in der gesamten Weltöffentlichkeit hat sich die Position der israelischen Regierung durch diesen Krieg merklich verschlechtert, ganz zu schweigen von der Tatsache, daß sie ihr Kriegsziel, die Zerschlagung der Hizbullah, nicht erreichte. Auf diesem Mißerfolg der Labour-Regierung hat der Likud-Block seinen Erfolg aufgebaut.

Um es nochmals zu betonen: Die Hizbullah, die im Nahen Osten als Katjuscha-Partei bekannt ist, ist von Israel nicht geschwächt und noch weniger militärisch besiegt worden. Im Gegenteil, sie hat inzwischen mehr Verbündete als je zuvor, ja sogar unter der christlichen Bevölkerung des Libanon, die zuvor wenig Sympathie für diese religiös-fanatische, schiitische Partei hegte. Zudem ist auch die Verhandlungsposition der Förderer der Hizbullah, nämlich Syrien und Iran (vgl. Anm. 7), erheblich verbessert worden. Syrien gehört neben der Hizbullah und dem Iran zu den Gewinnern bei diesem Katjuschakrieg.

Die eindeutige Lehre lautet: Ohne eine direkte Verständigung mit Syrien kann kein Frieden im Nahen Osten erreicht werden.

Weiterhin ist der Iran mit von der Partie: der iranische Außenminister Welayati weilte während des zweiten Katjuschakrieges – wie seinerzeit beim ersten vom Juli 1993 – in Damaskus und verhandelte dort mit den westlichen Außenministern, vor allem mit seinem französischen Amtskollegen Hervé de Charette, als wäre er der Hausherr. Dadurch ist der Iran faktisch als Kriegspartei anerkannt worden.

Der Iran hat bekanntlich mit dem Libanon keine gemeinsame Grenze; somit kann er seinen Schützling, die Hizbullah, ohne syrische Zustimmung kaum unterstützen. Hieran wird die Komplexität der Problematik deutlich.

Letztlich bleibt Syrien allerdings die Nr. 1 bei der Suche nach einer dauerhaften, über den am 27. April 1996 in Kraft getretenen Waffenstillstand hinausreichenden Lösung und zwar nicht nur für den Libanonkonflikt. Ein Waffenstillstand ist wohl kaum ein Frieden. Und ein Nahostfrieden mit Katjuscha-Raketen und Selbstmord-Terroristen im Südlibanon ist wie ein Körper ohne Leben.

Die verschlechterten Perspektiven für den Frieden nach dem zweiten Katjuschakrieg

Schlecht informierte Beobachter der nahöstlichen Szene ließen sich durch die optimistische Annahme täuschen, daß die Waffenstillstandsvereinbarung zwischen Israel und dem Libanon in einen Friedensvertrag verwandelt werden könnte.

Für eine angemessene Einschätzung der Lage ist es wichtig, an eine kluge Äußerung von König Hussein zu erinnern. Auf dem Höhepunkt des Friedensprozesses im Nahen Osten, nach der Erweiterung der Oslo-Vereinbarung durch einen jordanisch-israelischen Friedensvertrag, sagte der jordanische König, die Trennungslinie verlaufe nun nicht mehr zwischen Arabern und Israelis, sondern vielmehr zwischen Befürwortern und Gegnern des Friedensprozesses. Auf dem Antiterror-Gipfel in Scharm al-Scheikh vom 13. März 1996, und auch mehrfach danach, ist diese Aussage massiv von arabischer Seite unterstützt worden. Ägypten und Jordanien gehören zu den aktiven arabischen Tauben. Syrien dagegen bleibt außerhalb des Prozesses.

Die Regierung Peres hat mit ihrer überzogenen Reaktion auf die Katjuscha-Provokation durch die Militäraktion »Früchte des Zorns« den Friedenstauben unter den arabischen Politikern, vor allem dem ägyptischen Präsident Mubarak und König Hussein, einen Bärendienst erwiesen. Die Israelis haben durch ihre Politik die Position ihrer arabischen Friedenspartner zunächst geschwächt und gleichzeitig ungewollt die Position der Hizbullah und anderer Fundamentalisten gestärkt. Auch in Israel konnte Peres seine Position durch den fehlgeschlagenen Versuch, militärische Stärke zu demonstrieren, nicht verbessern. Der israelische Korrespondent der *Financial Times*, Julian Ozanne, berichtete seinerzeit auf der Basis einer in Zusammenhang mit den Mai-Wahlen 1996 in Israel durchgeführten Wählerumfrage, daß Peres nur knapp vor der rechten Likud-Opposition rangierte.

Der Versuch, das Image der Peres-Regierung nach den vier Terroranschlägen von Hamas zwischen dem 25. Februar und dem 4. März zu verbessern und Peres als »starken Mann« erscheinen zu lassen, war gescheitert. Die Umfragen zeigten, daß die israelischen Wähler die Militäraktion »Früchte des Zorns« für einen Mißerfolg hielten. In den folgenden Monaten verschlechterte sich die Situation weiterhin, und schließlich verlor Peres die Wahl.

Israel, Hizbullah und Syrien

Die unter den Bedingungen vom April 1996 erreichte Waffenstillstandsvereinbarung ist nur wenig mehr als eine Rückkehr zu den mündlichen Vereinbarungen, die bereits nach dem ersten Katjuschakrieg vom Juli 1993 getroffen worden waren: Keine Beschießung der Zivilbevölkerung auf beiden Seiten. Allerdings ist der Waffenstillstand nicht völkerrechtlich formalisiert, das heißt nicht absolut verbindlich. Die Hizbullah ist kein Völkerrechtssubjekt und hat – wie bereits erwähnt – weiterhin das Recht, Katjuschas auf militärische Ziele in Israel abzufeuern. Nur Syrien kann die Hizbullah in Zaum halten, verweigert aber seine Unterschrift. Israel wiederum hat das Recht auf Vergeltung. Dies wurde beispielsweise nach den im Februar 1997 erfolgten Terroranschlägen von beiden Seiten erneut praktiziert. Der Erfolg war wiederum höchst bescheiden, der Preis an gefallenen israelischen Soldaten sehr hoch. Nun überlegt die Likud-Regierung, die Truppen aus dem Südlibanon unilateral abzuziehen und nur von israelischem Territorium aus gegen die Hizbullah zu operieren. Das wird als »Abkehr von der Libanon-Doktrin« bezeichnet.[12]

Bis eine syrisch-israelische Friedenslösung ausgehandelt wird, bleibt der Frieden an der libanesisch-israelischen Grenze unverbindlich und nicht mehr als ein höchst brüchiger Waffenstillstand, der jederzeit beendet werden kann. Israel will jedoch eine schriftliche, von Syrien mitunterzeichnete Friedensregelung erreichen. Die für den 27. April 1996 getroffene Vereinbarung liegt zwar schriftlich vor, jedoch – wie erwähnt – ohne die Unterschrift Syriens. Sie ist nicht mehr als ein Protokoll.

Netanyahu weiß ebensogut wie sein Vorgänger Peres, wie wichtig ein Frieden mit Syrien für die Sicherheit Israels ist; er glaubt, unter amerikanischem Druck einen Friedensvertrag erreichen zu können, ohne jedoch als Gegenleistung die Golanhöhen vollständig aufgeben zu müssen. Es sieht so aus, als wolle er die Rechnung ohne den Wirt machen. Den Widerspruch versteht Netanyahu nicht, oder er will ihn nicht verstehen. Im Gegensatz zu Israel, dem der Patron, die USA, auch nach dem Ende des Ost-West-Konflikts erhalten blieb (vgl. Anm. 25), hat Syrien nach dem Ende des Kalten Krieges seinen Patron, die Sowjetunion, eingebüßt.[13] Dadurch hat sich die Position Syriens verschlechtert; dennoch kann es von den USA nicht zur Zustimmung zu irgendwelchen Regelungen gezwungen werden.

Syrien hat neben seiner 40000 Soldaten umfassenden Besatzungsmacht im Libanon Geheimdiensteinrichtungen aufgebaut, deren Augen und Ohren überall präsent sind. Die Hizbullah kann deshalb ohne syrisches Wissen nicht agieren. Für Syrien ist die Hizbullah also eine Trumpfkarte. Wer die Hizbullah stillhalten will, muß sich mit Syrien arrangieren. Der Iran ist der Sponsor der Hizbullah und erhofft sich direkte Verhandlungen mit den USA: einerseits um amerikanische Anerkennung als nahöstlicher Akteur, andererseits um ein Ende des US-Boykotts gegen Iran zu erlangen. Während des zweiten Katjuschakriegs lehnte der damalige amerikanische Außenminister Christopher jedoch jegliche Zusammenkunft mit seinem iranischen Amtskollegen Welayati in Damaskus ab. Wie bereits angeführt, ließ sich der französische

Außenminister de Charette dagegen bereitwillig darauf ein, mit Welayati zu verhandeln. Frankreich scheint noch nicht begriffen zu haben, daß es im Nahen Osten nur ein Papiertiger ist. Und doch hat Frankreich erreicht, daß es neben den USA, Israel, Syrien und dem Libanon das fünfte Land ist, welches durch die Überwachung des vereinbarten Waffenstillstands im Südlibanon für dessen Einhaltung international und regional mitverantwortlich ist.

Auf der internationalen Bühne: Das diplomatische Nachspiel

Nach dem Schweigen der Waffen im zweiten Katjuschakrieg reisten der Chef der Palästinensischen Autonomiebehörde Arafat – nach einem Besuch und Gesprächen mit Mubarak in Kairo – sowie der damalige israelische Ministerpräsident Peres nach Washington. Die amerikanische Hauptstadt war stets die Drehscheibe bei der Suche nach einer dauerhaften Lösung für den Nahostkonflikt. Wenn die Nahostpolitiker mit der Lösung der eigenen Probleme nicht weiterkommen, reisen sie in die amerikanische Hauptstadt. In diesem Buch vertrete ich jedoch die Überzeugung, daß ein dauerhafter Frieden nur zwischen den unmittelbar Betroffenen erreicht werden kann. Mit anderen Worten: der Nahostkonflikt hat gleichgewichtige regionale und internationale Dimensionen, die bei der Konfliktbewältigung auch gleichrangig gewürdigt werden müssen.

Zum Verständnis der weltpolitischen Dimension der nahöstlichen Situation ist ein Blick auf unsere gegenwärtige Welt nach dem Ende des Kalten Krieges hilfreich. Regionale Konflikte hat es immer gegeben.[14] In unserer Zeit greifen sie aber allenthalben unkontrolliert um sich, sei es in Asien oder in Afrika. Die von dem verstorbenen Oxford-Gelehrten für internationale Politik, Hedley Bull, bereits 1977 hervorgehobene Regionalisierung der Weltpolitik erlangt nach dem Ende des Kalten Krieges eine noch größere Bedeutung. Der erhoffte Weltfrieden läßt weiterhin auf sich warten.

Obgleich regionale Konflikte eine unterschiedliche Bedeutung in der Weltpolitik haben, fiel es seinerzeit auf, daß die Mitte April 1996 in Moskau versammelten Staatschefs der führenden Nationen lediglich einen einzigen der zahlreichen Konflikte wahrgenommen und hierüber einen Beschluß gefaßt haben: den Nahostkonflikt. Unmittelbarer Anlaß war der Katjuschakrieg im Kontext der israelischen Militäroperation »Früchte des Zorns«. Dieser Gegenstand beschäftigte die Staatschefs der führenden Weltmächte. Um diesen Konflikt unter Kontrolle zu halten, beschlossen sie, ihre Außenminister in den Nahen Osten zu entsenden. Doch nicht nur die Konzentration der in Moskau versammelten Politiker auf den Nahen Osten war von großer Bedeutung. Wie in alten Zeiten des Ost-West-Konflikts war der russische Außenminister Primakow – scheinbar selbstverständlich – mit von der Partie. Unter Nahostexperten ist der Außenminister als ein Russe mit besten arabischen Sprachkenntnissen und Geheimdienstinformationen über die nahöstliche Region eine bekannte Persönlichkeit. Rußland – obwohl keine Supermacht mehr – zeigt seitdem erneut Flagge im Nahen Osten und beansprucht mitzureden. In diesem Zusammenhang ist der Besuch zu sehen, den Arafat dem genesenden Jelzin im Februar 1997 in Moskau abstattete, – wie während des Kalten Krieges, als Rußland wirklich noch ein Wort mitzureden hatte. In den vergangenen Zeiten des kommunistischen Imperiums war der Islam ein Fokus der sowjetischen Außenpolitik.[16] Der islamische Aufstand auf russischem Territorium im islamischen Tschetschenien hat den russischen Politikern die Augen für die Bedeutung der Ereignisse im Nahen Osten als dem Zentrum der islamischen Welt wieder geöffnet.

Bei dem angeführten Treffen der Staatschefs in Moskau ging es auch um die nukleare Sicherheit der Welt, hier ist der Westen auf russische Kooperation angewiesen. Präsident Jelzin ist sich dessen voll bewußt und nutzt die Situation im Nahen Osten dazu aus, seine Ziele zu erreichen: Der Westen soll auf die russische Mitarbeit auch bei der Lösung von regionalen Konflikten angewiesen sein und vor allem soll die weltpolitische Bedeutung Rußlands deutlich gemacht werden. Nicht anders war die Politik der Sowjetunion zur Zeit des Ost-West-Konflikts. Regionale Konflikte standen stets im Zentrum der damaligen Ost-West-Beziehungen.

Die Konzentration auf den Nahen Osten bei dem Treffen in Moskau untermauert die Feststellung, daß es sich bei diesem Konflikt nach wie vor um den brisantesten aller regionalen Konflikte in der Weltpolitik handelt. Und doch bleibt Washington nach der Auflösung der Sowjetunion die einzige Drehscheibe der Weltpolitik. Illustriert wird dies durch die häufige Anwesenheit der israelischen Ministerpräsidenten – Peres wie sein Nachfolger Netanyahu – sowie Arafats und der arabischen Staatschefs in Washington. Das Fehlen des syrischen Präsidenten Assad in Washington zeigt wiederum, daß auch die USA ohne die Zustimmung regionaler Staaten nichts ausrichten können. Regionale Akteure sind und waren nie Spielfiguren oder Stellvertreter der Supermächte.

Die Theorie von kleinen Staaten als Stellvertretern ist deshalb falsch, weil die Akteure bei regionalen Konflikten zur Zeit des Kalten Krieges und heute als souveräne Nationalstaaten ihre eigenen Interessen verfolgen. Auch während des Kalten Krieges war der Nahostkonflikt nie ein Stellvertreterkonflikt – auch wenn er eine zentrale Ost-West-Dimension hatte. Regionale Politik hat stets ihre eigene Dynamik.[17]

Syrien konnte sich nach dem Ende des Bürgerkrieges im Libanon (1975–1990) allerdings nur mit westlicher Zustimmung als Schutzmacht etablieren. Dies geschah als Belohnung für die syrische Beteiligung am Golfkrieg auf Seiten des Westens. Die Tatsache, daß Syrien sich zu einer Patronmacht des Libanon aufbauen konnte, erklärt die Sonderstellung dieses Landes bei dem anstehenden Konflikt. Die militärische Präsenz Syriens im Libanon wurde bereits angeführt. Die Richtigkeit des Arguments von der regionalen Eigendynamik kann daran illustriert werden, daß keine Supermacht Syrien zu irgendeiner Entscheidung zwingen kann; Syrien handelt souverän.

Es ist wichtig zu unterstreichen, daß Syrien im eigenen Interesse zu einem Frieden mit Israel – allerdings unter bestimmten Bedingungen – bereit ist. Syrien hat kein Interesse an einer Destabilisierung der Region. Aus diesem Grunde ist Syrien auch nur bedingt ein treuer Verbündeter des Iran. Die als Motto zu diesem Teil zitierte Verlautbarung von Radio Damaskus ist durchaus ernst zu nehmen.

Angesichts seines säkularen Regimes gehört Syrien[18] zu den arabischen Ländern, die das wenigste Interesse am Gedeihen der islamischen Fundamentalisten haben. Demnach ist das syrische Bündnis mit dem fundamentalistischen Iran (vgl. Anm. 7) nur von taktischer Bedeutung. Realpolitisch stellt die fundamentalistische Hizbullah für Syrien, wie ich gezeigt habe, eine wichtige Trumpfkarte in den Verhandlungen um eine Friedensregelung mit Israel dar. Strategisch gilt die sicherheitspolitische Beobachtung, daß arabische Staaten ohne Ägypten keinen Krieg gegen Israel führen können; ohne Syrien einzubeziehen, ist aber jeder Frieden im Nahen Osten unvollständig. »An Assad führt kein Weg vorbei« lautet eine Formel des Schweizer Nahostexperten Erich Gysling.[19] Militärisch war Ägypten bis zum Camp David-Frieden wegen seines Übergewichts das Schlüsselland in jedem arabisch-israelischen Krieg. Syrien ist dagegen aufgrund seiner geopolitischen Bedeutung das Schlüsselland für jede umfassende Friedenslösung. Niemand weiß die Richtigkeit dieser Erkenntnis besser zu würdigen als die israelischen Strategen. Es war kein Zufall, daß Peres den bereits zitierten besten israelischen Syrienexperten, Itamar Rabinovich[20], zum Botschafter in Washington berief. Dieser führende Nahostexperte Israels leitete als Delegationschef seines Landes die syrisch-israelischen Verhandlungen in Wye/Maryland. Nach der Wahl Netanyahus trat er aus Protest gegen die Likud-Politik zurück. Experten wie Rabinovich haben bei politischen Entscheidungen leider nicht immer das letzte Wort. Ich habe Rabinovich erstmals 1978 in Hamburg getroffen und mit ihm als Autor an dem Band »The Contemporary Middle Eastern Science«[21] mitgewirkt. Später haben wir beide an einem Projekt der American Academy of Arts and Sciences in Kairo mitgearbeitet. Während seiner Botschafterkarriere in Washington habe ich mit Rabinovich unter der Ägide der Bertelsmann Stiftung und des von Professor Werner Weidenfeld ins Leben gerufenen Kronberger Symposiums zum Nahostfrieden wichtige Gespräche geführt. Mit israelischen Experten wie Rabinovich kann ich als Araber problemlos und rational an Friedensentwürfen für den Nahen Osten arbeiten.

Aufgrund der geopolitischen Bedeutung Syriens war Damaskus nach dem zweiten Katjuschakrieg der Wirkungsort der internationalen Diplomatie. Die beiden damaligen Außenminister der USA und Rußlands, Christopher und Primakow, sowie wichtige europäische Außenminister gaben einander die Türklinke des Präsidialbüros von Präsident Hafez al-Assad in die Hand. Das Verhandlungsergebnis bezeugt, daß allein der amerikanische Außenminister die Macht hatte, die Fäden zu einem erfolgreichen – wenn auch unbefriedigenden – Ende zu spinnen. Das wußten die Syrer selbst am besten. Unter Verletzung aller diplomatischen Gepflogenheiten haben sie den damaligen US-Außenminister Christopher stundenlang im Ungewissen auf Präsident Assad[22] warten lassen, um aller Welt zu demonstrieren, daß auch die einzige Supermacht der Welt regionalen Akteuren kein Diktat aufzwingen kann. Und genau das ist auch geschehen!

Der Schlüssel zu einem umfassenden Nahostfrieden liegt in Syrien

Schon die Fernsehbilder über die diplomatischen Aktivitäten in Damaskus in April/Mai 1996 vermittelten die Erkenntnis: hier läuft nichts ohne syrisches Einlenken. Die damalige italienische Außenministerin Susanna Agnelli trat in Damaskus in Vertretung der Europäischen Union auf. Parallel dazu war ein anderer Mitgliedsstaat der Europäischen Union mit der historisch erklärbaren Selbstwahrnehmung seiner »Grandeur« am Werk: Frankreich[23], das sich dazu berufen fühlte, im Namen des Westens einen Sologang der USA zu unterminieren. Beobachtern in Damaskus war damals jedoch gleich klar, daß der französische Außenminister Hervé de Charette mit seiner unausgesprochenen, aber doch nicht zu übersehenden Kritik am amerikanischen Alleingang vor allem seinen Wunschtraum einer französischen Verhandlungsführung verwirklichen wollte. Dies wurde besonders deutlich, als sich de Charette mit dem iranischen Außenminister Welayati traf und – als die traditionelle Schutzmacht des Libanons – mit ihm ohne westlichen oder auch nur europäischen Auftrag verhandelte. Hierbei übersah Frankreich die Tatsache, daß die realpolitische Schutzmacht des Libanons in unserer Zeit nicht Frankreich, sondern Syrien heißt.[24]

Allein Washington war in der Lage, eine Vermittlerrolle zu übernehmen. Doch waren und sind die USA mit dem Makel behaftet, der Verbündete Israels[25], das heißt nicht der benötigte neutrale, ehrliche Makler zu sein.

Bei den Verhandlungen Ende April 1996 über ein Ende des Katjuschakrieges bestand das Ziel nicht allein darin, einen Beschluß über ein Ende der Kampfhandlungen zu erreichen, sondern auch darin, eine dauerhafte Regelung zu finden, damit kein erneuter Katjuschakrieg ausbricht. So wollten die USA eine schriftliche Friedensregelung zwischen dem Libanon und Israel erreichen, die Syrien, nicht aber der Iran, mitunterschreiben sollte. Syrien verweigert bis heute jedoch – wie bereits erwähnt – die Unterschrift unter die getroffene Regelung – wenngleich es seitdem für deren Einhaltung sorgt. Als Grund hierfür wird angegeben, daß dies eine Angelegenheit des souveränen Libanons sei. Ein Frieden zwischen dem Libanon und Israel ist jedoch angesichts der syrischen Militärpräsenz im Libanon sowie der in diesem Zusammenhang bestehenden Schutzverträge nicht denkbar, wenn nicht zuvor ein Frieden zwischen Syrien und Israel zustandekommt.

Auf diese Weise wird Washington von zwei Seiten unter Druck gesetzt: Einerseits von Israel, um Syrien zu zwingen, seine Unterschrift unter die erhoffte Friedensregelung für den Südlibanon zu leisten und Verhandlungen mit Israel aufzunehmen (so Netanyahu in Washington im September 1996). Andererseits werden die USA von Syrien unter Druck gesetzt, Israel zu zwingen, die syrischen Rahmenbedingungen für den Frieden als Bedingung zu akzeptieren. Mit anderen Worten: Die Voraussetzung für den Frieden im Südlibanon ist der syrisch-israelische Frieden, der aber nicht allein durch die Vermittlung Washingtons zustande kommen kann. Die regionalen Partner müssen den Frieden wollen – so lautet mein Argument -, sonst ist dieser unerreichbar. Rußland und die EU-Staaten, einschließlich Frankreich, können bei der Suche nach einem nahöstlichen Frieden nicht mehr als Statisten sein. Nach der palästinensisch-israelischen Übereinkunft ist und bleibt der israelisch-syrische Frieden die zweitwichtigste Komponente einer Nahostfriedensregelung.

Sollte dieses Ziel erreicht werden, dann wird selbst der fundamentalistische Iran aus der Szene des arabisch-israelischen Konflikts verdrängt, weil dieser ohne ein Bündnis mit Syrien in der Region nichts ausrichten kann. Wie bereits argumentiert wurde, ist Syriens Bündnis mit dem Iran nur von taktischer Natur. Schließt sich Syrien dem Friedenslager an, dann werden die Zeloten und schärfsten Gegner des Friedens militärisch und politisch neutralisiert. Syrien läßt sich nicht unter Druck setzen und kann diese Position zur Zeit aufrecht erhalten; denn unter den Bedingungen der Weltpolitik nach dem Ende des Kalten Krieges hat»die Eigendynamik regionaler Konflikte«, die ich an anderer Stelle im Rahmen der Einbettung regionaler Konflikte in die alte Bipolarität untersucht und hervorgehoben habe, erheblich an Gewicht zugenommen.

Präsident Assad hat seine Autonomie auf orientalische Weise symbolisch demonstriert, indem er während der Verhandlungen Ende April als Präsident eines kleinen Landes den Außenminister einer Weltmacht, Warren Christopher, zweimal fast fünf Stunden buchstäblich vor seiner Tür hat warten lassen. Christopher verhielt sich jedoch wie ein kluger Staatsmann und ist nicht entrüstet abgereist. Ein arabischer Außenminister wäre mit Sicherheit aus Protest abgereist. Dank dieser Souveränität war es Washington im April 1996 gelungen, einen Waffenstillstand durchzusetzen. Gewiß sind die eingetretenen Komplikationen nicht zu übersehen. Ich denke, daß nur eine israelische Regierung der nationalen Einheit, das heißt eine große Koalition, die für Israel schwere Entscheidung der vollständigen Rückgabe der Golanhöhen an Syrien treffen und autoritativ durchführen kann. Die gegenwärtige Entwicklung spricht aber gegen eine solche Koalition. Unterhalb der für die Syrer minimalen Vorleistung einer Rückgabe der Golanhöhen als Grundvoraussetzung für einen Friedensdialog wird es keinen syrisch-israelischen Friedensvertrag geben.

Zentrale Fragen des Nahostfriedens: Rüstungskontrolle, Jerusalem, Palästina-Staat und die Golanhöhen

Der neue weltpolitische Rahmen

Aus der Perspektive, daß regionale Konflikte im Nahen Osten einen sehr hohen Grad an Komplexität haben[1], läßt sich in unserem Zusammenhang zunächst allgemein feststellen: Nach der Auflösung der Weltblöcke als Folge der Beendigung des Kalten Krieges und der hiermit korrespondierenden Bipolarität hat sich der Charakter des internationalen Systems grundsätzlich verändert. Internationale Konflikte waren bisher vorwiegend als solche zwischen den Supermächten in ihrem jeweiligen Wettstreit um globale Hegemonie als Ost-West-Konflikte bestimmt. In jener weltpolitischen Epoche waren regionale Konflikte, besonders im Nahen Osten, in das globale System der Bipolarität eingebettet.[2]

In unserer Zeit treten nunmehr auf weltpolitischer Ebene regionale Konflikte neuen Musters in den Vordergrund. Bei diesen postbipolaren Konflikten geht der Zusammenprall von Weltanschauungen regionaler Zivilisationen, die sich aus zahlreichen lokalen Kulturen zusammensetzen, mit politischen, demographischen und wirtschaftlichen Problemen einher. Es besteht der Trend, daß sich die Akteure (Staaten) im Zeitalter des Zivilisationskonflikts neu formieren. Allmählich findet eine Entwestlichung der Welt statt, in deren Rahmen sich nichtwestliche Zivilisationen auf ihre eigenen Anschauungen besinnen und diese in der internationalen Politik geltend machen. Dabei geht der internationale Konsens über Normen und Werte als Quelle internationaler Spielregeln verloren. In diesem Zusammenhang formieren sich zivilisatorische Staatengemeinschaften[3], was das Studium von regionalen Konflikten erschwert und das Nachdenken über Lösungsmöglichkeiten komplizierter gemacht hat. Es folgt daraus, daß zwischenstaatliche Kriege als Ausdruck der Gewaltförmigkeit von Konflikten nicht mehr in das einfache, bisher gültige zentrale Muster internationaler Politik hineinpassen. Der im vorangegangenen Kapitel untersuchte Katjuschakrieg von April 1996 sowie die bewaffneten Konflikte in Bosnien, Ruanda, Somalia, Kaschmir, Liberia und anderswo sind bereits Ausdruck der neuen Formen. Der Kriegsforscher Kalevi J. Holsti, der den Clausewitz'schen zwischenstaatlichen Krieg als einen »institutionalisierten Krieg« einordnet, nennt das neue Muster »Krieg der dritten Art«; Martin van Creveld hat zuvor den Begriff »Low-Intensity«-Krieg[4] für die neuen Formen bewaffneter Auseinandersetzungen geprägt. Bei dieser neuen Kriegsform wird die Gewalt nicht mehr von regulären Armeen und Soldaten in Uniform ausgeübt.

Interne Konflikte innerhalb bestehender nationalstaatlicher Ordnungen treten zunehmend an die Stelle bisheriger zwischenstaatlicher, also »institutionalisierter« Kriege. Hinzu kommt der Terrorismus neuen Musters, der im Zeitalter des Zivilisationskonflikts nicht mehr mit säkularen, politischen Ideologien, sondern ethnisch und religiös begründet wird. Im Fundamentalismus und im Ethno-Nationalismus treten politische Ideologien neuer Prägung hervor. Der religiöse Fundamentalismus[5] sowie der Ethno-Nationalismus, der wie die Beispiele der Groß-Serben oder der Hindu-Nationalisten zeigen, häufig ebenfalls eine religiöse Dimension hat, sind Beispiele hierfür. Beide Ideologien werden zu den dominierenden Weltanschauungen im post-bipolaren Zeitalter des Zivilisationskonflikts, und ihre Anhänger scheuen keine terroristischen Aktionen. Der Nahe Osten stellt nicht nur keine Ausnahme in dieser neuen weltpolitischen Situation dar, sondern ist gerade ein regionales Musterbeispiel.

Mit diesen Hinweisen auf erfolgte Veränderungen im internationalen System möchte ich meine Gedanken über die Wege einer friedlichen Konfliktlösung durch die Bewältigung zentraler Streitfragen im Nahen Osten einleiten. Die bisherigen Ausführungen haben deutlich gemacht, daß die Erfolgschancen für einen dauerhaften Frieden im Nahen Osten sich auf veränderte, nunmehr komplexere Bedingungen beziehen. Im Gegensatz zur Situation während des vergangenen Ost-West-Konflikts, in den alle Nahostkriege[6] eingebettet waren, gehört das anzustrebende umfassende

Friedensprojekt für den Nahen Osten unserer Gegenwart in einen neuen politischen Rahmen. Im post-bipolaren Zeitalter muß Frieden immer auch Frieden zwischen den weltanschaulich unterschiedlichen Zivilisationen sein. Im Mittelmeerraum bekommt der arabisch-israelische Frieden dadurch eine geopolitisch noch grössere – weil überregionale – Bedeutung als bisherige Friedensprojekte.

Unmittelbar nach dem Bekanntwerden der Oslo-Friedensvereinbarung[7] schien die Formel »Fundamentalisten gegen Frieden«[8] die Probleme auf dem Weg zur Lösung des Nahostkonflikts zu erklären. Es schien damals noch so, daß, wenn Arafat es schaffte, mit den islamischen Hamas- und Djihad-Fundamentalisten erfolgreich zu wetteifern, und es Rabin gelänge, den jüdischen Fundamentalisten den Wind aus den Segeln zu nehmen, alle Hürden für eine jüdisch-palästinensische Versöhnung aus dem Wege geräumt werden könnten. Diese Hoffnung war von der Beobachtung untermauert, daß die vom Westen angeführte internationale Gemeinschaft durchaus ernsthaft nach einer Lösung für den Nahostkonflikt sucht, ja diese sogar tatkräftig unterstützt. Denn der Nahostfrieden ist auch ein Frieden für Europa und den Westen. Die regionalen Akteure schienen den Frieden ohnehin zu wollen. Hat sich dies nach der israelischen Wahl im Mai 1996 geändert?

Nukleare Bedrohung im Nahen Osten:
Nicht nur die Fundamentalisten behindern den
Friedensprozeß
Im Schatten des von einem jüdischen Fundamentalisten angerichteten Massakers gegen betende Muslime in Hebron und des Gegenterrors islamischer Fundamentalisten dominierte im Verlauf der Friedensdebatte des Jahres 1994 die Thematik des Fundamentalismus. Aber beim Übergang zum Jahr 1995 wurde trotz der Erkenntnis, daß die Fundamentalisten beider Konfliktparteien den Friedensbemühungen Steine in den Weg legten, deutlich, daß es auch noch andere Probleme gibt. Es setzte sich die Erkenntnis durch, daß der Rahmen für das angestrebte Ziel sehr viel weiter gesteckt werden muß. Mit anderen Worten: die Fundamentalisten waren und sind nicht die einzige und zentrale Hürde auf dem Weg zum Nahostfrieden.

Es gibt noch andere Hindernisse, vor allem die Bedrohung durch Nuklearwaffen. Die 1995 anstehende Verlängerung des Atomwaffensperrvertrages (NPT) machte dies deutlich. Im Mai 1995 wurde in New York eine Konferenz zwecks dieser Verlängerung abgehalten. Sie hat gezeigt, daß der Nahostfrieden auch eine internationale, sicherheitspolitische Dimension hat, die von der nuklearen Abrüstung betroffen ist.

Während der angeführten New Yorker Verhandlungen über den Atomwaffensperrvertrag formierte sich arabischer Widerstand. Er wurde von der ersten arabischen Friedenstaube in den arabisch-israelischen Beziehungen, also von Ägypten, angeführt. Gegen die Unterzeichnung des Vertrages brachten die Araber mit Recht das Argument der »nuklearen Kapabilitäten« Israels vor. Es ist bekannt, daß Israel ebenso wie Pakistan und Indien nicht zu den Unterzeichnern des Vertrages gehört. Diese Staaten verfügen aber über »nukleare Kapabilitäten«. »Kapabilität« ist ein Fachausdruck, der in der Verbindung mit »nuklear« auf die technische Fähigkeit zur Herstellung von Atomwaffen hindeutet. Im folgenden Abschnitt werde ich auf die Bedeutung dieser wichtigen Problematik für den Frieden im Nahen Osten näher eingehen.

Der Nahe Osten gehört auch in Fragen der nuklearen Proliferation zu den zentralen Regionen der Weltpolitik. Nukleare Waffen gehören zu den größten Bedrohungen der Menschheit. Der nukleare Wettbewerb im bipolaren Zeitalter nach dem Zweiten Weltkrieg war eine immense Gefahr[9], aber die damaligen Supermächte, die USA und die später zerfallene Sowjetunion, waren sich einig, daß bei einem Atomkrieg keiner als Sieger hervortreten würde, weil seinerzeit eine MAD-Situation bestand. Die Abkürzung MAD steht für »Mutual Assured Destruction« / »sichere gegenseitige Vernichtung«. Beide Supermächte verfügten daher über Mechanismen der »Crisis Stability«[10] zur Vermeidung einer möglichen nuklearen Konfrontation.

Das Problem ist nun, daß auch kleine Mächte zur Verbesserung ihrer Machtposition bestrebt sind, nukleare Waffen als »Kapabilitäten« zu erwerben. Diesen Staaten fehlt eine gegenseitige Kontrolle, wie sie die Einsicht der einstigen Supermächte in die MAD ermöglicht hatte. Die »nuklearen Ambitionen«[11] zahlreicher Staaten in der nichtwestlichen Welt verursachten damals wie heute eine große internationale Unsicherheit. Aus diesem Grund haben die USA schon Ende der 60er Jahre die Durchsetzung eines »internationalen Regimes« angestrebt. Dieser Ausdruck hat sich auch im Deutschen eingebürgert; das betreffende »internationale Regime« besteht hier aus der Institution des Non-Proliferation Treaty / NPT (Atomwaffensperrvertrag).

Unter einem »internationalen Regime« versteht man in der internationalen Politik einen vertragsmäßigen Zusammenschluß von Staaten oder internationalen Organisationen zur Durchsetzung oder Verfolgung eines einzigen, genau definierten Ziels.[12] In diesem Zusammenhang entstand im Jahre 1968 das angesprochene »internationale Regime« des »Non-Proliferation Treaty / NPT«.[13] Es wird mit »Atomwaffensperrvertrag« ins Deutsche übersetzt. Das NPT-Regime verpflichtet die nichtnuklearen Mächte der Welt, auf die Entwicklung oder den Erwerb von Fähigkeiten zur Herstellung von Nuklearwaffen zu verzichten. Dieses »Regime« ist durch die Unterzeichnung von mehr als 140 Staaten im Jahre 1970 rechtskräftig geworden. Im Jahre 1995 war es erneuerungsbedürftig.

Informierte Beobachter des Nahen Ostens kennen diese Region auch als einen der wichtigsten Waffen-Basare der Welt. Auch im Bereich der nuklearen Proliferation ist der Nahe Osten ein Waffen-Basar. Nun ist zu fragen, wie diese Feststellung konkret mit Tatsachen zu begründen ist.

Israel gehört, neben Indien und Pakistan, und einst auch Südafrika, zu den Staaten, die sich geweigert haben, dem eben beschriebenen NPT-Regime durch eine verpflichtende Unterschrift beizutreten. Mit anderen Worten: die genannten Staaten verfügen über Atomwaffen.[14] Seit der Flucht des Israelis marokkanisch-jüdischer Abstammung, Mordechai Vanunu, nach Australien und dann nach England, und seit der Veröffentlichung seiner Enthüllungen in der *Sunday Times* weiß die Welt sicher, daß Israel über die Atombombe verfügt.[15] Mordechai Vanunu arbeitete in der israelischen Nuklearanlage Dimona in der Negev-Wüste und und hatte Kenntnis darüber, was dort produziert wird. Er hatte jedoch Schuldgefühle, weil er sich als arabischer Jude fühlte, der in Marokko, einem Land mit großer Toleranz gegenüber der eigenen jüdischen Bevölkerung aufgewachsen war. Der Grund für seine Schuldgefühle lag vor allem in seiner eigenen Mitwirkung am Bau der Atomwaffe und in dem Wissen, daß die Israelis sie für den Einsatz gegen die Araber gebaut haben. Deshalb floh Vanunu und enthüllte das Geheimnis der israelischen Atombombe. Dem israelischen Geheimdienst gelang es, Vanunu mit Hilfe einer attraktiven Blondine als Agentin nach Rom zu locken, von wo er nach Israel entführt wurde. Heute büßt er wegen »Hochverrats« eine langjährige Gefängnisstrafe ab.

Experten wußten bereits vor Vanunus Enthüllungen, daß Israel über die Atombombe verfügt und in seinem Atomwaffenprogramm mit dem Apartheid-Regime Südafrika zusammengearbeitet hat. Israel stand nicht allein. Auch der Irak war bestrebt, nukleare Kapabilitäten zu erwerben. In Osiraq ließ Saddam Hussein in den 70er Jahren einen Nuklearreaktor bauen, in dem nach einigen Jahren eine Atombombe hätte hergestellt werden können.[16] Bereits im Jahre 1975 wußte die Fachwelt, daß der nukleare Wettbewerb den Nahen Osten erreicht hatte.[17]

Der Nahe Osten ist nicht nur ein Basar für Waffen, sondern auch die Kulisse für alle Arten von Geheimdiensten. Der Nahostkonflikt wird auch als »Intelligence War« / »Geheimdienstkrieg«[18] ausgetragen. Hierbei sticht besonders der israelische Geheimdienst hervor, der die Existenz von Osiraq feststellen konnte.[19] Während des ersten Golfkrieges zwischen dem Irak und Iran (1980–88) hat Israel nicht nur massiv die islamische Republik Iran mit Waffen beliefert, sondern auch die Verwicklung des Irak in diesen Krieg ausgenutzt, um den irakischen Atomreaktor in Osiraq in einer sensationellen Aktion aus der Luft zu bombardieren. Am 7. Juni 1981 um 17:34 Uhr hat die israelische Luftwaffe diesen Reaktor vernichtet.[20] Heute bemüht sich vor allem der Iran um Atomwaffen.[21]

Im Jahre 1995 war die Erneuerung des NPT-Regimes durch die Verlängerung des Vertrages fällig. Die Gefahr der nuklearen Proliferation und die Tendenz zur Regionalisierung der Weltpolitik haben nach dem Ende des Ost-West-Konflikts neue Dimensionen angenommen.[22] Diese Entwicklung[23] fiel mitten in den begonnenen Friedensprozeß im Nahen Osten. Erneut wollte sich Israel dem Atomwaffensperrvertrag nicht anschließen. Wie können nun die Araber mit einem Land Frieden schließen, von dessen Nuklearwaffen sie sich zugleich bedroht sehen?

Israel weigerte sich 1968, dem NPT-Regime beizutreten und blieb auch 1995 bei dieser Haltung. Parallel zu dieser Weigerung hatte 1995 Ministerpräsident Rabin unter dem Druck der israelischen Rechten und der Siedler-Fundamentalisten sowie unter dem Zwang, gegenüber seinen potentiellen Wählern Stärke zu demonstrieren, die Fortsetzung der Siedlungspolitik in der Umgebung von Jerusalem genehmigt. Mit dieser Politik – kombiniert mit der Beibehaltung der nuklearen Kapabilitäten – hat Israel unter Rabin das bis dahin seit Beginn des Friedensprozesses langsam gewonnene arabische Vertrauen aufs Spiel gesetzt. Siedlungspolitik gepaart mit einer Politik der Nuklearhegemonie bietet keine geeignete Grundlage für einen Dauerfrieden.

Ägypten hatte während der Verhandlungen zur Verlängerung des Atomwaffensperrvertrages versucht, den Abschluß zu verzögern.[24] Die Unterschrift aller arabischen Staaten – mit Ausnahme des Irak – sollte von einer israelischen Unterschrift abhängig gemacht werden. Israel war dazu jedoch nicht bereit. Schließlich hat Ägypten unter amerikanischem Druck seinen Widerstand aufgegeben, der Atomwaffensperrvertrag wurde über 1995 hinaus verlängert und die arabischen Staaten unterzeichneten – ohne die Unterschrift Israels.[25] Israel besteht nach wie vor darauf, seine nuklearen Waffenarsenale beizubehalten. Seit den 70er Jahren entwickelt Israel nukleare Kapabilitäten als Basis für seine in den 80er Jahren konzipierte und bis heute fortgeführte nukleare Abschreckungsstrategie.[26]

Selbst ohne Nuklearwaffen gehörte der Nahe Osten immer zu den am meisten militarisierten Regionen der Welt und ist außerdem Absatz-Basar für alle Waffenarten.[27] Aus diesem Grunde gehört die Rüstungskontrolle zu den zentralen Aufgaben eines dauerhaften Friedens.[28] Der Friedensprozeß läßt sich logischerweise kaum mit den bestehenden Strukturen des Wettrüstens in Einklang bringen.[29]

Die nukleare Proliferation im Nahen Osten wird künftige Konfliktpotentiale beeinflussen. Hier ist für den Beobachter der nahöstlichen Politik schwer zu begreifen – wie der amerikanische Nuklearexperte Hersh es ausdrückt -, daß die USA in bezug auf die israelische Nuklearpolitik auf einem Auge einfach blind sind[30], gleichzeitig aber die Einhaltung des Atomwaffensperrvertrags bei allen anderen nahöstlichen Staaten eifrig überwachen.

Ungelöste Probleme

Das nukleare Arsenal Israels ist nicht die einzige Zeitbombe. Jerusalem und die Siedlungspolitik sind weitere Sprengkörper. Es war äußerst bedauerlich, daß Rabin neben der Weigerung, den Atomwaffensperrvertrag zu unterschreiben, im April 1995 eine noch folgenreichere Entscheidung getroffen hatte, nämlich die, arabisches Land in Ostjerusalem zu enteignen, um dort den Weg für 7000 Bauprojekte zu ebnen. Das war vergleichbar mit Netanyahus Har Homa-Projekt. Nicht nur unter den arabischen Friedenstauben löste die damalige Entscheidung Rabins große Aufregung aus; sie hat auch in einem weltpolitisch-islamischen Rahmen die Frage nach dem Status von Jerusalem neu aufgeworfen. Dadurch wurde die islamische Dimension des Palästina-Konflikts deutlich. Es war damals sehr beruhigend, daß Rabin die Durchführung des angeführten Projekts einige Wochen später (Ende Mai 1995) zurückstellte. Im Gefolge dieser Ereignisse wurde Rabin im November desselben Jahres als »Verräter« von einem jüdischen Fundamentalisten ermordet. Rabin hat 1995 schnell erkannt, daß er mit dem Feuer spielt und diese Siedlungspläne umgehend aufgegeben. Der ein Jahr später gewählte israelische Präsident Netanyahu scheint jedoch zu den Politikern zu gehören, die nicht dazu lernen. Mit dem Har Homa-Siedlungs- und Bauprojekt im arabischen Ostjerusalem hat er den Friedensprozeß in eine Krise gebracht, von der sich der Nahe Osten nur schwer erholen wird.

Unter dem neuen Premierminister Netanyahu hat sich das Problem Jerusalem weiter verschärft. In der Einleitung wurde bereits die Öffnung eines Tunnels unter dem Gelände der al-Aqsa-Moschee im September 1996 angeführt, eine Provokation Netanyahus, die zum Aufruhr und zum Tod von 58 Palästinensern durch israelische Kugeln führte. Die Mörder waren diesmal israelische Soldaten, keine Fundamentalisten. Die palästinensische Polizei schoß damals zurück und auf jüdischer Seite gab es 15 Opfer. Durch die Ereignisse schien das gesamte Friedensprojekt gefährdet.

Bei der zitierten Formel »Fundamentalisten gegen den Frieden« scheint es sich aus der Perspektive meiner bisherigen Ausführungen und der angezeigten anderen großen Schwierigkeiten nur noch um Hindernisse geringerer Tragweite zu handeln. Es gibt jedoch einen deutlichen Zusammenhang zwischen beiden Problembereichen: Die neuen Probleme und die Verzögerung bei der Umsetzung der Oslo-Vereinbarungen sowohl unter Rabin und Peres als auch heute unter Netanyahu tragen dazu bei, die Position der Fundamentalisten zu stärken. Auch die israelische Politik in der Jerusalem-Frage liefert nur Zündstoff für die Konfrontationsstrategie islamischer Fundamentalisten und somit für das Anheizen des Zivilisationskonflikts, israelische Politiker scheinen der symbolischen Bedeutung Jerusalems für die Palästinenser keine Aufmerksamkeit zu schenken.

Im Februar 1995 weckte ein Vierer-Gipfel in Kairo neue Hoffnung. Dort trafen sich der damalige Premierminister Rabin, Präsident Mubarak, König Hussein und der später zum Präsidenten gewählte Chef der Palästinensischen Autonomiebehörde (PNA/ Palestinian National Authority) Arafat. Das Treffen sollte frischen Wind in den bereits stagnierenden Friedensprozeß bringen. Seine Ergebnisse konnten die Hoffnungen auf einen weiteren Durchbruch allerdings nicht bestärken. Ein weiterer Versuch des »Pushs« in dem festgefahrenen Friedensprozeß war die anschließende Nahostreise der EU-Troika im Februar 1995 unter Führung des damaligen, nach der Wahl von Chirac zum Premierminister aufgestiegenen französischen Außenministers Alain Juppé im Rahmen der europäischen Politik der Stabilisierung der Mittelmeerregion. Das Ergebnis der Reise der EU-Delegation war jedoch gleichermaßen mager wie desillusionierend.

Dennoch ist wichtig zu erwähnen, daß sowohl auf dem angeführten arabisch-israelischen Vierer-Gipfel in Kairo, als auch bei den Nahostgesprächen der EU-Delegation weitere zentrale Probleme auf die Tagesordnung gesetzt wurden, die bis zum heutigen Tage aber noch nicht gelöst werden konnten. Darunter befindet sich vor allem die Frage, wie Syrien zu einer unbedingt erforderlichen Eingliederung in die Friedensallianz bewegt werden kann.

Nach wie vor, ja in zunehmendem Maße, besteht der dringende Bedarf nach einer für alle Parteien akzeptablen Lösung für Jerusalem. Militärisch ist es für die arabische Seite unabdingbar, daß Israel seine schon erörterte atomare Rüstungspolitik aufgibt und endlich den Atomwaffensperrvertrag unterschreibt. Und »last but not least« steht die Frage an, ob die palästinensische Autonomie ohne Souveränität ein Dauerzustand bleibt. Werden die israelisch besetzten bzw. von den Palästinensern selbstverwalteten Gebiete den Charakter eines palästinensischen »Bantustan« annehmen oder sich zu einem souveränen Nationalstaat entwickeln?

Gewiß, die Autonomiebehörde muß Israels Sicherheit garantieren und in der Lage sein, den Terroraktionen der islamischen Fundamentalisten Einhalt zu gebieten. Es war schon 1995 allen Beobachtern klar, daß ohne sichtbare Erfolge in dieser Frage die Labour-Regierung die Wahl von 1996 verlieren und die Bedeutung Arafats zugunsten der islamischen Fundamentalisten abnehmen würde. Ersteres ist bereits eingetreten; ob das zweite Szenario sich materialisiert, wird insbesondere von der weiteren Politik Netanyahus abhängen. Im Januar 1997 schöpften die Beobachter zunächst neue Hoffnung, als Netanyahu dem Druck seitens der USA nachgegeben und im Januar 1997 der Hebron-Vereinbarung zugestimmt hatte. Aber nur wenige Wochen später folgte das Har Homa-Siedlungsprojekt im arabischen Ostjerusalem und brachte den Friedensprozeß – wie es aussieht – endgültig zum Stillstand.

Ganz gleich, welchen Ausgang die Entwicklung trotz der Politik Netanyahus nehmen wird, Israel ist als nahöstlicher Staat nicht nur von der PLO, sondern auch von Ägypten, Jordanien und Marokko anerkannt worden. In absehbarer Zukunft wird niemand auf der arabischen Seite diese Anerkennung des israelischen Staates widerrufen können und wollen. Das Schlußkommuniqué des arabischen Gipfels von 1996 räumt Israel für die Erfüllung der arabischen Forderungen das volle Recht auf Existenzberechtigung ein. Es geht nun primär darum, daß dieser Staat sich friedlich in seine arabische Umwelt einreiht.

Israel muß in bezug auf Arafat erkennen, daß er die von den Israelis erwartete Sicherheit nur dann gewährleisten kann, wenn er die Mittel dazu hat, regierungsfähig zu werden. Hierzu wird eine eigene Staatlichkeit in den Palästinensergebieten benötigt. Schon unter Rabin und Peres unternahm die israelische Regierung jedoch wenig sichtbare Anstrengungen, Arafats schwache Position zu stärken. Netanyahu untergräbt nun in zunehmendem Maße seine Regierungsfähigkeit und somit seine Legitimität gegenüber den Palästinensern. Dabei scheint er kaum zu berücksichtigen, daß die Alternative zu Arafats Autonomiebehörde nicht etwa »mehr Sicherheit«, sondern die Unnachgiebigkeit des Hamas- und des Djihad-Fundamentalismus wäre, dessen Anhänger als Nachfolger von Arafat die Bühne betreten würden!

Religion und Politik im Nahostkonflikt

Der Nahostkonflikt ist ein politischer Konflikt; seine Parteien sind Araber, Palästinenser und Israelis, also Muslime und Juden. Das verleiht dem Konflikt eine spezifische Dimension. Religion wird im Zeitalter des weltpolitischen Zivilisationskonflikts durch die jeweiligen Konfliktparteien politisiert; Religion wird als Weltanschauung zur Legitimation der Konfrontation mit den »anderen« mißbraucht. Im Licht dieser Tatsache liegt es auf der Hand, daß weder islamische noch jüdische Fundamentalisten dialogfähig sind und niemals zu Friedensverhandlungen bereit sein werden. Daraus folgt, daß jede – wenn auch ungewollte und nichtbeabsichtigte – Stärkung des Fundamentalismus auf beiden Seiten eine entsprechende Verringerung der Chancen für eine friedliche Lösung des Konflikts mit sich bringt.

In den westlichen Medien werden weitgehend nur die islamischen Fundamentalisten wahrgenommen und die jüdischen bewußt übersehen.[31] Tatsächlich ist der gesamte Konflikt mit islamischen, jüdischen und christlichen religiösen Aspekten überfrachtet.[32] Der Streit um Jerusalem steht als besonders deutliches Beispiel für diese religiöse Dimension sowohl auf jüdischer wie auf islamischer Seite. Die religiöse Dimension des Konflikts darf aber keinesfalls mit »Fundamentalismus« verwechselt werden.

Seit den Schießereien von Gaza im November 1994 zwischen islamischen Fundamentalisten und der PLO hat die Gewalt im israelisch-palästinensischen Konflikt auch eine innerpalästinensische Form angenommen. Auf der israelischen Seite gehören die Siedler, die ebenso wie die islamischen Hamas-Brigaden religiöse Fundamentalisten sind, gleichfalls zu den Gegnern des Friedens. Ich möchte hier nicht unterstellen, daß alle Siedler Fundamentalisten sind; manche von ihnen leben nur aus rein pragmatischen Gründen in den besetzten Gebieten und sind mit ökonomischen Anreizen leicht zu einem Umzug zu bewegen. Auch die innerjüdische Gewalt, für die die Ermordung des Friedenspolitikers Rabin durch einen jüdischen Fundamentalisten symbolisch steht, greift immer stärker um sich. Die jüdischen Publizisten Robert Friedman und Michael Wolffsohn haben in ihren Schriften schon vor dem Mord an Rabin auf die Gefahr einer innerisraelischen Gewalt hingewiesen. Auf der Gegenseite war die PLO-Polizei in Gaza durch gezielte Provokationen dazu gezwungen worden, Gewalt gegen

Palästinenser anzuwenden, und die Folgen waren erschreckend. Auch auf jüdischer Seite könnte sich dies wiederholen. Und das wäre das Ende des Friedensprozesses.

Hinter der Suche nach Frieden im Pulverfaß Naher Osten steht die Tatsache, daß sich Israel und die arabischen Staaten fast ein halbes Jahrhundert lang bekriegt haben.[33] Bei realistischer Wahrnehmung der bisherigen Bilanz gelangt man zu der Einsicht, daß der Weg zum Frieden im Nahen Osten sehr dornenreich ist und wohl auch weiterhin bleiben wird. Erschwerend zu den bisherigen fünf regulären Kriegen kommt der Terrorismus auf beiden Seiten hinzu. Die Palästinenser haben den 25. Februar 1994 nicht vergessen, als ein aus New York stammender jüdischer Fundamentalist mit seinem Maschinengewehr in Hebron reihenweise betende Muslime erschoß. Ebensowenig vergessen Juden die Opfer der islamischen Selbstmord-Terroristen.

An dieser Stelle möchte ich meine Warnung wiederholen, den Frieden nicht allein an Fragen des tagespolitischen Terrorismus zu fixieren. Es gibt substantielle Probleme, in denen die zerstörerische Verbindung von Religion und Politik zum Ausdruck kommt, und man darf im Rahmen einer umfassenden Analyse nicht an der Oberfläche der Ereignisse verharren. Darüber hinaus gibt es säkulare Probleme, die mit Religion nichts zu tun haben.

Die zentralen Probleme auf dem Weg zu einer umfassenden Lösung des Nahostkonflikts lassen sich in dieser Reihenfolge anführen:

1) Die noch ausstehende unzweideutige israelische Anerkennung des Rechts der Palästinenser auf eine eigene Staatsbildung,
2) eine auch für die Muslime zufriedenstellende Klärung des Status von Jerusalem,
3) die Einbeziehung Syriens in den Friedensprozeß und schließlich
4) die Unterschrift Israels unter den Atomwaffensperrvertrag / NPT.

Ohne Bewältigung dieser Problembereiche hat der Frieden keine Chance. Der Fundamentalismus als eine politisch-religiöse Weltanschauung, die Frontlinien zwischen den Zivilisationen konstruiert, ist der Versuch, den angeführten Problemen eine religiöse Färbung zu geben. Dies ist weitaus gefährlicher als die Terroraktionen von Selbstmördern. Dieser Fundamentalismus kann nur aus dem Scheitern des Friedensprozesses seine Kraft beziehen.

Gibt es einen Weg, diese potentielle Entwicklung aufzuhalten? Die Verbindung von Religion und Politik kann in bestimmten Fällen auch positiv sein. Einen Lichtblick und wesentlichen Fortschritt im Friedensprozeß hat der jordanische Monarch im Oktober 1994 vollbracht, als er mit dem damaligen israelischen Premier Rabin und dessen Friedensarchitekten Peres ein Friedensabkommen unterschrieb. Das ist deshalb bedeutend, weil der jordanische König seine Genealogie in dem Banu-Haschim-Clan des Stammes von Quraisch hat, dem auch der islamische Prophet Mohammed angehörte. Ein Quraischit und aus der Familie des Propheten zu sein, bedeutet im Islam, die Legitimität zu haben, ein »wahrer Imam«[34] der Muslime zu sein.

Fünfzehn Jahre hat es gedauert, bis sich Jordanien als zweiter arabischer Staat – nach Ägypten – dem Frieden mit Israel angeschlossen hat. Seinerzeit hielt der ägyptische Präsident Sadat im November 1977 in der israelischen Knesset eine historische Rede und erkannte Israel nach den 1978 stattgefundenen Camp David-Verhandlungen bereits 1979 an. Im Oktober 1981 wurde Sadat jedoch als »Verräter« von islamischen Fundamentalisten in einer Form von Lynchjustiz ermordet. Derartige Morde der Fundamentalisten an Friedenspolitikern gehören zu der abscheulichen Seite der Verbindung von Religion und Politik.

Sadat war der Wegbereiter des arabisch-israelischen Friedens.[35] Der Mord an Rabin im November 1995 war die jüdische Parallele zur islamistischen Gewalttat des Mordes an Sadat. Weitere Morde sind nicht ausgeschlossen, vor allem an Arafat[36] und dem jordanischen König Hussein. Als kleiner Junge hatte Hussein mit ansehen müssen, wie sein Großvater, König Abdullah[37], wegen geheimer Kontakte mit den Israelis von einem Palästinenser vor der al-Aqsa-Moschee in Jerusalem ermordet wurde. Als friedliebender Muslim hoffe ich, daß Allah sowohl König Hussein als auch Arafat, und natürlich ebenso den ägyptischen Präsidenten Mubarak, vor einem solchen Tode bewahrt.

Es ist bekannt, daß die islamischen Hamas-Fundamentalisten eine Mord-Schwadron unterhalten, die »Qassam-Brigaden«, die den Befehl zum Mord an Arafat und »abweichenden Muslimen« zu erfüllen haben. Der Name al-Qassam geht auf den im Kampf gegen die britische Kolonialherrschaft in Palästina 1935 getöteten Scheich Izzuldin al-Qassam zurück. Sein Name ist ein Symbol des

bewaffneten Kampfes[38] und sein Denken liefert die zentrale ideologische Inspiration für die Hamas-Fundamentalisten; al-Qassam
dient ihnen als Vorbild eines Märtyrers für den Islam.
Religiöse Symbole werden durch die palästinensischen Fundamentalisten
politisiert[39] und ersetzen in einer hochexplosiven politischen
Situation den rationalen Diskurs der Vernunft. Diese zerstörerische Verbindung von Religion und Politik ist gleichermaßen bei
jüdischen und islamischen Aktivisten, die keinen Nahostfrieden
wollen, anzutreffen.

Der Westen und der Friedensprozeß

Der nahöstliche Friedensprozeß ist nicht nur eine Aufgabe für die
Beteiligten in der Region, sondern auch eine Herausforderung an
die auswärtigen Mächte – seien es die USA oder die europäischen
Staaten. Wer die von CNN übertragene Rede von Präsident Clinton vor der israelischen Knesset im Oktober 1994 gesehen hat,
wird gewiß den Eindruck gewonnen haben, daß es die USA als
auswärtige Macht mit ihrem Engagement für den Frieden im
Nahen Osten – im Gegensatz zu anderen Konfliktfällen, wie zum
Beispiel in Bosnien, Somalia, Liberia oder anderen afrikanischen
Konflikttherden – ernst meinen. Trotz der Sicherheit hinsichtlich
der Unterstützung durch die westlichen Staaten wissen die israelischen Friedenstauben jedoch, daß ihr Land nur in einem selbst
verhandelten Frieden mit seinen Nachbarn überleben kann. Die
»Hardliner« geben sich dagegen Illusionen hin.

In der arabischen Sprache des Nahostkonflikts werden arabische Staaten, die gemeinsame Grenzen mit Israel haben, Frontstaaten (»Duwal al-mudjabaha«) genannt. Zwei dieser arabischen
Frontstaaten, Ägypten und Jordanien, haben Frieden mit Israel
geschlossen. Es schien zunächst die berechtigte Hoffnung zu
bestehen, daß dem weitere Staaten folgen würden. Aber nur
Marokko, das seit langem geheime freundschaftliche Beziehungen
zu Israel pflegt, hat Israel als dritter arabischer Staat anerkannt.
Marokko hat aber keine gemeinsame Grenze mit Israel und gilt
daher nicht als Frontstaat. Der für den Fortgang des Friedensprozesses wichtigste Staat, Syrien, sperrt sich immer noch gegen eine
Einbindung.

Der Friedensprozeß hat Israel gleichermaßen aus seiner regionalen und internationalen Isolierung befreit; zahlreiche afro-asiatische Staaten haben im Anschluß an die arabische Anerkennung ihre Beziehungen mit Israel wiederaufgenommen. Seit Beginn des Friedensprozesses haben insgesamt 38 Staaten mit Israel Diplomaten ausgetauscht, mehr als jemals in der Vergangenheit. Die Gefahr, daß Israel durch die Politik Netanyahus in die Isolierung zurückfällt, liegt auf der Hand.

Die Förderung des Friedens im Nahen Osten durch den Westen läßt sich nicht allein auf politische Entscheidungen beschränken. In Casablanca wurde dies klar, als Ende Oktober 1994 vom marokkanischen König eine internationale Wirtschaftskonferenz[40] eröffnet wurde, in deren Rahmen eine Art »Marshall-Plan für den Nahen Osten« anvisiert wurde. Die Europäische Union war dort durch ihre Außenminister präsent, die die europäische Unterstützung für den Friedensprozeß zusicherten. Eine auch Israel und die Türkei, und eventuell auch den Iran umfassende nahöstliche Wirtschaftsgemeinschaft unter dem Namen »Der Neue Nahe Osten«[41] könnte die bisherigen Kriegsgemeinschaften als neue Form der Assoziierung ablösen. Dies erfordert jedoch die Herausbildung einer regionalen Kooperation im Mittelmeerraum. Allein, der Realisierung des Konzepts vom »Neuen Nahen Osten« steht Netanyahus Politik entgegen. In der *New York Times* schrieb der als israelfreundlich bekannte Leitartikler Anthony Lewis:

> »Die Ablehnung Netanyahus, substantielle Gesten gegenüber dem Oslo-Friedensprozeß oder Zugeständnisse gegenüber den Palästinensern zu machen ... hat den politischen und wirtschaftlichen Fortschritt zum Halten gebracht, ja er droht, das Ganze umzukehren.«[42]

Lewis fügte hinzu, daß die israelische Wirtschaft vom Frieden abhängig sei. Israel schade sich daher selbst durch seine Politik der Unnachgiebigkeit und Blockade.

Einmalig und zugleich in der Absicht erfreulich, aber im Ergebnis höchst bedauerlich, war beim angesprochenen Gipfel von Casablanca die Initiative des Schweizer Außenministers Cotti, die Anerkennung von Menschenrechten als einen unabdingbaren Bestandteil einer nahöstlichen Friedensordnung zu verlangen. Cotti erhielt von seinen westlichen Kollegen keine Unterstützung[43] – auch nicht vom deutschen Außenminister Kinkel.

Im November 1995 hatte Kinkel einen groß angelegten Kongreß in Bonn als eine Dialogveranstaltung mit dem Islam geplant, zu dem auch der iranische Außenminister eingeladen war. Noch während der Vorbereitungen geschah jedoch das Attentat auf den israelischen Ministerpräsidenten Rabin durch einen jüdischen Fundamentalisten.

Der Mord an Rabin wurde von iranischen Politikern begrüßt; sie bekräftigten hierbei ihren Widerstand gegen den Nahostfrieden, den sie generell ablehnen. Der deutsche Bundestag hat daraufhin mehrheitlich mit den Stimmen der Opposition und der CDU die Ausladung des iranischen Außenministers Welayati beschlossen, der den Mord an dem jüdischen Politiker Rabin ausdrücklich befürwortet hatte. Statt Welayati auszuladen, hat der deutsche Außenminister Kinkel es vorgezogen, den Dialog mit dem Islam aufs Spiel zu setzen und gleich die gesamte Dialogveranstaltung mit Vertretern des Islam abzusagen.

Auch damals ging es mehr um Geschäfte, das heißt »um dreistellige Millionenbeträge« (vgl. Anm. 45) und weniger um den Dialog mit dem Islam. In der *Berliner Morgenpost* habe ich meine kritische Einschätzung damals wie folgt überschrieben: »Ein Dialog ohne Ehrlichkeit ist sinnlos.«[44] Es ist positiv, daß der deutsche Außenminister für einen Dialog der Kulturen, vor allem im Nahen Osten eintritt und hierbei einräumt, daß die Deutschen bereit sein müssen, andere besser kennenzulernen. Bedauerlich ist aber, daß man im Auswärtigen Amt sehr wenig über den Islam weiß. Zudem wird dem Widerstand mancher arabischer Staaten gegen das Ansprechen der Menschenrechtsfrage als Einmischung in ihre inneren Angelegenheiten nachgegeben. Der FDP-Politiker Kinkel wollte in erster Linie die Aufträge für die deutsche Exportindustrie nicht gefährden. Er und andere westliche Politiker haben auf dem Gipfel in Casablanca im Oktober 1994 wieder einmal bewiesen, daß Menschenrechte für sie nur ein Gegenstand von Festreden und Lippenbekenntnissen sind, nicht aber ein Anlaß für außenpolitische Taten. Ein anderer, nebenberuflich durch seine private Firma Handel betreibender FDP-Politiker, der Exminister Jürgen Möllemann, forderte anläßlich einer Geschäftsreise in den Iran im Februar 1997 von seinem Parteikollegen Kinkel, die Beziehungen zu der dortigen islamischen Republik zu verbessern und, wie er sagte, zu »intensivieren«. Die Begründung hierfür lautet: »Es geht immerhin um dreistellige Millionenbeträge.«[45] Die Überlegung, daß solche Handelsaktivitäten mit den Menschenrechtsverletzungen des Iran in Konflikt stehen, lehnte Möllemann mit dem Statement »Wir haben unsere Standpunkte und Interessen zu vertreten, auch wenn es schwierig ist«, ab. Die Kritik daran wies er mit der Bemerkung, »Der Zeigefinger beeindruckt mich nicht«, zurück (ebd.). Diese auch bei anderen europäischen Politikern anzutreffende Einstellung rechtfertigt die von Salman Rushdie geäußerte Polemik gegen Europa:

»Das neue Europa ist mir dabei nicht wie eine Zivilisation vorgekommen. Es ist ein viel zynischeres Unternehmen. Die Führer der Europäischen Union legen zwar Lippenbekenntnisse zu den großen europäischen Idealen ab – freie Rede, Menschenrechte, Aufklärung, das Recht auf (eine) abweichende Meinung, die Trennung von Kirche und Staat. Aber wenn diesen Idealen machtvolle Banalitäten der sogenannten Wirklichkeit entgegenstehen – Handel, Geld, Waffen, Macht –, dann muß die Freiheit kuschen.«[46]

Meine Leser können hier einwenden, was dies mit dem Nahostfrieden – dem Gegenstand dieses Buches – zu tun hat und könnten fragen, warum ich hier ausschweife. Als ein Araber, der in Europa lebt, muß ich diesen Einwänden entgegenhalten, daß der Frieden Europas mit dem südlichen und östlichen Mittelmeerraum sehr davon abhängt, ob Europa zu seinen Idealen steht, – es wird sonst nicht mehr ernst genommen. Eine Verleugnung europäischer Werte, innenpolitisch im Namen von Multikulturalismus und Kulturrelativismus und außenpolitisch – nicht immer offen ausgesprochen – im Namen der Geschäfte in Höhe »dreistelliger Millionenbeträge« (vgl. oben) gefährdet den Frieden der Zivilisationen. In meiner Abhandlung über den Zivilisationskonflikt in der *FAZ* habe ich schon in der Überschrift argumentiert: »Nur wenn der Westen sich nicht selbst verleugnet, kann der Brückenschlag zum Islam gelingen.«[47] Dieser Brückenschlag ist ein Bestandteil des Nahostfriedens.

Ein Naher Osten ohne Menschenrechte und Demokratie kann niemals eine friedliche Region sein. Dieses Buch vertritt zwar eine arabische Perspektive, aber es wäre falsch und verwerflich, »arabisch« und »arabische Staaten« gleichzusetzen. Der Autor dieses

Buches ist Gründungsmitglied der »Arabischen Organisation für Menschenrechte«. Kein arabischer Staat hat uns Arabern seinerzeit erlaubt, diese Organisation auf arabischem Boden zu gründen; wir mußten die Gründungsveranstaltung im Oktober / November 1983 nach Limassol auf Zypern verlegen. Meine arabische Position ist zwar in Sachen Frieden mit Israel der der Arabischen Liga ähnlich, nicht aber in bezug auf die Menschenrechte, die – als eine Frage der Zivilgesellschaft – nicht eine Angelegenheit irgendeines Staates sind, und auch nicht sein sollen. Es ist dennoch kein Widerspruch, wenn ich den demokratischen Charakter eines Staates an der Förderung der Menschenrechte messe.

Die westliche Förderung des Friedens im Nahen Osten kann sich nicht allein in wirtschaftlicher Hilfeleistung[48] erschöpfen; die Förderung von Demokratie und Menschenrechten muß als Beitrag zum Frieden der Zivilisationen stets im Mittelpunkt stehen. Aus diesem Grunde gehört die Demokratisierung des Nahen Ostens zum Friedensprojekt.

Im folgenden möchte ich zwei weitere zentrale Problembereiche des Friedensprozesses ansprechen: Syrien und Jerusalem.

Kommt Syrien dazu?

Die Bedeutung Syriens für den Friedensprozeß ist mehrfach angesprochen worden. Eine der größten Hürden für diesen Prozeß ist das bisherige Beiseitestehen Syriens. Dieses Land ist eine Schlüsselfigur sowohl im Nahostkonflikt als auch in dem anvisierten nahöstlichen Frieden.[49] Netanyahu gehört zu den bestinformierten Politikern Israels in Hinblick auf die Bedeutung Syriens für die Sicherheit des Judenstaates. Er pokerte jedoch zu Beginn seiner Amtszeit zu hoch, indem er Syrien für einen Separatfrieden auf Kosten der Palästinenser zu gewinnen trachtete. Im Ergebnis bekam er vom syrischen Präsidenten Assad einen Korb. Bei Netanyahus zweitem Besuch als israelischer Ministerpräsident in Washington, im September 1996, drehte er daraufhin die Sache um 180 Grad um, indem er betonte, es sei leichter, mit den Palästinensern als mit den Syrern Frieden zu schließen. Wichtig ist zu erkennen, daß der Frieden mit beiden komplementär ist.

Noch kurz vor dem Golfkrieg von 1991 hatten Militärexperten Syrien als das »Future Battlefield«[50] im Nahen Osten prognostiziert. Auch nach dem Golfkrieg werden diese militärstrategischen Spiele fortgesetzt. Unter Fachleuten werden die Golanhöhen als möglicher casus belli für einen künftigen Waffengang eingeschätzt. Respektable Militärexperten, wie zum Beispiel Anthony H. Cordesman, glauben immer noch, daß Syrien einen Krieg im Nahen Osten führen würde und entwickeln diesbezüglich entsprechende Szenarien. Während ein pensionierter amerikanischer Armeeoffizier in seinen Kriegsphantasien Syrien zu einem vorrangigen Akteur in »Future Wars«[51] macht, entwirft Cordesman immerhin real mögliche Kriegsszenarien. In acht Szenarien eines möglichen Nahostkrieges schreibt er Syrien eine führende Rolle zu.[52] Ich möchte unterstellen, daß die Amerikaner – einschließlich Herrn Cordesman – wenig über Syrien wissen. Die israelischen, besser informierten Experten[53] sind dagegen in ihrem Urteil über Syrien als mögliche Kriegspartei vorsichtiger.

Syrienexperten wissen, daß der syrische Präsident Assad[54] kein Saddam Hussein, also kein Abenteurer ist. Assad ist ein im höchsten Maße macchiavellistisch berechnender Politiker. Er hatte zwar während des Clinton-Besuches in Damaskus[55] im Oktober 1994 seine positive Einstellung zum Frieden erklärt, zugleich aber klar gemacht, daß diese syrische Leistung ihren hohen Preis haben würde. Syrien verlangt nicht nur einen vollständigen und bedingungslosen Abzug der Israelis von den strategisch wichtigen und wasserreichen Golanhöhen als Voraussetzung für die Anerkennung Israels; es fordert darüber hinaus auch wirtschaftliche Zuwendungen des Westens, die mit den an die Palästinenser erbrachten westlichen Leistungen vergleichbar sind. Die Führung in Damaskus pokert mit der geopolitischen Bedeutung Syriens für einen Nahostfrieden, erlegt sich jedoch Zurückhaltung bei jeder Kriegsgefahr auf, und zwar aus rein militärischem Kalkül. Aus diesem Grunde wird Syrien kein Future Battlefield sein.

Seit dem Golfkrieg hat Syrien an regionaler Bedeutung gewonnen. Der Libanon, wo zur Zeit neben den verschiedenen syrischen Geheimdiensten 40000 Soldaten aus Syrien stationiert sind, ist praktisch syrischer Machtbereich. Entsprechend ist ein israelisch-libanesischer Frieden vor allem eine syrische Entscheidung geworden. Der Leser denke an die Hizbullah im Südlibanon und die beiden Katjuschakriege vom Juli 1993 (vgl. dazu Kap. 6) und vom April 1996 (vgl. Kap. 1). Für die Mitwirkung am Golfkrieg auf Seiten der Anti-Irak-Allianz hat der Westen Syrien stillschweigend freie Hand im Libanon gelassen. Das war auch die Gegenleistung für die Beendigung des von 1975 bis 1990 andauernden Bürgerkrieges im Libanon.[56] Nun wird für den Frieden mit Israel ein hoher Preis gefordert. Es ist nicht vorwiegend die geostrategische Bedeutung der Golanhöhen (vgl. Anm. 53), die es den Israelis schwer macht, auf die syrische Forderung einzugehen; denn die seit dem Sechstagekrieg fortgeschrittene militärische Satellitentechnik neutralisiert den Vorteil, den die Syrer bei einer möglichen Rückgabe gewännen. Wichtiger sind die dort vorhandenen Wasservorkommen, die in den Jordan fließen. Wasser wird im Nahen Osten im Übergang zum 21. Jahrhundert zum Angelpunkt einer Friedensordnung werden.[57] Auch will Israel bei seinen Friedensbemühungen weit mehr als nur eine Waffenruhe erreichen, und dazu scheint die syrische Regierung nicht gewillt zu sein. Der Westen wiederum ist nicht bereit, auf die syrische Forderung einzugehen und im Sinne einer Gleichbehandlung ein Wirtschaftshilfepaket in der Größenordnung wie die 2,3 Milliarden US-Dollar für die Palästinenser auch für die Syrer bereitzustellen.

Die syrische Regierung steht nicht unter Zeitdruck, wohl aber die israelische. Präsident Assad läßt sich zudem nicht drängen. Sowohl für Syrien als auch für Israel, die unter amerikanischer Regie in Washington (im März und Mai/Juni 1995 sowie Anfang 1996) miteinander verhandelten, stehen sensible sicherheitspolitische Fragen an.[58] Das Ausbleiben einer friedlichen Regelung mit Syrien muß für Israel äußerst beunruhigend sein, obwohl keine Kriegsgefahr besteht. Ohne diese wichtige Komponente ist ein vollständiger Frieden im Nahen Osten kaum vorstellbar.

Die hier hervorgehobene geopolitische Bedeutung Syriens im Friedensprozeß wird auch durch die Tatsache unterstrichen, daß die Troika der Europäischen Union unter Leitung des damaligen französischen Außenministers Alain Juppé (mit Staatssekretär von Ploetz vom Auswärtigen Amt und Staatssekretär Westendorp vom spanischen Außenministerium) ihre bereits angeführte Nahostreise 1995 in Damaskus begonnen hatte. Bei den Gesprächen beklagte Syrien die Unnachgiebigkeit Israels und die ungleiche Behandlung der nahöstlichen Akteure durch die Europäische Union. Das war eine überdeutliche Anspielung auf die syrische

Erwartungshaltung, als Gegenleistung für sein Ja zum Frieden die Schulden bei der EU erlassen zu bekommen und darüber hinaus weitere Finanzhilfe zu erhalten. Vor der europäischen Troika war der damalige US-Außenminister der Bush-Administration, James Baker, achtmal zu Gesprächen in Damaskus. Sein Nachfolger Christopher war laufend dort, und wenn nicht er selbst, dann sein Unterstaatssekretär Dennis Ross. Auch die Auslandsreisen der neuen Außenministerin der USA, Albright, führen sie in den Nahen Osten, wo sie diese Besuchspolitik fortsetzt. Die USA werden auch in Zukunft ihre Stellung als wichtigster Mittler zwischen Israel und Syrien behalten. Auch der deutsche Außenminister Kinkel war mehrmals in Damaskus, kehrte jedoch trotz seiner ungeschickten Äußerung, daß sich ein Frieden »finanziell lohnen« würde, mit leeren Händen zurück.

Während der Amtszeit Rabins und – nach dessen Ermordung – der seines Nachfolgers Peres fanden alle syrisch-israelischen Verhandlungen unter der Regie der amerikanischen Regierung statt; sie blieben jedoch ohne spürbares Ergebnis. Die amerikanische Nahostexpertin Ann Lesch erklärt den Mißerfolg damit, daß jede Partei der anderen mißtraue, vor allem in bezug auf das jeweilige Verständnis von »Frieden«, »Sicherheit« und »Territorium«.[59] Nachdem die Formel »Land für Frieden« der Rabin / Peres-Zeit von Netanyahu durch »Sicherheit für Frieden« ersetzt worden ist, ist dieses Mißtrauen erheblich gewachsen.

Auf dem Wege zu einer Lösung für Jerusalem

Aus den bisherigen Ausführungen ist deutlich geworden: Syrien ist ein geopolitisches Problem im Friedensprozeß. Doch Jerusalem ist noch weit bedeutender, weil es sich hier um die islamisch-jüdische Komponente im Friedensprozeß handelt. Aus diesem Grund bildet diese Frage die schwerste Hürde auf dem Weg zu einem Nahostfrieden.

Der Streit um Jerusalem[60] ist nur durch eine Einigung über den Status dieser, für alle drei Monotheismen heiligen Stadt[61] beizulegen. Ähnlich wie bei dem ersten Gegenstand, das heißt der Syrien-Problematik, hat die Regierungszeit der Labour-Mehrheit auch im Hinblick auf diese Frage keine Lösung gebracht. Unter Netanyahu wird es angesichts der Dominanz der religiösen Parteien in seinem Kabinett sicherlich ebenfalls keine Kompromisse in bezug auf Jerusalem geben. Erwähnenswert ist jedoch eine zwischen der 1996 abgewählten israelischen Labour-Regierung und dem jordanischen König Hussein zustandegekommene Regelung. Hierbei geht es darum, daß die Israelis König Hussein einen besonderen geistlichen Status in Jerusalem zuerkannt haben. Nach meiner Rückkehr aus Jerusalem im November 1994 habe ich diese Regelung in der *Frankfurter Allgemeinen Zeitung* vom 8. Dezember 1994 mit der Frage »König Hussein als Scharif Jerusalems?« angesprochen und möchte sie im Folgenden kurz skizzieren:

Ausgangspunkt für die nahöstliche Konfliktszene ist, daß es ohne eine Regelung für Jerusalem keinen Dauerfrieden geben kann. Zeitweise entbrannte ein Konflikt zwischen König Hussein und Arafat um Jerusalem. Als Folge hiervon hatte Jerusalem zum Teil zwei Muftis[62] als religiöse islamische Autoritäten. Einer davon war vom jordanischen König eingesetzt worden, während der zweite ein Mann Arafats war. Aber seit dem Wahlsieg Netanyahus ist dieser jordanisch-palästinensische Konflikt beigelegt; der islamische Anspruch auf einen Teil von Jerusalem steht in der Wertschätzung höher als irgendwelche partikularen jordanischen oder palästinensischen Ansprüche. Hinzu kommt: Arafat ist sehr auf die Unterstützung König Husseins angewiesen und dieser versagt ihm seine Hilfe nicht.

Die von den Palästinensern vertretene Position – von arabischer und islamischer Seite unterstützt – insistiert darauf, daß Ostjerusalem schließlich die Hauptstadt des zukünftigen palästinensischen Staates sein werde, ja sein müsse. Die Israelis dagegen – gleich ob Labour oder Likud – bestehen auf der Einheit Jerusalems und sind nicht bereit, darauf zu verzichten; somit lehnen sie eine Zweiteilung der Stadt mittels einer grünen Linie ab. Die »grüne Linie« war die formale Grenze zwischen Ost- und Westjerusalem, als die Stadt bis zum Sechstagekrieg noch geteilt war.

Die israelische Einstellung ist zwar von politischen Interessen bestimmt, sie gewinnt aber von der nichtpolitischen Tatsache, daß sich Jerusalem nicht einfach teilen läßt, Plausibilität. Es ist hier nicht die Rede von Groß-Jerusalem mit seinen fünf großen Stadteinheiten, sondern eher vom Kern der Stadt, dem heiligen Bezirk, der von symbolischer Bedeutung ist für *Yerushalaim* (hebräisch)–

al-Quds (arabisch) – Jerusalem. Es ist jene Größe, die gleichermassen für Juden, Muslime und Christen unveräußerlich ist.

Für die Muslime ist die al-Aqsa-Moschee, die im Koran, Sure 17, Vers 1, ausdrücklich erwähnt wird, nach Mekka und Medina die drittheiligste Moschee.[63] Wie läßt sich der Kern von Jerusalem vernünftig unter den drei großen Religionsgemeinschaften teilen? Diese Frage läßt sich wohl kaum eindeutig beantworten. Die Christen scheinen das Problem für sich in der Grabeskirche gelöst zu haben, wo die miteinander im Streit liegenden neun christlichen Denominationen jeweils ihre eigene Sektion haben. Für uns Muslime ist der Anspruch auf den islamischen Teil Jerusalems, das heißt die al-Aqsa-Moschee und den Felsendom, unverzichtbar und kann nicht Gegenstand von Verhandlungen sein. Dieses Gelände, das die Juden Tempelberg nennen, ist der »al-Haram al-Scharif« und ist für uns Muslime ebenso wichtig wie die Klagemauer für die Juden. Niemals ist mir das klarer geworden, als bei meinem ersten Betreten dieser Moschee im Januar 1993, als ich mit dem Koran in der Hand die »al-Fatiha« (Eröffnungs-Sure) laut las und dabei die Tränen nicht unterdrücken konnte. Der Leser möge sich hierbei vergegenwärtigen, daß ich ein säkular orientierter Muslim bin.

Im Vorfeld der bereits erwähnten israelisch-jordanischen Lösung, der zufolge König Hussein ein besonderer Status in Jerusalem zuerkannt wird, ließ der jordanische König die seit langem renovierungsbedürftige Kuppel des Felsendoms für mehr als 30 Mio. US-Dollar aus seiner Privatschatulle neu vergolden. Der Besucher von Jerusalem erkennt den Unterschied zu früher auf den ersten Blick. Die Neuvergoldung der Kuppel war für den Anspruch des Königs auf die islamischen Schreine von Jerusalem von symbolischer Bedeutung, ein Anspruch, den auch die israelische Regierung unter Rabin durch die Einräumung gewisser Vorrechte im Friedensvertrag mit Jordanien anerkannt hatte.

Die zitierte Vereinbarung zwischen König Hussein und Rabin veranlaßte Arafat zu der Ankündigung, die Feierlichkeiten zur Unterzeichnung des jordanisch-israelischen Friedensvertrages im Beisein des amerikanischen Präsidenten Clinton im Oktober 1994 zu boykottieren. Doch ließ König Hussein Arafat erst gar keine Einladung zukommen und beraubte ihn somit von vornherein der Möglichkeit des Protestes. Auf dem bereits angesprochenen darauffolgenden Vierer-Gipfel in Kairo Anfang 1995 hatte Arafat angesichts seiner damaligen geschwächten Position den Zankapfel Jerusalem zurückgestellt und war neben König Hussein aufgetreten. Nach der Wahl Netanyahus im Mai 1996 haben sich beide umarmt und vor den Fernsehkameras einen Bruderkuß gegeben. Im Oktober 1996 demonstrierte König Hussein bei seinem Besuch der Palästinensischen Autonomiebehörde in Jericho deutlich Einigkeit mit Arafat in der Haltung gegen Netanyahu. Die entscheidende Vermittlung König Husseins beim Zustandekommen des Hebron-Abkommens sowie sein Besuch in Gaza im Januar 1997 bringen entscheidende Veränderungen im Verhältnis beider Politiker zum Ausdruck.

Die Jerusalem-Frage illustriert die islamische Dimension des Nahostkonflikts. Wer den Islam nicht in die Rechnung einbezieht, der begibt sich der Möglichkeit, nahöstliche Politik korrekt zu verstehen. Aus dieser Perspektive ist König Hussein nicht irgendein Monarch oder schlicht einer der vielen Nahostpolitiker, die – in unüberblickbarer Abfolge – kommen und gehen oder ermordet werden. König Hussein ist der dienstälteste Herrscher seit seiner Thronbesteigung 1953 im gesamten Nahen Osten und Nordafrika; er hat zahlreiche Revolutionen, Putsche und Mordanschläge überlebt.[64] In einer politischen instabilen Region wie dem Nahen Osten ist dies eine unermeßlich große Leistung, die die bestehende Legitimität des Monarchen zusätzlich festigt.

König Hussein als Scharif von Jerusalem?

Wie bereits angeführt, ist König Hussein ein Nachkomme der Familie des Propheten, insofern er vom Banu-Haschim-Clan des Stammes von Quraisch entstammt. Es gibt heute nur zwei araboislamische Herrscher, die den Titel Scharif tragen können, indem sie diese religiös-politische stammesmäßige Herkunft vorweisen: Hassan II., scherifischer König von Marokko, und der haschimitische König Hussein Ibn Talal von Jordanien.

Zu den Aufgaben eines Scharifen gehört es auch, als geistliche Autorität die islamischen Heiligtümer, die als Haram bezeichnet werden, zu beschützen. Die haschimitische Familie von König Hussein hat mehrere Jahrhunderte lang die Moscheen von Mekka und Medina behütet, indem sie den Emir von Mekka stellte. Auch Arafat akzeptiert inzwischen die Autorität von König Hussein. Bei seinem Besuch in Jericho 1995 machte Hussein gegenüber der islamischen Welt deutlich, daß der Streit zwischen ihm und Arafat um Jerusalem beigelegt ist. Ein historischer Rückblick kann die verwickelten Beziehungen etwas durchsichtiger machen.

Bis zur Gründung Saudi-Arabiens lautete der jeweilige Titel des haschimitischen Herrschers: Scharif von Mekka. Der letzte haschimitische Scharif von Mekka, Hussein Ibn Ali, war der Urgroßvater des derzeit in Jordanien herrschenden Königs Hussein Ibn Talal. Er war ein Emir und wurde von den Saudis im Verlaufe der Gründung ihrer Monarchie aus Mekka vertrieben. Ibn Saud, der Gründer Saudi-Arabiens, betrat am 16. Oktober 1924 Mekka als Sieger und nannte sich fortan »Imam von Mekka«.[65] Damit wurde die haschimitische Herrschaft über Mekka beendet.

Hussein Ibn Alis Sohn Abdullah Ibn Hussein wurde von den Engländern in Transjordanien als König eingesetzt. Dieser Sohn rief seinen Vater im Rahmen der islamischen »Bay'a« / »Huldigung« 1924 – noch vor dessen Vertreibung aus Mekka – zum Kalifen aller Muslime aus. Der Anlaß hierfür war die Tatsache, daß Kemal Atatürk nach seiner Revolution das Kalifat im Gefolge der Ausrufung der Republik in der Türkei abgeschafft hatte. Danach hatten die Muslime keinen Kalifen mehr, und Abdullah wollte mit seinem Vater Hussein Ibn Ali 1924 diese Lücke füllen. Das Kalifat des haschimitischen Emirs Hussein Ibn Ali war aber nur von kurzer Dauer. Die Vertreibung durch die Saudis erfolgte unmittelbar danach.

Der heute in Jordanien herrschende König Hussein Ibn Talal setzte nach dem Tod seines Vaters Talal Ibn Abdullah das Erbe seines Großvaters Abdullah Ibn Hussein in Jordanien fort. Ich habe schon berichtet, daß er als einziger arabischer Herrscher die Tumulte der Zeit des arabischen Nationalismus überlebt hat.[66]

Die Tatsache, daß die saudische Monarchie auf der Basis der Eroberung von Mekka und Medina sowie der Vertreibung des haschimitischen Scharifen von Mekka errichtet wurde, bildet den Hintergrund der traditionellen Feindschaft zwischen Saudis und Haschimiten. Der jordanische König hat während der Golfkrise Mitte August 1990 mit einer Rede vor dem jordanischen Parlament zur Neubelebung jener Feindschaft beigetragen, als er, voreilig auf geopolitische Änderungen hoffend, im Parlament sagte:

»Ich gelobe mit Ihnen, meine Brüder: Wer mich ehren will, der möge mich Scharif Hussein nennen.«[67]
Diese Äußerung war faktisch eine Kriegserklärung an die Saudis.

Ich kenne keinen einzigen europäischen Journalisten, der den Sinn dieser Rede verstanden und sie richtig kommentiert hat; dabei entfachte die Rede während des Golfkrieges einen Machtkampf darüber, wer nach dem Golfkrieg »der wahre Hüter von Mekka«[68] sein werde.

Seinerzeit entwarf der französische Islamexperte Bruno Etienne aus Aix-en-Provence ein Szenario[69], das den Sturz der Saudis und die Rückkehr des jordanischen Königs Hussein als Scharif nach Mekka beschrieb. Diese Vision bewahrheitete sich nicht, aber die nach dem Aufreißen der alten Mekka-Wunde neubelebte saudisch-jordanische Feindschaft ebbt seither – trotz einer äußerlichen Annäherung – nicht ab. Der Rückgriff auf den Titel des Scharifen behält im Hinblick auf Jerusalem unverändert seinen Wert.

Unter der Labour-Regierung kehrte König Hussein im Zusammenhang mit dem israelisch-jordanischen Friedensvertrag in das Zentrum der Nahostpolitik zurück. Dies blieb auch nach der Wahl Netanyahus so. Symbolisch hierfür stehen die Besuche Netanyahus in Kairo und Amman – in dieser Reihenfolge – kurz nach seiner Wahl im Juli 1996. Ich werde im nächsten Kapitel ausführlich zeigen, daß König Hussein Ibn Talal der derzeit wichtigste Vermittler zwischen den Arabern und Israel in der nahöstlichen Politik ist.

Im Friedensprozeß spielt Amman mit dem jordanischen König Hussein als Schlüsselfigur die Rolle einer Drehscheibe für jede Diplomatie. Als faktischer Scharif von Jerusalem anerkannt zu werden, ist keine geringere Würde als die seines Urgroßvaters Hussein Ibn Ali, der Scharif von Mekka gewesen zu sein. Für die Israelis war diese Regelung bisher opportun, weil sie durch die Anerkennung einer geistlichen Autorität des jordanischen Königs ihre Souveränität über Jerusalem bewahren konnten. Seit diese Regelung getroffen wurde, war jedoch klar, daß dies keine dauerhafte Lösung der Jerusalem-Frage sein kann, da sie weder für die Palästinenser noch allgemein für alle Muslime zufriedenstellend ist. König Hussein räumt selbst ein, daß es sich hierbei um eine Übergangslösung handelt.

Die Organisation der Islamischen Konferenz / OIC verfügt über ein Jerusalem-Kommittee; sein Vorsitzender ist seit 1979 der marokkanische König Hassan II., der ebenso wie König Hussein ein Scharif ist, weil aus der Prophetenfamilie stammt. Die erwähnte internationale Organisation umfaßt die 52 islamischen Staaten der Welt als Mitglieder. König Hassan II. von Marokko hat in seinen Verlautbarungen in seiner Funktion als Vorsitzender des Jerusalem-Kommittees als islamischer Beschützer Jerusalems – stets den arabo-islamischen Charakter dieser Stadt hervorgehoben. Im Vorfeld des Gipfels der Organisation der Islamischen Konferenz in Rabat im Dezember 1994 hat die einflußreiche Kairoer Zeitung *al-Ahram* im Sinne von König Hassan II. einen Leitartikel veröffentlicht, der folgende wichtige Passage enthielt:

»Zu den wichtigen Aufgaben des islamischen Gipfels gehört die Ausarbeitung eines politischen Programms als Vorarbeit für die Rückgabe der Stadt. Keineswegs geht es darum, den arabischen bzw. islamischen Charakter der Stadt zu bewahren, sondern vor allem darum, die arabo-islamische Souveränität über Jerusalem wiederherzustellen … Wer die Geschichte kennt, der weiß, daß die israelischen Eroberungen und die darauf folgende Besetzung von Jerusalem im Jahre 1967 historisch die Errichtung der 41. Fremdherrschaft über diese arabo-islamische Stadt ist. Bei allen vorangegangenen vierzig Besatzungsmächten ist nach einer historischen Periode die arabo-islamische Souveränität wiederhergestellt worden. Nicht anders wird es mit der israelischen Fremdherrschaft über Jerusalem sein. Aus den Lektionen der Geschichte wissen wir, daß jede Okkupation nur eine vorübergehende Periode in der Geschichte der Völker darstellt.«[70]

Aus dieser Passage wird deutlich, wie wichtig es ist, eine Lösung für Jerusalem zu finden, und wie wenig akzeptabel es für Araber und Muslime ist, daß das geeinte Jerusalem die Hauptstadt Israels bleibt. Als ein gemäßigter und im jüdisch-islamischen Dialog aktiv tätiger Araber[71] weiß ich aber auch, daß die Juden – durch die Klagemauer – ebenfalls ihre Heiligtümer in Jerusalem haben. Vielleicht wäre eine Internationalisierung der Stadt bei international garantiertem Zugang der Gläubigen zu den jüdischen, christlichen und islamischen Heiligtümern die einzige dauerhafte Lösung für Jerusalem.

Auf meine Frage, ob die israelisch-jordanische Vereinbarung für Jerusalem mit König Husseins geistlicher Autorität als Scharif eine Zukunft hat, antwortete der prominente israelische Historiker und

Direktor des Van Leer Institute in Jerusalem, der Islamexperte Nehemia Levtzion[72], im November 1994 mit der skeptischen Bemerkung:

»Für Jerusalem gibt es kein Patentrezept. Nur die Zeit wird auf lange Sicht zeigen, wie dieses Problem zur Zufriedenheit aller bewältigt werden kann.«

Jerusalem bleibt ein Zankapfel und ohne eine dauerhafte Lösung wird es keinen islamisch-westlichen Frieden geben. Im »Krieg der Zivilisationen« als einem Krieg der religiös begründeten Weltanschauungen ist ein islamisch-jüdisches Einvernehmen ein Bestandteil des Friedens der Zivilisationen im Mittelmeerraum. Während des ersten jüdisch-islamischen Dialogs, an dem ich in der Londoner Westminster Synagoge (vgl. den Bericht in der *FAZ* vom 19. Juli 1994, S. 8) mitgewirkt habe, haben wir Muslime unmißverständlich zu verstehen gegeben, daß die Klärung des Status von Jerusalem mit den entsprechenden jüdischen Zugeständnissen an uns die erste und zentrale Leistung auf dem Wege zu einem islamisch-jüdischen Frieden ist. In diesem Sinne ist jeder Versuch, ganz Jerusalem zu judaisieren – hierzu gehört auch Netanyahus Har Homa-Projekt –, ein Anschlag auf den Frieden.

Die arabische Antwort auf Netanyahu: Der arabische Gipfel von Kairo 1996 und die Intensivierung der arabischen Gipfeldiplomatie

Netanyahu vereinigt die Araber

Am Vorabend der Wahlen in Israel 1996 war die arabische Welt in sich sehr zerstritten und tief gespalten; Ursache dafür waren die noch nicht vernarbten Wunden des Golfkrieges. Nach dem Einmarsch der irakischen Truppen in Kuwait am 2. August 1990 fand noch im selben Monat ein arabischer Gipfel am Sitz der Arabischen Liga in Kairo statt, der zugleich tragische und kommödiantische Züge annahm und ohne Ergebnis endete. Damals waren die arabischen Staatschefs nicht in der Lage, eine »arabische Lösung«[1] für die Kuwait - / Golfkrise zu finden; die Folge hiervon war die Internationalisierung des Konflikts und der anschließende Golfkrieg von Januar bis Februar 1991.

Seit jenen tragischen Ereignissen und bis 1996 fanden keine arabischen Gipfel mehr statt. Eine ausgedehnte Reise des marokkanischen Königs Hassan II. in verschiedene Hauptstädte des arabischen Ostens / Maschrek Ende 1992 war eine Initiative des arabischen Westens / Maghreb, die das Ziel verfolgte, die zerrissene arabische Staatengemeinschaft wieder zusammenzukitten; sie blieb ohne Erfolg. Auch alle anderen arabischen Versuche mit ähnlicher Zielsetzung scheiterten. Erst im Juni 1996 kam es zu einem neuen arabischen Gipfel. Es bedurfte des Likud-Sieges am 29. Mai 1996, um die Zerrissenheit innerhalb der arabischen Welt zu überwinden.

In der Folge des Wahlsiegs Netanyahus fanden kleine und größere arabische Gipfel statt, die nach außen die Einheit der arabischen Welt demonstrierten. Zuvor war die Einheit der Araber stets ausschließlich in der kriegerischen Auseinandersetzung mit Israel sichtbar geworden. Erstmals einten sich die Araber in ihrer Forderung nach Frieden in Kairo im Juni 1996. Nun wurden die Rollen getauscht: Die Araber treten seither als Mahner zum Frieden auf; sie erinnerten die neu gewählte israelische Regierung an die völkerrechtlich bindenden Verpflichtungen, die ihre Vorgängerregierung eingegangen war. Während des israelischen Wahlkampfes hatte der Likud-Kandidat Netanyahu Töne von sich gegeben, die aus der Perspektive des Friedens beängstigend waren. Der Kommentator der *International Herald Tribune*, William Pfaff, hatte in einem Leitartikel dazu offen geschrieben, daß die Einhaltung der Wahlversprechungen Netanyahus einer Kriegserklärung an die Araber gleichkomme.² Pfaff ist dabei wahrlich kein Parteigänger der Araber, sondern eher ein proisraelischer Journalist. Die jordanische, englischsprachige Zeitung *Jordan Times* (mit Sitz in Amman) konnte sich mit dem Inhalt des zitierten Leitartikels identifizieren und hat ihn ihrerseits als Leitartikel veröffentlicht. Ich werde in diesem Kapitel zeigen, daß Jordanien im Friedensprozeß eine besondere Stellung einnimmt.

Die Frage bleibt: Warum haben die Israelis, wenn auch nur mit knapper Mehrheit, einen Premierminister gewählt, dessen Wahlversprechen einer Kriegserklärung an die arabischen Nachbarstaaten gleichkommen? Nach dem Mord eines jüdischen Fundamentalisten an Ministerpräsident Rabin, der gemeinsam mit seinem Außenminister Peres und mit Arafat mit dem Friedensnobelpreis ausgezeichnet worden ist, war der Ruf nach Frieden in Israel zunächst noch lauter geworden. Dann folgten jedoch die Terroranschläge islamischer Fundamentalisten im Februar / März 1996, die die Waage zur anderen Seite zurückpendeln ließen. Es schien so, als sei es den zwar untereinander verfeindeten, in ihrer Ablehnung des Friedens aber einigen islamischen und jüdischen Fundamentalisten gelungen, den Friedensprozeß aufzuhalten. Der Sieg Netanyahus schien zunächst auch ein Sieg für Hamas und die jüdischen Siedler zu sein.

Israel gefährdet den Friedensprozeß
Das Ergebnis der israelischen Wahlen vom 29. Mai war ein Schock für die arabische Welt. Nach dem Durchbruch von Oslo vom 13. September 1993 haben die Araber den Israelis im Rahmen des

Kompromisses »Land für Frieden« und unter Akzeptanz der Formel »ein Land für zwei Völker« die Hand gereicht.[3] Durch die Wahl Netanyahus hat die israelische Bevölkerung diese Hand zurückgewiesen und scheinbar den Friedensprozeß gefährdet. Wohlgemerkt, die Interpretation der israelischen Wahl als eine Zurückweisung des Friedens bringt keine arabische Sichtweise zum Ausdruck; vielmehr ist das Wahlergebnis eine artikulierte Präferenz der israelischen Wählerschaft. Ich habe bereits William Pfaff zitiert, der in seinem Leitartikel die Formel geprägt hat: »Wenn Netanyahu seinem Wahlversprechen treu bleibt, dann wäre das Resultat Krieg« (vgl. Anm. 2). Im Motto zu diesem Teil zitiere ich König Hussein, der in der Wahlentscheidung für Netanyahu keinen Anlaß zum Pessimismus sah. Welche Einschätzung trifft nun zu?

Die getrennten Parlaments- und Premierministerwahlen führten zu folgenden Ergebnissen: Bei der Wahl der Parlamentarier hat Labour mit 34 Sitzen (26,8 %) zwar mehr Stimmen erhalten als der Likud zusammen mit Tzomet und Gescher, die nur 32 Sitze gewonnen haben. Umgekehrt aber war das Ergebnis bei der Wahl des Premierministers; Netanjahu erhielt mehr Stimmen als sein Konkurrent Peres.[4]

In der gegenwärtigen Knesset sind 61 Stimmen für eine parlamentarische Mehrheit erforderlich. Das bedeutet, daß Netanyahu sich mit mehreren kleinen Parteien arrangieren mußte, um regierungsfähig zu werden.

Während des Wahlkampfes gab Netanyahu sich als Hardliner, und nun wird er durch seine Koalition mit den ultraorthodoxen Parteien dazu gezwungen, noch härter aufzutreten. Die Israelis ernten die Früchte ihrer Wahl und müssen die Folgen ihrer Entscheidung tragen. Die Frage lautet: Ist das Ende der Labour-Regierung das Ende der Friedenspolitik? Zu fragen ist auch, ob der in Oslo in Gang gesetzte Friedensprozeß überhaupt umkehrbar ist.

Im Titel eines Leitartikels der *New York Times* wurde das Ende der Labour-Regierung als das »Ende einer Scharade« bezeichnet. Der zitierte Leitartikler Anthony Lewis schrieb, daß Israel am meisten Profit aus der Verteilung der politischen und wirtschaftlichen Friedensdividenden gezogen hätte, diese rosige wirtschaftliche Aussicht habe nun scheinbar ein Ende. Netanyahus Verweigerungshaltung im Hinblick auf den in Oslo beschlossenen Frieden drohe den Prozeß umzukehren:

»Das Problem ist nun, ob Netanyahu seine Politik der Realität anpaßt ... Wird er verstehen, daß Palästinenser und Israelis auf ein Desaster hinsteuern, wenn der in Oslo in Gang gesetzte Prozeß nicht voranschreitet?«[5]

Mit der Zustimmung zum Abzug aus Hebron Mitte Januar 1997, wenngleich unvollständig und unter Beibehaltung der siedlungskolonialistischen Einrichtungen schien es so, als würde Netanyahu zu verstehen beginnen. Die Entwicklung im Frühjahr strafte die Einschätzung Lügen. Netanyahu kennt keine Politik der Kompromisse.

Grundvoraussetzung für den Friedensprozeß waren gegenseitige Kompromisse beider Konfliktparteien. Einer der besten Kenner des Nahen Ostens in Deutschland, Wolfgang G. Lerch, hat hervorgehoben, daß gerade bei der Lösung dieses Konflikts keine Maximalforderungen erfüllt werden könnten. Aus diesem Grunde sei es nicht möglich, »absolute Gerechtigkeit herstellen zu wollen ... Es kann bei derart unterschiedlicher Interessenlage eigentlich keine Lösung, sondern nur eine kompromißhafte Regelung geben.«[6] Lerch bescheinigt den arabischen Politikern im Rahmen einer solchen Kompromißbereitschaft den Willen zum Frieden. Gilt dies auch für Netanyahu? Ich habe diese Frage negativ beantwortet.

Die Araber bestehen nicht länger kompromißlos auf der Formel »Filastin Arabiyya« / »Arabisches Palästina«; sie sind mittlerweile bereit, Israel unter der Bedingung anzuerkennen, daß es seinerseits die Palästinenser als ein Volk mit dem Recht auf einen eigenen, auf die besetzten Gebiete beschränkten Staat anerkennt. Hierzu war die Labour-Regierung sowohl unter dem ermordeten Rabin[7] als auch unter Peres gewillt.

Als arabische Reaktion auf die Wahl Netanyahus und auf seine rhetorischen Muskelspiele gegen die als Kollektiv des Terrorismus verdächtigten Araber war es erstmals in der Geschichte des Konflikts auf dem arabischen Gipfel von Kairo vom 22. bis 23. Juni 1996 gelungen, eine relativ emotionsfreie, strategische Erörterung der politischen Lage vorzunehmen. Israels Gefährdung des Friedens vereinte die Araber.

Wie einleitend ausgeführt, war dies der erste arabische Gipfel seit dem Golfkrieg. Seinerzeit hatte das arabische Staatensystem die Probe nicht bestanden. Die Zerrissenheit der Araber hat eine »arabische Lösung« der Kuwait-Krise (vgl. Anm. 1) verhindert. Im

Juni 1996 hat das arabische Staatensystem die Herausforderung durch Netanyahu dagegen gut bewältigt und scheint, seine innere Spaltung überwunden zu haben.

Keine Alternative zum Prinzip: Land für Frieden

Die in Kairo versammelten arabischen Staatschefs haben ihre Option für »den Frieden als eine strategische Entscheidung« offen und klar bekundet, jedoch unterstrichen, daß dies nur unter bestimmten Bedingungen gelte. Die Konditionen beziehen sich auf die vier bereits im vorangegangenen Kapitel erörterten Schlüsselfragen:

1. Anerkennung der Palästinenser als Volk sowie deren Recht auf einen eigenen Staat in den von Israel besetzten Gebieten,
2. die Einstellung der kolonisatorischen Siedlungspolitik in der Westbank, auf den Golanhöhen sowie in Ostjerusalem,
3. eine für alle Muslime akzeptable Lösung für den Status von Jerusalem und schließlich
4. eine israelische Unterschrift unter den Atomwaffensperrvertrag.

Die arabischen Staatschefs erkennen zwar mittlerweile die jüdischen Rechte auf Jerusalem an, nicht aber die Absicht, die Stadt vollständig zu judaisieren. Denn Jerusalem ist eine Stadt, die neben den wichtigen jüdischen und christlichen Stätten auch zentrale heilige islamische Schreine (al-Aqsa-Moschee[8] und Felsendom) beherbergt und somit für einen Frieden zwischen Juden und Muslimen von entscheidender Bedeutung ist.

Erfreulich und neu war die Nüchternheit der politischen Diskussion der arabischen Staatschefs in Kairo. Ermutigend war nicht nur der relative Verzicht auf die alt bekannte arabische Rhetorik. Auch die Frage des Friedens wurde nicht mehr allein als eine Konfrontation »zwischen Arabern und Zionisten«, sondern als eine geostrategische Angelegenheit, die sich auf die gesamte Region bezieht, diskutiert. Der gesamtregionale und vor allem der innerarabische Frieden gehörten in Kairo untrennbar in diesen Zusammenhang. In diesem Sinne wurde auf dem gesamtarabischen Gipfel vom Juni 1996 – ebenso wie zuvor auf den Teilgipfeln von Aqaba und Damaskus, auf die ich noch eingehen werde – auch die Rolle der Türkei und des Iran in der Region erörtert. Die Problematik des von den Fundamentalisten im Namen des Islam betriebenen Terrorismus wurde nüchtern behandelt. Die »arabischen Afghanen« sind zu einer Bedrohung der Stabilität aller arabischen Länder geworden[9]; Israel kann sich nicht – in Verkennung der Tatsachen – als einziges Opfer des Terrorismus darstellen. Man denke an die Gewalttaten islamischer Extremisten im Algerien, Ägypten, Syrien oder Marokko.

Das Schlußkommuniqué[10] des arabischen Gipfels vom Juni 1996 umfaßte folgende Forderungen und Beschlüsse:
– Die arabischen Staatschefs fordern von Israel, den in Oslo begonnenen Friedensprozeß fortzusetzen; und sie weisen Israel die Verantwortung für jeden Rückfall hinter die erreichten Lösungen und Regelungen zu.
– Um einen umfassenden Frieden zu erreichen, sind die Regelung der Jerusalem-Frage und des Problems der palästinensischen Flüchtlinge zentral; der Ostteil Jerusalems soll die Hauptstadt des zu bildenden palästinensischen Staates werden. (Der am 18. März 1997 auf dem arabischen Berg Abu Ghunaim in Ostjerusalem begonnene Har Homa-Siedlungsbau soll genau dieses Ziel verhindern. So kann es jedoch keinen Frieden geben.)
– Die arabischen Staaten fordern Iran auf, die Souveränität arabischer Staaten, hier die des vom Iran bedrohten Mitglieds der Arabischen Liga Bahrain, zu respektieren; sie verlangen darüber hinaus die Rückgabe der vom Iran besetzten Inseln, die den Vereinigten Arabischen Emiraten gehören. Der Iran ist das Land, das den Terrorismus im Nahen Osten am meisten fördert (hierzu Anm. 38 zur Einl.).
– Die Türkei wird aufgefordert, ihr sicherheitspolitisches, gegen die arabischen Staaten gerichtetes, im Februar 1996 abgeschlossenes Militärabkommen mit Israel zu überdenken und zu revidieren.
– Bei ihren Versuchen, das Problem des Irak unter Saddam Hussein zu bewältigen, steht für die arabischen Staatschefs die Wahrung der territorialen Einheit des irakischen Staates im Vordergrund.
Die Reaktion der Likud-Regierung auf dieses ungewöhnlich sachliche, hier frei zitierte Kommuniqué war sehr polemisch. Netanyahu spielte die darin enthaltenen Forderungen herunter und meinte:»Der Versuch, Israel bestimmte Vorstellungen und Bedin-

gungen aufzuzwingen, die seine Sicherheit beeinträchtigen, ist nicht geeignet, einen realen Frieden zu verwirklichen.«[11] Hier stellt sich die Frage, ob Israels Sicherheit von der kolonisatorischen Siedlungspolitik und von der Verleugnung des Rechts des palästinensischen Volks auf eigene Staatsbildung abhängt. Doch solche polemischen Diskussionen führen nicht weiter.

Der Kairo-Gipfel und die arabische Perspektive dieses Buches

In diesem Buch vertrete ich, wie im Vorwort angekündigt, eine arabische Perspektive. In meinen Schriften habe ich – auch in arabischer Sprache – die arabische Selbstverherrlichung[12] und die Unfähigkeit, aus Niederlagen zu lernen[13], kritisiert und mir hierdurch lebensgefährliche Feindschaften zugezogen. Während und nach dem Golfkrieg habe ich das arabische Syndrom der Verschwörung (vgl. Anm. 1) beklagt und mir gewünscht, daß arabische Politiker einen rationalen Umgang mit der Politik lernen. Diese Hoffnung brachte mir seinerzeit Morddrohungen ein, so daß ich unter Personenschutz gestellt werden mußte.

Aber die Zeit war auf meiner Seite, wie die Diskussionen, die während des arabischen Gipfels in Kairo stattfanden und in dem zitierten Schlußkommuniqué ihren Niederschlag fanden, beweisen. In dem Kommuniqué wird die strategische Entscheidung für den Frieden an Bedingungen geknüpft, deren Erfüllung für einen dauerhaften Frieden von zentraler Bedeutung ist.

Obwohl die arabische Perspektive dieses Buches im Einklang mit dem zitierten Schlußkommuniqué des arabischen Gipfels in Kairo steht, lege ich Wert darauf, meine Unabhängigkeit als kritisch denkender arabischer Analytiker zu bewahren und Tatsachen nicht zu unterschlagen. Es wäre naiv zu glauben, daß arabische Staatschefs, die in der Regel leider keine demokratischen Politiker sind, sich plötzlich und über Nacht geändert hätten. Die politische Repression hat in der arabischen Welt dazu beigetragen, daß sie eine »Region ist, die im ganzen einer kulturellen Wüste ähnelt, der die kreativen Geister ins Exil entfliehen«[14], wie der britische Journalist Stephen Howe anmerkt.

Ein prominenter Historiker der regionalen Organisation der arabischen Welt, das heißt der Arabischen Liga, bescheinigt den arabischen Politikern, seit der Gründung dieser Organisation die Kunst der Intrige zu beherrschen.[15] Ein anderer namhafter, im Januar 1984 in Beirut von schiitischen Fundamentalisten ermordeter Nahostexperte, Malcolm Kerr, hat die interarabischen Beziehungen der fünfziger und sechziger Jahre als den »Arab Cold War« beschrieben.[16] Ich selbst habe die arabische Politik während und nach dem Golfkrieg als eine Karikatur der Verschwörung portraitiert (vgl. Anm. 1). Bisher habe ich betont, daß arabische Rhetorik bei dem Kairo-Gipfel ausgeblieben ist. Denn dieser Gipfel war grundsätzlich von sachlichen Diskussionen geprägt. Dennoch sind die innerarabischen Meinungsverschiedenheiten nicht völlig verschwunden.[17]

So wollten die Syrer den Gipfel dazu benutzen, um ihre Auseinandersetzungen mit der Türkei in den Mittelpunkt zu stellen, während der Jemen seine Streitigkeiten mit Eritrea einbringen wollte. Arafat war bemüht, seine Stellung als gewählter arabischer Präsident durchzusetzen, obwohl ein souveräner palästinensischer Staat noch nicht existiert; doch haben ihm die Wahlen vom Januar 1996 eine solche Legitimität verliehen.[18] Kurzum: arabische Politiker kamen nach der Wahl Netanyahus mit unterschiedlichen Vorstellungen und auch unterschiedlicher Interessenlage nach Kairo, haben aber trotz der alten Streitereien einen hohen Grad an Verantwortungsbewußtsein gezeigt. Dadurch war es möglich, eine vorwiegend sachliche Erörterung aller anstehenden Probleme zu betreiben. Vielleicht war der Gipfel der Arabischen Liga in Kairo deshalb so erfolgreich, weil zu seiner Vorbereitung zwei kleine Gipfel – in Damaskus und in Aqaba – vorausgingen.

Die Gipfel en miniature im Vorfeld von Kairo: Aqaba und Damaskus

In bezug auf den arabisch-israelischen Frieden kann man die arabischen Staaten in zwei Lager unterteilen: solche, die Israel bereits anerkannt haben, und solche, die dies noch nicht tun. In diesem Sinne haben im Vorfeld zu dem ersten arabischen Gesamtgipfel seit dem Golfkrieg im Juni 1996 zwei Teilgipfel stattgefunden. In Aqaba trafen sich am 5. und 6. Juni der ägyptische Präsident Mubarak, der jordanische König Hussein sowie der palästinensische Präsident der Autonomiebehörde, Arafat. Ägypten erkennt Israel seit dem im neunten Kapitel zu untersuchenden Camp David-Frieden von 1978/79 an, Jordanien seit Oktober 1994 und die PLO – das heißt Palästina – seit dem Oslo-Abkommen von 1993. Der Gipfel fand in Aqaba / Jordanien statt, um die besondere Stellung des jordanischen Königs Hussein als Vermittler zu unterstreichen.[19] Ägypten machte bei dem Treffen aber seinen Anspruch auf die Führung der arabischen Welt deutlich. Dies kam vor allem bei dem anderen Teilgipfel in Damaskus am 7. / 8. Juni zum Ausdruck, bei dem Ägypten, obwohl es Israel bereits anerkannt hat, mit den anderen beiden zentralen arabischen Staaten, Syrien und Saudi-Arabien, die Israel noch nicht anerkennen, zusammentraf.

In Aqaba ging es um zwei Ziele: Die innerarabische Koordination und die Stärkung der palästinensischen Position bei den palästinensisch-israelischen Verhandlungen mit der neu gewählten Regierung in Jerusalem. Nach diesem Gipfel flog der jordanische König nach Washington, um nach der neu eingetretenen Situation durch den Likud-Wahlsieg als erster arabischer Staatschef mit dem US-Präsidenten zu beraten. Dieser Washington-Besuch hat erneut die besondere Stellung König Husseins als Vermittler deutlich gemacht.

Der Aqaba-Gipfel von Mubarak-Hussein-Arafat verlief im Vergleich zum Gipfel von Damaskus relativ unproblematisch. In Aqaba redeten die versammelten Staatschefs nur über die neu eingetretene Sachlage. In Damaskus dagegen wurden weitere Probleme eingebracht. Syrien ging es vor allem um die Türkei im Licht des israelisch-türkischen, im Februar 1996 abgeschlossenen Militärabkommens über die gemeinsame Ausbildung und Manöver der Luftwaffen beider Staaten sowie über den Austausch von nachrichtendienstlich relevanten Informationen.[20] Saudi-Arabien wollte das Problem der Gefährdung durch den Iran[21] vorbringen. Der Iran hatte im Namen des Islam seinen Appetit auf die nicht weniger islamischen kleinen Scheichtümer am Golf, vor allem auf Bahrain, mit entsprechenden Annexionsgelüsten zur Schau gestellt. Syrien ist nun, obwohl arabisch, ein Verbündeter des nichtarabischen Iran[22] und möchte sich trotz des saudischen Drucks von diesem Bündnis nicht lösen. Diese Probleme spielten beim Treffen in Damaskus eine nicht geringe Rolle und sie wurden auch zum gesamtarabischen Gipfel in Kairo mitgeschleppt.

Auf dem Teilgipel in Damaskus traf sich der Gastgeber Hafez al-

Assad mit dem ägyptischen Präsidenten Hosni Mubarak und dem saudischen Kronprinzen Abdullah in Vertretung des damals erkrankten Königs Fahd Ibn Saud; alle drei haben im kleinen Kreis über die Situation nach der Wahl Netanyahus beraten. Daraufhin haben sie am 8. Juni folgende Deklaration beschlossen, die in der arabischen Presse veröffentlicht wurde:

»Die drei arabischen Staatschefs unterstreichen ihre Überzeugung, daß das Beschreiten des einzigen Weges zum Frieden folgende Vorleistungen von Israel voraussetzt: Abzug der israelischen Truppen aus allen besetzten arabischen Gebieten – wie vor dem 4. Juni 1967 – einschließlich der Golanhöhen, des Südlibanons sowie des palästinensischen Landes, in erster Linie Jerusalems, in Erfüllung der Resolutionen des Weltsicherheitsrates Nr. 242, 338 und 425. Dies geschieht auf der Basis des Prinzips ›Land für Frieden‹ und unter Anerkennung der legitimen Rechte des palästinensischen Volkes, an deren vorderster Stelle das Selbstbestimmungsrecht steht, das die Bildung eines Staates auf eigenem Gebiet einschließt. In diesem Rahmen rufen die drei Staatschefs die internationale Gemeinschaft dazu auf, den Friedensprozeß voranzutreiben.«[23]

Im selben Dokument fordern die drei in Damaskus versammelten arabischen Staatschefs die

»Errichtung einer atomwaffenfreien Zone im Nahen Osten. Dies erfordert, daß sich Israel dem Atomsperrvertrag anschließt und es zuläßt, daß sein Territorium der internationalen Kontrolle zur Inspektion der vorhandenen nuklearen Einrichtungen unterworfen wird« (ebd.).

Zu den anderen Problemen, zu denen Saudi-Arabiens mit dem Iran und Syriens mit der Türkei, heißt es in dem Dokument:

»Die drei Staatschefs bekunden ihre Solidarität mit dem Bruderstaat Bahrain ... gegen Terrorismus ... und gegen jede auswärtige Intervention ... Die drei Staatschefs hoffen, daß die Türkei eine Politik der guten Nachbarschaft und des Respekts arabischer Interessen betreibt. In diesem Zusammenhang sind sie besorgt über das israelisch-türkische Abkommen und verlangen von der Türkei, es zu revidieren« (ebd.).

Der Leser merkt anhand der Passage über Bahrain, daß der Name des Iran fehlt. Syrien hat mit aller Macht durchgesetzt, daß der

Iran nicht namentlich angeführt wird, um Spannungen mit seinem Verbündeten zu vermeiden. Dagegen wurde die Türkei namentlich erwähnt und aufgefordert, ihr Abkommen mit Israel zu revidieren. Die endgültige autoritative Entscheidung, den gesamtarabischen Kairo-Gipfel am 22. / 23. Juni durchzuführen, fiel auf dem Gipfel in Damaskus.[24]

In Kairo war es durch die Vorarbeit auf den beiden vorher abgehaltenen Kleingipfeln möglich, relativ einvernehmlich ein gesamtarabisches Kommuniqué zu verabschieden. Zuvor jedoch fanden vor allem zwischen Jordanien und Syrien verbale Kämpfe statt. Jordanien hatte bereits im Vorfeld zum Kairo-Gipfel die syrische Taktik kritisiert. In einem Leitartikel der dem König nahestehenden Ammaner Zeitung *al-Dustur* wurde beanstandet, daß bei der Solidaritätskundgebung gegenüber dem »Bruderstaat Bahrain« die Quelle der Bedrohung mit der Formulierung »auswärtige Intervention und Terrorismus« angegeben, nicht aber beim richtigen Namen – Iran – genannt wird.[25] Gegenüber der Zeitung *al-Hayat* hat ein nicht namentlich genannter hoher jordanischer Politiker kommentiert:

»Jordanien erwartet von Syrien die Aufgabe seiner Doppelstrategie und ein eindeutiges Bekenntnis zum Frieden als eine strategische Option ... Unsere Monarchie wird es nicht länger hinnehmen, daß Syrien sich nach Kairo begibt mit dem Olivenzweig des Friedens in der einen Hand und dem Terrorismus, »al-Irhab«, in der anderen ... Wir haben jüngst bewaffnete Gruppen verhaftet, die zwecks Destabilisierung und Unruhestiftung von Syrien nach Jordanien eingeschleust worden sind.«[26]

Jordanien hat sich in Kairo dadurch gerächt, indem es durchsetzte, daß der Passus über die Türkei im Kairoer Schlußkommuniqué abgeschwächt wurde. Dagegen wurde der Iran bei der Verurteilung der Bedrohung des Bahrain und der Besetzung von drei Inseln, die zu den Vereinigten Arabischen Emiraten gehören, – anders als bei dem kleinen Gipfel in Damaskus – beim Namen genannt.

Insgesamt enthielt das Kairoer Kommuniqué aller arabischen Staatschefs drei Konfliktbereiche, die außerhalb der arabisch-israelischen Auseinandersetzungen stehen: Der iranische Expansionismus, die Aufforderung an die Türkei, ihr Bündnis mit Israel zu revidieren, und das Bestehen auf der territorialen Einheit des Irak.

Im folgenden möchte ich die besondere Rolle König Husseins als Scharnier zwischen den Arabern, den USA und Israel beleuchten. Ich habe diese Bedeutung schon im vorangegangenen Kapitel allgemein erörtert, so daß ich mich hier auf die Rolle des Königs als Friedensstifter im Lichte seiner diplomatischen Aktivitäten konzentrieren kann.

Die besondere Stellung König Husseins

Vor seinem Besuch in Washington im Juni 1996 gab König Hussein von Jordanien ein langes Interview für die Fernsehgesellschaft ITN, das am 8. Juni 1996 ausgestrahlt wurde; es erschien in arabischer Übersetzung in der jordanischen Presse in Amman.[27] Unter den Nahostexperten war bereits allgemein bekannt, daß der jordanische König der einzige arabische Politiker war, der nicht alle Karten auf einen Wahlsieg von Peres gesetzt hatte. Vor allem aus diesem Grunde – aber auch aus zahlreichen anderen – hatte der jordanische Monarch leichten Zugang zur neuen israelischen Likud-Regierung. In dem zitierten Interview wurde er als erstes gefragt, warum er nicht wie alle anderen arabischen Staatschefs durch die Wahl Netanyahus aufgeschreckt worden war. Seine lapidare Antwort lautete:

»Ich glaube, daß Netanyahu ein Mann ist, mit dem wir zusammenarbeiten können. Darüber hinaus bin ich der Auffassung, daß der Friedensprozeß unumkehrbar ist. Es gibt eine Übereinstimmung darüber, die bereits getroffenen Vereinbarungen mit dem Ausbau des Friedensprozesses zu verbinden ... Wir haben in diesem Teil der Welt genug Zeit mit Kriegen und Zerstörungen vergeudet. Es ist nun an der Zeit, für die kommenden Generationen eine bessere Zukunft aufzubauen« (vgl. Anm. 26).

König Hussein wich der Frage nach der mangelnden Lebensfähigkeit des erhofften palästinensischen Staates sowie Überlegungen, daß dieses wirtschaftliche Handikap durch eine palästinensische Konföderation mit Jordanien überwunden werden könnte, aus. Er wiederholte nur seine Aussage, daß dies Sache der Palästinenser sei. Dagegen war er bei der Beantwortung der Frage nach seiner besonderen Stellung als Vermittler sehr offen:

»Ich widme meine ganze Energie und all meine Fähigkeiten der Bemühung, zwischen den Konfliktparteien Brücken zu schlagen, um Fortschritte zu erzielen. Was Jordanien und Israel anbelangt, so befinden wir uns im Frieden. Im Hinblick darauf sind wir gegenüber Israel und der Welt in der Pflicht. Das versetzt uns in die Lage, zu helfen, soweit wir können« (ebd.).

Im Verlaufe des Interviews wurde der König persönlich und verriet einen Traum:

»Mein Leben lang hatte ich den Traum gehegt, etwas zu tun, was die Menschen mir persönlich als Leistung zuordnen und lange Zeit nicht vergessen werden. Der Frieden scheint mir eine solche Errungenschaft für die (nahöstliche) Region und für ihre Völker zu sein. Ich lehne es ab, etwas anderes als optimistisch zu sein, ja, ich bestehe darauf, alles zu tun, um dieses erklärte Ziel zu erreichen« (ebd.).

Das Interview endete mit der Frage, ob dieser Einsatz gleichermaßen »Arabern und Juden« gelte, und König Husseins Antwort lautete:»Ja, sowohl für die Juden als auch für die Araber, in gleichem Maße.« Zuvor sagte er jedoch, daß Israel dem Friedensprozeß einen »heftigen Schlag« versetzte, wenn es seinen Abzug aus den besetzten Gebieten verzögerte und seine Siedlungspolitik wiederaufnähme.

Eine Woche nach diesem eindrucksvollen Interview reiste der König nach Washington. Am 14. Juni traf er Präsident Clinton im Weißen Haus, um im Vorfeld des arabischen Gipfels in Kairo seine Vermittlung zwischen der arabischen Welt und den USA anzubieten. Einer seiner Begleiter teilte der Presse mit:

»Jordanien kann eine Schlüsselrolle bei der Verringerung der arabischen Ängste vor Netanyahu übernehmen, eben weil Jordanien privilegierte Beziehungen zu Israel unterhält.«[28]

Der König selbst sagte, daß er nach der Wahl Netanyahus keinen »Grund zu Pessimismus« sähe. In der größten jordanischen, dem König nahestehenden Zeitung *al-Dustur* in Amman wurde am Tag des Hussein-Clinton-Treffens ein Leitartikel veröffentlicht, der folgende Einschätzung enthält:

»Der jordanisch-amerikanische Gipfel in Washington ist der erste arabische Kontakt zu Präsident Clinton nach dem Strom der Spekulationen, den die Wahl Netanyahus hervorgerufen hat ... Dieses Treffen findet am Vorabend des ersten bedeutenden arabischen Gipfels seit dem Golfkrieg statt ... Die USA erkennen an, daß Jordanien eine besondere Rolle spielt, die auch von allen anderen Konfliktparteien akzeptiert wird ... Die jordanische Führung ist bemüht, die USA zu bewegen, an der Initiative des Friedensprozesses festzuhalten, sie materiell spürbar zu unterstützen, um alle Betroffenen zu ermutigen, an ihren eigenen Verpflichtungen festzuhalten.«[29]

Nach diesem Besuch des Königs in Washington kam es zu einem ersten Treffen mit Netanyahu in Amman, und einem zweiten, einige Monate später, in Washington. Es bestand die Hoffnung, daß Netanyahu – besonders seit dem von König Hussein vermittelten Hebron-Abkommen von Mitte Januar 1997 – pragmatischer und weniger doktrinär geworden ist, aber diese Hoffnung hat sich nach den Ereignissen vom Frühjahr 1997 nicht erfüllt. Der politische Anfänger Netanyahu hat den seit 1953 herrschenden dienstältesten Politiker der gesamten Region, König Hussein, mehrfach brüskiert. Netanyahu hat bisher relativ wenig getan, um die besondere Rolle des jordanischen Königs als Scharnier im Friedensprozeß zwischen den Arabern, der US-Führung und Israel zu erleichtern, ja im Gegenteil, er hat ihm mehr als genug Steine in den Weg gelegt, obwohl der König für ihn bei den Arabern um Verständnis warb.

Der zeithistorische Hintergrund
des Friedensprozesses

»Die Erkenntnis schien sich durchzusetzen, daß eine auswärtige Macht keine Lösung aufzwingen kann; *daß die streitenden Parteien den Frieden selbst wollen müssen* ... So aussichtslos ist die Situation für einen Durchbruch ... gar nicht ... Unterdessen wird unter der Decke im Nahen Osten weiterverhandelt.

Alexander Niemetz, »Brennpunkt Nahost«, München 1991, S. 219.

»Eine Telefonkonferenz war nach dem Ende (der geheimen Verhandlungen in Oslo) zwischen den Israelis, den Palästinensern und ihren norwegischen Freunden einzurichten. Wir standen vor einem entscheidenden Moment und wollten die Chance nicht verpassen. Schimon Peres drückte seinen Wunsch aus, alle Probleme auszuräumen und eine Lösung zu finden, ehe die Medien Wind von der Oslo-Verbindung bekommen und sie zu Fall bringen.«

Abu Mazen, »Through Secret Channels. The Road to Oslo«, Reading / Engl. 1995, S. 176.

»Wir haben genug Zeit mit Kriegen und den Versuchen gegenseitiger Vernichtung in diesem Teil der Welt vergeudet. Es ist nun an der Zeit, daß wir unser Bestes tun, um eine Perspektive für die Zukunft zu entwickeln, die die nächsten Generationen in dieser Region verdienen ... Wir haben uns in den vergangenen Jahren durch unsere unpraktischen und unlogischen, zugleich aber unproduktiven Handlungen keinen Dienst erwiesen.«

König Hussein vom Jordanien, in: *al-Dustur* (Amman) vom 9. Juni 1996.

Einführung

Seit der Auflösung des Osmanischen Reiches 1924 als letzte islamische Ordnung (das Kalifat), zu der der arabische Teil der Welt des Islam seinerzeit gehörte, ist der Weltteil, den die Europäer wegen der geographischen Nähe zu Europa Naher Osten nennen, nie mehr zur Ruhe gekommen.

Es begann mit einer europäischen Täuschung. Die Europäer versprachen den Arabern, ihnen dabei zu helfen, ein eigenes arabisches Reich zu errichten, wenn sie sich an der Seite des Westens gegen die Türken erheben. Das war der Hintergrund für die arabische Revolte von 1916 gegen die osmanischen Türken. Parallel dazu heckten Engländer und Franzosen einen Plan zur Aufteilung der arabischen Welt und ihre Verwandlung in Kolonien aus. Für die Araber war dieser Betrug seitens der Europäer eine »Verschwörung«/»Mu'amarah«. Seitdem wird das arabische Verständnis von Politik von einem Verschwörungssyndrom belastet, wie ich in meinem Buch »Die Verschwörung. Das Trauma arabischer Politik« (1993) aufgezeigt habe.

Ein Jahr nach der Täuschung der Araber durch die Europäer in jenem traumatischen Jahr 1916 haben die Engländer in ihrer Balfour-Deklaration von 1917 den zionistisch orientierten Juden zugesichert, das britische Mandatsgebiet Palästina als eine »nationale Stätte« zu gewähren. Obwohl die europäischen Juden bereits damals Opfer des Antisemitismus in Europa waren und es die zionistische Bewegung bereits seit Ende des 19. Jahrhunderts gab, hat es sie vor 1933 aber nicht in das orientalische Palästina gezogen. Der Antisemitismus ist eine Erscheinung, die nach dem Zeugnis des größten jüdischen Historikers dieses Jahrhunderts, Bernard Lewis, der islamischen Zivilisation fremd ist. Dennoch waren seinerzeit nur wenige Juden bereit, den entwickelten Kontinent Europa mit der orientalischen Wüste als Heimat zu tauschen.

Erst die Naziverbrechen und der Massenmord an den europäischen Juden haben zu einer Massenmigration nach Palästina geführt. Wie mein jüdischer Freund Dan Diner in einer hervorragenden Studie auf fundierter Quellenbasis gezeigt hat, war die »zionistische Landnahme« der Beginn des Konflikts. Dann folgte die Gründung des Staates Israel, die in der Balfour-Deklaration noch nicht vorgesehen war. Aus diesem Grunde nennt Dan Diner sein ausgezeichnetes Buch »Israel in Palästina« (1980).

Die erste Hälfte des zwanzigsten Jahrhunderts war für die Araber alles andere als friedlich: türkisch-osmanische Unterjochung, dann europäische Kolonisation. Nach der Entkolonialisierung folgte der problematische Versuch, die europäische Demokratie in die Region des Morgenlandes zu verpflanzen.

Die zweite Hälfte des zwanzigsten Jahrhunderts war insgesamt noch unvergleich grausamer, weil die nahöstliche Region in diesem Zeitraum zum internationalen Basar für den Umsatz westlicher Waffen wurde. Zwischen 1948 und 1982 wurden im Nahen Osten fünf blutige arabisch-israelische Kriege geführt: 1948, 1956, 1967, 1973 und 1982. Der größte unter ihnen war der Oktoberkrieg von 1973. Die Panzerschlachten dieses Krieges waren vergleichbar mit jenen des Zweiten Weltkriegs.

Am demütigstenden für die Araber war der Sechstagekrieg von 1967. Seinerzeit waren die Israelis nach der völligen Zerstörung aller arabischen Luftwaffen (von Ägypten, Syrien und Jordanien) innerhalb der ersten Hälfte des ersten Kriegstages dazu übergegangen, die arabischen Landtruppen in geradezu sadistischer Weise zu quälen; der israelische Geheimdienst ließ sie durch per Funk übertragene fingierte Befehle in arabischer Sprache in der Wüste umherirren und die Israelis bombardierten sie dabei mit Napal. Ich weiß, wovon ich spreche, weil ich jene Tage – wie die meisten Araber – unvergeßlich in Erinnerung habe.

Auch König Hussein weiß, wovon er spricht, wenn er, wie im Motto zu diesem zweiten Teil zitiert, mit aufrichtigem Herzen den Olivenzweig des Friedens in der Hand trägt und sagt

»Wir haben genug Zeit mit Kriegen und den Versuchen gegenseitiger Vernichtung vergeudet«, um dann dazu aufzurufen, eine Zukunft aufzubauen, die »die nächsten Generationen in dieser Region verdienen«. König Hussein bestieg 1953 den Thron seines Landes und hat alle Kriege seit 1956 als arabischer Staatschef mit ausgetragen. In seiner Rede vor der UN-Konferenz in Istanbul von Juni 1996 sagte der König: »Durch unsere Bemühungen für den Frieden im Nahen Osten und spezifisch durch die Unterzeichnung des jordanisch-israelischen Friedensvertrags (Oktober 1994, B.T.) haben wir unseren Beitrag zur Linderung des menschlichen Elends, das der Golfkrieg sowie andere Kriege hervorgerufen haben, geleistet ... Dies ist ein Beweis für unsere Bemühung, eine bessere Welt anzustreben« (abgedruckt in: al-Dustur vom 14. Juni 1996).

Der nahöstliche Frieden verspricht nicht nur das Schweigen der Waffen, sondern auch eine bessere Zukunft für die gesamte Region. Die Ressourcen der Region könnten unter Bedingungen des Friedens für den wirtschaftlichen Aufbau verwendet werden. Ein halbes Jahrhundert lang wurden diese Ressourcen für den Krieg verbraucht.

Es scheint merkwürdig, ist für den Experten aber nicht verwunderlich, daß ein Krieg die neue Perspektive für den Frieden eröffnet hat. Nicht ein arabisch-israelischer, sondern ein innerarabischer Streit, jedoch ausgetragen als ein Krieg des Westens gegen einen arabischen Despoten zum Schutze der westlichen Ölversorgung, hat dies vermocht. Bei jenem zweiten Golfkrieg von 1991 agierten die arabischen Armeen von Syrien und Ägypten lediglich als Statisten für die amerikanischen Truppen.

Der Golfkrieg interessiert uns im Kontext des Nahostfriedens, insofern die Araber hierbei erkannt haben, daß das Verschwörungssyndrom von 1916 und die auf die Balfour-Deklaration von 1917 im Jahre 1948 erfolgte Gründung des Staates Israel nicht die einzigen Probleme sind, die sie zu bewältigen haben. Ein Frieden mit Israel aber ist die erste Voraussetzung für die Freisetzung von Energien, die für den Aufbau einer besseren Zukunft dringend nötig sind. Ich möchte in den folgenden Kapiteln den zeithistorischen Hintergrund und diesen Friedensprozeß erörtern.

Friedliche Neuordnung des Nahen Ostens: Golffrieden und arabisch-israelischer Frieden ergänzen einander

Die Wende war 1991, aber der Durchbruch erst 1993

Die Suche nach Frieden für den Nahen Osten ist alt[1]; für die beteiligten nahöstlichen Staaten der Region, die man in der Fachsprache »regionale Akteure« nennt, und auch für die Staaten des Westens (»externe Akteure«) gehört der Nahostkonflikt zu den bedeutendsten Regionalkonflikten der Zeitgeschichte. Geopolitik und Konfliktkosten spielen hierbei eine Rolle; dieser Konflikt zählt generell zu den kostspieligsten der Weltpolitik.

Unter den westlichen Staaten stehen die USA an vorderster Stelle bei der Suche nach Frieden.[2] Die Europäer hatten während des euro-arabischen Dialogs nach dem Oktoberkrieg von 1973 – im Schatten des arabischen Einsatzes der Ölwaffe[3] – lediglich eine Statistenrolle gespielt und hierbei kaum sichtbare Ergebnisse[4] vorzuweisen. Alle frühen Friedensversuche scheiterten; der Durchbruch kam erst 1991.

Es ist paradox, aber wahr: der zweite Golfkrieg von 1991 hat eine Lösung für den arabisch-israelischen Konflikt in greifbare Nähe gerückt. Zu den wichtigsten Lehren des Golfkriegs, der aus der Eskalation der Kuwaitkrise in den Jahren 1990/91 resultierte, gehört die Einsicht, daß der Nahe Osten nach dem Krieg eine neue, friedliche Ordnung benötigt. Der Durchbruch zum Frieden in Oslo von 1993 ermutigte zu der Zukunftsvision eines »Neuen Nahen Ostens«[5]; er hatte seine Vorgeschichte in Madrid 1991. Die Zukunftsvision eines friedlich geordneten Nahen Ostens scheint durch die Likud-Politik jedoch stark gefährdet zu sein.

Scheitert das Friedensprojekt, dann bleiben nur die Schwärmereien der islamischen Fundamentalisten von einer Rückkehr in das goldene Zeitalter des Islam sowie die aggressive Romantik der jüdischen Fundamentalisten von Erez Israel. Im Gegensatz zur Hoffnung eines »Neuen Nahen Ostens« sind diese Schwärmereien eine beängstigende Vorstellung für die Zukunft der Region. Bewaffnete Konflikte – gleich ob institutionalisierte zwischenstaatliche Kriege oder Terrorismus irregulärer Kämpfer – waren im Nahen Osten während der zweiten Hälfte des 20. Jahrhunderts dominierend; sie haben gezeigt, daß sich jene Region – ebensowenig wie jede andere – nicht mit militärischen Mitteln befrieden läßt. Der Golfkrieg hat zwar vor allem die Notwendigkeit des Friedens veranschaulicht, diesen aber nicht selbst herbeigeführt, obwohl er doch eine noch zu erläuternde »Hebammenfunktion« hatte. In diesem Sinne ist die einleitende Bemerkung dieses Kapitels zu verstehen. Die USA sind heute die einzige externe Hegemonialmacht mit regionaler Präsenz im Nahen Osten. Gewiß, Israel ist kein Stellvertreter der USA im Nahen Osten. Dennoch könnte ein resoluter amerikanischer Druck die israelische Politik durchaus in Richtung Frieden bewegen. So wäre der Mitte Januar 1997 vereinbarte israelische Abzug aus Hebron ohne amerikanischen Druck nicht zustande gekommen. Dieser Druck ist allerdings nur dann möglich, wenn er im Einklang mit der einflußreichen Israel-Lobby in Washington erfolgt.[6] Die Feststellung der proisraelischen Parteilichkeit der USA im Nahostkonflikt ist eine ausgewogene Aussage, die auf Fakten basiert. Ein aktuelles Beispiel hierfür: Während der Fertigstellung der letzten Fassung dieses Buches bildete der Beschluß Netanyahus, jüdische Siedlungen im arabischen Gebiet von Ostjerusalem zuzulassen und auch finanziell zu fördern, eine neue große Hürde auf dem Wege des Friedensprozesses. Dieser Fall »Har Homa« wurde sogar im März 1997 vor dem Weltsicherheitsrat in New York vorgetragen; nur durch ein Veto der USA wurde die Verurteilung dieser israelischen Politik verhindert. Dieses Veto veranschaulicht klar die angesprochene Parteilichkeit der USA. In diesem Zusammenhang möchte ich anführen, daß die amerikanische jüdische Gemeinschaft selbst keineswegs homogen ist und durchaus auch Kritiker der israelischen Politik umfaßt. Ich habe dies in der Einleitung nachhaltig gezeigt (vgl. auch Kap. 10).[7]

Aufgrund seiner geopolitischen Lage und seiner reichen Ölressourcen ist der Nahe Osten – nach Westeuropa – die zweitwichtigste Region der Weltpolitik. Kriege in jenem Teil der Welt betreffen auch Europa. Aus der Geschichte wissen wir, daß Kriege brutal und grausam sind und daß sie dennoch – unbeabsichtigt – eine positive »Hebammenfunktion« haben: Oft erschüttern sie gleichermaßen überkommene Strukturen und verkrustetes Denken; sie können hierbei die Geburt neuer Ordnungen einleiten und zugleich neue Denkweisen fördern. Der große Zivilisationstheoretiker Norbert Elias hat in seinem Werk »Über den Prozeß der Zivilisation« ohne eine moralisierende Verengung des Blicks die historische Wirkung von Kriegen in der europäischen Geschichte untersucht.[8] Im Anschluß an Elias' Deutung können wir fragen, warum der Nahe Osten nach jedem Krieg – wenn auch mit Modifikationen – immer derselbe bleibt. Weshalb tritt auch nach großen Erschütterungen kein Wandel in der Region ein?

Zwischen 1948 und dem Golfkrieg 1990/91 war der Nahe Osten Schauplatz Dutzender schwerwiegender zwischenstaatlicher Kriege. Keiner dieser Kriege hatte jedoch eine entscheidende Wende herbeigeführt. Selbst der Golfkrieg vermochte nicht, die überkommenen Strukturen zu erschüttern. Aber in einem Bereich – nämlich bei der Suche nach Frieden – eröffnete er den Weg zu einem signifikanten Durchbruch. Ohne jenen Krieg wäre die Madrid-Konferenz von 1991 undenkbar gewesen.

Die internationale Friedenskonferenz in Madrid bahnte den Weg zu einer möglichen Neuordnung der Region. Als erste Erkenntnis aus den bisherigen Erfahrungen gilt hierbei, vor einer von außen aufgezwungenen Lösung zu warnen. Externe Lösungen können im Nahen Osten, wie anderswo in der nichtwestlichen Welt, keine Wurzeln schlagen.

Politische Instabilität erschwert den Frieden

Einen Stolperstein auf dem Wege zum Frieden bildet die Tatsache, daß der Nahe Osten eine instabile Region und fragmentiert ist.[9] Der Irak nach dem Golfkrieg vermittelt en miniature ein Bild von der beklagten, schon vor dem Golfkrieg bestehenden politischen Zersplitterung. Aus diesem Grund werde ich mich im folgenden auf dieses Beispiel konzentrieren.

Die Lage im Irak weckt Ängste vor einer »Libanisierung« des Nahen Ostens. Dieser Begriff bezieht sich auf die Situation im

Libanon während des Bürgerkriegs, von 1975 bis 1990, als das Land durch die einander bekämpfenden Klienteln der territorial verankerten politischen und religiösen Gemeinschaften zerrissen war. Heute wird der auf diese Situation zugeschnittene Begriff der Libanisierung auf andere Konfliktgebiete mit ähnlicher Konstellation übertragen. In diesem Sinne sprachen Beobachter auch während des Balkankrieges von einer »Libanisierung«, als Serben, Kroaten und Muslime einander gegenseitig bekämpften. Ähnliches kann im Irak zwischen Sunniten, Kurden und Schiiten erfolgen; der Begriff der »Libanisierung« trifft damit ebenso auf den Irak wie auf andere, ethnisch und konfessionell heterogene Teile des Nahen Ostens zu. Im dritten Kapitel haben wir aus dem Schlußkommuniqué des arabischen Gipfels von Kairo von Juni 1996 erfahren, daß die arabischen Staatschefs bei ihren Erörterungen des arabisch-israelischen Friedens im selben Atemzug die Aufrechterhaltung der territorialen Einheit des Irak und die Zurückweisung der aggressiven Politik des Iran am Golf als feste Bestandteile des regionalen Friedens nennen. Hieran sieht der Leser, daß der Nahostfrieden ein großes Paket ist, dessen Inhalt nicht allein die Israelis und Palästinenser betrifft. Libanisierung führt zu Instabilität und in einem instabilen Nahen Osten ist Frieden nicht möglich.

Die Perspektive eines »Nahen Ostens im Frieden« ist die Vorstellung von einer stabilen regionalen Staatengemeinschaft sich gegenseitig anerkennender souveräner Nationalstaaten, die ihre Streitigkeiten durch Verhandlungen und politische Mechanismen bewältigen. Dies setzt die Anerkennung und Geltung von Regeln voraus, die leider – wie Anke Houben in einer hervorragenden Arbeit gezeigt hat – oft fehlen.[10] Jede Friedensordnung erfordert das Vorhandensein institutioneller Strukturen für ein Konfliktmanagement innerhalb einer Staatengemeinschaft; in der nahöstlichen fehlen diese!

Die folgenden Ausführungen basieren auf in Harvard durchgeführten Projekten.[11] Historischer Ausgangspunkt meiner Überlegungen ist das Ende des zweiten Golfkriegs. Als die Waffen schwiegen, stand für Experten fest, daß die politische Neuordnung des Nahen Ostens zur Überwindung bestehender Instabilitäten nach dem Krieg kaum so leicht sein werde, wie es der militärische Sieg über Saddam Hussein war. Zuvor hatten sich viele westliche

Politiker und Kommentatoren erhebliche Illusionen über eine solche, nur scheinbar schnell zu bewältigende Neuordnung gemacht. Diese Illusionen resultierten aus einer mangelnden Sachkenntnis der regionalen Verhältnisse. Dagegen veröffentlichte ein deutscher Journalist, Wolfgang Günter Lerch, der auf der Basis der Kenntnis der orientalischen Sprachen und der Kulturen der Region das entsprechende Fachwissen mitbringt, ein bemerkenswertes Buch mit dem Titel »Kein Frieden für Allahs Völker«. Darin schreibt er:

»Beflügelt von den ... militärischen Erfolgen haben die Amerikaner mit ihrem Wort von der Neuen Ordnung ... Erwartungen geweckt, die sie nicht erfüllen können ... An den großen Problemen der Region hat sich nach wie vor wenig geändert ... Der Westen macht sich falsche Vorstellungen, wenn er glaubt, man könne den Nahen Osten von außen so ordnen und gestalten, wie man es im Nachkriegs-Europa tat.«[12]

In meiner Kritik an der Vorstellung, Großmächte könnten als Außenstehende der Region mittels einer Friedensordnung Stabilität aufzwingen, will ich die Bedeutung weltpolitischer Faktoren nicht unterbewerten. Vielmehr geht es mir darum, auf die Eigendynamik politischer Prozesse in der Region aufmerksam zu machen und diese im Verhältnis mit externen Faktoren zu gewichten. Mit andern Worten: Bemühungen um eine politische Neuordnung des Nahen Ostens ohne die Berücksichtigung der regionalen Akteure hieße, die Rechnung ohne den Wirt zu machen. Bei jedem politischen Entwurf für einen stabilen und friedlichen Nahen Osten muß die regionale Eigendynamik einkalkuliert werden (vgl. Anm. 11). Man kann vom fernen Washington aus keine Politik für die Region entwerfen, so wichtig und so zentral die USA nicht nur für die Weltpolitik, sondern auch für den Nahen Osten sind.

Der Nahostkonflikt ist der virulenteste unter den regionalen Konflikten seit dem Zweiten Weltkrieg.[13] Seine Auswirkungen sind für Europa weltpolitisch und weltwirtschaftlich von entscheidender Bedeutung. Die Probleme der Konfliktlösung hängen mit der Komplexität der Region und – weltpolitisch gesehen – mit dem Niedergang des Kommunismus und dem damit beendeten Kalten Krieg zusammen.

Das Ende der Sowjetunion als Supermacht hat keineswegs zum

Ende regionaler Konflikte geführt. Nahostkriege waren niemals Stellvertreterkriege. In der Propaganda des Kalten Krieges wurde allein dem »Kommunismus« das Fischen im trüben Wasser, das heißt die Schuld für die Destabilisierung der nichtwestlichen Regionen der Welt zugeschoben. Das System des atomar-bipolaren Gleichgewichts wurde mit der Auflösung der Sowjetunion hoffentlich für immer begraben. Doch hatte jenes System seine Vorzüge, wie ich in Kapitel 2 gezeigt habe. Auch als Gegner der atomaren Rüstung finde ich das damalige atomar-bipolare Gleichgewicht sicherer als die jetzige Situation der nuklearen Proliferation ohne ein paralleles Kontrollsystem, wie es seinerzeit bestand. Eine neue weltpolitische Ordnung fehlt auch für diesen Bereich, und sie ist auch nicht in Sicht. Es ist nicht Gegenstand dieses Buches, diesen Problemen nachzugehen. Dennoch liegt die Relevanz dieser Problematik für die noch zu gestaltende Neuordnung des Nahen Ostens auf der Hand, weil diese Region trotz ihrer Eigendynamik in die veränderten weltpolitischen Strukturen eingebettet ist.

In den alten Zeiten wurde der politisch instabile Nahostkonflikt als eine Funktion des Kalten Krieges im Wettbewerb der Supermächte gedeutet und in diesem Kontext künstlich stabilisiert.[14] Damals wähnten viele Beobachter, daß regionale Konflikte nur eine Süddimension des Ost-West-Konflikts seien. Die zahlreichen Konflikte und Kriege im Nahen Osten wurden deshalb vorwiegend oder sogar ausschließlich mit dem Wettbewerb der beiden damaligen Supermächte, USA und Sowjetunion, in einen direkten Zusammenhang gebracht. Es trifft zu, daß die Supermächte die nahöstlichen Konfliktparteien mit Waffen vollpumpten, aber sie wollten die Region hierbei stabil und kriegsfrei halten. Es war eine falsche Einschätzung, daß die Nahostkriege im Interesse der Supermächte lagen. Sie hatte zu der Auffassung geführt, daß das Ende des Ringens der Supermächte um eine Machtposition im Nahen Osten diese Konflikte beenden würde. Die Vertreter dieser Position pflegten die Region stets von außen und ohne die erforderliche Sachkenntnis über die internen Strukturen zu betrachten; ihnen fehlte deshalb der Einblick in die Eigendynamik der nahöstlichen Konflikte. Nahostkonflikte sind lokal und regional bedingt, und die externe Einmischung der Supermächte verschärft diese Konflikte, verursacht sie aber nicht.[15] Alle Nahostkriege bieten eine Illustration für diese Einschätzung. Mit anderen Worten: Die

Suche nach regionaler Stabilität ist eine Sache der Region; die externen Akteure können sie zwar fördern oder behindern, nicht aber schaffen. Nahöstliche Instabilität ist hausgemacht.

Um zusammenzufassen: Bei einer Neuordnung des Nahen Ostens ist die These von der Eigendynamik nahöstlicher Konflikte deshalb von Bedeutung, weil sie uns lehrt, daß diese Konflikte – wie mehrfach betont – nicht von außen gelöst werden können. Wenn westliche Politiker die inneren Querelen im Nahen Osten, die ich als eine *Konfliktstruktur des arabischen Staatensystems* bezeichnet habe, unberücksichtigt lassen, übergehen sie die Realitäten der Region.

Diesen Abschnitt abschließend möchte ich auf die völkerpsychologischen Auswirkungen einer von außen aufgezwungenen Neuordnung zur Stabilisierung des Nahen Ostens hinweisen. Jedes externe Oktroi trägt dazu bei, die orientalische Legende vom »Kreuzzügler in moderner Militäruniform« neu zu beleben und dadurch die benötigte Konfliktbewältigung zu behindern. Westler machen sich keine Vorstellung davon, wie lebendig die orientalische Erinnerung an die Kreuzzüge ist und wie sie in das Verschwörungsdenken eingebettet wird.[16]

Im Anschluß an die Diskussion über die Gefährdung für den Frieden durch Instabilität und den daraus folgenden Bedarf nach einer stabilen Regionalordnung möchte ich zeigen, daß eine nahöstliche Nachkriegsordnung die lokalen, regionalen und internationalen Folgen des Golfkriegs in Rechnung stellen und daraus die nötigen Lehren ziehen muß.

Ein »Bismark-Frieden« im Nahen Osten ohne Demokratie

Die Israelis rühmen sich selbst dafür, die einzige Demokratie im Nahen Osten zu sein. Gewiß, Israel ist eine westliche Demokratie. Aber: Wie kann sich ein Land demokratisch nennen und gleichzeitig den innerhalb seines Herrschaftsbereichs lebenden Palästinensern demokratische Grundrechte absprechen[17], ja Folter und Unterdrückung zulassen?

Die undemokratischen Strukturen im Nahen Osten[18] stehen als größte Hürde im Wege eines Nahostfriedens, und hierin macht Israel keine Ausnahme. In bezug auf die arabischen Länder hat der Golfkrieg die Einsicht vermittelt, daß Demokratisierungsprozesse in allen Staaten des Nahen Ostens dringend erforderlich sind und auch ein Beitrag zu einer regionalen Stabilität sein würden. Es geht dabei nicht bloß darum, die dort lebenden Menschen vor der Terrorherrschaft orientalischer Despoten zu schützen, sondern auch um das Ziel, die übrige Welt vor den Auswüchsen einer solchen Herrschaft zu bewahren. Aus diesem Grund geht die erwünschte Stabilität des Nahen Ostens in Demokratie und Frieden auch den Rest der Welt an. Zur Illustration meines Arguments über den Zusammenhang von Frieden und Demokratie möchte ich den Irak anführen. Wäre der Irak ein demokratisch regiertes Land gewesen, in dem einzelne Individuen ihre Grundrechte hätten und ethnische (Kurden, 20 Prozent der Bevölkerung) sowie religiöse (Schiiten, 55 Prozent der Bevölkerung) Gemeinschaften ihre kulturellen oder religiösen Identitäten ungestraft hätten pflegen dürfen, dann wäre ein orientalischer Despot vom Schlage Saddam Husseins unvorstellbar gewesen. Orientalische Herrscher wie Saddam werden nicht gewählt, sie erobern die Macht – und dies mit allen Mitteln der Gewalt. An diesem Beispiel läßt sich der Unterschied zwischen einem *konstitutionellen Staat* und einem *Staat totaler Macht* illustrieren. Mit einigen Einschränkungen läßt sich feststellen, daß es nirgendwo im Nahen Osten demokratische Systeme gibt; es herrscht die totale Macht. In Israel gelten demokratische Rechte nur für das Kernvolk, aber nicht für die unter Besatzung lebenden Palästinenser. Eine Ausnahme bilden die Araber mit israelischer Staatsangehörigkeit, wenngleich auch sie keine volle Gleichberechtigung genießen. Demokratie ist auch im Nahen Osten eine unabdingbare Voraussetzung sowohl für den inneren Frieden zwischen konfessionell und ethnisch unterschiedlichen Gemeinschaften – wie im Irak – als auch für friedliche zwischenstaatliche Beziehungen gleichermaßen zwischen den Arabern und Israel und unter den Arabern – wie zwischen Irak und Kuwait.

Der Aufbau demokratischer Strukturen im Nahen Osten hieße nicht nur die Gewährung von Grundrechten für die dort lebenden Individuen, sondern auch die Institutionalisierung der kulturellen Grundrechte für die minoritären ethnischen Gruppen (Araber in Israel, Kurden im Irak, Berber in Algerien, Dinka im Sudan). Die Rechte der religiösen Gemeinschaften, wie etwa die der Christen und Schiiten oder der wenigen nicht nach Israel emigrierten Juden (z.B. in Marokko), gehören hierzu. Ohne Demokratisierung kann der Nahe Osten nicht friedlich neu geordnet werden. Frieden ohne Demokratie ist der Ausgangspunkt für eine instabile Ordnung. Die in diesem Buch gebotene arabische Perspektive ist daher eine Perspektive der Demokratie und individuellen Menschenrechte, nicht die der Herrscher. Ich bin ein frei denkendes Individuum und nicht Sprachrohr irgendeines arabischen Staates.

Bis zum zweiten Golfkrieg war der Traum von einer »unitären arabischen Nation«/»Umma Arabiyya Wahida« wichtiger als die Errichtung von Demokratie. Ein arabischer »Führer« nach dem Vorbild von Bismarck war bis dahin eine säkularisierte Fassung vom islamischen Imam als Leiter der islamischen Umma.[19] Dieser sollte die Araber vereinigen und den panarabischen Staat errichten. Das Ende des Saddam'schen Abenteuers in Kuwait könnte zugleich das Ende dieser panarabischen totalitären, an der deutschen Vereinigung der Territorialstaaten von 1871 orientierten Vorstellung sein.[20]

Vor Saddam Hussein war der ägyptische Diktator Nasser die Verkörperung des ersehnten arabischen Bismarck; der Panarabismus war sein Instrument für die Errichtung eines groß-arabischen Gebildes, das alle Staaten des arabischen Teils der nahöstlichen Region umfaßte. Unter Saddam Hussein steigerte sich diese Ausrichtung zu einer militärisch-expansiven Politik, für die die Annexion Kuwaits nur der Beginn gewesen wäre, hätte man Saddam Hussein nicht mit militärischen Mitteln an seinem Abenteuer gehindert. Mit dieser Aussage möchte ich jedoch keineswegs eine Rechtfertigung für den Golfkrieg bieten.

Das Fehlen einer Demokratie und der an Bismarcks Vorbild orientierte expansiv-hegemoniale Panarabismus auf der arabischen Seite – und Erez Israel auf der israelischen Seite – sind nicht die einzigen Hürden für eine Neuordnung der Region. Hinzu kommt die Neigung der Araber und Israelis, die unter ihnen lebenden, nichtarabischen und nichtjüdischen ethnischen Gruppen mit Gewalt zu assimilieren und sie entweder zu arabisieren, oder ethnisch abzugrenzen, wie dies in Israel der Fall ist.

Zur Demokratisierung im Nahen Osten, die für einen dauerhaften Frieden erforderlich ist, muß die Anerkennung der Rechte ethnischer und konfessioneller Minderheiten gehören.[21] Anders als in Europa, wo es auch für die Migranten vorwiegend um die Bestimmung von Staatsbürgerschaft im demokratischen Sinne von Citoyennité / Citizenship geht, schließt Demokratisierung im Nahen Osten »Power-Sharing« unter den ethnischen Gemeinschaften ein, betrifft also auch Probleme der Ethnizität.[22]

Vom Panarabismus zum politischen Islam

Zwar war die am Vorbild Bismarcks orientierte panarabische Ideologie in ihrem Ursprung säkular; in der Praxis aber gilt – in der Vergangenheit ebenso wie heute – stets, daß ein Mensch in einem arabisch dominierten Staat erst dann vollwertig ist, wenn er religiös ein sunnitischer Muslim und ethnisch ein Araber ist. In Israel kommt eine ganz ähnliche Einstellung zur Geltung, da dort nur ein Jude Vollbürger sein darf. Mit dieser Beobachtung will ich auf den oberflächlichen Charakter der im Nahen Osten vorhandenen Säkularität hinweisen; dies erklärt den fließenden Übergang vom Säkularismus zu religiösen Ideologien. Die wiederholten Attentate und Ausschreitungen gegen ethnische Minderheiten – die Berber in Algerien, Kurden im Irak oder Dinka im Sudan – sind vergleichbar mit der Diskriminierung der Palästinenser in Israel.

Bei der Einengung der Diskussion auf die arabischen Länder ist zunächst festzustellen, daß der säkulare Panarabismus, der in seiner politischen Vision alle arabischen Völker in einem zentral regierten Staat, in einer orientalischen Despotie, vereinigen will, gescheitert ist. Bedauerlicherweise scheint die Suche nach einer Alternative bei der Wahl des politischen Islam, also bei der islamischen Spielart des Fundamentalismus, zu enden. Nun ist der politische Islam keine vielversprechende Alternative zur bisher dominierenden, exklusiv arabischen und zudem totalitären panarabischen Ideologie, weil er außer der Revolte keine konkrete Politik bieten kann. Die panarabischen, politisch-säkularen Verschwörungsphantasien werden bestenfalls durch islamistische Vorstellungen von einem angeblich geplanten Kreuzzug des Westens gegen die Araber und Muslime abgelöst. Diese Kritik ist nicht als solche eines Ausland-Arabers abzutun; sie wird auch in der Region, zum Beispiel von dem bekannten arabischen Diplomaten Mustafa A. Mursi, geteilt.[23] Aufgeklärte arabische Intellektuelle erhofften sich nach der Phase der »Selbstkritik« und der Legitimationskrise des Panarabismus als verklärende Ideologie eine Desil-

lusionierung und folglich Aufklärung.[24] Diese Hoffnungen ver-
blaßten und es muß eingeräumt werden, daß der politische Islam[25]
an die Stelle des Panarabismus getreten ist. Die Übertragung der
Visionen des politischen Islam auf den Nahostkonflikt führt zu
einer Islamisierung des Konflikts.[26] Sie wirkt als Zündstoff, endet
aber in einer Sackgasse. Was genau also wollen die Anhänger des
politischen Islam?

Als die säkulare Ideologie des Panarabismus nach der arabischen Niederlage im Sechstagekrieg von 1967, also lange vor dem
Golfkrieg, durch ihre Delegitimation ihre Anziehungskraft verloren hatte, stieg zu Beginn der 70er Jahre der politische Islam auf.[27]
Dieser ist universalistisch, und damit gegen den säkularen Nationalstaat ausgerichtet. Hier ist jedoch nicht der geeignete Ort, sich
mit der Geopolitik des Islamismus[28] sowie seiner Vorstellung von
einer vom Islam dominierten Weltordnung[29] zu beschäftigen. Dennoch muß die oben gestellte Frage vorläufig beantwortet werden:
Die islamischen Fundamentalisten wollen desäkularisieren, sie
wollen die Politik an die Religion binden und somit islamisieren.
Im Kapitel über den Fundamentalismus (vgl. Kap. 7) werden wir
uns näher mit den Ordnungsvorstellungen der Anhänger des politischen Islam in bezug auf Palästina befassen.

Bei einer Einengung der Perspektive auf den Nahen Osten läßt
sich zunächst feststellen: Beim arabisch-islamischen Konflikt werden Arabismus und Islamismus von manchen Fundamentalisten in
einer Synthese vereinigt. Bereits im Verlauf des Golfkriegs 1990/
91 begann Saddam Hussein in seiner Rhetorik weniger vom Panarabismus und mehr vom Heiligen Krieg / Djihad der Muslime im
Kontext der Frontstellung des politischen Islam gegen den Westen
zu reden. Saddam ist kein Fundamentalist und jener Einsatz war
instrumentell. Das propagierte Ziel, 1,3 Milliarden Muslime in
aller Welt gegen den Westen zu mobilisieren, schien ihm für seine
politischen Handlungen weit erfolgversprechender zu sein als eine
unglaubwürdige säkulare und inzwischen abgedroschene panarabische Legitimation. In der Tat hatte der in seiner Rhetorik oppor-
tunistisch vom Panarabismus zum politischen Islam umge-
schwenkte Saddam Hussein großen Erfolg mit seinem Mißbrauch
des Islam. In diesem Rahmen erfolgte eine Bindung des Golfkon-
flikts an den arabisch-israelischen Konflikt. Die Popularität dieser
Bindung war überwältigend.

Der durch den Golfkrieg erneut aufgerissene und heute immer noch tiefe Graben zwischen dem Westen und der Welt des Islam hat negative Folgen für die Suche nach einem dauerhaften Frieden im Nahen Osten. Leider wird diese Erscheinung von den westlichen Massenmedien nicht angemessen wahrgenommen. Dabei gehört dies zu der reaktivierten historischen Hypothek der Orient-Okzident-Beziehungen und bildet den Nährboden für den politischen Islam. Einer der sehr wenigen westlichen Beobachter, die diese Zusammenhänge richtig erkennen, John Kelsay, nennt diese Bürde des Golfkrieges »Saddam Hussein Legacy«.[30] Manch Europäer will die hiermit zusammenhängenden weltanschaulichen Zivilisationskonflikte nicht wahrhaben. Wie aber können Brücken zwischen den Zivilisationen geschlagen werden[31], wenn wir uns die Beschäftigung mit den Hürden zwischen ihnen untersagen? Wie können wir Frieden schaffen, wenn wir nicht zuvor die Hindernisse diagnostizieren und nach Wegen zu ihrer Überwindung suchen?

In bezug auf den Islam läßt sich besonders in Deutschland mit Siegfried Kohlhammer kritisieren, daß sich die über den Zivilisationskonflikt geführte Debatte ohne die notwendigen Informationen polemisch mit dem Thema der »Feinde und Freunde des Islam« erschöpft.[32]

Es ist bedauerlich, daß der als islamischer Fundamentalismus auftretende politische Islam, der strikt von der Religion des Islam zu unterscheiden ist, anscheinend zur Hauptströmung in der islamischen Welt geworden ist. Deshalb wird es immer schwerer, den Konflikt rational anzugehen und die Verzahnung religiöser und politischer Aspekte auseinanderzuhalten.[33] Es ist wichtig, hier zwischen den Zivilisationen selbst und den aus ihnen hervorgehenden politischen Ideologien zu differenzieren. In diesem Sinne sind die islamische Zivilisation, der Islam als Weltreligion und der islamische Fundamentalismus voneinander zu unterscheiden. Es ist bedauerlich, daß Samuel P. Huntington, der dem Begriff »Zusammenprall der Zivilisationen« eine sensationelle Prägung verliehen hat, diese Unterscheidung unterläßt und die Arbeit derjenigen, die sich mit Zivilisationskonflikten befassen, dadurch belastet. Huntington übersieht die Notwendigkeit für den Westen und für die westlichen Juden, das heißt die Israel-Lobby der Juden im Westen, einen Dialog mit Muslimen als Instrument einer neuen Friedenspolitik zu betreiben. Ein jüdisch-islamischer Dialog ist bislang nur embryonal vorhanden.[34] Kritik am islamischen und jüdischen Fundamentalismus darf man nicht mit einer Anfeindung des Islam oder mit Antisemitismus verwechseln – die islamische und die jüdische Religion sind frei von diesen Auswüchsen. Die Lösung der sozialen Probleme sowie die Bewältigung des Elends, aus dem der islamische Fundamentalismus seine Nahrung bezieht und die Aufklärung über religiöse Mythen, auf denen der jüdische Fundamentalismus basiert, gehören zu den zentralen Bemühungen um eine friedliche Neuordnung des Nahen Ostens. Ein liberales Judentum sowie ein offener Islam können tolerant miteinander umgehen und haben keine grundsätzlichen Probleme miteinander. Immerhin hat es in der islamisch-jüdischen Geschichte schon einmal eine Symbiose zwischen beiden gegeben.[35] In unserer Gegenwart ist der geistige Vater der gegenseitigen palästinensisch-israelischen Anerkennung ein jüdischer Humanist, Herbert C. Kelman.

Der Dialog zwischen dem Westen, dem Judentum und dem offenen, liberalen Islam ist ebenfalls in die Bemühungen um einen Frieden im Nahen Osten einzuordnen. Dies scheint mir die geeignetste Strategie zur Bekämpfung des religiösen Fundamentalismus zu sein, der uns in das 21. Jahrhundert begleiten wird.[36]

Neue Muster für eine nahöstliche Sicherheitspolitik

Auf der Suche nach Mustern der Konfliktbewältigung im Nahen Osten ist es wichtig, zwischen einer Friedens- und einer Sicherheitsordnung zu unterscheiden. Der leitende Nahostredakteur der *Financial Times*, Roger Matthews, hat nach dem Ende des Golfkriegs die Befürchtung geäußert, daß

> »eine der großen Gefahren, in die sich Washington nun begibt, ...
> zu glauben (ist), daß eine regionale politische Lösung mit gleicher
> Effizienz wie die von den Koalitionskräften erreichte militärische
> Lösung ermöglicht werden kann«.

Diese Gefahr zeigt sich schon bei der leider fehlenden klaren Unterscheidung zwischen Friedens- und Sicherheitspolitik in der amerikanischen Nahostpolitik.

Über diese fehlende Unterscheidung hinaus gibt es ein weiteres

Problem: Nur wenige US-Strategen haben die veränderten Bedingungen seit dem Ende des Kalten Krieges in ihren sicherheitspolitischen Konzepten berücksichtigt. Sicherheitspolitik ist im post-bipolaren Zeitalter nicht mehr eine exklusive Domäne des Militärs. Nach dem Ende des Kalten Krieges werden nichtmilitärische Fragen zu wichtigen Anliegen einer neuen Sicherheitspolitik.[37] Auch im Nahen Osten wird diese Erkenntnis – zum Beispiel in einem von Lenore Martin und dem Verfasser geleiteten Projekt zur nahöstlichen Sicherheitspolitik – in neuen Studien über die Region gewürdigt.[38]

Viele westliche, das neue Konzept der Sicherheitspolitik noch nicht beherzigende Experten nehmen die seit dem Golfkrieg bis heute anhaltende politische Stimmung in den Straßen und Elendsvierteln der großen nahöstlichen Städte nicht wahr. Ich habe dieses Phänomen bereits als »Saddam Hussein-Erbe« angesprochen (vgl. Anm. 30). Darin kommen die politischen Frustrationen der arabischen Massen, die seinerzeit von Saddam Hussein erfolgreich instrumentalisiert worden sind, zum Ausdruck. Die Aktualität der Erscheinung ist vorüber, aber ihr Wesensgehalt ist noch vorhanden. Gut informierte Nahostexperten wissen, daß diese Frustrationen trotz der erbärmlichen Niederlage Saddam Husseins weiterhin als ein politischer Faktor existieren.

Solange keine Friedensordnung im Nahen Osten gefunden wird, die über sicherheitspolitische Maßnahmen im engen militärischen Sinne hinausgeht, läßt sich nicht ausschließen, daß wir in absehbarer Zukunft erneut von einer »Saddam Hussein-Generation« bedroht werden. Mit diesem Begriff meine ich die verheizte und fanatisch politisierte, antiwestlich orientierte Jugend, die sich von entsprechenden Parolen zum Aktionismus treiben läßt. Diese Generation gibt es bereits in den Vorstädten von Kairo, Algier oder Casablanca. Die Gefahr einer neuen, diesmal nicht nur palästinensischen, sondern gesamtregionalen Intifada kann sich jederzeit unter Krisenbedingungen materialisieren. Dies könnte den Friedensprozeß endgültig in einen Scherbenhaufen verwandeln. In der jüngsten Vergangenheit hatten wir hierfür genügend Beispiele, die in den westlichen Medien aber lediglich als tagespolitische Sensationen für den Konsum der Fernsehzuschauer gebracht wurden.

Die erforderliche neue Sicherheitspolitik schließt eine politische Bewältigung der Konflikte, etwa durch die Errichtung eines regional-internationalen »Regimes« im Sinne eines aufgabenbezogenen Zusammenschlusses von Staaten, ein. Dann hätten wir wahrhaftig einen »Neuen Nahen Osten«, in dem Rüstungskontrolle für alle, also auch für die nichtarabischen nahöstlichen Akteure, für Israel, den Iran und die Türkei, gilt. Nach dem Durchbruch von Oslo schien die Entwicklung in diese Richtung zu verlaufen. Der Prozeß scheint jedoch durch die gegenwärtige Likud-Politik unterbrochen worden zu sein. Das ist ein von Israel verschuldeter schwerer Rückschlag für den Frieden im Nahen Osten. Es ist kaum vorstellbar, daß eine regionale sicherheitspolitische, auch Abrüstung und den Anschluß an den Atomwaffensperrvertrag einschließende, Friedensordnung ohne Israel – oder ohne den Iran und die Türkei – möglich ist.

Sicherheit erfordert eine von allen betroffenen Akteuren getragene, regional-international garantierte Regelung, die international überwacht werden müßte. Islamische Fundamentalisten wie die palästinensische Hamas-Bewegung reden von der Islamisierung des arabisch-israelischen Konflikts und sprechen den Juden ihr Existenzrecht in Israel ab, ebenso wie jüdische Fundamentalisten den Palästinensern ihre Rechte absprechen. Das ist keine Basis für Vertrauen, worauf eine erforderliche Sicherheits- und Friedensordnung basieren müßte. Nach dem Durchbruch von Oslo hat Arafat eine Wende vom Guerillakämpfer zum Friedenspolitiker vollzogen.[39] Wird die Likud-Regierung erkennen, daß die Alternative zu Arafat Hamas und Djihad Islami sind?

Eine neue Sicherheitspolitik erfordert über das benötigte arabisch-israelische Einvernehmen hinaus die arabische Anerkennung der Tatsache, daß auch der Iran und die Türkei neben Israel zum Nahen Osten gehören. Auf diese Weise wird der Nahe Osten nicht bloß als eine arabische Region[40] begriffen. Die Türkei und der Iran gehören neben Israel zu den hochgerüstetsten Ländern der Region, so daß eine Abrüstungspolitik, in die sie nicht einbezogen sind, völlig wertlos wäre. Kurzum: Sowohl im militärischen Sinne als auch aus der Perspektive des neuen, über das Militärische hinausgehenden Musters (vgl. Anm. 38) muß die neue Sicherheitspolitik nicht nur das arabische Staatensystem, sondern die gesamte Region des Nahen Ostens umfassen.[41]

Voraussetzungen für Frieden im Nahen Osten

Unter Berücksichtigung der bisherigen Überlegungen scheinen mir folgende Rahmenbedingungen den Kern eines Nahostfriedens zu bilden und zentrale Voraussetzungen für seine Realisierung zu sein:

1. Eine erste und grundsätzliche Voraussetzung für eine Friedensordnung in der Region ist die friedliche Bewältigung der Palästinenserfrage. Arafat hatte bereits im Sommer 1989 unter der Patronage des damaligen schwedischen Ministerpräsidenten Carlsson in Stockholm fünf führende amerikanische Juden getroffen und mit ihnen die Grundlagen für einen »jüdisch-palästinensischen historischen Kompromiß« vereinbart. Nach einem bedauerlichen und inzwischen verziehenen Intermezzo einer brüderlichen Umarmung mit Saddam Hussein nach dem 2. August 1990 vor laufenden Kameras hat sich Arafat wieder besonnen. Mit der Oslo-Prinzipienvereinbarung gewann er seine Glaubwürdigkeit als zuverlässiger Gesprächspartner zurück und belebte den Geist des in Stockholm vereinbarten historischen »Kompromisses« zwischen Juden und Palästinensern neu.

Es war der große amerikanisch-jüdische Humanist Herbert C. Kelman, der Arafat in den frühen 80er Jahren geholfen hatte, internationale Legitimität zu gewinnen und das ihm von den Medien auferlegte Image des Terroristen zu beseitigen.[42] Wie wir von Kelmans theoretischer und praktischer Vermittlung zwischen Juden und Palästinensern wissen, ist die Basis für einen Frieden die Entfaltung gegenseitigen Vertrauens zwischen den streitenden Parteien.[43]

An anderer Stelle zeige ich die Unterteilung der Palästinenser in vier Gruppen auf. Die Palästinenser der besetzten Gebiete sind die wichtigsten Adressaten für eine palästinensisch-israelische Verständigung. Das Problem der in eine Autonomiebehörde verwandelten PLO in den besetzten Gebieten besteht darin, daß sie nicht überall eine stabile Basis hat. Sie ist immer noch und trotz der Wahlen eine Organisation von Funktionären, die aus den politischen Strukturen der Diaspora-Palästinenser gewachsen ist und von ihnen getragen wird. Eine Veränderung der Zusammensetzung der PLO-Führung, in der die Bewohner der besetzten Gebiete mehr Gewicht bekommen müßten, gehört deshalb zu den zentralen Voraussetzungen für jede stabile nahöstliche Nachkriegsordnung.

Bereits bei der Aufstellung der palästinensischen Delegation für die internationale Nahostkonferenz in Madrid Ende Oktober 1991 wurden »Inlands«-Palästinenser der besetzten Gebiete, zu denen zum Beispiel Hanan Aschrawi gehört, berücksichtigt. Das zeigt, daß die PLO-Führung schon 1991 diesen Bedarf realistisch erkannt hat. Sehr besorgniserregend ist jedoch die Gefahr, daß die PLO ihren Einfluß an Fundamentalisten der militanten Hamas-Organisation verlieren könnte.

Aus der Forschung über die Deeskalation von Konflikten in der Weltpolitik[44] wissen wir, daß das Scheitern von Verhandlungen, die an sich eine Entschärfung von Konflikten herbeiführen sollen, gerade zu deren Eskalation beiträgt. Das hängt damit zusammen, daß dann die Extremisten den Platz der gescheiterten Gemäßigten einnehmen. Meiner Ansicht nach wird es vor allem an Israel liegen, ob gemäßigte Palästinenser wie Hanan Aschrawi und Faisal Husseini weiterhin an Einfluß in der PLO verlieren. Die Fortsetzung der Siedlungspolitik der Likud-Regierung ist bestens geeignet, die islamischen Fundamentalisten zu stärken. Die Ende Februar 1997 bekanntgegebene Entscheidung Netanyahus, in einem arabischen Teil Jerusalems, auf dem Djabal / Berg Abu Ghunaim, den die Israelis in Har Homa umbenennen, jüdische Siedlungen zu bauen, ist langfristig ein Beitrag dafür, die gegenwärtige Führung der Palästinenser durch Fundamentalisten abzulösen. Die Verwirklichung dieser Siedlungsmaßnahme seit dem 18. März 1997 hat den gesamten Friedensprozeß auf Eis gelegt, wenn nicht gar zerstört. Eine Stärkung der Fundamentalisten kann aber nur mit einer Politik der Kompromisse verhindert werden, und zwar durch die Verfestigung der Autonomie der besetzten Gebiete mit dem Resultat einer palästinensischen Staatsbildung und vor allem durch die Anerkennung des islamischen Anspruches auf einen Teil von Jerusalem. Nur dann hätten die Fundamentalisten keine Argumente in der Hand. In diesen Rahmen gehört eine international überwachte Regelung für Jerusalem, die für Muslime, Juden und Christen akzeptabel ist.

Die Räumung der besetzten Gebiete sowie die Zustimmung Israels zu der schrittweisen Bildung eines palästinensischen Staates auf jenem Territorium sind die wichtigsten Punkte. Doch ist für den Kenner nicht zu übersehen, daß die von Israel besetzten Gebiete politisch und wirtschaftlich für eine Staatsbildung nicht besonders geeignet sind. Deshalb wird von der Forschung eine Vernetzung des zu bildenden palästinensischen Staates mit Jordanien, aber auch mit Israel, empfohlen. Der jordanische Monarch hat es nach seinem taktischen Bündnis mit Saddam Hussein während des Golfkriegs geschafft, sein Regime zu retten und vom Westen und in der arabischen Politik als Gesprächspartner wieder akzeptiert zu werden. König Hussein ist ein bewundernswerter Akrobat der Macht; er ist – wie nicht oft genug wiederholt werden kann – der einzige arabische Staatschef, der seit seiner Inthronisierung im Jahre 1953 alle Nahostkrisen und -kriege als Herrscher überlebt hat.

2. Viele Jahre nach dem Golfkrieg besteht nach wie vor die Gefahr einer Dreiteilung des Irak. Die Aufrechterhaltung der territorialen Einheit bestehender Staaten ist Bestandteil eines Nahostfriedens. Die alliierten Truppen hatten während des Krieges zunächst politisch klug gehandelt, als sie die Entscheidung trafen, nur Teile der Provinz Basra besetzt zu halten, die territoriale Einheit des Irak zu bewahren und nicht zum Sturz Saddam Husseins weiter nach Bagdad zu marschieren. Hierfür gibt es eine rationale Erklärung. Islamische Fundamentalisten hatten während des Golfkriegs den Vergleich mit den Kreuzzügen[45] wiederholt propagandistisch genutzt und damit den ohnehin weit verbreiteten Antiamerikanismus, ja die allgemeinen antiwestlichen Gefühle angeheizt. In dieser Propaganda wurde der damalige Präsident Bush mit dem Mongolen-Führer Hülägü Khan (1217–65) verglichen – einem Enkel des Djingis Khan –, der im Jahre 1258 Bagdad eroberte und das wichtigste Kalifat in der islamischen Geschichte, die Abbasidendynastie, vernichtete. Durch den Vergleich wurde Saddam Hussein insofern aufgewertet, als dadurch ungewollt eine Parallele zwischen seinem Regime und dem großen islamischen Reich der Abbasiden gezogen wurde. Saddams »Republik der Angst« hätte nicht durch den Einmarsch der US-Truppen in Bagdad fallen dürfen. Die Folgen wären dramatisch gewesen. Saddam wäre zu einer mythischen Figur jeder antiwestlichen Ideologie aufgestiegen. In diesem Kontext wird verständlich, daß Saddam in seinen Reden während der Golfkrise eine von Bagdad aus regierte arabische Welt als Verheißung propagierte. Dieser ganz gewiß nicht nur an der Person Saddams festzulegende Traum ist nicht ausgeträumt und schürt weiterhin den Haß gegenüber dem

Westen. Ein anderer »Held« könnte in einer Krisensituation auftauchen und vergleichbare mobilisatorische Wirkung haben.

Der Abbau der nach wie vor dominierenden antiwestlichen Stimmung der Massen im Nahen Osten kann ohne eine Friedensordnung, die sich nicht allein mit dem Schweigen der Waffen zufrieden gibt, nicht erfolgen. Die USA haben mit ihrem Veto vom März 1997 gegen die Verurteilung der israelischen Siedlungspolitik in Ostjerusalem (Berg Abu Ghunaim bzw. Har Homa) die antiwestliche Stimmung nur angeheizt.

Die angesprochene Bedeutung der territorialen Einheit des Irak für eine dauerhafte Friedensordnung im Nahen Osten ist beispielhaft für die angestrebte politische Stabilität der Region; sie gilt für alle bestehenden Staaten in der Region und hat eine gesamtregionale Bedeutung. Eine mögliche Dreiteilung des Irak (kurdischer Norden, sunnitische Landesmitte um Bagdad und schiitischer Süden) würde für den gesamten Nahen Osten als Demonstrationseffekt schwerwiegende Folgen haben. Aus diesem Grund sprachen die arabischen Staatschefs auf ihrem Gipfel in Kairo im Juni 1996 die Aufrechterhaltung der territorialen Einheit des Irak als zentrales Problem an. Eine Absetzung des totalitären Baath-Regimes im Irak und ein Sturz Saddam Husseins dürfen weder von außen erfolgen, noch dürfen sie die territoriale Einheit des Landes gefährden. Will man die im Nahen Osten dominierenden antiwestlichen Einstellungen nicht noch mehr verstärken, muß die Überwindung Saddam Husseins von der irakischen Bevölkerung selbst, ohne westliche Einmischung, bewältigt werden.

In diesem Zusammenhang ist es wichtig zu erkennen, daß die legitime internationale Verurteilung der Unterdrückung der Schiiten im Irak nicht zu Gleichgewichtsveränderungen zugunsten der Schiiten mißbraucht werden darf. Damit meine ich, daß die Schiiten als eine der oppositionellen Kräfte nicht die politischen Nachfolger von Saddam Hussein werden sollten. In der Region besteht ein Konsens darüber, daß eine schiitisch-fundamentalistische, mit dem Iran verbündete »islamische Republik« im Irak – eben nach iranischem Muster – deshalb nicht erwünscht ist, weil sie keinen Beitrag zum Frieden und zur regionalen Stabilität leisten kann; eher ist das Gegenteil richtig. Auch wäre eine solche »islamische Republik« im Irak nicht weniger despotisch als Saddams »Republik der Angst«.

Sicherheitspolitisch gesehen würde eine schiitisch-islamische Republik im Irak[46] insofern eine potentielle Gefahr für den Frieden im Nahen Osten darstellen, als sie ein Bündnis mit Iran eingehen und damit eine erneute Bedrohung für die anderen arabischen Golfstaaten – diesmal aus Iran – bilden würde. Dieses Urteil mag die Zurückhaltung der alliierten Truppen bei den Kämpfen zwischen den Republikanischen Gardisten Saddam Husseins und den Anhängern des von Teheran durch Ayatollah al-Hakim mitgesteuerten schiitischen Aufstandes im Süden Iraks im Anschluß an den Golfkrieg 1991 erklären, nicht jedoch rechtfertigen. Man erinnere sich daran, daß der fundamentalistische Iran den Friedensprozeß im Nahen Osten seit Oslo mit allen Mitteln torpediert. Dies erfolgt gleichermaßen durch eine Antifriedensrhetorik und durch die tatkräftige Unterstützung der palästinensischen Hamas-Fundamentalisten und der libanesischen Hizbullah.

International wurde das Verhalten der iranischen Führung nach dem Mord am israelischen Friedenspolitiker Rabin im November 1995 verurteilt. Iranische Politiker haben den Mord begrüßt. Es war damals sehr bedauerlich, daß der deutsche Bundesaußenminister Kinkel der Aufforderung des Bundestages nicht nachkommen wollte, den zur geplanten großen Dialogveranstaltung mit dem Islam eingeladenen iranischen Außenminister Welayati wieder auszuladen. Der Kongreß fand daraufhin nicht statt.

In Hinblick auf den Irak muß es nach der Beseitigung des Despoten Saddam Hussein möglich sein, dort einen demilitarisierten, säkularen und zugleich multiethnischen Staat – bei gleichzeitiger Aufrechterhaltung der bestehenden territorialen Einheit – aufzubauen und hierbei den Irak wieder in den Nahen Osten zu integrieren. An dieser Neugestaltung des Irak müßten die beteiligten Parteien im Rahmen einer regional-internationalen Vereinbarung mitwirken.

3. Ein Machtgleichgewicht ist eine Garantie für den Frieden im Nahen Osten. Die Zerstörung der irakischen Kriegsmaschinerie hat ein Vakuum im regionalen Kräfteverhältnis zugunsten Israels, Irans und auch der Türkei geschaffen. Nach dem im Februar 1996 abgeschlossenen türkisch-israelischen Militärbündnis, das den Israelis im Namen der militärischen Ausbildung die Benutzung der türkischen Flughoheit für die israelische Luftwaffe gestattet, ist das Gleichgewicht noch stärker gestört. Daß die Türkei im Juli

1996 mit Erbakan einen fundamentalistischen Ministerpräsidenten bekommen hat, ändert an dieser Tatsache nichts, weil dieser im Juni 1997 zurückgetretene Politiker ohne die türkischen Militärs nichts bewirken konnte.

Wenn wir hier den weltpolitischen Gleichgewichts-Begriff bei der Beurteilung der Lage im Nahen Osten unter Bedingungen einer Friedensordnung heranziehen, scheint es erforderlich zu sein, daß sich ein rationelles arabisches Gegengewicht zu den genannten nichtarabischen Staaten formiert. Dieses Gegengewicht ist bedeutend für einen Dauerfrieden mit Israel, aber auch mit der Türkei und dem Iran. Was Israel betrifft, so läßt sich feststellen, daß dieses Land gegenwärtig der militärisch wichtigste und potenteste Akteur im gesamten Nahen Osten ist. Es fehlt ein Gleichgewicht der Kräfte, das Kompromisse bei Verhandlungen zuließe. Daher ist die arabische Angst vor einem israelischen Diktat nicht nur psychologisch begründet. In diesem Sinne wurde noch 1991 erwogen, daß parallel zu der arabischen Anerkennung Israels ein ägyptisch-syrisch-saudisches Bündnis entstehen solle, um ein Gegengewicht zu Israel herzustellen. Dies hätte im Rahmen einer nicht in die Realität umgesetzten Deklaration von Damaskus (März 1991) erfolgen sollen.

Ein auf Überlegenheit basierendes israelisches Diktat würde jedenfalls nicht für Frieden sorgen, sondern nur den nächsten Krieg vorprogrammieren, so sehr zwischenstaatliche Kriege als eine Form der Konfliktaustragung in regionalen Konflikten nach dem Ende der Ost-West-Bipolarität auch der Vergangenheit anzugehören scheinen. Das bedeutet, daß eine nahöstliche Instabilität beim Ausbleiben zwischenstaatlicher Kriege in die Gewalt der irregulären Kräfte münden kann. Ganz gewiß wird Europa von dem hieraus folgenden Terrorismus betroffen sein. Alle »Irregulären« werden als »politisch Verfolgte« ihre Basen im demokratischen Europa aufbauen; teilweise ist dies bereits der Fall.

4. Die kurdischen und schiitischen Aufstände im Irak vom Frühjahr 1991, der jahrelange Krieg im Südsudan, Terroranschläge gegen Berber in Algerien sowie die Massaker an Kopten in Ägypten lenken unsere Aufmerksamkeit auf eine weitere Voraussetzung für eine stabile friedliche Neuordnung des Nahen Ostens: die Rechte der religiösen und ethnischen Minderheiten. Die Araber müßten nicht nur lernen, gegenüber ethnischen, nichtarabischen

Minderheiten in ihren Ländern toleranter zu werden, sondern auch die Bereitwilligkeit zeigen, diese Volksgruppen – wie die Kurden und Berber oder die »Schwarzen« Südsudans – als politisch gleichrangig und kulturell selbständig anzuerkennen und ihnen entsprechende Rechte zu gewähren. Man kann nicht glaubwürdig die berechtigten Belange der Palästinenser verteidigen und zugleich andere ethnische Gruppen – wie zum Beispiel die Kurden und Berber oder die Dinka – unterdrücken. Auch die Palästinenser selbst müssen solche Einsichten entwickeln, wollen sie die vorhandene Sympathie der internationalen Gemeinschaft für ihre Belange nicht aufs Spiel setzen.

Kein Frieden ohne die Trennung von Religion und Politik

Ein stabiler und demokratischer Frieden im Nahen Osten ist mit der Forderung nach einer multiethnischen und kulturpluralistischen säkularen Neuordnung der meist künstlichen Staaten des Nahen Ostens verbunden. Ein Konzept des »Power Sharing«[47] scheint eine Zwischenlösung zu sein. Aber solange diese Forderung ein Entwurf auf dem Papier bleibt und nicht realisiert werden kann, wird es im Nahen Osten weder Frieden noch Stabilität geben. Die Trennung von Religion und Politik ist die Grundvoraussetzung für eine Lösung der Minderheitenprobleme in der arabischen Welt; sie gehört zu den heikelsten Aufgaben, die nicht von heute auf morgen bewältigt werden können. Wolfgang G. Lerch hat gezeigt, daß dieses Problem die Araber seit der islamischen Religionsstiftung im 7. Jahrhundert bewegt. Mit Recht argumentiert er:

> »Nur eine strukturelle Aufklärung kann zur Lösung beitragen, da die Versuche einer demokratischen, auf Pluralismus zielenden Verfaßtheit der Gesellschaft, die auch die Stellung der Minderheiten mit einem Schlage verändern würde, ohne diese politische Aufklärung zum Scheitern verurteilt bleiben wird.«[48]

Im Islam hat es im Mittelalter Ansätze zu einer solchen Aufklärung gegeben, die jedoch damals ebenso heftig von der islamischen Orthodoxie bekämpft wurden[49] wie heute von den Fundamentalisten. Die Neubelebung dieser verschütteten islamischen Aufklärungstradition ist für die heutige Suche nach Frieden von Bedeutung.

Frieden kann nur realpolitisch erreicht werden, also nicht mora-
lisierend, wie durch eine politische Theologie oder weltfromme
Gesinnungsethik. Frieden gründet auf einer rational-aufgeklärten
Bewältigung von Konflikten als »Conflict Resolution«. Ein rea-
litätsnaher Experte muß sich dessen bewußt sein, daß die benötigte Friedensordnung im Nahen Osten in diesem Sinne die friedliche
Bewältigung vorhandener Konflikte einschließt. Dies scheint in
weiter Ferne zu liegen. Die benötigte Ordnung muß auf einer laizistischen Basis angestrebt werden. So wichtig der Beitrag der Madrid-Nahostfriedenskonferenz war, so nüchtern ist die Aussage: Eine internationale
Nahostkonferenz kann nicht wie eine magische Formel dienen und
dem Nahen Osten Frieden bringen. Für den Frieden ist die Beteiligung der betroffenen Konfliktparteien in der Region vorrangig.
Nach dem Sieg der kompromißbereiten Labour-Partei bei den
Wahlen im Juni 1992 zeigte sich Israel verhandlungsbereiter und
so konnte es, ein Jahr danach, zum Durchbruch von Oslo kommen, der eine bessere Zukunft für den Nahen Osten zu versprechen schien. Die in Oslo verhandelnden Konfliktparteien, die PLO
und die Labour-Regierung, sind beide säkular, und deshalb war
eine Einigung möglich.

Eine andere israelische Wahl scheint wiederum die erreichten
Leistungen in einen Scherbenhaufen zu verwandeln. Was Netanyahu im Februar 1997 im arabischen Teil Jerusalems getan hat –
den Bau von Siedlungen zu genehmigen – war eine religiös moti-
vierte politische Handlung, die keinen Beitrag zum Frieden bietet.
Netanyahus Einwilligung ist Ausdruck der Bindung der Politik an
die Religion; sie ruft ein Gegenprogramm auf der islamischen Seite
hervor. So kommt es nicht zum Frieden!

Der Nahe Osten ist nicht Europa

Es gibt Sicherheitsexperten, die eurozentrisch denken und dazu
neigen, den Nahen Osten mit Europa zu verwechseln. Sie kultivie-
ren die Illusion, daß im Nahen Osten eine vergleichbare Institution zu der einstigen »Konferenz über Sicherheit und Zusammenarbeit in Europa« (KSZE) möglich sei. Nun ist der Nahe Osten in keiner Hinsicht Europa. Dort fehlen alle Voraussetzungen, die nicht

nur für die Entstehung der KSZE nötig, sondern auch für ihren Bestand von zentraler Bedeutung waren.

Die wichtigste Voraussetzung für ein nahöstliches Sicherheitssystem im Rahmen einer vorläufigen Friedensperspektive ist, daß alle militärisch potenten Länder der Region (Israel, Iran, Türkei, Ägypten) sich daran beteiligen. Ich habe in diesem Kapitel bereits die Ansicht vertreten, daß ohne israelische Beteiligung kein nahöstliches Sicherheitssystem möglich ist und daß diese Beteiligung ohne die vollständige arabische Anerkennung Israels kaum vorstellbar ist. Es wird daher im Interesse sowohl Ägyptens als auch Saudi-Arabiens liegen, die mit ihnen verbündeten arabischen Staaten – vor allem Syrien – zu diesem Schritt zu bewegen; hierzu gehören jedoch Vorleistungen, die die israelische Likud-Regierung unter Netanyahu bisher strikt verweigert.

Neben der Einbindung Israels und der nichtarabischen Staaten Türkei und Iran ist die Stabilität des arabischen Staatensystems selbst eine weitere zentrale Voraussetzung für ein nahöstliches Sicherheitssystem. Am Beispiel der territorialen Einheit des Irak habe ich oben konkret die mangelnde Stabilität des arabischen Staatensystems angesprochen.

Hinsichtlich der atomaren Rüstung ist festzustellen: Abgesehen von den embryonalen, in den westlichen Medien extrem übertriebenen irakischen nuklearen Potentialen, die inzwischen alle vernichtet worden sind, verfügt das arabische Staatensystem über keine Nuklearmacht. Israel dagegen hat die Atombombe und der Iran ist sehr bemüht, diese zu erwerben. Das ist eine große Bedrohung für das arabische Staatensystem und auch für die Stabilität in der gesamten Region. Nach der Auflösung der Sowjetunion wirbt der Iran um ehemalige sowjetische Nuklearwissenschaftler für sein Nuklearprogramm, das – wie verlogen versichert wird – nur friedlichen Zwecken diene. Der damalige iranische Präsident Rafsandjani reiste im Juli 1992 mit seinem Verteidigungsminister auch nach China, um dort Nuklearwaffen zu erwerben; den iranischen Verteidigungsminister muß man daher wohl eher als Verwalter eines Kriegs- als eines Friedensressorts sehen. Ein gestärkter fundamentalistischer Iran wäre sicherheitspolitisch ganz gewiß nicht wünschenswert. Resümierend läßt sich sagen, daß die Rahmenbedingungen für ein sicherheitspolitisches Arrangement für den Nahen Osten ganz anders sind als die in Europa vorgegebenen.

Der Nahostfrieden geht auch Europa an

Wenngleich man die Hoffnung auf Frieden nicht aufgeben sollte, muß man sich bei der Bewertung unterschiedlicher politischer Optionen im Nahen Osten vor Naivität und Gutgläubigkeit sowie vor falschen Vergleichen mit Europa hüten. Der Nahe Osten wird der Weltgemeinschaft noch viele Überraschungen bieten. Europäer sind darauf nicht vorbereitet und vergessen oft genug, daß der Nahe Osten nach Europa die wichtigste Region in der Weltpolitik und dennoch mit diesem Kontinent nicht gleichzusetzen ist. Der nahöstliche südliche und östliche Mittelmeerraum bildet die Grenze Europas. Deshalb ist es unverständlich, daß die Europäer dazu neigen, den Nahen Osten aus den Augen zu verlieren und selbstzentriert zu ihrer gewohnten innereuropäischen Tagesordnung überzugehen. Dabei gehen sie das große Risiko ein, vor ihrer eigenen Haustür von Überraschungen überrumpelt zu werden. Besonders auffällig ist die Tatsache, daß Europäer den Nahen Osten vorwiegend in Form von Sensationsmeldungen wahrnehmen.

Nichtgovernmentale Institutionen versuchen die Selbstzentriertheit der Deutschen zu ändern. Hierzu gehört insbesondere die Bertelsmann Stiftung. In Barcelona hat sie im Oktober 1991 unter der Patronage des spanischen Königs und des damaligen deutschen Bundespräsidenten von Weizsäcker eine große Veranstaltung organisiert und hierbei den Versuch unternommen, auf die »Herausforderung Mittelmeer« aufmerksam zu machen. Der Organisator, Professor Werner Weidenfeld vom Bertelsmann-Vorstand und eine Autorität der deutschen Europa-Forschung, vertrat dort – und wiederholt in Deutschland – die nüchterne Auffassung, daß der Nahe Osten für die Sicherheit des Westens ebenso wichtig sei wie Osteuropa. Bei dieser internationalen Konferenz war man bemüht, »die europäische Antwort«[50] auf die Herausforderung zu finden.

Auf jener Konferenz von 1991 und bei meiner Bosch-Vorlesung 1994 über das Thema »Das Mittelmeer als Grenze oder Brücke Europas zur Welt des Islam«[51] machte ich deutlich, daß das Mittelmeer historisch die Grenze zweier miteinander verfeindeter Zivilisationen war, und dies heute noch ist. Der Mittelmeerraum ist eine Region, in der der Wettkampf zwischen zwei wichtigen Zivilisationen ausgetragen wird, und der Frieden zwischen beiden ist zentral für den Weltfrieden. Der Nahostfrieden ist innerer und zentraler Bestandteil dieses Friedens im Mittelmeerraum.

Der islamische Fundamentalismus bemüht sich, wie vor allem seine algerische Spielart deutlich gezeigt hat, das Mittelmeer als eine Grenze der Welt des Islam zu Europa neu zu bestimmen. Die Migration aus Nordafrika in die europäischen Staaten verstärkt in diesem Rahmen die konkrete Betroffenheit Europas. Fundamentalisten versuchen, die Migranten für ihre Zwecke zu instrumentalisieren. Hier haben wir eine in die europäische Innenpolitik reichende Dimension des Nahostfriedens. Während des Golfkriegs haben jugendliche »Beurs« eine Art nahöstliche Intifada in den Vorstädten von Paris veranstaltet. Durch das Fehlen einer klaren Einwanderungs- und Integrationspolitik in den meisten Ländern Europas – vor allem in Deutschland – wird die Arbeit der Fundamentalisten erleichtert. Die Trennung zwischen Innen- und Außenpolitik im Mittelmeerraum ist unter dem Aspekt der Migration ein sträflicher Fehler.

Eine Neuordnung des Nahen Ostens unter international akzeptablen Bedingungen gehört daher zu den Interessen Europas, weil sie ein Bestandteil eines Mittelmeerfriedens ist. Aber man muß sich zugleich bewußt sein, daß eine solche Neuordnung nur von Dauer sein kann, wenn sie auf einheimischem Boden wächst und der Region nicht von außen aufgezwungen wird. Jede von außen eingebrachte Lösung wird im Zeitalter des Fundamentalismus und der Entwestlichung der Welt von den Menschen im Nahen Osten als eine »Verschwörung« / »Mu'amarah« und zudem als eine Aktion von »Kreuzzüglern« wahrgenommen und somit bekämpft. Für Europa ist das Mittelmeer die Grenze zur Welt des Islam.

Anders sieht die US-amerikanische Perspektive aus, für Washington ist das Mittelmeer nur ein Meer unter vielen. Mit anderen Worten: Für Europa hat eine Neuordnung des Nahen Ostens eine andere Bedeutung als für die USA; sie betrifft die eigene Existenz. Europa hat deshalb Anlaß genug, das Gespräch mit dem Orient zu suchen und den Arabern zu helfen, sich von ihrem Trauma von der Verschwörung zu befreien, und hierbei ihre strukturellen Probleme zu bewältigen. Die Tatsache, daß die EU-Staaten die ersten in der internationalen Gemeinschaft waren, die nach dem Oslo-Durchbruch ihre wirtschaftliche Hilfe angeboten haben, zeigt, daß das erforderliche Bewußtsein für diese Problematik gewachsen ist. In diesem Zusammenhang fanden die nahöstlich-europäischen Wirtschaftsgipfel von Casablanca (Okt. 1994), Amman (Okt. –

Nov. 1995) sowie Kairo (Nov. 1996) statt. Leider darf man jedoch die Erwartungen an die Politikfähigkeit Europas nicht allzu hoch hängen.

Auch der Mittelmeergipfel von November 1995 in Barcelona ist hier zu würdigen, auch wenn er leider eine »Luftschloß-Konferenz« war. Dort wurden wirtschaftliche Entwicklungsträume so weit gesponnen, daß nur noch wenig Realitätssinn, wohl aber sehr viel überhöhte Erwartungen an europäische Hilfe festzustellen waren. Bei aller Kritik an der Effizienz dieser Treffen muß aus arabischer Perspektive hervorgehoben werden, daß hier eine europäische Wahrnehmung der erforderlichen Mittelmeer-Friedenspolitik unter Beweis gestellt worden ist, wenngleich relativierend hinzugefügt werden muß, daß Europa bisher unfähig war (siehe Bosnien!), eine gemeinsame Außen- und Sicherheitspolitik tatkräftig zu entwickeln und zu praktizieren.

Die Fortsetzung des Barcelona-Mittelmeerprojekts von 1995 durch die niederländische Regierung 1997, die in diesem Jahr den EU-Vorsitz hat, war der Versuch, das europäische Bewußtsein von der Bedeutung des Mittelmeerraumes wachzuhalten und den Dialog mit dem Süden fortzusetzen. In der Den Haag-Konferenz vom März 1997, an der ich die Ehre hatte, als Experte mitzuwirken, war es die Absicht, von den »Luftschlössern« zu den konkreten Problemen und realen Strategien überzugehen. Es war aber leider ein »Dialog der Unehrlichkeiten«, wie in Kapitel 8 noch ausführlich zu zeigen sein wird.

Im Vorfeld des skandinavischen Umwegs: Von der internationalen Nahostkonferenz in Madrid zu den erfolglosen Verhandlungen in Washington

Vom Krieg zum Frieden: Die Aufhebung der arabischen Blockade

In der Kriegsforschung[1] wird oft behauptet, daß Kriege eine Hebammenfunktion in der Geschichte haben, weil sie verkrustete Strukturen aufbrechen oder gar beseitigen. In den bisherigen Ausführungen habe ich diese traditionelle Weisheit mit Blick auf ihre Geltung für den Nahen Osten hinterfragt und bin zu dem Schluß gekommen, daß der Golfkrieg als Katalysator für den Nahostfrieden gewirkt hat. Ohne den Golfkrieg hätte es die internationale Nahostfriedenskonferenz von Oktober / November 1991 in Madrid nicht gegeben. Es ist jedoch zu vermerken, daß die Idee einer solchen internationalen Konferenz wesentlich älter ist. Die politischen Rahmenbedingungen standen ihrer Verwirklichung bis dahin im Wege.

Wir wissen bereits: Es gab insgesamt fünf arabisch-israelische Kriege zwischen 1948 und 1982, deren größter und folgenreichster der Oktoberkrieg von 1973 war. In diesem Krieg fanden Panzerschlachten statt, die in vieler Hinsicht mit denen des Zweiten Weltkriegs vergleichbar waren. Als die Waffen Ende Oktober 1973 schwiegen, führte dies zur ersten internationalen Friedenskonferenz für den Nahen Osten; sie fand im Dezember in Genf statt. Kurz nach ihrer Eröffnung wurde sie jedoch auf unbestimmte Zeit verschoben. Vierzehn Jahre danach, 1987, wurde die Idee einer Nahostfriedenskonferenz während der Reagan-Administration von US-Außenminister George Schultz erneut aufgegriffen, jedoch ohne Erfolg. Die Zeit war hierfür noch nicht reif. Erst fünf Jahre später, im Jahre 1991, nach dem Golfkrieg, war es endlich soweit.

Den Rahmen für den Golfkrieg bildeten zum einen das Ende des Ost-West-Konflikts, zum anderen die Verlagerung des nahöstlich-regionalen Konfliktpotentials von Israel-Palästina auf die Golf-region. Der Zusammenhang zwischen beiden Kernbereichen des Nahostkonflikts dürfte dem Leser durch die Ausführungen in den vorangegangenen Kapiteln deutlich geworden sein.

Unmittelbar nach dem Ende des Golfkriegs hatte der damalige Präsident Bush in seiner Rede vor dem amerikanischen Kongreß, am 6. März 1991, vier Bereiche als Gegenstand der US-Außenpolitik im Nahen Osten genannt: 1. regionale Sicherheit, 2. Rüstungskontrolle, 3. arabisch-israelischer Frieden und 4. wirtschaftliche Entwicklung in der Region zur Beförderung des angestrebten Friedens. Das waren damals die zentralen Themen für die internationale Friedenskonferenz, die dann, Ende Oktober 1991, in Madrid eröffnet wurde.[2] Dieses Programm gilt beim Erscheinen dieses Buches im Jahre 1997 unverändert, obwohl ein anderer Präsident im Weißen Haus sitzt.

Der oben angeführte dritte Themenbereich schloß nach amerikanischem Verständnis die Anwendung der Weltsicherheits-Resolutionen 242 und 338, das heißt die Anerkennung der Sicherheit Israels und der Rechte der Palästinenser sowie den Abzug der Israelis aus den besetzten Gebieten ein. Die wichtigsten arabischen Staaten, Syrien, Ägypten und Jordanien, nicht aber der Irak, Libyen und der Sudan, haben ihre Zustimmung zu diesem amerikanischen Verständnis der Konfliktlösung erteilt. Saudi-Arabien schwieg und agierte hinter den Kulissen. Die damalige Likud-Regierung in Israel unter Ministerpräsident Schamir verweigerte ihr Einverständnis, und in dieser Haltung ist auch der Grund für ihre Abwahl am 23. Juni 1992 zu sehen.

Der Staat Israel wurde im Jahre 1948 gegründet. Durch die von Dan Diner richtig als »zionistische Landnahme«[3] bezeichneten Aktionen wurden die Palästinenser aus ihrem Land vertrieben. Bis zum Beginn des Friedensprozesses wurde das neue Gebilde von den Arabern und besonders von den Palästinensern als Fremdkörper in der Region betrachtet und kompromißlos bekämpft. Hieran schlossen sich vier große arabisch-israelische Kriege und der Libanonkrieg von 1982 an.[4] Das ist aber nur die eine Dimension des Konflikts, die seine zwischenstaatlichen, arabisch-israelischen Erscheinungsformen zum Ausdruck bringt. Parallel hierzu gibt es eine zweite, nichtstaatliche Komponente des Konflikts; sie bezieht sich auf Palästinenser und Juden. Diese Dimension kommt nicht in den angeführten regulären zwischenstaatlichen Kriegen zum Ausdruck, sondern in einer weiteren Form der Gewalt: dem Guerillakrieg.[5] Bis zum Durchbruch von Oslo war Ägypten das einzige arabische Land, das durch die Friedensinitiative von Camp David im Jahre 1979 einen Separatfrieden mit Israel vertraglich geschlossen hatte (siehe Kap. 9 unten). In einem Vergeltungsakt im Oktober 1981 wurde Präsident Sadat von islamischen Fundamentalisten ermordet.[6] Es blieb nicht bei diesem Mord; nach dem Separatfrieden isolierten die arabischen Bruderstaaten Ägypten und verlegten den Sitz der Arabischen Liga von Kairo nach Tunis. Mehr noch, Ägypten wurde nach dem Camp David-Frieden aus der Arabischen Liga ausgeschlossen.[7] In den späten 70er und frühen 80er Jahren wurden die arabischen Staaten sodann vom Irak unter der Herrschaft Saddam Husseins – wenn auch nicht immer ohne Widerspruch – angeführt.

Schon der erste Golfkrieg von 1980-88, bekannt als Iran-Irak-Krieg[8], hat die Gewichte im Nahen Osten verlagert. Allein war der wortstarke Saddam Hussein dem revolutionär-islamistischen Iran militärisch nicht gewachsen; er war auf arabische Hilfe angewiesen. Die notwendigen Petrodollar kamen von den Kuwaitis und den Saudis, mit denen die Waffen aus Ägypten bezahlt wurden. Die irakische Armee war sowjetisch ausgerüstet. Die Streitkräfte des zum Westen umgeschwenkten Ägyptens waren dabei, sich auf amerikanische Waffen umzustellen, die dabei ausrangierten Waffen wurden an den Irak verkauft. Auf diese Weise fand Ägypten langsam seinen Weg zurück in die arabische Welt. Die arabische Feindschaft zum schiitischen Iran schien damals noch größer als die zu Israel zu sein, und so verzieh sogar Saddam Hussein den Ägyptern stillschweigend ihren Frieden mit Israel.

Die Jahre 1988-1991 waren eine Übergangszeit. Dann kam der zweite Golfkrieg von 1991. Die Niederlage des Irak eröffnete eine bisher kaum geahnte Chance für einen Frieden zwischen den Arabern – besonders den Palästinensern – und den Israelis. Vor dem Golfkrieg hatten die Araber jeden in ihren Reihen, der Kontakt mit Israel hatte, als »Verräter« / »Khain« abgestempelt, ja schlimmstenfalls ermordet (Präsident Sadat und zuvor König Abdullah von

Jordanien). Seit dem zweiten Golfkrieg sind sie dagegen bereit, nicht nur mit Israel zu verhandeln, sondern auch es anzuerkennen, – wenn auch in der Regel noch nicht offiziell.

Der Weg zum Frieden: Zwischen Madrid und Washington

Nach dem auf die Kuwaitkrise von 1990 gefolgten zweiten Golfkrieg von 1991 schien der Weg für einen international vermittelten arabisch-israelischen Friedensdialog offen zu sein. Der institutionelle Rahmen hierfür war die Verwirklichung der seit dem Oktoberkrieg 1973 verfochtenen Idee einer internationalen Nahostkonferenz in Madrid sowie die Fortsetzung dieser Arbeit in einem arabisch-israelischen Dialog durch Verhandlungen in Washington.

Waren es zuvor die Araber, die den Israelis das Gespräch verweigerten, so waren es nun umgekehrt die Israelis, das heißt die entscheidenden Kräfte des 1991/92 noch regierenden Likud-Blocks, die die Verweigerungsrolle übernahmen; sie waren zwar bereit, mit den arabischen Staaten ins Gespräch zu kommen, nicht aber mit den direkt Betroffenen, den Palästinensern. Die Palästinenser sind jedoch die zentrale Konfliktpartei im Nahostkonflikt. Dennoch verweigerte der Likud-Block von 1991 den Palästinensern die Anerkennung.

Die israelische Likud-Regierung von 1991 unter Schamir lehnte gleichermaßen jede Diskussion über die Räumung der völkerrechtswidrig besetzt gehaltenen Gebiete in der Westbank und in Gaza[9] und die Anerkennung der Existenz eines palästinensischen Volkes ab. Aus den Arbeiten des jüdischen Humanisten Herbert C. Kelman wissen wir jedoch, daß die gegenseitige Anerkennung der Konfliktparteien die erste unabdingbare Voraussetzung zum Frieden ist. Kelmans Vermittlungspraxis setzte sich dies als vorrangiges Ziel.

Israel hatte es stets abgelehnt, mit der nationalen Organisation der Palästinenser, der PLO[10], direkt zu verhandeln. Diese Weigerung galt auch auf der in Madrid am 30. Oktober 1991 von den Präsidenten Bush und Gorbatschow eröffneten ersten Runde der internationalen Nahostkonferenz. Diese am 3. November beendete Konferenz scheiterte an der starren Haltung des Likud-Blocks. Dabei bot diese Konferenz eigentlich den internationalen, jahrzehntelang ersehnten Rahmen für einen Friedensprozeß. Ich werde in diesem Kapitel noch näher auf die Madrid-Konferenz und ihre Bedeutung eingehen, hier will ich zunächst den allgemeinen Rahmen abstecken und die Folgeverhandlungen in Washington erläutern.

Nach Madrid folgten bilaterale Verhandlungen in Washington, die von Dezember 1991 bis August 1993 in zehn Runden, jedoch ohne spürbaren Erfolg, abgewickelt wurden. Sowohl in Madrid als auch in Washington durften die von Israel nicht anerkannten Palästinenser nicht selbständig auftreten, sondern mußten sich der jordanischen Delegation anschließen. Jegliche Diskussion über einen aus den besetzten Gebieten bestehenden palästinensischen Staat war von israelischer Seite von vornherein als Tabu ausgeklammert. Offiziell gab es damals für den Likud kein palästinensisches Volk mit einer eigenen Identität. Weil die Existenz der Hauptkonfliktpartei geleugnet wurde, konnte der Erfolg der Verhandlungen von Beginn an nur sehr bescheiden sein.

Zwar ließen die Likud-Vertreter zu, daß die Palästinenser versteckt in der jordanischen Delegation an der Konferenz teilnahmen, es gehörte jedoch zu den israelischen Teilnahmebedingungen, daß in der jordanischen Delegation kein Palästinenser aus Ostjerusalem vertreten sein dürfe. Die Likud-Regierung war nur für ein Gespräch über die Autonomie der besetzten Gebiete im Sinne einer Selbstverwaltung offen, dies aber nicht direkt mit den Betroffenen, also nicht mit den Palästinensern. Gerade über diesen Gegenstand wären jedoch direkte Gespräche erforderlich gewesen, die die Likud-Regierung aber verweigerte.

In den Washingtoner Verhandlungen waren die Palästinenser so kompromißbereit, daß sie alle Forderungen der Israelis in bezug auf die Formalitäten erfüllten: Sie traten offiziell stets als Teil der jordanischen Delegation auf, wenn sie mit den Israelis sprachen. Das hätte eigentlich den israelischen Vorbehalt gegen eine direkte Verhandlung mit den Palästinensern entkräften sollen, tat es aber nicht. In Washington wurde die meiste Zeit mit der Abwicklung von Formalitäten verbracht, weil die israelische Delegation auf keinen Fall den Eindruck einer Anerkennung der Palästinenser als Verhandlungspartei entstehen lassen wollte.

Es war schon tragikomisch, daß die Diskussionen in der amerikanischen Hauptstadt primär in den Korridoren des State-Departments stattfanden, eben weil die Israelis nicht offiziell mit den

Palästinensern sprechen wollten. Aus diesem Grunde wurde über den Mißerfolg auf der Friedenssuche als von den »Verhandlungen im Korridor« berichtet. Selbst beim Betreten des Gebäudes des amerikanischen Außenministeriums mußten – gewiß nicht aus Sicherheitsgründen, sondern aus formellen Gründen der von Israel verweigerten gegenseitigen Anerkennung – verschiedene Eingänge benutzt werden.

Die Bilder vom orientalischen »Streit im Korridor« und von Delegationen, die nicht miteinander sprechen wollten, erinnern an das Bild von sich streitenden Kindern auf Spielplätzen. Doch hier ging es nicht um kindisches Gezänk, über das man hätte hinwegschauen können. Es ging und geht noch immer um den gefährlichen Konfliktherd Naher Osten, in dem sich auf der einen Seite Israel mit seinen nuklearen Waffen (vgl. Kap. 2) und auf der anderen Seite die arabischen Kernländer mit einer sie unterstützenden, weltweit verbreiteten islamischen Zivilisation befinden. Westler, die den Zündstoff dieses Zivilisationskonflikts für einen möglichen Weltbrand nicht wahrnehmen wollen, sind weltfremd.

Der Golfkrieg von 1991 hat einer großen Öffentlichkeit deutlich gezeigt, daß die Palästina-Frage, die von Saddam Hussein in seinem »Linkage« ideologisch massiv ausgenutzt wurde, eine der Mobilisierungsquellen für den islamischen Fundamentalismus[11] darstellt. Unter »Linkage« versteht man in der Sprache internationaler Politik eine Vernetzung von verschiedenen Konfliktbereichen oder -ebenen, die einen Grad an hoher Komplexität erzeugt. Bestes Beispiel hierfür ist das »Linkage« zwischen der Golfregion und Palästina. Zu diesem »Linkage« gehört auch der Rückgriff auf Jerusalem, wo sich der drittwichtigste religiöse Schrein der Muslime, die al-Aqsa-Moschee, befindet.

Auf regionaler Ebene ist festzustellen, daß Fundamentalisten auf beiden Seiten eine friedliche Lösung im Rahmen gegenseitiger Anerkennung ablehnen. Jede Weigerung Israels, den moderaten und nach einem friedlichen Lösungsweg suchenden Palästinensern entgegenzukommen, ja diese auch nur als existierende Tatsache anzuerkennen, dient der Stärkung des islamischen Fundamentalismus. Die Situation in Madrid und Washington von 1991 / 92 unter der alten Likud-Regierung scheint sich mit Netanyahu an der Regierungsspitze unter äußerlich veränderten Vorzeichen zu wiederholen. Wie bei den alten Likud-Politikern (Begin/Schamir) herrscht auch bei dem neuen (Netanyahu) die Illusion einer friedlichen Lösung vor, ohne zwischen den zwei Teilbereichen des übergeordneten Konflikts – dem Palästina-Konflikt und dem arabisch-israelischen Konflikt – zu unterscheiden. Auch Netanyahu will einen Frieden mit den arabischen Staaten, allerdings ohne eine für die arabische Seite befriedigende Lösung des Palästina-Problems und der Jerusalem-Frage. Das ist eine Illusion, an der der gesamte Friedensprozeß scheitern könnte.

Die Palästinenser, die zwei Ebenen des Konflikts und der internationale Rahmen

Für ein sachgerechtes Verständnis des Nahostkonflikts, das Voraussetzung für die Entwicklung von Lösungsstrategien ist, ist es zentral, zwischen zwei Komponenten zu unterscheiden und die Palästinenser angemessen einzuordnen. In diesem Sinne gilt es, zwischen dem arabisch-israelischen Konflikt, das heißt der staatlichen Ebene des Gegenstandes, und dem jüdisch-palästinensischen Konflikt zu unterscheiden. Beide zusammen bilden den Nahostkonflikt. Es ist deshalb wichtig, zwischen beiden zu differenzieren, um sich vor den bereits angesprochenen Illusionen bei der Suche nach einer Lösung zu schützen. Der erste Konflikt kann durch eine völkerrechtliche Anerkennung Israels durch die arabischen Staaten beendet werden, während der zweite Konflikt ohne die Lösung der Palästinenserfrage nicht bewältigt werden kann. Netanyahu kann nicht den einen Konflikt mit den arabischen Staaten lösen und den anderen mit den Palästinensern schwelen lassen. In diesem Zusammenhang ist es wichtig, die Palästinenser[12] in vier Kategorien zu erfassen:

1. Ca. 2 Mio. in den besetzten Gebieten,
2. Palästinenser mit israelischer Staatsangehörigkeit,
3. ca. 60 Prozent der jordanischen Bevölkerung und schließlich
4. die Diaspora-Palästinenser als Flüchtlinge; diese leben in arabischen Ländern, aber auch im Westen: in Europa und Nordamerika.

Diese Ausführungen machen deutlich, daß eine Lösung des Palästinenserproblems ein anderer Konfliktbereich als der der arabisch-israelischen staatlichen Beziehungen ist. Beide gehören zum regionalen Rahmen einer Konfliktlösung. Die Teilkonflikte sind jedoch in einen weltpolitischen Rahmen eingeordnet.

Bei einer Analyse des äußeren Rahmens der Konfliktlösung ist die veränderte internationale Umwelt zu berücksichtigen. Unter den früheren bipolaren Rahmenbedingungen der Weltpolitik war der arabisch-israelische Konflikt in die Struktur des weltpolitischen Wettbewerbs der beiden damaligen Supermächte eingebettet. Nach der Beendigung des Kalten Krieges und der anschließenden Auflösung der Sowjetunion gilt diese bipolare Globalisierung nicht mehr. Gegenüber diesem Globalismus des Kalten Krieges habe ich bereits in jener Zeit stets die Bedeutung der Eigendynamik regionaler Konflikte hervorgehoben.[13] Während des Kalten Krieges konnten die Palästinenser den Ost-West-Konflikt für sich instrumentalisieren und die Sowjetunion für ihre Belange gewinnen. Die wechselseitige Instrumentalisierung der PLO und der Sowjetunion gehört zur Geschichte des Nahostkonflikts. Das Ende der Bipolarität, das heißt der Zentrierung der Weltordnung auf die beiden Supermächte als sie tragende Pole, bei gleichzeitiger Persistenz der Konflikte im Nahen Osten, beweist die Dominanz dieser regionalen Eigendynamik. Trotz dieser Veränderung behält der Nahostkonflikt aber seine interne sowie externe Dimension.

Die Madrid-Konferenz und ihre diplomatische Vorgeschichte

Sowohl unter der Nixon- als auch später unter der Reagan-Administration, das heißt noch in der alten Zeit der Bipolarität, dachten die Amerikaner, sie könnten den Nahostkonflikt durch eine internationale Konferenz lösen. Die Suche nach einer Lösung war stets einer der zentralen Gegenstände der US-Außenpolitik.[14] Die schon angeführte erste internationale Konferenz vom Dezember 1973 fand nach dem Ende des Oktoberkrieges 1973 in Genf statt, dauerte nur wenige Stunden und wurde ohne jeden Erfolg abgebrochen.

Während der Reagan-Administration gab es 1987 den erneuten Versuch, eine internationale Friedenskonferenz zu initiieren. In der Geschichte der Nahostdiplomatie ist dieser Versuch als Schultz-Initiative bekannt geworden.[15] Im Vorfeld zu dieser Initiative war es zu geheimen israelisch-jordanischen Kontakten gekommen, die von König Hussein von Jordanien und Schimon Peres getragen wurden. In Israel herrschte zwischen der Likud- und der Labour-Partei eine Pattsituation, in deren Rahmen eine Rotation der Ämter zwischen beiden Parteien beschlossen und entsprechend praktiziert wurde. König Hussein traf sich 1987 zunächst geheim mit Peres in Straßburg, als dieser israelischer Verteidigungsminister war. Noch im selben Jahr – Peres hatte inzwischen das Amt des Außenministers übernommen – trafen sich beide hinter dem Rücken des damaligen Likud-Premierministers Schamir in London. Die beiden Verhandlungspartner einigten sich auf den Plan einer internationalen Friedenskonferenz, der dann an die Amerikaner herangetragen wurde.

Als Schamir von dem Plan erfuhr, ließ er den US-Außenminister Schultz wissen, daß er die in London getroffene Vereinbarung ablehne. Der israelische Premier machte dabei seine Entschlossenheit deutlich, »auf keinen Inch des historischen Landes Israel« zu verzichten. Die Implikation war klar: kein Rückzug aus den besetzten Gebieten, vor allem nicht aus der Westbank.

Trotz dieses Widerstands startete Schultz einige Monate später, am 4. März 1988, offiziell seine Initiative: In einem zugleich an den israelischen Premierminister Schamir und den jordanischen König Hussein adressierten Brief stellte er die amerikanischen Vorstellungen zur Lösung des Nahostkonflikts vor. Der Kernvorschlag war die Idee von jordanisch-israelischen Verhandlungen, an denen die Palästinenser innerhalb der jordanischen Delegation teilnehmen. Im Vorfeld dieser geplanten Verhandlungen sollte die anvisierte internationale Nahostkonferenz, gesponsort von den USA und der Sowjetunion, stattfinden. Aus dieser, im Zeitraum 1987/88 entstandenen, Schultz-Initiative wurde jedoch nichts. Erst in Madrid wurde sie im Oktober/November 1991 Realität.

Einer der Gründe für das Scheitern der Schultz-Initiative war die Tatsache, daß die arabische Welt seinerzeit mehr mit der Bedrohung durch den Iran, das heißt mit dem Irak-Iran-Krieg, beschäftigt war als mit Israel. Einen Beweis hierfür lieferte der Text des Schlußkommuniqués des arabischen Amman-Gipfels[16] vom 8.–11. November 1987, darin wird die »iranische Gefahr« vor der »Gefährdung der arabischen Staaten durch Israel« genannt. Doch nun zurück zu Madrid. Dort waren drei unterschiedliche externe Akteure beteiligt: die USA, die Sowjetunion und die Europäer. Faktisch hatten jedoch die USA alle Schlüssel in der Hand. Zur Bedeutung der Sowjetunion und der Europäer läßt sich folgendes sagen: Die Sowjetunion war noch formell Mitträger der Konferenz und Gorbatschow noch der Präsident jener Union. Aber es war schon damals jedem klar, daß die Sowjetunion nicht länger eine Supermacht war. Die sowjetische Rolle bei der Suche nach einer Konfliktlösung war daher nur eine rein protokollarische und somit unbedeutend. Die Rolle der Sowjetunion als ein zentraler Akteur, sowohl bei den nahöstlichen Kriegen als auch bei den Versuchen einer friedlichen Lösung, war bereits beendet.[17]

Die europäischen mittleren Mächte, vertreten durch die Europäische Gemeinschaft, heute Europäische Union, spielten bei regionalen Konflikten – damals wie heute – nur eine geringe Rolle. In diesem Kontext ist der bereits nach dem dritten Nahostkrieg 1973 eingeleitete euro-arabische Dialog – sowohl in seinem protokollarischen als auch in seinen zeremoniellen Merkmalen – einzuordnen.[18] Dieser Dialog machte den Arabern, allerdings grundlos, wie sich herausstellen sollte, illusorische Hoffnungen auf ein pro-arabisches europäisches Wirken, in dessen Rahmen beide Supermächte hätten ausgebootet werden können. Das Ergebnis war nur eine Enttäuschung. Spätestens seit dem Bosnienkrieg[19] weiß man, daß die Europäische Union sicherheitspolitisch nur ein Papiertiger ist.

In einer Welt, in der es keine bipolare Struktur mehr gab, wurde die Madrid-Konferenz am 30. Oktober 1991 eröffnet. Die Sitzordnung erfolgte im Rahmen eines T-förmigen Tisches. An der Spitze des T saßen die Präsidenten Bush und Gorbatschow und nach deren Abreise die Außenminister. Auf der linken Seite des Tisches saßen die Delegationen der Europäischen Union (damals EG), der kombinierten jordanisch-palästinensischen Abordnung und Syriens. Auf der rechten Seite des T saßen die Delegationen Ägyptens, Israels und des Libanons. Aus den anderen arabischen Staaten, die – anders als die »Frontstaaten« – keine gemeinsame Grenze mit Israel haben, das heißt den Golf- (vor allem Saudi-Arabien) und den Maghreb-Staaten, kamen Politiker, die auf der Konferenz lediglich einen Beobachter-Status hatten. Saudi-Arabien hatte es mit der Begründung, daß es keine Grenzen mit Israel habe, ausdrücklich abgelehnt, eine Delegation zu entsenden. Der wahre Grund dafür war jedoch die berechtigte Angst der Saudis vor den Fundamentalisten. Die wiederholten Terroranschläge in der islamisch legitimierten Ölmonarchie beweisen dies. Ein Beispiel hierfür ist der grausame Terroranschlag vom Juni 1996 auf in Saudi-Arabien stationierte amerikanische Soldaten und Zivilisten. Saudi-Arabien hat sich bis heute noch nicht von den Folgen des zweiten Golfkriegs erholt. Seinerzeit hatte die saudische königliche Familie mit der Einwilligung zur Stationierung »nichtgläubiger« Truppen in dem Land der islamischen Offenbarung an islamischer Legitimität eingebüßt. Die Saudis wollten sich während der Madrid-Konferenz nicht zusätzlich noch vorwerfen lassen, »mit Juden an demselben Tisch« zu sitzen. Dennoch spielte Saudi-Arabien eine zentrale Rolle bei dem Erfolg der Madrider Konferenz, wie noch zu zeigen sein wird.

Unter dem Druck Israels war der arabische Wunsch nach einer Teilnahme der UNO abgelehnt worden. Kurioserweise durfte die UNO deshalb noch nicht einmal einen Beobachter nach Madrid entsenden. In einer frühen Phase des Konflikts hatten jüdische Terrorgruppen im Jahre 1948 auf die schwedische Vermittlung im Rahmen der UNO mit der Ermordung des vermittelnden Grafen Bernadotte reagiert.[20] Der Likud-Politiker und israelische Ministerpräsident Schamir unterstellte der UNO bei verschiedenen Anlässen, also nicht nur im Vorfeld der Madrid-Konferenz, eine pro-arabische und anti-israelische Grundeinstellung vom Teilungsplan 1947 bis hin zu den Resolutionen 242 und 338. Doch sind diese Resolutionen auch aus amerikanischer Perspektive die Basis jedes nahöstlichen Friedens.

Trotz der soeben beschriebenen Sitzordnung, in der die Sowjetunion noch den Platz einer Supermacht einnahm, waren die USA die einzig verbliebene Supermacht, quasi der Patron der Madrider Friedenskonferenz. Ohne die sieben großen Nahostreisen des amerikanischen Außenministers James Baker nach dem Golfkrieg, in deren Rahmen er an die zweihunderttausend Meilen Flugstrecke zurücklegte, wäre die Konferenz nicht zustande gekommen.[21]

Die USA mußten einerseits Druck auf Israel ausüben, damit es sich – trotz der Stärkung seiner Position infolge des Golfkrieges – überhaupt an dieser Konferenz beteiligte, und die Präsenz von Palästinensern – wenngleich eingereiht in eine jordanische Delegation – hinnahm. Andererseits mußte Baker den moderaten Palästinensern aus den besetzten Gebieten, die durch die Morddrohungen von seiten der palästinensischen Fundamentalisten

gefährdet waren, eine Lösung des Palästinenserproblems versprechen. Syrien erhielt vor der Konferenz die amerikanische Zusicherung, daß Israel die besetzten Golanhöhen räumen werde. Die
größte Hürde, die es zu überwinden galt, und die zugleich größte
Leistung Bakers war es jedoch, den grundsätzlichen Widerstand
des von Likud regierten Israel gegenüber einer Teilnahme an den
Madrider Verhandlungen zu brechen.

Die israelische Friedensaktivistin Ziva Flamhaft erläutert den
amerikanischen Druck auf Israel – der zugleich als Wink mit dem
Zaunpfahl die Drohung umfaßte, die wirtschaftliche Hilfe einzustellen – und schreibt,»diplomatisch hatte Schamir keinen Hand-
lungsspielraum und mußte der Teilnahme zustimmen, wenn er die
US-Wirtschaftshilfe nicht gefährden wollte«. Sie fügt hinzu:»Israel konnte die veränderte internationale Szene nicht mehr ignorieren, genauso wenig wie dies die Araber tun konnten.«[22] Schamir
stimmte zwar der Mitwirkung Israels zu, hörte aber nicht auf, weitere Hürden zu errichten und nach Ausflüchten zu suchen. Sein
unnachgiebiges Verhalten bewahrte ihn jedoch nicht davor, daß
zwei der kleinen religiösen Parteien seiner Koalitionsregierung den
Likud-Block verließen, eben weil er dem Gang nach Madrid zugestimmt hatte. Damit war der Weg frei für Neuwahlen. Bekanntlich
hat der Likud diese Wahlen von 1992 verloren. Ein Vergleich zu
der Situation der im Mai 1996 gewählten Likud-Regierung von
Netanyahu drängt sich hier auf. Auch Netanyahu ist abhängig von
ultrarechten kleinen Parteien, ohne die er keine Mehrheit im Parlament erreicht hätte und die in seinem Kabinett immerhin mit sieben Ministern vertreten sind.

Die Madrid-Konferenz dauerte vier Tage. Am ersten Tag hielten
die Präsidenten Bush und Gorbatschow ihre zeremoniellen Eröff-
nungsreden. Der Inhalt der Reden reflektierte die veränderte weltpolitische Situation. Während Präsident Bush die aktive Rolle der
USA unterstrich, verlor Gorbatschow viele Worte seiner Rede
über die mißliche Situation in seinem auseinanderbrechenden
Lande[23], statt vorrangig über den anstehenden Gegenstand, das
heißt den Nahostkonflikt zu sprechen. Am zweiten und dritten Tag
sprachen die Vertreter der teilnehmenden Delegationen. Während
allen anderen Delegationen nur eine Rede zugebilligt wurde, war
der jordanisch-palästinensischen Delegation schon gleich bei der
Planung eingeräumt worden, zwei Reden eine jordanische und

eine palästinensische – halten zu dürfen.[24] Daß die israelische Likud-Regierung dies hinnahm, war kein Ausdruck von Toleranz, sondern allein ein Zeichen des Erfolges des amerikanischen Außenministers James Baker.

Als am vierten Konferenztag der dritte Schritt, das bilaterale Gespräch, eingeleitet wurde, zeigte sich, wie schwierig der Friedensprozeß angesichts der noch vorhandenen Bitterkeit und des Hasses auf beiden Seiten ist und welchen psychologischen Druck seine Spannungen erzeugen. Der syrische Außenminister zeigte ein britisches »Wanted« / »Gesucht«-Fahndungsplakat mit einem Foto des israelischen Premiers Schamir als einem Terroristen und weigerte sich, den Israelis die Hand zu geben. Die Israelis erwiderten diese Provokation mit dem Vorwurf, Assad sei seinerseits ein Patron der Terroristen. Die israelischen Vertreter lehnten es ab, die Frage der Besiedlung der besetzten Gebiete durch Juden, die aus Osteuropa und der sich auflösenden Sowjetunion bereits massiv dort einwanderten, anzusprechen. Die arabischen Delegationen verlangten einen Stop dieser Siedlungspolitik und fanden hierbei sogar amerikanische Unterstützung.[25]

In der Tat war die Likud-Regierung jener Zeit von Premier Schamir – ebenso wie die von 1997 unter Netanyahu – nicht gewillt, im Bereich der Siedlungspolitik Konzessionen zu machen. Bei dieser zentralen Frage unterscheiden sich die Positionen der alten und neuen Likud-Regierung nicht. Für die Extremen unter den Likud-Politikern handelt es sich bei dem besetzt gehaltenen Territorium der Westbank um das heilige Land von Samaria und Judäa als Teil von Erez Israel. Unter dem Deckmantel dieser religiös-politischen Legitimation wurde eine neue Etappe der systematischen Siedlungspolitik begonnen, die nach dem Bericht der *New York Times* von Jackson Diehl (vom 16. Oktober 1991) die bis zu jenem Zeitpunkt umfangreichste in der 25 Jahre andauernden Besetzung dieser Gebiete darstellte.

Kein Frieden mit Israel
bei gleichzeitiger kolonialer Siedlungspolitik
Die Politik der »zionistischen Landnahme« ist auch nach Auffassung der jüdischen Gelehrten Dan Diner und Maxime Rodinson eine Kolonialpolitik (vgl. Anm. 3). Diese Siedlungspolitik wird

auch nach Oslo auf der Westbank, und folgenreicher, in Jerusalem fortgesetzt. Eine der zentralen Thesen der arabischen Perspektive dieses Buches ist die Aussage, daß es ohne eine nicht nur für die Araber, sondern auch für die gesamte Welt des Islam – 1,3 Milliarden Menschen u.a. als Mehrheitsbevölkerung in 52 Staaten – akzeptable Lösung für Jerusalem *keinen* Frieden im Nahen Osten geben wird. Bereits im September 1996 erfolgte eine Provokation von Netanyahu (Eröffnung eines Touristentunnels unter dem Gelände der al-Aqsa-Moschee), die seinerzeit zum »Tunnelkrieg« geführt hatte. Ende Februar 1997 beschloß dann sein Kabinett, die Siedlungspolitik in Jerusalem, die unter der Labour-Regierung weitgehend eingestellt worden war, wiederaufzunehmen. Ein arabisch-palästinensisches Gelände mit dem Namen Djabal Abu Ghunaim (Abu Ghunaim-Berg) wurde in hebräisch Har Homa umbenannt und für den Bau von 2600 jüdischen Siedlungen freigegeben. Die Palästinenser bewahrten trotz ihrer Empörung einen kühlen Kopf, um Netanyahu keinen Vorwand zur Intensivierung seiner abenteuerlichen Politik zu geben. Es blieb bei einem friedlichen Freitagsgebet am 1. März 1997 zur Demonstration des palästinensischen Anspruchs auf dieses Gelände. Palästinensische Parlamentarier, die dabei anwesend waren, drohten, jeden Palästinenser, der zur Gewalt greifen würde, als »Khain« / »Verräter« an der islamischen Sache abzustempeln.[26] Wer den Nahen Osten und die arabische Kultur kennt, der weiß, daß die Androhung, zum Khain abgestempelt zu werden, wirkungsvoller ist als jede Polizei-Gewalt. Trotz der gespannten Atmosphäre kam es nicht zu Gewalttakten. Im Falle von weiteren Provokationen kann jedoch niemand die Bewahrung dieser Ruhe garantieren.

Die Siedlungspolitik in Jerusalem ist nun unverkennbar Öl auf das Feuer des palästinensisch-israelischen Konflikts. Der von allen palästinensischen Politikern am meisten gemäßigte, der Jerusalemer Faisal al-Husseini, sagte in einem BBC-Interview, »Netanyahu spielt mit dem Feuer. Wenn sich dieses ausweitet, wird niemand in der Lage sein, den Flächenbrand zu löschen«. Das ist keine arabische Rhetorik, sondern eine wohl überlegte, ernst zu nehmende Warnung vor einer Katastrophe.

Die Siedlungspolitik der 80er Jahre durch den Likud konzentrierte sich auf Schlüsselgebiete, die einen 16 Meilen langen und 12 Meilen tiefen Streifen umfassen, in dem palästinensische Dörfer mit jeweils ca. 70 bis 100 Einwohnern liegen. Die palästinensischen Bewohner dieser Dörfer wurden durch Deportation zwangsumgesiedelt. Der führende liberale israelische Sozialwissenschaftler, Schmuel Noah Eisenstadt, schreibt hierüber in seinem Standardwerk über Israel:

>>Die Siedlungspolitik wurde energisch und mit einem Gefühl der Dringlichkeit vorangetrieben, wobei es vor allem darum ging, so schnell wie möglich den Punkt zu erreichen, an dem die dauerhafte jüdische Präsenz in der Westbank eine irreversible Tatsache sein würde ... Die allgemeine Siedlungspolitik gehörte zur Ideologie der Cherut-Partei und anderer Anhänger des Gedankens von Erez Israel ... Sie stand unter der dynamischen Leitung von Ariel Scharon ...«[27]

Der Verteidigungsminister der ersten Likud-Regierung, Ariel Scharon, ist unter Netanyahu Infrastrukturminister mit einem Budget von 2 Milliarden US-Dollar; er ist – wie damals – zuständig für die Siedlungen. Wie wollen die Israelis mit den Palästinensern Frieden schließen, wenn sie deren Land zu einem Gegenstand kolonialer Siedlungspolitik machen, die den Palästinensern ihre physische Existenz in diesen Gebieten streitig macht?

Während des Golfkrieges hatten einige extremistische israelische Generäle, zu denen der Ex-General Scharon gehört, den Plan, die Umstände des Kriegs auszunutzen, um einen Großteil der palästinensischen Bevölkerung aus den besetzten Gebieten nach Jordanien und in den Libanon zu deportieren. Dieser Plan ließ sich deshalb nicht ausführen, weil die prophezeite regionale Unordnung im Verlauf des Krieges nicht eintrat und somit die Realisierungsbedingungen fehlten. Bereits vor dem Beginn der Madrider Konferenz bezeichnete Baker die israelische Siedlungspolitik als »ein großes Hindernis auf dem Wege zum Frieden«. In diesem Sinne hatte die Bush-Administration ein Darlehen an Israel in Höhe von 10 Milliarden Dollar von einer Einstellung des Baus weiterer Siedlungen abhängig gemacht.[28]

Die jüdische Besiedlung arabischen Bodens ist eine zentrale Frage, die auf der Madrid-Konferenz nicht angesprochen wurde. Trotzdem können wir von Madrid als einem symbolischen Erfolg für den Frieden sprechen, weil dort die beiden Parteien erstmals gemeinsam an einem Tisch saßen. Dies steht in deutlichem

Gegensatz zu früher, als sie sich – zwischen 1948 und 1991 – nur auf dem Schlachtfeld trafen und hinter militarisierten Grenzen sahen.

Das unfreundliche menschliche Klima der Konferenz stand im Widerspruch zu dem kultivierten äußeren Rahmen im Säulensaal des Madrider Palacio Real, der im Jahre 1764 unter König Karl III. fertiggestellt wurde. Die in jenem Palast geführte »verbale Schlammschlacht« veranlaßte den dort anwesenden *ZEIT*-Korrespondenten Fredy Gsteiger dazu, die Konferenz als »Krieg um den Frieden« zu beschreiben, in dem die Kriegsteilhabenden sich wie »unartige Kinder« benahmen und sich nur von ihrer »Gouvernante«, das heißt von US-Außenminister James Baker, zur Raison bringen ließen (*Die ZEIT* vom 8. November 1991).

Der historisch gebildete Leser wird diese kindischen politischen Ränkespiele vor allem deshalb bedauern, weil sie in Spanien passierten, das heißt in einem Land, in dem sich einst – wie der große jüdische Historiker Bernard Lewis nachgewiesen hat – eine Art »jüdisch-islamischer Symbiose« innerhalb der islamischen Zivilisation entfaltete.[29]

Zurück nach Madrid:
Die Drahtzieher im Madrider »Ritz Carlton«

Die Konferenz von Madrid brachte keine Ergebnisse, aber sie brachte Israelis und Araber erstmals seit 43 Jahren an einen Tisch. Allein dies war schon ein Erfolg, der allerdings nicht ausschließlich den USA zuzuschreiben war. Ich habe schon angeführt, daß die Golfstaaten, insbesondere Saudi-Arabien, in Madrid nicht als aktive Teilnehmer, sondern nur als Beobachter auftraten. Das bedeutet jedoch nicht, daß sie dort eine passive Rolle hatten. In einer Suite des Madrider Luxushotels Ritz Carlton hat ein saudischer Prinz mehr Vorarbeit als manches Delegationsmitglied geleistet.

Neben der »Gouvernante« James Baker war der im Hintergrund agierende saudische Botschafter in Washington, Bandar Ibn Sultan, Sohn des saudischen Verteidigungsministers Prinz Sultan, sehr aktiv. Dieser saudische Prinz war eine der wichtigsten Figuren in Madrid. Von seiner prachtvollen Suite im Ritz Carlton wirkte er als fähiger Drahtzieher, um den Willen des saudischen Königs

Fahd zu realisieren, daß die Konferenz nicht scheitern dürfe. Der arabisch-israelische Konflikt war immer ein Nährboden für arabisch-islamische Extremisten, die eine Gefahr für die saudische, sich islamisch legitimierende Monarchie[30] sind. Eine der Lehren aus dem von Saddam Hussein unterstrichenen »Linkage«, der Verbindung zwischen Kuwait und Palästina, besteht für die Saudis darin, diesen Konflikt beenden zu müssen.[31]

Neben Bandar Ibn Sultan wirkte in Madrid auch der damalige Generalsekretär des von Saudi-Arabien dominierten Golf-Kooperationsrates, Abdulla Bishara. Um die Bedeutung dieses Faktums besser zu beleuchten, ist es wichtig, die von Bishara verkündete Damaskus-Deklaration vom 6. März 1991 anzuführen. Hierbei handelt es sich um eine Willensäußerung des Golf-Kooperationsrates, eine arabische Nachkriegsordnung als Pax Saudiana zu schaffen. Es ist überflüssig zu sagen, daß diese Ordnung unter dem Einfluß Saudi-Arabiens stehen sollte und hierfür reichlich Petrodollar versprochen wurden.[32] Hauptempfänger dieser Gunst sollten Syrien und Ägypten sein, die militärisch als die potentesten arabischen Länder gelten. Nach der Verwandlung der ehemaligen nahöstlichen Regionalmacht Irak in einen »Sub-Zero« / »Unternull«-Akteur (so der ehemalige saudische Öl-Minister Yamani in einem Vortrag im Kreis von Nahostexperten in Harvard im November 1991) sollte die Pax Saudiana dessen Platz einnehmen.

Ägypten hat bereits seit 1979 seinen Frieden mit Israel, Jordanien folgte im Oktober 1994; und Syrien sollte sich dem als letzter arabischer »Frontstaat« anschließen. Noch während der Madrider Konferenz 1991 gelang es Bandar Ibn Sultan im Rahmen der von Journalisten wiederholt beobachteten Mittagsmahlzeiten im Ritz Carlton, den syrischen, auf der Konferenz vollmundig tönenden, Außenminister Faruq al-Scharaa zu zähmen. Die syrische Delegation hatte nach der verbalen Schlammschlacht mit den Israelis, vor allem mit Schamir, in Madrid wiederholt damit gedroht, sich aus Protest von der Konferenz zurückzuziehen. Dem Saudi Bandar Ibn Sultan gelang es, al-Scharaa zu übereden, bis zum Ende durchzuhalten. Dem gingen wichtige Telefonate zwischen dem saudischen König und dem syrischen Präsidenten Assad voraus, in denen sicherlich nicht zuletzt auch von Petrodollar-Zusagen als weiches Druckmittel die Rede war. Nach dem Wegfall der Sowjetunion als Syriens Schutzmacht[33] hatte der syrische Präsident

Assad keine andere Wahl, als sich mit dem Westen zu arrangieren und hierbei den saudischen Empfehlungen zu folgen.

In Madrid traten die arabischen Staaten unter saudischer und ägyptischer Führung für eine friedliche Lösung und für einen Abschied von den offiziell auf dem arabischen Gipfel von Khartoum im August/September 1967 – nach dem Sechstagekrieg von Juni 1967 – verkündeten arabischen drei Neins ein: Nein zum Frieden mit Israel, nein zu Verhandlungen mit Israel und nein zur völkerrechtlichen Anerkennung Israels. Nach dem Wegfall dieses arabischen Verweigerungskatalogs lag es an Israel, etwas für den Frieden zu tun und seinen eigenen Nein-Katalog aufzugeben. Dieses erwartete »Etwas« bezog sich vor allem auf die israelische Siedlungspolitik in den besetzten Gebieten sowie auf die Zukunft dieser Gebiete und der dort lebenden Palästinenser. Um es noch einmal zu wiederholen und zu unterstreichen: aus der arabischen Perspektive ist die israelische Siedlungspolitik in den von Israel besetzten Gebieten Palästinas – vor allem in Jerusalem – das größte Hindernis auf dem Weg zum Frieden.

Nach dem Ende des Kalten Krieges sind die USA die einzige verbliebene »Supermacht«, und so konnte die Arbeit von Madrid nur durch weitere Friedensverhandlungen in Washington fortgesetzt werden. Dort sollten die Konfliktparteien sowohl über die Madrider Zeremonie als auch über das Gezänk hinaus zur Substanz des Gegenstandes, zu den Rahmenbedingungen für einen Frieden, kommen. Von der Hotelsuite des Prinzen Bandar Ibn Sultan im Madrider Ritz Carlton ließen sich diese komplexen Probleme nicht bewältigen.

Die Fortsetzung der Arbeit in Washington
Schon im Vorfeld der Washingtoner Konferenzrunden fing die israelische Likud-Regierung von Schamir damit an, nach Ausflüchten zu suchen. Clyde Haberman schrieb kurz vor Beginn dieser Verhandlungen in der Israel sonst stets freundlich gesonnenen *New York Times*, daß israelische Politiker kein Interesse am Frieden haben. Er argumentierte ferner: Sollte Israel eine Delegation nach Washington entsenden, wird diese es

»mehr oder weniger als kosmetische prozedurale Angelegenheit handhaben, weil sie sich selbst Unannehmlichkeiten bereiten würde, wenn sich die Gespräche in Verhandlungen über Land und Frieden verwandeln würden«.[34]

Zunächst erschien daher keine israelische Delegation in Washington. Die *Frankfurter Allgemeine Zeitung* berichtete:»Araber warten vergeblich auf Israelis« (*FAZ* vom 2. Dezember 1991). Schließlich wurde die Gesprächsrunde von Washington dann doch – mit sechstägiger Verspätung – am 10.Dezember 1991 im State-Department eröffnet. Die wirklichen Gespräche fanden nicht im Konferenzraum, sondern – wie bereits beschrieben – aus protokollarischen Gründen faktisch »im Korridor« statt und dort wurden sie auch beendet.

Von der Zählung her gilt die Madrid-Konferenz als die erste Gesprächsrunde, das erste Treffen in Washington (vom 10.Dezember 1991) als die zweite. Insgesamt gab es elf Runden nutzloser Verhandlungen. Eine geplante zwölfte Runde fand nicht mehr statt.

Der dritten Runde im Januar 1992 stand zunächst im Wege, daß die israelische Regierung in Verletzung der Vierten Genfer Konvention erstmals zwölf Palästinenser aus den besetzten Gebieten in den Libanon deportieren wollte. Damit schufen die Israelis vorerst einen substantiellen Grund für die Araber und Palästinenser, nicht nach Washington zu gehen. Aber die auch von den Vereinigten Staaten mitgetragene Resolution des UN-Sicherheitsrates, in der diese völkerrechtswidrige Deportation verurteilt wird, hat dieses Hindernis behoben. Danach lag es wiederum an den Israelis, für den Frieden zu arbeiten. Aber auch die dritte Runde der internationalen Friedenskonferenz erschöpfte sich in der Diskussion über Verfahrensfragen. Über dieses prozedurale Geplänkel hinaus zeigte die israelische Delegation kaum Interesse an substantiellen Verhandlungen, ja sie drohte stets, Washington vorzeitig zu verlassen. Erst nach großem Hin und Her waren die Israelis schließlich bereit, mit den Palästinensern zu verhandeln.

Als die israelische Delegation während der dritten Runde im Januar 1992 einwilligte, über die Selbstverwaltung der Palästinenser zu verhandeln, drohten zwei kleine religiöse, ultrarechte, an der israelischen Regierungskoalition beteiligte Parteien, das Kabinett zu verlassen, und taten dies schließlich auch. Daraufhin schwächte die Schamir-Regierung ihre Zugeständnisse ab. Auf die palästinensische Forderung, als Voraussetzung für die Fortsetzung der Verhandlungen die israelische Siedlungspolitik einzustellen, reagierte Schamirs Likud mit einer Provokation: Es wurden exemplarisch neue Siedlungen in den besetzten Gebieten errichtet. Mit vergleichbaren Provokationen antwortet einige Jahre später auch die Koalition unter Führung von Netanyahus Likud auf den palästinensischen Olivenzweig, das heißt auf die wiederholten Bekundungen der Palästinenser, mit Israel unter Bedingungen der gegenseitigen Anerkennung in Frieden leben zu wollen. Zusammengefaßt: die Friedensverhandlungen lassen sich mit Kindergezänk vergleichen. Die Stellungnahme des damaligen israelischen Botschafters in Washington, Zalman Schoval, »wir haben den Korridor verlassen und befinden uns auf dem Friedenspfad«, ließ sich nicht durch konkrete Ergebnisse belegen. Das war ein Bluff für die Journalisten. Insgesamt fanden nach Madrid noch vor den israelischen Wahlen vom 23. Juni 1992 vier Gesprächsrunden in Washington statt.

Labour löst 1992 den Likud ab

Die Juni-Wahlen von 1992 mit dem Sieg der Labour-Partei unter der Führung von Yitzhak Rabin und Schimon Peres haben Bewegung in die politische Stagnation gebracht. Aus der Perspektive des Friedens war das Wahlergebnis eine positive Wende. Natürlich war diese Wende nicht sofort nach dem Wahlsieg spürbar. Aber es herrschte die Zuversicht, daß die Labour-Politiker sich dessen bewußt waren, daß Israel nur in Frieden mit seinen Nachbarn überleben kann.

Es ist bemerkenswert, daß der ehemalige israelische Geheimdienstgeneral Y. Harkabi, der sich im hohen Alter den israelischen »Friedenstauben« zugewandt hat, die Situation Israels schon vor dem Golfkrieg in einem Buchtitel mit der Formel »Israel's Fateful Hour« / «Israels schicksalhafte Stunde«[35] beschrieben hat. Damit meinte er, daß Israel keine Alternative zum Frieden habe, es sei denn, es wolle seine Sicherheit gefährden und seine Existenz riskieren. Harkabi weiß bestens: Wenn Israel nicht ernsthaft Frieden anstrebt, wird der moderate Flügel der Palästinenser vermutlich von den Fundamentalisten abgelöst werden. Die Alternative zu Arafat heißt nicht »mehr Sicherheit«, sondern maximalistische Forderungen der Fundamentalisten und Hamas-Terrorismus. Der

Frieden würde dann in weite Ferne verschoben. Dieses zunächst 1986 auf Hebräisch erschienene Buch (engl. 1988) antizipierte eine Haltung, die unter der israelischen Wählerschaft 1992 dominierte. Als Araber war ich von der Lektüre des Harkabi-Buches sehr beeindruckt. Nach dem Golfkrieg kam der alte Harkabi zu einem Vortrag im Kreise der Nahostexperten um Prof. Kelman von Harvard. Es war höchst beeindruckend, seinem Enthusiasmus für den Frieden zu lauschen und danach mit ihm problemlos eine Diskussion auf Arabisch zu führen, als wäre das Arabische seine Muttersprache. Harkabi wußte, wer ich bin, weil er – als einstiger Geheimdienstchef – mit meinen in Beirut erschienenen arabischen Artikeln aus den späten 60er Jahren – nicht aber mit meinen deutschen Arbeiten – bestens vertraut war. Die Geisteswendung des pensionierten Geheimdienstlers vom israelischen Falken zur Friedenstaube war damals ein Zeichen für einen allgemeinen Wandel in Israel. Die Wahlniederlage des Likud-Blocks vom 23. Juni 1992 war kein Zufall. Die Entscheidung für den Regierungswechsel war Ausdruck des Zeitgeistes in dem »Garnisonstaat« Israel und der Hoffnung, unter der neuen Regierung endlich in Frieden leben zu können.

Die Wahlen von 1992 waren nach dem bereits erwähnten Austritt zweier religiöser Parteien aus der Likud-Regierungskoalition vorverlegt worden. In Erinnerung an jene Krisensituation, die 1992 die vorgezogenen Neuwahlen erforderlich machte, haben die Berater von Peres nach der Ermordung Rabins durch einen jüdischen Fundamentalisten im November 1995 ebenfalls vorgeschlagen, die Wahlen vorzuverlegen. Peres war leider stur und befolgte den Rat nicht. Somit blieb es bei dem regulären Wahltermin vom Mai 1996, mit dem Ergebnis, daß die Labour-Partei die Wahl verlor. Mit Sicherheit hätte die israelische Bevölkerung nach dem Schock der Ermordung Rabins mehrheitlich für eine Labour-Regierung gestimmt.

Auf den Labour-Wahlsieg von 1992 war eine Wende in Washington gefolgt. Die neue Regierung entsandte zur sechsten Runde vom 24. August 1992 eine andere Delegation mit einer veränderten israelischen Perspektive. Ministerpräsident Rabin beendete vorläufig die Siedlungspolitik in den besetzten Gebieten, hob ein Gesetz auf, das Israelis unter Androhung von Strafe den Kontakt zu Palästinensern verbot und erklärte sich zur Annahme der UN-Resolution 242 vom 22. November 1967 bereit, in der der Weltsicherheitsrat »die Unzulässigkeit des Landgewinns durch Krieg« betont und den »Rückzug der israelischen Streitkräfte aus den besetzten Gebieten« anordnet.

Diese neue Politik trug erheblich dazu bei, die Verhandlungsatmosphäre zu verbessern. Entsprechend besser verliefen auch die Gespräche. Die Terrorakte durch die Hamas warfen jedoch bald ihren Schatten auf die Verhandlungen. Einer der schwerwiegendsten Fehler der Rabin-Regierung war es, als Antwort auf die Terroranschläge 415 Fundamentalisten aus den besetzten Gebieten in den Südlibanon zu deportieren. Die siebte Verhandlungsrunde vom 21. Oktober war vielversprechend verlaufen, dagegen fand die achte Runde am 7. Dezember vor dem Hintergrund der Terroranschläge in einer kühlen Atmosphäre statt. Dann folgte die Deportation vom Dezember, die ein Völkerrechtsbruch war und politische Folgen hatte.

Wie ich in der Einleitung zu diesem Buch ausgeführt habe, wurden die in den Libanon deportierten sunnitischen Fundamentalisten dort von den schiitischen Fundamentalisten der Hizbullah in den Selbstmord-Terrorismus eingeführt. Aus der Rückschau kann man sagen, daß diese Deportation nicht nur die weiteren Washingtoner Friedensgespräche ins Stocken brachte, sondern die Labour-Partei vier Jahre später auch den Wahlsieg kostete. Denn die Vollstrecker der Terroraktionen in Israel von Februar/März 1996 kamen sämtlich aus dem Kreis der Deportierten vom Dezember 1992; sie wurden in Mardj al-Zuhur während der Deportation ausgebildet. Diese Terroraktionen stimmten die israelischen Wähler vor den 1996-Wahlen um; sie ließen sie den Mord an Rabin durch einen jüdischen Fundamentalisten vergessen und machten sie anfällig für Netanyahus Parole »Sicherheit für Frieden« – statt »Land für Frieden«.

Kehren wir aber zurück zu dem Jahr des Labour-Wahlsiegs, 1992. In jenem Jahr wurde auch ein neuer amerikanischer Präsident gewählt. Bill Clinton ist weit proisraelischer als sein Vorgänger George Bush, und so ließ der Druck auf Israel erheblich nach. Die Verhandlungsrunden neun (April 1993) bis elf (August 1993) brachten keinerlei Ergebnisse; die Washingtoner Friedensgespräche verliefen im Sande. In Washington lief nichts mehr. Eine europäische Stadt nahm den Platz der amerikanischen Hauptstadt ein. Die Norweger waren die neuen Vermittler zwischen den Konfliktparteien. Oslo wurde zur Schaltstelle im Friedensprozeß. Das in internationaler Diplomatie und Konfliktvermittlung unerfahrene Norwegen nahm durch seine Hilfe bei der Errichtung des »Oslo-Kanals« den Schweden die traditionelle Rolle des Friedensvermittlers im Nahen Osten, die Sune Persson in seiner Arbeit über Graf Bernadotte (vgl. Anm. 20) beleuchtet hat, ab. Dennoch war auch Oslo nur eine Zwischenstation. Für den Außenpolitiker bleibt Washington die Drehscheibe der Weltpolitik, auch im Nahen Osten, wie ich im neunten und zehnten Kapitel näher zeige. Die Rolle der USA ist besonders seit dem Ende des Kalten Krieges ausschlaggebend geworden.

Trotz der Führungsrolle der USA ging die Entstehung eines direkten palästinensisch-israelischen Gesprächskanals in Oslo aber zunächst an den Amerikanern vorbei. Nach Oslo gaben sie sich dennoch gern als die »wahren« Friedensvermittler aus. In Oslo vollzog sich eine äußerst spannende Entwicklung. Bill Clinton konnte seinen ersten außenpolitischen – wenn auch nicht selbst verdienten – Sieg in Washington feiern. Seither hängt ein großes Foto im Weißen Haus, das ihn zwischen Rabin und Arafat zeigt. Clinton hoffte, seine Bildersammlung im Weißen Haus um ein Foto von ihm zusammen mit Rabin, Peres und Assad zu bereichern. Rabin wurde ermordet und Peres abgewählt. Ein Bild von Clinton zwischen den beiden Falken der Nahostpolitik Assad und Netanyahu liegt jenseits jeder Vorstellungskraft!

Kapitel 6

Vom ersten Katjuschakrieg
zum Frieden von Oslo

»Thinking the Unthinkable« und entsprechend handeln

Das Undenkbare denkbar machen, heißt im Nahen Osten, Israelis und Araber zusammenzubringen. Das ist in Oslo in intensiven Dialogen und gemeinsamen gedanklichen Anstrengungen vorbereitet und im Weißen Haus in Washington schließlich in die Realität umgesetzt worden. Zwei Erzfeinde, ein ehemaliger israelischer, in die Politik gegangener Armeegeneral und der einst mit seinen Partisanen gegen die Streitkräfte eben dieses Generals kämpfende Guerillaführer – Rabin und Arafat –, haben dies geschafft; sie begegneten sich von Angesicht zu Angesicht, schüttelten einander die Hände und unterschrieben dann die in Oslo ausgehandelte israelisch-palästinensische Prinzipienerklärung. Der Ort dieses historischen Moments war das Weiße Haus in Washington und der Gastgeber, der diese große Leistung gern auf sein Konto nehmen wollte, war Bill Clinton. Netanyahu gefährdet mit seiner Politik diese Friedensleistung und Clinton schaut tatenlos zu.

Das soeben beschriebene, für den Nahen Osten historische, »Handshake«[1] stand symbolisch für das Versprechen der Realisierung eines »Neuen Nahen Ostens«.[2] Damit es soweit kommen konnte, war der hohe Einsatz vieler mutiger Männer notwendig. Doch, wie man im französischen sagt: »cherchez la femme«. Die Frau, die in diesem Fall hinter den Kulissen wirkte und der besondere Aufmerksamkeit gebührt, war Marianne Heiberg, die Gattin des inzwischen verstorbenen norwegischen Außenministers Johan Joergen Holst, auf deren Konto das historische Ereignis tatsächlich ging. Frau Heiberg wirkte als Soziologin in den besetzten Gebieten und es gelang ihr, sowohl das Vertrauen der Palästinenser als auch das der Israelis zu gewinnen; sie ebnete ihrem Mann den Weg für seine größte außenpolitische Leistung: die erfolgreiche, geschichtsträchtige Vermittlung zwischen der PLO und der israelischen Regierung. Ein wichtiger, sich im Hintergrund haltender Partisan des Nahostfriedens, Herbert C. Kelman, war in Washington nicht dabei.

Der Harvard-Professor Kelman, der als Wiener Jude nach dem nationalsozialistischen Anschluß Österreichs an das Dritte Reich in die USA geflohen war, hat sein Leben der Vermittlung zwischen Juden und Palästinensern gewidmet und die wichtigste Vorarbeit für die gegenseitige jüdisch-palästinensische Anerkennung geleistet.

Bei der angeführten Feier im Weißen Haus stand auch Johan Joergen Holst nicht im Mittelpunkt des Geschehens. Die Fernsehkameras waren auf die händeschüttelnden Rabin und Arafat mit Bill Clinton – der nach außen den Vermittler darstellte – in ihrer Mitte gerichtet. Der palästinensische Architekt von Oslo, Mahmoud Abbas mit dem Kadernamen Abu Mazen, schreibt in seinen spannenden Enthüllungen über die Oslo-Verbindung, daß Holst der wahre Vermittler gewesen sei. Diesem Außenminister, der in Washington als Ehrengast bei der Friedensfeier anwesend war, kam eine besondere Stellung zu. Abu Mazen schreibt:»Johan Joergen Holst war der Pate, auf den jeder der Anwesenden mit Bewunderung und Dank schaute.«[3] Viele der sensationsheischenden Journalisten dagegen wußten bei der Washingtoner Feier nicht einmal, welche Leistung Holst erbracht hatte. Als er im Januar 1994 an Herzversagen starb, war der Welt aber durch die Enthüllungen über die Oslo-Verhandlungen seine Rolle als großer Friedensstifter bekannt geworden.

Die spannende Geschichte begann nach dem Sieg der Labour-Partei in Israel.[4] Im Dezember 1992 ließ ein in London weilender israelischer Professor aus Tel Aviv namens Yair Hirschfeld über seine Kanäle durchsickern, er wünsche informelle Kontakte zur palästinensischen Führung, da er sich als Wissenschaftler mit der Friedensproblematik beschäftige. Schnell erkannte die palästinensische PLO-Spitze, daß es sich bei Hirschfeld um einen Mann mit Rückendeckung von Peres und seinem Stellvertreter Yossi Beilin handelte. Das erste Treffen von Hirschfeld mit PLO-Vertretern fand in Sarpsborg, 80 Kilometer südlich von Oslo, vom 20. bis 22. Januar 1993 statt. Darauf folgten dreizehn weitere Treffen in der Umgebung von Oslo, das letzte am 20. August 1993. Bei diesen israelisch-palästinensischen Begegnungen war Hirschfeld stets die Schlüsselfigur. Ich hatte persönlich Gelegenheit, Hirschfeld zweimal nach dem Durchbruch von Oslo zu begegnen. In London waren Hirschfeld – auf der jüdischen Seite – und meine Person – auf der islamischen Seite – die Hauptfiguren bei dem ersten islamisch-jüdischen Dialog in der Westminster Synagoge.[5] Dort stellte sich Hirschfeld mir mit knappen Worten, aber – wie ich damals empfand – unbescheiden als der Baumeister des »Oslo-Kanals« vor. Dies war im Juli 1994. Ein weiteres Mal begegnete ich Hirschfeld im Sinclair-Haus der Quandt-Stiftung der BMW, als ich im April 1995 aus Ankara zu einem Dialog der Kulturen kam. Zu jener Zeit waren die Enthüllungen von Abu Mazen (vgl. Anm. 3) noch nicht veröffentlicht. Erst die Lektüre von Abu Mazen machte mir deutlich, daß Hirschfeld seine eigene Position im Friedensprozeß nicht übertrieben hatte.

Der norwegische Außenminister Holst war derjenige, der die in London geknüpften informellen Kontakte zwischen Israel und der PLO in Verhandlungen mit verbindlichem Charakter überleitete. Bei einem Staatsbesuch in Tunis wurde der Grundstein für die Festschreibung der Ergebnisse der in Oslo erfolgten Verhandlungen gelegt. Holsts Besuch in Tunis diente nur der Tarnung, weil die Person, die er wirklich treffen wollte, nicht sein tunesischer Amtskollege, sondern PLO-Führer Yasir Arafat war. Das Treffen fand am 16. Juli 1993 statt. Holst bekam bei dieser Gelegenheit die Zustimmung von Arafat, die noch informelle Prinzipienerklärung zur Basis für eine gegenseitige israelisch-palästinensische Anerkennung zu machen. Daraufhin entsandte Holst seinen Vertrauten Terje Larsen zu Schimon Peres nach Tel Aviv, während er zum Schein Verhandlungen mit der tunesischen Regierung über einen anderen Gegenstand führte.

Am 20. Juli kehrte Larsen mit einer positiven Antwort von Peres nach Tunis zurück. Bei der mittlerweile zehnten palästinensisch-israelischen Gesprächsrunde am 21. Juli im Hotel in Halvorsbole bei Oslo war wie immer auch Prof. Hirschfeld als Vermittler dabei, doch nahm diesmal auch der Ministerialdirektor des israelischen Außenministeriums, Uri Savir, an den Verhandlungen teil. Hierdurch gewannen die Gespräche nunmehr offiziellen Charakter. Die Einigung auf eine israelisch-palästinensische Anerkennung als Voraussetzung für den jüdisch-palästinensischen Frieden war erreicht. Am 20. August wurde sie endgültig ausformuliert, jedoch erst im September öffentlich gemacht. Die Meldung schlug weltweit wie eine Bombe ein.

Am Freitag, den 10. September 1993, lautete die Schlagzeile der Medien in aller Welt:»Gegenseitige Anerkennung von PLO und Israel!« Zuvor war bereits die Nachricht durchgesickert, daß Israelis und PLO-Palästinenser in Oslo zu geheimen Gesprächen zusammengetroffen waren. Vor den Augen der Weltöffentlichkeit erfolgte dann am 13. September die offizielle Zeremonie im Weißen Haus in Washington. Im ARD-Presse-Club beschrieb ich anschließend im Gespräch mit Fritz Pleitgen die in Oslo erreichte Vereinbarung als epochal in der Zeitgeschichte der nahöstlichen Region, warnte jedoch vor übertriebenem Optimismus. Meine Mahnung zur Vorsicht wurde durch die spätere Entwicklung bestätigt.

**Das Gaza-Jericho-Abkommen ist zwar lückenhaft,
aber nur der Beginn, nicht das Ziel**
Gegenseitige Anerkennung ist stets die erste Voraussetzung für den Frieden. Das einleitend angesprochene Händeschütteln war der symbolische Ausdruck hierfür. Rabin und Arafat erhielten als Würdigung dieser Leistung den Friedensnobelpreis. Eine auswärtige Macht kann zwar keine Übereinstimmung zwischen den Konfliktparteien, den Juden und Palästinensern, erzwingen, kann aber vermitteln. Die vermittelnde»dritte Partei« in Oslo, Norwegen, war der benötigte ehrliche Makler, also ohne direkte eigene Interessen. Es ist wichtig, zwischen der diplomatischen Vermittlung von Politikern und der inhaltlichen Arbeit von »Vermittlung«/ »Mediation« in politischen Konflikten zu unterscheiden. Was die Mission der Vermittlung betrifft, ragt der sonst in der politischen Weltöffentlichkeit unbekannte, den Experten aber wohl vertraute Name des jüdischen Harvard-Professors und Friedensstifters, Herbert C. Kelman, heraus. Dieser große Mann und Begründer der Wissenschaft der Sozialpsychologie internationaler Beziehungen hatte im Vorfeld zu Oslo bereits seit dem Camp David-Frieden eine

sozialpsychologische, aber auf eine politische Wirkung abzielende Vermittlung zwischen Palästinensern und Juden betrieben. Sein erklärtes Ziel war es, beide Konfliktparteien von der Notwendigkeit einer gegenseitigen Anerkennung zu überzeugen.[6] Dieses Buch ist vor dem Hintergrund der Freundschaft und Zusammenarbeit und in ständiger Diskussion mit Kelman, dem einstigen jüdischen Wiener Bürger, dem es gelang, die NS-Verbrechen zu überleben, entstanden.[7]

Die in Oslo gefundene Grundlage für die später in Kairo unterzeichnete Gaza-Jericho-Friedensregelung hat durchaus große Mängel und ist auch in vielen Punkten ungenügend. Dennoch gab es und gibt es keine Alternative zu ihr. Der Frieden von Oslo ist keine »zynische Idee«, wie Edward Said im Interview mit *FOCUS* (Heft 9/1997) von seinem New Yorker Appartement aus polemisierte. Es scheint mir verständlich, daß dieser Frieden auf beiden Seiten seine Gegner hat. Es sind die Maximalisten, die keine Teillösungen akzeptieren.

Die Hamas-Fundamentalisten sprechen bis heute noch vom »Ausverkauf des islamischen Palästina«, ja von einer »zionistisch-amerikanischen Verschwörung gegen die Palästinenser«, bei der der PLO-Chef Arafat als »ausführende Marionette« diene. Aber auch die jüdischen Fundamentalisten unter den Siedlern unterstellten ihrem damaligen Ministerpräsidenten Rabin einen Ausverkauf Israels an die Palästinenser und verurteilen Arafat weiterhin als »Terroristen«.

Es gibt aber auch andere Kritiker, die gewiß keine Fundamentalisten sind, und die befürchten, daß der Oslo-Frieden zur Gründung von palästinensischen selbstverwalteten Reservaten in den besetzten Gebieten führen wird. Die PLO ist aber mit der – von den Israelis nicht widersprochenen – Annahme nach Oslo gegangen, daß der Friedensprozeß in der Gründung eines palästinensischen Staates gipfeln würde. Die Bantustan-Lösung steht im Geiste Netanyahus, nicht in dem von Oslo. In dieser Hinsicht ist Edward Said im Unrecht, wenn er in dem zitierten Interview unterstellt, der Oslo-Frieden biete keine Vision. Ein Professor für Literaturwissenschaft kann mit leichter Zunge über Politik sprechen.

Nochmals:
Gegenseitige Anerkennung als Grundvoraussetzung

Wie war das zunächst Undenkbare einer Prinzipienvereinbarung von Oslo – durch den Briefwechsel zwischen dem PLO-Chef Yasir Arafat und dem israelischen Premierminister Yitzhak Rabin sowie durch die bereits angeführte anschließende formelle Anerkennung in Washington am 13. September – möglich geworden?

Die Realität, die in den beschriebenen Ereignissen zum Ausdruck kommt und die Grundlage des Friedensprozesses bildet, ist, daß Israelis und Palästinenser sich gegenseitig als Völker anerkennen und gleichsam zustimmen, das umstrittene Heilige Land friedlich unter sich zu teilen.[8] Leider war die für diesen Frieden geschaffene Basis so dünn, daß eine Serie von Terroranschlägen islamischer Fundamentalisten in Israel der israelischen Bevölkerung genügte, die Labour-Regierung im Mai 1996 wieder abzuwählen. Dennoch ist in Oslo eine gegenseitige Anerkennung der Konfliktparteien erfolgt, die auch eine Likud-Regierung nicht rückgängig machen kann. Die neue Regierung kann aber den Geist der gegenseitigen Anerkennung, also den Geist von Oslo, erschüttern.

Der Kern des israelisch-palästinensischen Konflikts besteht hier in der Tatsache, daß zwei Völker ein Land jeweils für sich beanspruchen und dies religiös begründen.[9] Frieden zu schaffen, heißt in dieser Situation, daß beide Parteien aufeinander zugehen, sich anerkennen und sich auf eine gerechte Teilung des Landes untereinander einigen. Ein solcher Prozeß hat mit der angeführten Prinzipienerklärung von Oslo und dem ergänzenden Briefwechsel erst begonnen. In den dramatischen Reden von Arafat und Rabin auf der Feier im Weißen Haus am 13. September 1993 ist das Prinzip eines gerechten Friedens anerkannt worden. Deswegen wird dieser Erfolg als »Durchbruch aller Durchbrüche« im Nahen Osten gefeiert. Er versprach ein Ende »der Jahre des Blutes und des Elends« wie Rabin auf der Washingtoner Friedensfeier ein wenig voreilig sagte.

Nur zwei Jahre später, im November 1995, erlag er den Schüssen eines jüdischen Fundamentalisten auf einer israelischen Friedensfeier, wobei das Manuskript seiner Rede von seinem Blut durchtränkt wurde!

Der Frieden zwischen den Syrern und den Palästinensern – das Katjuscha-Zwischenspiel im Libanon

Parallel zu der Friedenssuche in Washington und Oslo wurde die Kriegstrommel im Nahen Osten wieder gerührt. Katjuscha-Raketen flogen vom Südlibanon auf Israel, und die israelische Regierung antwortete in der letzten Juliwoche 1993 mit einem sieben Tage währenden Kleinkrieg. Dieser Katjuschakrieg veranlaßte viele Kommentatoren zu der voreiligen Prophezeiung, daß es weder eine weitere Runde der Nahostverhandlungen noch in naher Zukunft einen Frieden geben werde. Und doch kamen die Delegierten der verfeindeten Staaten zur zehnten Runde nach Washington, um unter amerikanischem Druck erneut – wenngleich wieder ergebnislos – zu verhandeln; einmal mehr hatten sie aneinander vorbeigeredet. In Washington fand ein Dialog der Taubstummen statt. Der Washingtoner Mißerfolg gab jedoch den parallel laufenden Oslo-Verhandlungen einen wichtigen Anstoß.

Kriege sind immer grausam, aber oft haben sie unbeabsichtigt die schon angesprochene historische Hebammenfunktion bei der Geburt des Friedens. In diesem Sinne hat der Golfkrieg – wie in Kapitel 4 und 5 ausführlich gezeigt wurde – die Madrid-Formel und damit den Beginn der Friedensverhandlungen ermöglicht. Aber ebenso richtig ist die Feststellung, daß der Durchbruch der schon im Januar 1993 begonnenen Verhandlungen in Oslo ohne den Julikrieg im Südlibanon zwischen Israel und der schiitischen Hizbullah nicht zu erzielen gewesen wäre. Die Erklärung hierfür ist darin zu sehen, daß die PLO-Führung bereits seit Beginn des Jahres 1993 mit Sorge verfolgt hatte, wie Syrer und Israelis insgeheim und bilateral, das heißt über die Köpfe der Palästinenser hinweg und parallel zu Washington, miteinander verhandelten. Wir haben zwar begründete Vermutungen, aber noch keine konkreten Kenntnisse über diese Verhandlungen, weil es bisher keinerlei Berichte von Beteiligten gegeben hat.

Syrien wollte den Durchbruch in den arabisch-israelischen Verhandlungen über einen Rückzug der israelischen Truppen von den strategisch wichtigen Golanhöhen erreichen; eine diesbezügliche Vereinbarung sollte den Auftakt zu einer umfassenden Friedensregelung für den gesamten Nahen Osten bilden. Es wird jedoch vermutet, daß Syrien an seinen eigenen Maximalforderungen, die zu erfüllen Israel nicht bereit war, scheiterte. Vor allem wollten die

Israelis nicht auf die für beide Seiten lebenswichtigen Wasserquellen der Golanhöhen (Banias-Fluß) verzichten. Dagegen waren die Palästinenser bei den damals laufenden Oslo-Verhandlungen eindeutig kompromißbereiter.

Der Hizbullah im Südlibanon kommt in diesem Zusammenhang eine ganz besondere Bedeutung zu. Diese schiitische Partei übte eine Stellvertreterfunktion für Syrien, als Besatzungsmacht, aus. Die im Juni/Juli 1993 auf Nordisrael abgefeuerten Katjuscha-Raketen sollten ein Warnsignal für Israel sein, die Israelis ließen sich jedoch nicht einschüchtern und antworteten mit einem einwöchigen massiven Gegenschlag im Juli 1993. Dies war der erste sogenannte Katjuschakrieg. Als die Waffen schwiegen, gab sich die syrische Führung den Anschein des »Friedensstifters«; schließlich war sie es, die der Hizbullah befohlen hatte, keine Katjuschas mehr abzufeuern. Erneut sah es so aus, als ob der Waffengang an der israelisch-libanesischen Grenze geheime Verhandlungen zwischen Syrien und Israel einleiten würde. Sogar der damalige US-Außenminister Christopher flog nach Damaskus, um zwischen beiden Parteien zu vermitteln. Doch es kam anders. Die Israelis verhandelten mit den Palästinensern.

Der bereits zitierte »Baumeister« der PLO-Außenbeziehungen und verantwortliche Palästinenser für die Oslo-Verbindung, Abu Mazen, schildert in seinem Enthüllungsbericht (vgl. Anm. 3) ausführlich, daß er in einem fortgeschrittenen Stadium der Verhandlungen, als Geheimhaltung nicht mehr nötig war, weil ein Erfolg bereits absehbar war, wichtige arabische Staatschefs, vor allem von Ägypten, Jordanien und Marokko, informiert hatte. Über Syriens Staatschef Assad schweigt er sich aus, der Name Assad kommt kein einziges Mal in seinem Buch vor. Die Oslo-Verbindung verlief buchstäblich hinter dem Rücken der syrischen Führung, und ihr Ärger war entsprechend groß.

Die Palästinenser hatten präventiv gehandelt und wahrscheinlich das Spiel des syrischen Präsidenten Assad vereitelt. Unter dem Druck der Palästinenser aus den besetzten Gebieten, die des alltäglichen Kleinkrieges mit Israel müde waren und sich – wie die Juden – nach Frieden sehnten, waren die Diaspora-Palästinenser von Tunis (Exil-Regierung der PLO) zum Handeln gezwungen; sie sind auf das Angebot der Israelis eingegangen und haben unter den komplizierten Umständen, die Abu Mazen beschreibt, in Oslo den

Durchbruch erzielt.[10] Nicht zu vergessen ist, daß auch die israelische Regierung in Oslo unter Erfolgszwang stand.

Nach Bekanntwerden der Oslo-Vereinbarung war Syrien verständlicherweise verärgert, weil es sich in seiner Verhandlungsposition gegenüber Israel erheblich geschwächt sah. Nach der israelisch-palästinensischen Annäherung hat Syrien deshalb seine Stellung im Südlibanon durch seinen Stellvertreter, die Hizbullah, weiter ausgebaut. Anfang 1996 haben Syrer und Israelis noch unter amerikanischer Regie in Wye/Maryland, diesmal offen, verhandelt. Aus einem Gespräch während des Kronberger Nahostsymposiums der Bertelsmann Stiftung (vgl. Kap. 8) mit dem israelischen Unterhändler, Prof. Itamar Rabinovich, weiß ich, daß»ein Deal mit Assad in Grundzügen« vorlag. Dann scheint eine Verständigung jedoch an den Maximalforderungen Syriens gescheitert zu sein. Daraufhin, im April 1996, provozierte der Löwe von Damaskus (Assad bedeutet auf Arabisch»Löwe«) den zweiten Katjuschakrieg (vgl. Kap. 1).

Rabin hatte im Juni 1992 die Wahlen mit dem Versprechen gewonnen, den Frieden zu bringen; das Scheitern der vor seiner Amtszeit, das heißt bereits unter der Likud-Regierung von Schamir aufgenommenen Friedensverhandlungen von Washington war somit auch ein Mißerfolg seiner Politik und in der Folge eine große Enttäuschung für seine Wähler. Nach fünfzehn Monaten im Amt sah Rabin die Notwendigkeit, in Oslo nach einem Ausgleich für die in Washington ins Stocken geratenen Verhandlungen zu suchen. Sein Außenminister Peres wurde zum Architekten der neuen Friedenskonstruktion. Die Formel»Der Neue Nahe Osten« ist seine Sprachschöpfung. Die Prinzipienerklärung von Oslo umfaßt 17 Artikel, die einen Friedensentwurf enthalten, der in einer Übergangsperiode von fünf Jahren verwirklicht werden soll.

Zum Verständnis der seit dem Beginn der Bauarbeiten auf dem Berg Abu Ghunaim im arabischen Ostjerusalem eingetretenen Krise, die zum Stillstand des Friedensprozesses geführt hat und die uns in Kapitel 10 näher beschäftigen wird, ist die Vergegenwärtigung der folgenden Oslo-Vereinbarung von zentraler Bedeutung: Die»heißen Eisen« im Konflikt, Jerusalem und die jüdischen Siedlungen in den besetzten Gebieten, werden aus realpolitischen Gründen von vornherein auf einen späteren Zeitpunkt verschoben, um zunächst den Friedensprozeß zügig vorantreiben zu können. Unter den Konfliktparteien bestand aber Klarheit darüber, daß bis zur Einigung auf eine Lösung für die zunächst ausgeklammerten Fragen keine vollendeten Tatsachen geschaffen werden dürfen. Dem Ganzen lag eine stillschweigende Zustimmung zur palästinensischen Erwartung zugrunde, daß aus den besetzten Gebieten letztendlich ein souveräner selbständiger palästinensischer Staat[11] hervorgehen werde. Somit war die Vereinbarung einer Autonomieregelung für die besetzten Gebiete nur eine vorläufige Stufe und kein Abkommen über die Bildung von Reservaten als eine Art »palästinensisches Bantustan«, wie es die gegenwärtige Likud-Regierung unter Netanyahu gern sehen möchte. Mit anderen Worten: Die Gaza-Jericho-Regelung ist zwar lückenhaft, wie Kritiker mit Recht anmerken, damit wird aber übersehen, daß sie ohnehin nur eine Übergangsregelung ist, nicht aber einen endgültigen Status festschreiben soll.[12]

Die Auswirkungen auf die arabische Politik

Im Gegensatz zu den Syrern wurde der jordanische König Hussein über die Oslo-Ergebnisse vor deren Veröffentlichung informiert: Er war jedoch ebenfalls verärgert[13]; nur hat er seinen Ärger leichter verarbeitet, eine eigene Strategie entfaltet und sich dann der getroffenen Regelung angeschlossen. Insgeheim traf sich König Hussein im November 1993 mit Rabin, um den Anschluß Jordaniens an die Friedensregelung zu vereinbaren, und im Oktober 1994 unterschrieb der jordanische König schließlich als zweiter arabischer Staatschef – nach Sadat – den Friedensvertrag seines Landes mit Israel.

Arafats Besuch bei dem syrischen Löwen in Damaskus noch im September 1993 konnte nicht ähnlich erfolgreich sein wie sein Auftritt beim Scharifen Hussein von Amman. Syrien hat mit dem Durchbruch in Oslo zunächst weit mehr verloren als Jordanien. Der Gewinner der Vereinbarung schien damals jedoch ein Dritter zu sein, nämlich Ägypten. Der Verhandlungserfolg von Oslo hat die Rolle Ägyptens als Vorreiter des arabisch-israelischen Friedens seit Camp David indirekt – im Vergleich zu Syrien – erheblich aufgewertet.

Abu Mazen berichtet, daß die PLO den ägyptischen Außenminister Amru Musa und den außenpolitischen Berater Mubaraks,

Usama al-Baz, frühzeitig über die Prinzipienerklärung informiert hat.[14] Das Resultat von Oslo ist schließlich vergleichbar mit dem von Camp David aus dem Jahre 1978/79 (vgl. Kap.9). Seinerzeit hatte Sadat, der Pionier des israelisch-arabischen Friedens, sein »Ja« zum Frieden mit Israel gegeben – und hierfür im Oktober 1981 mit dem Leben bezahlt. Ich möchte die Hoffnung zum Ausdruck bringen, daß es Arafat nicht eines Tages ähnlich ergehen wird.

Ein Makel, den der Oslo-Frieden und zuvor der Camp David-Frieden haben, ist, daß übersehen wird, welchen Stellenwert Syrien einnimmt. Ägypten hat seit Camp David bereits einen Separatfrieden mit Israel geschlossen. Syrien hat seit dem Krieg von 1973 an seiner Grenze mit Israel nicht mehr gekämpft. Syrien hat jedoch, wie hier bereits mehrfach hervorgehoben wurde, seit 1976, als syrische Truppen in den libanesischen Bürgerkrieg eingriffen, Militärpräsenz im Libanon. Nachdem der Libanonkrieg[15] 1990 zu Ende gegangen war, hat sich Syrien als Schutzmacht im Libanon etabliert. Angesichts der Militäraktionen der Hizbullah[16] gegen Israel kann es im von Schiiten bewohnten Südlibanon ohne ein Arrangement mit dem syrischen General Assad keinen Frieden geben.[17] Frieden mit Syrien bedeutet daher auch Frieden für Israel an seiner nördlichen Grenze mit Libanon. Ohne eine Regelung für die Golanhöhen[18] kann es jedoch keinen Frieden mit Syrien geben.

Der Katjuschakrieg vom Juli 1993 in der Retrospektive

Während des ersten Katjuschakrieges im Juli 1993 wurden 28000 israelische Artilleriegeschosse auf den Südlibanon abgeschossen. Parallel dazu flog die israelische Luftwaffe 1100 Einsätze. Die Hizbullah konnte nicht mehr als 119 von Iran gelieferte Katjuscha-Raketen auf Nordisrael abfeuern, die zudem laut israelischen Quellen keinen Schaden anrichteten. Trotz seiner massiven militärischen Überlegenheit konnte Israel mit seiner hochentwickelten Militärtechnologie aber die mit primitiven Mitteln kämpfende, ihre Katjuscha-Raketen auf Eselsrücken transportierende Hizbullah nicht bezwingen. Sowohl der erste Katjuschakrieg vom Juli 1993 als auch der zweite vom April 1996 waren für Israel ein militärisches Fiasko und endeten in einem politischen Debakel. Die israelischen Streitkräfte waren durch ihre Siege in fünf arabisch-israelischen Kriegen 1948, 1956, 1967, 1973 und 1982 verwöhnt und legten hinsichtlich ihrer militärischen Selbsteinschätzung eine Arroganz an den Tag, deren Berechtigung durch die beiden Katjuschakriege und zuvor die Intifada (von 1987 bis 1993) in Frage gestellt wurde. Sie haben den Israelis gezeigt, daß »irreguläre Gotteskämpfer«[19] nicht mit Mitteln einer hochentwickelten Technologie besiegt werden können.

Besonders seit dem Ende des Kalten Krieges scheint der Clausewitz'sche Krieg zwischen zwei oder mehreren regulären Armeen der Vergangenheit anzugehören. Mir scheint es wichtig zu sein, noch einmal auf die Arbeiten von van Creveld und Holsti[20], die zu den profiliertesten Kriegsforschern unserer Gegenwart gehören, hinzuweisen. Sie haben in ihren Arbeiten die Beobachtung wissenschaftlich untermauert, daß der von organisierten Armeen ausgetragene zwischenstaatliche Krieg nicht mehr der militärischen Gewaltförmigkeit von heute entspricht. Diese Beobachtung gilt auch für den Nahen Osten, wo es in absehbarer Zukunft voraussichtlich keine zwischenstaatlichen Kriege mehr zwischen institutionalierten Armeen, sondern nur noch irreguläre militärische Auseinandersetzungen geben wird.[21] Bei diesem neuen Kriegstyp muß der militärisch-technologisch überlegene Konfliktpartner nicht unbedingt der Sieger, sondern kann – im Gegenteil – oft der Verlierer sein. Durch diesen Wandel ist die militärische Überlegenheit der israelischen Armee nicht mehr so entscheidend.

Im Südlibanon leben mehr als eine halbe Million arabisch-libanesische Schiiten; sie gehören zu den Opfern des arabisch-israelischen Konflikts, in den sich unaufgefordert auch der nichtarabische Iran eingemischt hat und seither ein Mitspracherecht fordert.

Die Einmischung Irans in die arabische Politik erfolgt auf zwei Ebenen, einmal durch die Instrumentalisierung arabischer Schiiten im Libanon und im Irak, zum anderen durch Einflußnahme auf arabisch-islamische Fundamentalisten, die vom schiitischen Islam die Methode des Untergrundkampfes übernehmen. Schiiten wurden in der islamischen Geschichte stets von Sunniten unterdrückt und wegen des Fehlens von Toleranz und Rechtstaatlichkeit in den Untergrund getrieben.[22] Uns interessiert im Zusammenhang der hier im Mittelpunkt stehenden Thematik nur die Instrumentalisierung der arabischen Schiiten durch den Iran.

Im Libanon gibt es gemäßigte Schiiten um die Amal-Partei und radikale Schiiten um die Hizbullah. Der Iran nimmt Einfluß auf letztere. Zwischen diesen beiden Schiiten-Parteien[23] wird auch mit der Waffe um die Dominanz über die schiitische Gemeinde im Libanon gekämpft.

Palästinenser und libanesische Schiiten: keine Freunde

Mit der Enthüllung der Oslo-Verbindung wurde bekannt, daß die Palästinenser mit Israel – parallel zum Katjuschakrieg – verhandelt hatten, was die Schiiten des Libanon der PLO übelnahmen. Die PLO gehört nun keineswegs zu den Freunden der Schiiten, weder in Syrien noch im Südlibanon. Nach dem Sechstagekrieg von 1967 und besonders nach 1970 haben die Palästinenser im Libanon einen Staat im Staat aufgebaut und hierbei bewaffnete Auseinandersetzungen mit den Schiiten ausgetragen. Während der Bürgerkriegsjahre im Libanon nach 1975 hat die PLO unabhängig von Syrien von libanesischem Boden aus einen Krieg gegen Israel geführt und dadurch 1982 die israelische Invasion des Libanons, den fünften und letzten arabisch-israelischen Krieg provoziert.[24] Die PLO hatte seit 1975 aus schiitischer Perspektive den Status einer Besatzungsmacht im Südlibanon. Die libanesischen Schiiten mußten für jede palästinensische Aktion bezahlen, indem die heimische Bevölkerung – nicht die PLO – Opfer der israelischen Vergeltungsschläge war. Es ist seltsam, aber wahr: Die schiitische Bevölkerung des Südlibanon empfand die israelischen Invasoren vom Juni 1982 als Befreier, weil sie die Palästinenser vertrieben. Erst das Bewußtsein, daß sie neue Besatzer bekommen haben, bewog sie zum antiisraelischen Widerstand.

Nach dem israelischen Truppenaufmarsch von 1982 und dem verlustreichen Libanonkrieg hielt sich Syrien zunächst zurück. Israel hatte es nach jener Militärintervention geschafft, die PLO-Präsenz im Libanon zu beenden. 1982 war das schwierigste Jahr der PLO. Im israelischen Bewußtsein hat der Libanonkrieg[25] mit 650 gefallenen israelischen Soldaten ein ähnliches Trauma hinterlassen wie der Vietnamkrieg bei den Amerikanern. Nach dem Abzug der PLO nahmen die Schiiten allmählich den Platz der Palästinenser im Südlibanon ein und haben seitdem eine neue Bedrohung für Israel geschaffen. Nach dem Ende des Libanonkrieges

1982 trat der Iran auf die dortige Bühne. Mit seinem Stellvertreter Hizbullah beanspruchte er, eine Schutzmacht des Libanon zu sein. Syrien blieb jedoch seit seinem Einmarsch 1976 und seit der regionalen Stabilisierung seiner Präsenz im Libanon 1990 die reale Schutzmacht.[26]

Und dazu noch der Iran!

Für den Nahostfrieden ist die Verbindung Syrien-Iran ein großes Problem.[27] Jeder sprachkundige Beobachter der arabischen Politik, der die arabische Presse lesen kann, ist mit der oft unverblümt geäußerten Kritik an dem von Syrien geduldeten Eindringen des nichtarabischen und zugleich schiitischen Iran in den arabisch-israelischen Konflikt vertraut.

Die arabischen Außenminister tagten parallel zu den Kämpfen im Südlibanon während der letzten Julitage 1993 in dem in einem Damaszener Vorort gelegenen Hotel Ibla al-Scham, in dem ausgerechnet auch der iranische Außenminister Ali Akbar Welayati weilte; kein arabischer Außenminister hatte einen so unbegrenzten Zugang zum syrischen Präsidenten Assad wie der Nichtaraber und Iraner Welayati. Dies wurde ebenso mit Unbehagen aufgenommen, wie die Tatsache, daß der Iran die Katjuscha-Raketen an die Gotteskämpfer der Hizbullah über Syrien lieferte. Nach der gegenseitigen Anerkennung Israels und der PLO stellte sich die Frage, ob dieser Frieden auch für die israelische Grenze an der Sicherheitszone im Südlibanon galt. Auch nach dem Juli-Kurzkrieg von 1993 hatte die Hizbullah ihre militärischen Aktivitäten fortgesetzt. Drei Jahre später, im April 1996, folgte der zweite Katjuschakrieg, der erneut ein israelischer Mißerfolg war und u.a. die israelische Labour-Regierung die Wahlen vom Mai 1996 kostete.

Militärisch sind die Katjuscha-Raketen der Hizbullah zwar keine wirkliche Bedrohung – kurz, diese Katjuscha-Partei ist militärisch wenig schlagkräftig. Dennoch sollte nicht unterschätzt werden, wie sehr diese Partei nicht nur die südlibanesischen Schiiten mobilisieren kann, sondern auch dem Iran einen Zugang zur arabischen Politik ermöglicht. Angesichts der bereits angesprochenen veränderten post-bipolaren Kriegsbedingungen muß Israel verstehen, daß es weder die Hizbullah noch Hamas militärisch besiegen kann. Nur eine Regelung mit Syrien und ein Heraushalten des Iran aus dem Konflikt können Positives erwarten lassen. Hierzu sind Vorleistungen erforderlich, zu denen die gegenwärtige Netanyahu-Regierung scheinbar weder gewillt, noch in der Lage ist. So kann es keinen Frieden geben.

Die zunehmende Bedeutung des Iran im Nahostkonflikt potenziert sich seit dem Ende des Ost-West-Konflikts, parallel zum Aufstieg des islamischen Fundamentalismus. Dadurch wird die Bewältigung des Konflikts erschwert. Die Rolle des Iran, der früher keine Konfliktpartei im arabisch-israelischen Konflikt war, gehört zu den neuen Entwicklungen, bei denen der Rückgang der institutionalisierten Gewalt (regulärer Krieg) zugunsten einer Gewalt des Irregulären auffällt. Der Iran kämpft nicht mit einer Armee; seine Waffe ist, wie der britische Militärexperte Edgar O'Ballance in einer Untersuchung gezeigt hat, der Terrorismus.

Trotz dieser Ausführungen über die Rolle des Iran bleibt die Tatsache bestehen, daß der Kernkonflikt ein solcher zwischen Juden und Palästinensern ist, das heißt zwischen zwei Völkern, die dasselbe Land (vgl. Anm. 9) – die Juden als Erez Israel und die Palästinenser als islamisches Palästina / Filastin Islamiyya – für sich beanspruchen. Dieser Konflikt wird nicht zwischen Staaten ausgetragen, und der Iran ist hierin ein Fremdkörper. Mit anderen Worten: Die Lösung des Nahostkonflikts ist nicht nur eine zwischenstaatliche Angelegenheit. Ohne eine Beilegung des Streites der beiden Völker über das ihnen in gleicher Weise heilige Land können eine arabische Anerkennung Israels und die Herausnahme des Iran allein wenig zum Frieden in jener Region beitragen. Aus diesem Grund ist es für die Lösung des Konflikts höchst bedeutsam, daß der Durchbruch mit einer israelisch-palästinensischen Annäherung und nicht vorrangig mit einer syrisch-israelischen Vereinbarung über die Golanhöhen zustande gekommen ist. Zwar gibt es ohne Syrien und seinen Bündnispartner Iran keinen Frieden im Nahen Osten, aber auf der arabischen Seite sind die Palästinenser die Hauptbetroffenen in diesem Konflikt.

Kurzum: es geht hier nicht um ein »entweder – oder«, sondern nur darum, Prioritäten zu setzen. Zu diesen Prioritäten gehört auch die Reduktion von Komplexität. Der Iran war bis zu den Katjuschakriegen von 1993 und 1996 keine Konfliktpartei; er sollte herausgehalten werden, um die Bewältigung des Konflikts unter den direkt betroffenen Streitparteien zu erleichtern, denn nur diese sind wirklich an einer Konfliktlösung interessiert. Der Iran will nur im trüben fischen, um seinen regionalen Einfluß zu erweitern. Die Intervention auswärtiger Mächte kann sich positiv oder negativ auswirken. Auswärtige Mächte können positiv als Vermittler intervenieren oder negativ – wie im Fall des Iran – als Störfaktoren wirken.

Veränderte Bedingungen, aber lastendes Erbe

Der Wegfall der Komponente des Ost-West-Konflikts mag die auswärtige Instrumentalisierung des Nahen Ostens für den einstigen Wettbewerb zwischen den beiden damaligen Supermächten Sowjetunion und USA aufgehoben haben.[28] Durch diese veränderten Bedingungen sind jedoch noch keine Voraussetzungen für den Frieden geschaffen. Die lokalen Akteure müssen sich auf eine Lösung einigen: Nur Juden und Palästinenser können in diesem konkreten Fall eine Regelung vereinbaren. Hierfür haben sie mit ihrem Durchbruch in Oslo nur den Grundstein gelegt. Die Gefährdung des wackligen Kompromisses von Oslo kann Entwicklungen heraufbeschwören, die nicht mehr in den Griff zu bekommen sein werden.

Das lastende Erbe des Palästina-Konflikts hängt historisch mit der jüdischen Einwanderung und der hiermit verbundenen, von Dan Diner beschriebenen, »zionistischen Landnahme«[29] sowie der anschließenden Teilung des Landes zwischen Juden und Palästinensern im Jahre 1937 zusammen. Im Ergebnis sind neue historische Realitäten entstanden, die politisch hätten bewältigt werden müssen. Das Gegenteil ist aber geschehen. Es kam zu einer arabischen Ablehnung der Teilung Palästinas[30] und dann zum ersten arabisch-israelischen Krieg von 1948.

In den darauf folgenden dreißig Jahren bis zum Sechstagekrieg 1967 trieb die Entwicklung auf einen dramatischen Höhepunkt zu. Mit seinem Sieg in diesem Krieg hat der 1948 gegründete israelische Staat den gesamten, für die Palästinenser übriggebliebenen Teil Palästinas, einschließlich des Ostteils Jerusalems, unter seine militärische Kontrolle gebracht. Israel hat seitdem nicht nur mehr Territorium, sondern auch eine zahlenmäßig rapide wachsende palästinensische Bevölkerung (ca. 2 Mio.) zu kontrollieren. Nach der großen Einwanderungswelle aus den Staaten der ehemaligen Sowjetunion nach Israel stehen heute geschätzten vier Millionen Bürgern des Staates Israel – einschließlich jener nach 1948 gebliebenen Palästinenser, die die israelische Staatsangehörigkeit besitzen – etwa zwei Millionen rechtlose Palästinenser gegenüber, deren Zahl ständig zunimmt.

Mit dem Aufstand der Palästinenser in den besetzten Gebieten, der Intifada[31], ist im Dezember 1987 deutlich geworden, daß maximalistische Lösungen, wie sie beide Seiten bisher gefordert haben, faktisch nicht durchführbar sind. Die erst durch den Brief von Arafat an Rabin vom 9. September 1993 revidierte Nationalcharta der PLO nannte das gesamte Staatsgebiet Israels »Palästina«; die Likud-Regierungen unter Begin und Schamir gingen davon aus, daß auch die von Palästinensern bewohnte Westbank ein Teil von Erez Israel sei und Judäa und Samaria heiße.

In der Grundsatzvereinbarung von Oslo wie in dem Briefwechsel zwischen Arafat und Rabin erfolgte ein radikaler Wandel; der historische jüdisch-palästinensische Kompromiß lautet: Israel / Palästina ist ein Gebiet, das zwei Völkern gehört, die gewillt sind, das Land friedlich unter sich zu teilen. Die Kurzformel heißt »Land für Frieden«. Damit ist die eingangs genannte Voraussetzung der »gegenseitigen Anerkennung« erfüllt. Nur auf dieser Basis ist ein Frieden denkbar. Für die Fundamentalisten und die Radikal-Nationalisten ist Arafat mit diesem Verzicht auf ganz Palästina zum »Khain« / »Verräter« geworden, der den Tod verdient.

Die Alternative zu Arafat heißt »al-Hall al-Islami lil-qadiyya al-filastiniyya« / »Die islamische Lösung für Palästina«.[32] Die angeführten Maximalforderungen vom »Islamischen Palästina« und »Erez Israel« haben bisher nur die Fortsetzung des Krieges bewirkt und würden dies auch in Zukunft tun. Gegenüber diesen beiden Fanatismen gibt es das Idealmodell eines gleichermaßen Palästinenser und Juden umfassenden säkularen und nichtethnischen Staates. Angesichts der demographischen Daten stehen jedoch selbst die liberalsten Israelis einer solchen Lösung skeptisch gegenüber. Eher scheint eine territoriale Teilung des Heiligen Landes in zwei Staaten für das Friedenslager von Juden und Palästinenser eine realisierbare Lösung zu sein.

Angesichts der gegenwärtigen extrem hohen Geburtenrate der Palästinenser und unter Berücksichtigung der massiven Einwanderung russischer Juden seit 1989 prognostizieren Demographen für das Jahr 2010 eine palästinensische Bevölkerung, die zahlenmäßig ebenso stark sein wird wie die jüdische; nach dem angegebenen Zeitpunkt wird der Anteil der Muslime den der Juden in Israel sogar übersteigen. Schon diese Perspektive dürfte die israelische Bevölkerung zum Umdenken veranlaßt haben: Eine baldige, auf eine territoriale Trennung hinauslaufende Lösung für das Palästinenserproblem erscheint schon deshalb unumgänglich, weil – wie angedeutet – mit der Dauer der Besatzung die Zahl der Palästinenser gegenüber der der Israelis ständig wächst.

Ohne die in Oslo eingeleitete territoriale Trennung wäre Israel in absehbarer Zukunft demographisch vergleichbar mit dem Südafrika der Apartheidzeit. Die israelische Bevölkerung entschied sich in der Wahl von 1992 für den Frieden, 1996 aber – wenn auch nur mit geringer Mehrheit – für eine militärische Sicherheitspolitik. Weitere terroristische Aktionen der Hamas-Fundamentalisten werden die Antwort sein, wenn die Likud-Regierung an ihrem Wahlversprechen festhält.

Die Gründung eines palästinensischen Staates in den besetzten Gebieten scheint die am ehesten geeignete Lösung gegen Krieg und Gewalt zu sein. Das war auch die Implikation des Friedensschlusses im Rahmen der Gaza-Jericho-Regelung. Von Autonomie sprach man nur als Übergangsstadium. Es ist jedoch falsch, in einem palästinensischen Staat eine Zauberlösung für alle Probleme zu sehen. Denn es wird weiterhin israelische Juden (Gush Emunim und andere jüdische Fundamentalisten) und Palästinenser (Hamas-Fundamentalisten und andere Islamisten) geben, die diese Lösung ablehnen, ja noch nicht einmal die Prinzipienerklärung akzeptieren, das heißt, nach wie vor für die eingangs zitierten Maximallösungen (islamisches Filastin oder jüdisches Erez Israel) eintreten werden. Nur die moderaten Kräfte auf beiden Seiten können dem entgegentreten.

Die religiöse Färbung: noch einmal Jerusalem
Angesichts der in Deutschland häufig gezogenen falschen Vergleiche zwischen den zwei ehemals geteilten Städten Berlin und Jerusalem (vgl. Kap. 10) möchte ich in diesem für deutsche Leser geschriebenen Buch erneut die bereits in Kapitel 2 erläuterte Jeru-

salem-Frage aufnehmen. Schließlich ist der Friedensprozeß aus arabischer Perspektive wegen der Vereinnahmung des arabischen Ostjerusalems als vorläufig beendet zu betrachten. In Oslo schwieg man über Jerusalem, nur um nicht den ersten Schritt in Richtung Frieden zu gefährden. Bei der religiösen Deutung des Konflikts stellt Jerusalem[33] immer das größte Problem dar. Die amerikanische Expertin Deborah J. Gerner schreibt zu Recht:

»... Der Status von Jerusalem ist die schwierigste Einzelfrage, deren Lösung erhebliche Kreativität und Flexibilität auf beiden Seiten erfordert ... Der Status von Jerusalem wird nicht so schnell oder gar leicht bestimmt werden können.«[34]

Das Problem Jerusalem ist nicht einfach mit der Formel »Ein Land, zwei Völker« zu erfassen. Es ist weit komplizierter, da alle drei monotheistischen Weltreligionen – Judentum, Christentum und Islam – dort ihre heiligen Stätten und entsprechend legitime Ansprüche haben. Wäre dem nicht so, hätte man sich, wie Gerner sagt, auf die Formel: Westjerusalem als Hauptstadt Israels und Ostjerusalem als Hauptstadt Palästinas einigen können. Kurzum: Es wird sich kaum eine andere Lösung finden lassen, als etwa die Internationalisierung Jerusalems. Diese ist aber für Israel, das auf der Judaisierung der Stadt besteht, nicht akzeptabel. Ist also doch keine Lösung in Sicht?

Die Tempelberg-Tragödie vom 8. Oktober 1990 illustriert deutlich, welche Schlüsselrolle Jerusalem zukommt. Damals kam es im Vorfeld des Golfkriegs zu gewaltsamen Auseinandersetzungen, bei denen die israelische Polizei – und auch jüdische Fundamentalisten – auf Muslime schossen und zahlreiche von ihnen töteten. Dies hatte damals zu einer gesamtislamischen Empörung geführt.[35] Es geht um ein Gelände, das die Juden Tempelberg (Salomos Tempel) und wir Muslime al-Haram al-Scharif (Felsendom und al-Aqsa-Moschee) nennen.

Durch den Tod Dutzender Palästinenser an jenem 8. Oktober 1990 brachten die Israelis die arabische Bevölkerung ungewollt auf die Seite Saddam Husseins. Am al-Haram al-Scharif nahm die Intifada, die im Dezember 1987 begann, ihren radikalen Fortgang. Erst durch die Zusicherungen im Briefwechsel zwischen Arafat und Rabin vom 9. September 1993 wurde die Intifada formell beendet. Ob sie erneut ausbrechen wird, hängt wohl von Israels

Politik ab! Die Umbenennung des Djabal Abu Ghunaim im arabischen Ostjerusalem in Har Homa durch Netanyahu im Februar 1997 kann zu einer zweiten Intifada führen. Ich werde dieses Gefahrenpotential im abschließenden zehnten Kapitel näher erläutern.

Jerusalem ist ein Symbol für die Vermengung politischer Konflikte mit religiösen Inhalten im Pulverfaß Naher Osten. Realistische Verhandlungen über das Heilige Land erfordern, daß beide Völker Kompromisse bei ihren Ansprüchen eingehen, um das gefährliche Potential im Nahostkonflikt zu entschärfen. Dennoch kommt es immer wieder zu einer verheerenden Mischung religiöser und politischer Inhalte, wie sie in diesem Ausmaß in keinem anderen lokal-regionalen Konflikt der Welt festzustellen ist. Der Nahe Osten als Kerngebiet der Welt des Islam ist das Paradebeispiel für die Vermischung von Religion und Politik. Wenn Religion nicht von der Politik abgekoppelt werden kann, dann müssen Realisten zumindest für eine tolerante und offene Deutung der Religion eintreten.

Dritter Teil

Zwischen der Sehnsucht jüdischer und islamischer Fundamentalisten nach einer Gottesordnung und der Suche nach einem friedlichen »neuen Nahen Osten«

»Allzusehr hat sich der Westen... mit dem Phänomen eines gewalttätigen... islamischen Fundamentalismus beschäftigt und dabei vergessen, daß auch der jüdische Fundamentalismus immer einflußreicher geworden ist... Eiferer auf beiden Seiten behindern heute den Fortgang einer friedlichen Regelung dieses Jahrhundertkonflikts.«

Wolfgang G. Lerch, Unheilig heilig, in: *Frankfurter Allgemeine Zeitung* vom 10. Januar 1997.

»Die festungsähnlichen Siedlungen in Kiryat Arba (Hebron)... werden von Rabbiner Mosche Levinger, dem Vater der Siedlungsbewegung, angeführt. Levinger ist der Ayatollah Khomeini von Israel, ein schwarzbärtiger Zelot, der gewillt ist, sein Leben für die Rechte der Juden bei der Neubildung der alten Zivilisation in den besetzten Gebieten der Westbank und Gaza zu opfern... Für den Rabbiner Levinger war Gott und nicht etwa Herzl der erste Zionist... Es gibt keinen Ort in den besetzten Gebieten, wo der jüdische Fundamentalismus so kompromißfeindlich ist, wie in Kiryat Arba.«

Der jüdische New Yorker Publizist Robert I. Friedman in seinem Buch »Zealots for Zion«, New York 1992, S. 3-5.

Einführung

Sind die Fundamentalisten die schwierigste Hürde auf dem Wege des Friedensprozesses? In der Einleitung zu diesem Buch und in den vorausgegangenen Kapiteln habe ich ausführlich gezeigt, daß die Hindernisse auf dem Weg des Friedensprozesses vielfältig sind und sich nicht monokausal begründen, das heißt sich nicht auf einen einzigen Faktor zurückführen lassen. Es gibt gleichermaßen zahlreiche strukturelle Probleme in der Region, vor allem in den Bereichen des wirtschaftlichen Elends, des Rüstungswettbewerbs und der nuklearen Proliferation. Nicht minder wichtig sind jedoch die schwer zu bewältigenden religiös gefärbten Zivilisationskonflikte, die die Form einander bekämpfender Fundamentalismen annehmen. Ganz gewiß sollte man die Bedeutung des Fundamentalismus nicht überschätzen. Dumm und ein Zeichen von Ignoranz ist es aber, wenn bestimmte deutsche, aber auch andere europäische Autoren, die sich Wissenschaftler nennen, behaupten, der Fundamentalismus sei ein »Medienprodukt«, das es in Wirklichkeit nicht gebe. Noch schlimmer als diese Behauptung bestimmter Theologen sind jedoch die »Friedensforscher«, die dazu aufrufen, »Schluß mit der Fundamentalismusdebatte« zu machen.

Ohne den Fundamentalismus mit einer Krankheit gleichzusetzen, möchte ich die gesinnungsethische Anfeindung der Experten, die sich mit diesem Gegenstand befassen, mit Hilfe eines Vergleichs zurückweisen. In gleicher Weise könnte man einem medizinischen Forscher vorwerfen, ein Heilmittel zum Beispiel gegen Krebs zu suchen. Vergleichbar mit einem solchen Forschungsprojekt haben sich an der American Academy of Arts and Sciences mehr als hundert Wissenschaftler aus allen Disziplinen, Regionen und Religionen der Welt unter der Leitung der beiden Religionswissenschaftler und Theologen Martin Marty und Scott Appleby zusammengetan und jahrelang an dem fünfbändigen Werk »The Fundamentalism Project« gearbeitet. Der angesehene Verlag Chicago University Press hat diese fünf Bände in den Jahren 1990–1995 veröffentlicht, sie enthalten empirische Studien über Fundamentalismen in aller Welt. In der Regel nennt man Menschen, die nicht lesen können »Analphabeten«. Gehören manche Theologen oder Professoren dazu, die als Kritiker des Fundamentalismuskonzepts auftreten, ohne diese Forschungsarbeit zu kennen, oder gar die Bände des Projekts (vgl. Anm. 41 zur Einl. und Anm. 1 zu Kap. 7) kritisieren, ohne sie gelesen zu haben? Das Fundamentalismus-Forschungsprojekt, dessen Mitglied ich war, läßt sich durchaus mit einem medizinischen Projekt zur Erforschung von Krebs vergleichen. Zunächst geht es darum, die Krankheit zu beobachten, um sie so verstehen zu lernen. Deswegen hieß der erste Band »Fundamentalisms Observed«. Es folgten die Bände »Fundamentalisms and Society«, »Fundamentalisms and the State«, »Accounting for Fundamentalisms« und schließlich Band Fünf »Fundamentalisms Comprehended« (zu diesem Projekt mein *FAZ*-Bericht vom 28. Februar 1996: Die Welt durch Militanz erneuern). Noch während unserer Arbeit berichtete uns Professor Marty besorgt, daß man unserem Forschungsteam den Vorwurf mache, wir seien zu sehr auf den islamischen und jüdischen Fundamentalismus fixiert. Das Projekt hat aber den Anspruch, alle Fundamentalismen zu beobachten, die in allen Weltreligionen vorkommen. Die daraus hervorgegangenen Publikationen belegen, daß dieser Anspruch eingelöst worden ist. Weil aber der Fundamentalismus eben auf einer Politisierung der Religion basiert, und auch weil der Fundamentalist mehr ein politischer Mensch – homo politicus – als ein religiöser Mensch – homo religiosus – ist, sind die Fundamentalisten dort am intensivsten am Werk, wo sich Konflikte entzünden und eine religiöse Färbung annehmen.

Generell gilt der Nahostkonflikt zu Recht als der »Jahrhundertkonflikt«. Entsprechend nimmt auch der Fundamentalismus in jener Region seine virulenteste Form an. Ein Theologe, Religionswissenschaftler oder »Friedensforscher«, der behauptet, dies sei ein »Medienprodukt«, qualifiziert sich selbst ab, weil er durch diese Behauptung unter Beweis stellt, daß er die Fakten nicht kennt. Im deutschen Elfenbeinturm der Universitäten ist diese Erscheinung leider keine Seltenheit: Über Dinge »theoretisch« zu sprechen, über die man kein emprisches Wissen hat.

Das Problem mit den Fundamentalisten ist, daß diese den politischen Anspruch stellen, eine alternative Ordnung, also eine »Gottesordnung« zu errichten. In der Realität gibt es eine solche Ordnung aber nicht, und es kann sie auch nicht geben. Im Endergebnis tragen Fundamentalisten durch ihre destabilisierenden Aktivitäten, durch ihren Willen, »die Welt durch Militanz zu erneuern«, nur dazu bei, bestehende Ordnungen zu erschüttern und im Resultat Unordnung, statt eine neue Ordnung, zu schaffen. Dies trifft auf islamische Fundamentalisten ebenso zu wie auf ihre jüdischen Gegner, die Gott mit Herzl verwechseln. Islamisten verfahren nicht anders, wenn sie für ihre menschlichen Taten einen göttlichen Charakter beanspruchen. Dennoch ist das Fundamentalismus-Phänomen vielfältig, weshalb wir im Fundamentalismus-Projekt stets im Plural, von Fundamentalismen sprechen.

In dem angesprochenen Sinne der Unordnung schaffenden »Zeloten der Gottesordnung« sind die Fundamentalismen jüdischer und islamischer Spielart eine Gefahr für den Frieden, wie im siebten Kapitel näher gezeigt wird.

Im Gegenteil zu den Unordnung schaffenden Taten der Fundamentalisten stehen die rationalen Bemühungen, eine neue Ordnung für den neuen Nahen Osten zu finden. Hierbei stellt sich die Frage, ob Europa einen Beitrag zum Nahostfrieden leisten kann. Europa kann in vielfacher Weise von einem friedlichen und somit prosperierenden Nahen Osten profitieren. Der Versuch, diese Einsicht in die Realität umzusetzen, hat positiv und vielversprechend begonnen mit den euro-mediterranen Wirtschaftsgipfeln in Casablanca (1994) und Amman (1995) und anschließend mit einem Mittelmeergipfel in Barcelona (1995). Der Grund für den Barcelona-Gipfel war die Überzeugung, daß eine friedliche Nahostordnung Bestandteil einer ebensosehr benötigten friedlichen Mittelmeerordnung sein solle. In diesen Rahmen gehören die Zusagen der westlich dominierten internationalen Gemeinschaft und vor allem der Europäischen Union, Milliarden von Dollar an Wirtschaftshilfe zum Aufbau der Region bereitzustellen.

Dann kam die Wahl Netanyahus, der das Projekt einer euro-mediterranen Ordnung in einen Scherbenhaufen zu verwandeln droht. Der Leitartikler der *New York Times*, Anthony Lewis, nannte dies »The end of a charade« (*New York Times* vom 11. Oktober 1996). Diese Probleme werde ich in Kapitel 8 näher erörtern, wo ich diskutieren werde, was nach der scheinbaren Zerstörung des Friedensprozesses aus der Verheißung einer euro-mediterranen Ordnung geworden ist.

Gotteskämpfer gegen den Frieden – Wer sind die jüdischen und islamischen Fundamentalisten?

Der Fundamentalismus ist ein globales zeitgenössisches Phänomen – kein Medienprodukt

»Fundamentalismus« ist generell zu einem Schlagwort der sensationsheischenden Medien, ja manchmal zu einem Schimpfwort geworden. So werden Betonköpfe der Grünen als »Fundis« abgestempelt, um die Vernünftigen in dieser neuen öko-religiösen Bewegung als »Realos« hervorzuheben. Gutmeinende Islamkundler, die die Religion des Islam von einem solchen Schubladendenken befreien wollen, ziehen es vor, politische Strömungen, die instrumentell auf den Islam zurückgreifen, als »Islamismus« zu bezeichnen. Alle Ehren für den guten Willen, der allerdings Unkenntnis und auch europäischen Orientalismus verbirgt. Mit Orientalismus meine ich – wie der Palästinenser Edward Said – eine spezifisch europäische Sicht des Orients.

Das Phänomen des »Islamismus« als Ausdruck für die ideologische Mischung von Religion und Politik ist den zitierten europäischen Islamkundlern zum Trotz keine spezifisch islamische Erscheinung. Daher haben interdisziplinäre, kultur- und religionsübergreifend arbeitende Wissenschaftler des Projekts der American Academy of Arts and Sciences den Begriff des »Fundamentalismus« wissenschaftlich begründet. Hierbei geht es darum, die Instrumentalisierung der Religion für politische Zwecke zu beschreiben. In den veröffentlichten Arbeiten werden alle Spielarten des Fundamentalismus untersucht und miteinander verglichen, um dann bei gleichzeitiger Anerkennung der Vielfalt des Phänomens zu allgemeinen Aussagen zu gelangen.[1] Hierbei wurde deutlich, daß es sich um eine globale Erscheinung handelt.

Auf unseren Gegenstand bezogen gilt die Politisierung der Religion im Nahen Osten gleichermaßen für Muslime und Juden. Der Ausdruck des Mißbrauchs der Religion auf beiden Seiten ist der islamisch-palästinensische Fundamentalismus von Hamas (Eifer) und Djihad Islami (Islamischer Djihad)[2] sowie der jüdische Fundamentalismus der Siedler[3]. Wie aus dem zitierten Motto von Wolfgang G. Lerch (vgl. S. 189) hervorgeht, nimmt man im Westen bei der Berichterstattung über den Nahostkonflikt aber vor allem die islamische Variante des Phänomens wahr und übersieht die jüdische, obwohl beide gleichermaßen hinderlich für den Frieden sind. Gutmeinende, aber wohl schlecht informierte deutsche Elfenbeintürmler, über die ich mich in der Einführung geäußert habe, ziehen aus dieser Einseitigkeit die falsche Schlußfolgerung, der Fundamentalismus sei ein »Medienprodukt«.

Was macht die Fundamentalisten stark?

Die Fundamentalisten beziehen ihre Stärke nicht so sehr aus einem freischwebenden, von sozialen Rahmenbedingungen unabhängigen, religiösen Fanatismus, als vielmehr aus dem wirtschaftlichen Elend der Bevölkerung, die sie mobilisieren wollen. Hinzu kommt, daß in Zeiten einer Sinnkrise der Fundamentalismus als Verheißung einer Sinnstiftung erscheint. Weil Fundamentalisten glauben, das Wahrheitsmonopol zu besitzen, sind sie weder dialog- noch kompromißfähig. Meine Leser wissen bereits: Sowohl jüdische als auch islamische Fundamentalisten lehnen Kompromisse als Voraussetzung für eine Friedensregelung des Nahostkonflikts ab; sie ziehen es vor, maximalistische und exklusive Forderungen zu stellen, die die andere, ebenso absolutistisch denkende Konfliktpartei nicht annehmen kann. Im Nahen Osten werden diese Einstellungen dadurch gewaltförmig, daß sie mit der Waffe ausgetragen werden. Ein Beispiel hierfür ist der Anspruch der Hamas-Fundamentalisten – laut ihrer Charta vom 18. August 1988 –, das gesamte Territorium von Palästina, einschließlich des israelischen Staatsgebietes, sei als ein unveräußerliches »Waqf« / »islamisches Eigentum« zu betrachten. Für Hamas handelt es sich um das »Filastin Islamiyya« / »Islamische Palästina« (vgl. Anm. 18). Umgekehrt betrachten jüdische Fundamentalisten dasselbe Gebiet als ihr unteilbares Erez Israel.

Der Kern der jüdischen Fundamentalisten sind die maximalistisch denkenden, ca. 150000 Siedler in den besetzten Gebieten (in ca. 150 Siedlungen). Die schon angeführte Ideologie des Erez Israel bezieht sich darauf, daß es sich bei den besetzten Gebieten um die biblischen Gebiete von Judäa und Samaria handelt, die von den Siedlern teilweise besiedelt worden sind und vollständig für sich beansprucht werden: Nach diesem Geist wird es keine zwei Staaten für zwei Völker als eine friedliche Lösung des Konflikts geben.

Bis zum brutalen Anschlag muslimisch-palästinensischer Fundamentalisten vom Januar 1995 verfolgte die damalige Rabin-Regierung ein geheimgehaltenes, Milliarden Dollar teures Projekt, mit dem jüdische Siedler in das Kerngebiet Israels gelockt werden sollten. Damit hofften Rabin und Peres, sich des Problems des jüdischen Fundamentalismus und seiner Ideologie von Erez Israel friedlich – durch wirtschaftliche Anreize – zu entledigen.

Nach den serienweise erfolgten Terroranschlägen beugte sich Rabin jedoch dem Druck, Zugeständnisse – zumindest in Jerusalem – an die Siedler zu machen und genehmigte die Beschlagnahmung arabischen Bodens. Dieses Nachgeben war folgenreich, obwohl Rabin sich nur wenig später, im Mai 1995, dafür entschied, die Beschlagnahmung zurückzustellen.

Auf palästinensischer Seite ist der Umgang der Autonomiebehörde mit den beiden weit verbreiteten fundamentalistischen Bewegungen Hamas und Djihad Islami nicht einfach. Beide verfügen über eine, leider stets zunehmende, Rückendeckung in der Bevölkerung sowie über eine massive Auslandsfinanzierung aus den Islam-Ghettos in Europa (insbesondere England) und in den USA. Die Hamas ist deshalb so populär, weil der Frieden durch die israelische, leider auch schon unter Rabin und Peres praktizierte Obstruktionspolitik blockiert wird. Besonders seit dem Massaker in Hebron (Februar 1994), bei dem ca. 50 Muslime von einem jüdischen Fundamentalisten beim Gebet erschossen wurden, haben islamische Militante verstärkt Zulauf erhalten.

Weit mehr als scheinbar tagespolitische Ereignisse wie jenes Hebron-Massaker trägt das wirtschaftliche Elend in den besetzten und in den autonomen Gebieten zur Stärkung des islamischen Fundamentalismus bei. Besonders auf die Kreise der arbeitslosen und gleichermaßen hoffnungs- und perspektivlosen palästinensischen Jugend – vor allem in Gaza (56 Prozent der Bevölkerung ist dort laut der Autonomiebehörde unter 16 Jahre alt) – üben die Fundamentalisten große Anziehungskraft aus. Die anhaltende Aussperrung der palästinensischen Arbeiter seit den Terroranschlägen von Februar / März 1996, an denen nachweislich kein einziger dieser Arbeiter beteiligt war (vgl. Einl.), bildet den Höhepunkt des Elends, weil die palästinensischen Haushalte dadurch insgesamt täglich fünf bis sechs Mio. US-Dollar an Einkommen einbüßen.

Hamas verspricht eine Alternative zu diesem Elend und vermag auf diese Weise sogar Selbstmord-Aktivisten zu gewinnen. Die Bewegung verwendet die Moscheen in den besetzten Gebieten als logistische Basis für die Rekrutierung ihrer Partisanen, vor allem der jugendlichen todeswilligen Killer der Qassam-Brigaden. Als Arafat Anfang November 1994 in seiner Eigenschaft als Souverän des autonomen Gaza als Imam in der dortigen Omari-Moschee auftreten wollte, wurde er angegriffen und buchstäblich aus der Moschee verjagt. Wer sich mit dem Islam beschäftigt hat, weiß, daß die größte Demütigung, die einem islamischen Politiker widerfahren kann, darin besteht, ihn als Imam[4] abzuweisen. Die Autorität eines islamischen Politikers besteht gerade in seiner Akzeptanz als Imam. Für Arafat ist es daher überlebensnotwendig, sich gegenüber den Hamas-Fundamentalisten als islamische Autorität zu profilieren und auch durchzusetzen. Er kann diese Legitimität jedoch nur durch politische Leistungen erlangen, woran Netanyahu ihn mit allen Mitteln hindert – und somit ungewollt die Fundamentalisten stärkt.

Es ist wichtig hervorzuheben, daß nicht alle Hamas-Fundamentalisten überzeugte religiöse Fanatiker sind. Nicht nur die wirtschaftlichen Probleme in den besetzten Gebieten treiben viele arbeitslose Jugendliche in das Lager der Fundamentalisten, auch Trotzreaktionen auf die demütigende Repressionspolitik der israelischen Besatzungsmacht spielen eine große Rolle.

In den besetzten Gebieten könnte eine Verbesserung der Lebensbedingungen der Palästinenser als bestes Instrument gegen den Fundamentalismus wirken. Nur dann besteht Hoffnung, daß der Zustrom zu Hamas nachläßt. Die internationale Gemeinschaft hat nach der Oslo-Deklaration zugesagt, ca. 2,3 Milliarden US-Dollar für den Aufbau der besetzten Gebiete und damit auch für den gesamten Friedensprozeß zur Verfügung zu stellen. Aber angesichts des Fehlens von lokalen Finanzinstitutionen und einer wirtschaftlichen Infrastruktur ist bisher wenig geschehen. Sehr erschwerend wirkt hierbei die Blockadepolitik Netanyahus, weil sie alle internationalen Investoren vertreibt. Das Elend bleibt so weiterhin Hauptmerkmal von Gaza und der Westbank und bildet den Nährboden, auf dem der Fundamentalismus gedeiht.

Unter Fundamentalismus wird hier die Politisierung der Religion und ihr Einsatz als Legitimität für politische Handlungen verstanden. Der Terrorismus ist nur eine Randerscheinung des Fundamentalismus. Dennoch steht leider der Terrorismus der palästinensisch-islamischen Fundamentalisten so sehr im Vordergrund, daß er den Wahlsieg Netanyahus gefördert hat. Netanyahus Politik wiederum trägt dazu bei, das Erreichte zu unterminieren und einer Fortsetzung der Friedenspolitik Steine in den Weg zu legen. Dies kann ich nur als einen – wenngleich nicht beabsichtigten Beitrag – interpretieren, den Fundamentalismus zu stärken.

An zwei entgegengesetzten Beispielen möchte ich die Wirkung politischer Entscheidungen auf die Stärkung bzw. Schwächung der Fundamentalisten veranschaulichen: Als sich Netanyahu unter amerikanischem Druck Mitte Januar 1997 zum Hebron-Kompromiß bewegen und einen Großteil der israelischen Truppen aus jener Stadt abziehen ließ, zog er dadurch den Zorn der jüdischen fundamentalistischen Siedler auf sich. Auf der anderen, der palästinensischen Seite war die Wirkung entgegengesetzt: der Abzug der israelischen Truppen wurde als ein Sieg für Arafat gefeiert; er hat seine Legitimität bei der palästinensischen Bevölkerung gestärkt und im Gegenzug den Fundamentalismus geschwächt. Hamas-Politiker waren unter dem Druck dieser Ereignisse sogar bereit, über eine Zusammenarbeit mit der Autonomiebehörde Arafats zu verhandeln. Einige Wochen später, im Februar, änderte Netanyahu seinen Kurs wieder, als er den Bau von 6500 Wohneinheiten für jüdische Siedler auf dem arabischen Berg Abu Ghunaim im palästinensischen Ostteil von Jerusalem und die Umbenennung des Berges in Har Homa genehmigte. Diesmal wurde ihm von Seiten der jüdischen Siedler zugejubelt, während sich Arafats Position gegenüber den Hamas-Fundamentalisten wieder verschlechtert hat. Dieses Spiel kann nicht ohne Schaden für den Friedensprozeß fortgesetzt werden.

Die Terroraktionen islamischer Fundamentalisten sind nicht die Ursache für die Schwierigkeiten auf dem Wege zum Frieden, sondern Ausdruck der bestehenden Engpässe. Nur durch wirtschaftliche und politische Erfolge der autonomen PLO-Regierung ist die palästinensische Bevölkerung davon zu überzeugen, daß Frieden besser ist als Gewalt. Zu den dringend benötigten politischen Erfolgen gehört die Lösung religiös gefärbter Probleme (Siedlungen, Jerusalem). Gelingt es Arafat nicht, dadurch Legitimität zu gewinnen, daß er einen tragfähigen Staat in den besetzten Gebieten aufbaut, und bekommt er hierfür nicht die benötigte Hilfe von Israel, den arabischen Staaten und dem Westen, dann wird in absehbarer Zeit in Gaza die Straße ganz den Hamas-Fundamentalisten gehören. Gewiß, auch diese können keine Patentlösung bieten, aber sie können den bisher erreichten Frieden endgültig zu Grabe tragen und die Region des Nahen Osten politisch destabilisieren. Anstelle der angestrebten nahöstlichen Friedensordnung hätten wir eine zunehmende regionale Unordnung in jenem Teil der Welt. Es ist für die Israelis wichtig, dies zu begreifen, denn sie wären die Hauptleidtragenden. Ihr kleiner Staat kann, umgeben von einer überwältigenden Mehrheit arabischer Bevölkerung in den Nachbarstaaten, nicht in Unfrieden mit diesen überleben.

Den Fundamentalisten geht es beim jüdisch-palästinensischen Konflikt vor allem um die Erhebung exklusiver Ansprüche auf das Heilige Land. Der politische Konflikt bekommt dadurch nicht nur einen religiösen Charakter, sondern er verlagert sich von der staatlichen zur nichtstaatlichen Konfliktebene. Jüdische und islamische Fundamentalisten sind keine staatlichen Akteure; ihre Gewaltausübung ist nicht institutionalisiert. Der Fundamentalismus ist eine Politisierung der Religion und gleichzeitig Ausdruck der religiösen Färbung politischer Konflikte.

Der religiöse Fundamentalismus ist eine globale Erscheinung: die nahöstliche Spielart
Entgegen dem im Westen durch die Medien und von schlecht informierten Wissenschaftlern verbreiteten Vorurteil, der Fundamentalismus sei eine exklusiv islamische Erscheinung, wissen Experten, daß es sich bei diesem Phänomen um eine globale, alle Hauptreligionen betreffende Politisierung des Religiösen zu ideo-

logischen Zwecken handelt. Sowohl die jüdische als auch die islamische Spielart des Fundamentalismus eignen sich dazu zu veranschaulichen, was geschieht, wenn Religionen durch den Fundamentalismus instrumentalisiert werden. Das Gefährliche am Nahostkonflikt ist gerade seine religiöse Dimension.[5] Im Zeitalter der Politisierung der Religionen und des Zusammenpralls religiös definierter Zivilisationen bedeutet Frieden eindeutig Frieden zwischen den Religionsgemeinschaften, und der Nahe Osten stellt hierfür nicht nur keine Ausnahme, sondern ein zentrales Beispiel dar.

Die Einbeziehung des Islam und des Judentums als politisch-religiöse Themen in den arabisch-israelischen Konflikt im Rahmen des Fundamentalismus ist relativ neu. Der Konflikt selbst ist älter als die Politisierung der involvierten Religionen. In seinen frühen Stadien war der arabisch-israelische Konflikt eine Auseinandersetzung zwischen zwei säkularen Nationalismen: dem Zionismus[6] und dem arabischen Nationalismus[7]. Entsprechend der globalen Erscheinung der Politisierung der Religion wird der Nahostkonflikt in unserer Zeit dagegen nicht mehr vorwiegend im nationalistischen, sondern im religiös-fundamentalistischen Rahmen artikuliert. Es sind nun zwei Fundamentalismen, die einander feindlich begegnen und Grenzen nicht anerkennen.

Um den Einsatz der Religion für politische Zwecke im Nahostkonflikt zu entmystifizieren, lohnt es sich, in die Geschichte zurückzublicken. Es ist sehr wichtig, zunächst mit dem jüdischen Kollegen, dem großen Historiker Bernard Lewis, zu unterstreichen, daß vor dem Palästina-Konflikt von einer jahrhundertelangen »jüdisch-islamischen Symbiose« gesprochen werden kann. Lewis zeigt in seinem Werk, daß ein Höhepunkt der jüdischen Kultur innerhalb der islamischen Zivilisation[8] auszumachen ist. Erst der Palästina-Konflikt hat diese anhaltende, historisch entfaltete Symbiose zerstört. Die arabische Kritik richtet sich seitdem an der Ideologie des Zionismus, und nicht am Judentum aus. Mit anderen Worten: in diesem Konflikt hat der Antisemitismus keinen Platz; er ist ein exklusiv europäisch-christliches Phänomen.

Ebenso wie ich strikt zwischen Islam und islamischem Fundamentalismus differenziere, unterscheide ich zwischen Judentum, Zionismus und jüdischem Fundamentalismus. Auf den jüdischen Fundamentalismus ist man in der Weltöffentlichkeit erst durch den dramatischen Massenmord des jüdischen Siedlers Baruch

Goldstein an betenden Muslimen am 25. Februar 1994 in Hebron sowie durch den Mord an dem israelischen Ministerpräsidenten Yitzhak Rabin im November 1995 aufmerksam geworden. Dieser Mord eines jüdischen Fundamentalisten an einem jüdischen Politiker setzte einer Aera in der israelischen Politik ein Ende. Seit jenen Morden wird sowohl in der israelischen Gesellschaft als auch international deutlich, daß in den jüdischen Siedlungen in den von Israel seit 1967 besetzten palästinensischen Gebieten eine Zeitbombe gegen den Frieden tickt (vgl. Anm. 3). Jene Siedlungen sind die Hochburg des jüdischen Fundamentalismus und die Heimat der Ideologie von Erez Israel. Es war für objektive Beobachter schon lange unübersehbar geworden, daß die jüdischen Siedler ebenso wie die Vertreter des politischen Islam fundamentalistisch orientiert sind. Doch erst nach dem Hebron-Massaker sah sich Rabin – kurz vor seiner Ermordung – dazu veranlaßt, in einem in der *New York Times* veröffentlichen Interview einzuräumen, daß sich unter den Siedler-Fundamentalisten »ebenso wie unter den Palästinensern Terroristen befinden«. Es verwundert daher nicht, daß Rabin von einem Anhänger dieser Siedler ermordet wurde. Der im Motto zitierte jüdische New Yorker Journalist Robert I. Friedman hat schon vor der Ermordung Rabins als »Verräter an Erez Israel« über die Ideologie und Praxis dieser Siedler berichtet und aufgeklärt (vgl. Anm. 3). Wegen dieser aufklärerischen Veröffentlichung erhielt er massive Morddrohungen, wie mir meine jüdischen Freunde in Harvard berichteten.

Die Siedler von Hebron:
Vorhut des jüdischen Fundamentalismus
Gerade in Hebron, dem Ort des Massakers, wurde nach dem israelischen Sieg im Sechstagekrieg 1967 die Siedlungsbewegung initiiert. Friedman zeigt in seinem Buch »Zealots for Zion« / »Zeloten für Zion«, wie der in Israel als Sohn eines Münchner Neurologen geborene Rabbiner Mosche Levinger bereits 1968 mit einer Schar seiner Anhänger messianisch predigend in die Stadt einzog. Zunächst mietete er das dortige Park Hotel. Ein Jahr später zwang Levinger die damalige Labour-Regierung, die Konfiskation eines Anwesens zu tolerieren, das dem damaligen arabischen Bürgermeister von Hebron, Scheich Mohammed Ali al-Dja'abri, gehörte.

Der Sieg des rechten Likud-Blocks, zehn Jahre nach dem Sechstagekrieg, brachte eine wichtige Veränderung mit sich. Die Siedlungspolitik wurde von der neuen israelischen Begin-Regierung auch aus ideologischen Gründen von nun an offiziell getragen.[9] Ein Großteil der heute bestehenden jüdischen Siedlungen in den besetzten Gebieten geht auf jene Zeit zurück. Heute sind die jüdischen Siedlungen in Hebron ein großes Hindernis auf dem Weg zum Frieden. Es handelt sich um 400 jüdische Religionsfanatiker, die des Schutzes von 2000 israelischen Soldaten bedürfen. Auch nach dem Hebron-Abkommen von Mitte Januar 1997 hat sich an dieser Realität nichts geändert. Das Abkommen hat zwar zur Übergabe von großen Teilen Hebrons an die Autonomiebehörde und zum Teilabzug der israelischen Truppen geführt. Unbestritten bleibt aber der Fortbestand der Siedlungskolonien, zu deren Schutz es auch weiterhin eine militärische Präsenz Israels in der Stadt geben wird. Die 400 jüdischen Siedler lebten vor 1968 nicht in Hebron; unter ihrem Terror muß die gesamte palästinensische, 120000 Menschen umfassende Bevölkerung der Stadt leiden.

Die eindeutig fundamentalistisch orientierten Siedler glauben nicht nur, daß die Westbank als Judäa und Samaria zum biblischen Israel gehört. Mehr noch: Sie verfolgen das wahnwitzige Ziel, auf dem Gelände des islamischen Heiligtums in Jerusalem den alten jüdischen Tempel wiederaufzubauen und zu diesem Zweck die al-Aqsa-Moschee und den Felsendom zu zerstören. In den Seitengassen der Altstadt Jerusalems findet man in den jüdischen Geschäften Nachzeichnungen des alten Tempels, der wieder aufgebaut werden soll. Die vollständige Judaisierung des heiligen Landes ist der Inhalt der – bereits angesprochenen – Ideologie von Erez Israel. Mosche Levinger lehnt die Formel »Land für Frieden« ab und leugnet, daß das Heilige Land zwei Völkern gehört.[10] Da für ihn Gott und nicht Theodor Herzl der erste Zionist sei, dürfe kein Jude mit den Palästinensern über die Grenzen des »göttlich bestimmten Erez Israel« verhandeln; wer dies tue, sei ein »Ungläubiger / Verräter«. Nach dieser Version müssen die Palästinenser das biblische Land verlassen, notfalls müssen sie sogar gewaltsam deportiert werden, denn – so Levinger im Interview mit Friedman – sie »haben keinerlei nationalen Rechte«. Zu dieser Einstellung gehört ein Feindbild, das die Muslime und Palästinenser generell verteufelt, ja zu »Insekten« herabwürdigt, das heißt entmenschlicht.

In der ebenfalls von Levinger in der Westbank aufgebauten Siedlung Kiryat Arba lebte auch der Arzt Baruch Goldstein, der am 25. Februar 1994 in einem islamischen Schrein, dem al-Haram al-Ibrahimi in Hebron, den bereits erwähnten Massenmord an den betenden Muslimen beging.

Nun ist trotz dieses »schwarzen Freitags« in Hebron 1994 ein Autonomievertrag zwischen Israel und der PLO unterschrieben worden. Danach ist die PLO nach Gaza und Jericho bzw. in andere Teile der besetzten Gebiete eingezogen. Der weitere Abzug der Israelis wurde nach dem Likud-Wahlsieg 1996 zunächst verzögert. Erst auf amerikanischen Druck erfolgte schließlich im Januar 1997 der teilweise Abzug aus Hebron. Was aber geschieht nun mit den jüdischen Siedlern? Diese Fundamentalisten stehen dem Frieden im Wege, weil sie territoriale Konzessionen als Preis für den Frieden vehement ablehnen. Der Führer der fundamentalistischen Siedlerbewegung, Levinger, wird von seinen Landsleuten als »Israels Khomeini« beschrieben, als Führer einer religiös-fanatischen Bewegung, die zu Kompromissen nicht bereit ist. Diese Gesinnung ist charakteristisch für die meisten Siedler, die nach Friedman alles tun würden, um den Friedensprozeß zu torpedieren.

Aufgeklärte jüdische Publizisten und Wissenschaftler wie Friedman oder der deutsch-jüdische Nahostexperte Michael Wolffsohn machen bereits seit längerem auf die Gefahr aufmerksam, daß es zu gewaltsamen innerjüdischen Konflikten kommen könnte, wenn die israelische Regierung die Siedler zwingen würde, die Siedlungen aufzugeben. Wolffsohn spricht in seinem Buch »Frieden jetzt?«[11] sogar von einem »innerjüdischen Bürgerkrieg«. Sollte ein solcher Krieg eintreten, so meint Robert I. Friedman sarkastisch, »dann wäre Belfast vergleichsweise ein Disneyland«. Der Mord an Rabin steht in diesem Zusammenhang. Zuvor hatte die *Alef Yud*-Zeitung der Siedlerbewegung zu einem gewaltsamen Widerstand gegen die israelische »Regierung der Verräter« aufgerufen.

Besonders beängstigend sind die von Friedman enthüllten Absichten der Siedler, den islamischen Felsendom in Jerusalem zu zerstören. Auch die al-Aqsa-Moschee sollte nach diesen Informationen in die Luft gesprengt werden.[12] Es handelt sich bei jenem Komplex um den drittheiligsten Schrein der Muslime. Der Koran führt die al-Aqsa-Moschee in der Sure »Die nächtliche Reise« an, als der Prophet Mohammed »bei Nacht von der heiligen Kultstät-

te (in Mekka) nach der fernen Kultstätte/al-Aqsa (in Jerusalem)...
reiste« (Koran, Sure 17, Vers 1). Würden die Siedler-Fundamentalisten diese Wahnsinnstat je verwirklichen, wäre der Schaden nicht in Tausenden von Jahren zu beheben. Eine Zerstörung der al-Aqsa-Moschee hätte auf Grund ihrer besonderen Bedeutung für die 1,3 Milliarden Muslime Folgen, die auszumalen die Phantasie kaum ausreicht. Die israelische Regierung weiß dies und verordnet deshalb die erforderlichen Schutz- und Sicherheitsmaßnahmen.

Die arabische Anerkennung des israelischen Staates und seines Platzes im Nahen Osten trägt nun dazu bei, die jüdischen Fundamentalisten ihrer Argumente für die angebliche Berechtigung ihres Araber-Feindbildes zu berauben. Für die Demokratie in Israel ist die Aufgabe der besetzten Gebiete in absehbarer Zukunft sehr wichtig, denn »wenn die Besatzung nicht bald beendet wird, werden die militanten Zeloten den Platz der liberal-zionistischen Gründungsväter Israels einnehmen.«[13] Von einem demokratischen Staat Israel könnte dann keine Rede mehr sein; Israel würde zum Gottestaat. Von einem solchen Staat träumen Rabbiner wie Mosche Levinger, die wahrhaft die »israelischen Khomeinis« sind.

Auch die islamischen Fundamentalisten stehen dem Frieden im Wege

Als ein muslimischer Araber, der seine Augen nicht vor der Wahrheit verschließt, sehe ich, daß nicht nur jüdische, sondern auch islamische Fundamentalisten dem Frieden im Wege stehen. Es ist nicht zu übersehen, wie sich die Fundamentalisten beider Seiten trotz ihrer bitteren Feindschaft gegenseitig in die Hände spielen. In Hebron steht Levinger nicht allein. Der islamische Fundamentalismus ist – abgesehen von Gaza – in Hebron am stärksten.

Die politischen Wahrnehmungen beider Bewegungen ähneln einander; ihre Ziele, obwohl jeweils anders motiviert, laufen darauf hinaus, einen historischen jüdisch-palästinensischen Kompromiß zu unterbinden. Sie sind sich in ihrer radikalen Ablehnung des Friedens einig, weil dieser vor allem die Teilung des Landes zwischen den beiden zerstrittenen semitischen Völkern erforderlich macht. Beide glauben, die Friedensstifter, gleich ob Juden oder Palästinenser, seien »Verräter«, die in eine Verschwörung verwickelt sind. Die Hamas-Fundamentalisten sind davon überzeugt, daß diese Verschwörung sich gegen den »islamischen Charakter von Palästina«, das heißt gegen die Idee des Filastin Islamiyya / Islamischen Palästina richtet. Die Siedler-Fundamentalisten glauben ihrerseits, daß der Frieden von Oslo, der mit der Autonomie von Gaza und Jericho 1994 eingeleitet worden ist, eine Verschwörung gegen ihre Vision von Erez Israel ist.

Der politische Islam in Palästina geht historisch auf die Muslimbruderschaft zurück. Die palästinensische Spielart des islamischen Fundamentalismus unserer Gegenwart wird von Hamas und von Djihad Islami vertreten; beide sind aus den Splittergruppen der »Bewegung der Muslimbruderschaft« hervorgegangen. Palästinensische Fundamentalisten lesen dieselben Pamphlete wie alle anderen islamischen Fundamentalisten auch: vor allem die Katechismen des 1966 gehängten ägyptischen Fundamentalisten Sayyid Qutb, die Schriften des Pakistani Maududi[14] und auch die Flugschriften des Begründers der Muslimbruderschaft, Hassan al-Banna, der die Idee der »Gottesherrschaft« / »Hakimiyyat Allah«[15] in die Praxis umsetzen wollte. Auch die islamischen Fundamentalisten Palästinas streben die Hakimiyyat Allah an, denn sie wollen einen Gottesstaat aufbauen, der sich über das gesamte Territorium Palästinas erstrecken, also auch das Staatsgebiet von Israel umfassen soll.

Die einzige lokale Quelle der Inspiration für die palästinensischen Fundamentalisten ist der gebürtige Syrer Scheich Izzuldin al-Qassam (1881 – 1935). Dieser Scheich kam während der Kolonialzeit, nach seiner Ausweisung durch die französischen Kolonialbehörden, von Syrien nach Palästina; in Ausübung des islamischen Djihad gegen die Engländer kam er ums Leben und gilt seitdem als »Schahid« / »Märtyrer«. Die Terrorkommandos von Hamas, die Qassam-Brigaden, wurden nach ihm benannt. Hier haben wir ein nahöstliches Beispiel für Hobsbawms These von einer »Erfindung der Tradition«.[16]

Die Hamas-Fundamentalisten wollen den Platz der säkularen PLO einnehmen. Daran hindert sie vor allem die Tatsache, nur eine schwache Führung zu haben und unter sich erheblich zerstritten zu sein. Mit anderen Worten: bei Hamas handelt es sich nicht um eine homogene Bewegung. Ihre sektiererische Spaltung begrenzt die Möglichkeit, die für die Palästinenser wichtigen nationalen Fragen substantiell anzusprechen. Entscheidend für den Erfolg, den die Hamas dennoch zu verbuchen hat, ist der Geldzufluß aus dem Ausland, vor allem von der palästinensischen Diaspora in den USA und in Europa und von internationalen islamisch-fundamentalistischen Bewegungen. Hinzu kommt die Einbettung dieser Gruppe in eine, wie der Palästinenser-Abgeordnete Abu-Amr sagt, »islamisch-fundamentalistische Weltbewegung«.[17] Aus diesen Quellen schöpft Hamas ihre Stärke.

Der Terrorismus von Hamas setzt die israelische Regierung unter Druck, Konzessionen an die Siedler zu machen. Seit Netanyahus Machtantritt ist dies zum System geworden. In der Tat: Netanyahu müßte sich bei den Familien der Selbstmord-Terroristen bedanken, denn ohne deren Aktionen wäre die Situation nicht entstanden, in der die Wahlparole »Sicherheit für Frieden« anziehender wirkte als die Parole »Land für Frieden« der Labour-Regierung.

Wer ist Hamas? Worauf basiert ihre Ideologie?

Um den religiösen Fundamentalismus als politische Kraft im Konflikt konkret einschätzen zu können, ist zunächst die Frage zu beantworten: Wer genau steht hinter Hamas und warum versuchen die in dieser Bewegung organisierten islamischen Fundamentalisten Palästinas, die in Oslo getroffene und in Washington unterschriebene Friedensvereinbarung zu torpedieren? Nach einem Besuch in den besetzten Gebieten bin ich zu dem Schluß gekommen, daß die arabischen Parolen auf den mit Graffitis übersäten Mauern der Altstadt von Jerusalem oder Nablus aufschlußreichere Informationen vermitteln als die vier in Jerusalem erscheinenden palästinensischen Zeitungen. Bei dieser Beobachtung ist jedoch nicht zu übersehen, daß die palästinensische Presse von der israelischen Besatzungsmacht und in den autonomen Gebieten von der Autonomiebehörde zensiert wird.

Zweifelsohne nimmt die Bevölkerung der besetzten Gebiete die Friedensvereinbarung zwischen der PLO und Israel anders als die Weltöffentlichkeit wahr. Während die gemäßigten Palästinenser bisher die Oslo-Vereinbarung als Durchbruch gewertet haben, haben die radikalen darin einen Ausverkauf Palästinas gesehen. Zu diesen Radikalen zählen an vorderster Stelle die religiösen Fundamentalisten von Hamas. Bei meinem Besuch in der Westbank habe ich mir nach Beobachtung der diskriminierenden Behandlung der Palästinenser durch die israelischen Besatzungssoldaten selbst die Frage stellen müssen, ob nicht auch ich – wäre ich das Objekt der menschlich erniedrigenden israelischen Politik – aus Trotz zum Fundamentalisten werden würde!

Wie die Siedler-Fundamentalisten stellt auch Hamas maximalistische Forderungen. Diese werden mit einer islamischen Begründung vorgetragen, was zu einer ideologischen Islamisierung des Konflikts beiträgt. In der am 18. August 1988 veröffentlichten Hamas-Charta wird in Paragraph 9 das Ziel erklärt, in ganz Palästina, also auch auf dem Staatsgebiet von Israel, »Daulat al-Islam«/ »den islamischen Staat« zu verkünden. In Paragraph 11 heißt es: »Palästina ist ein unveräußerliches islamisches Waqf (religiöses Eigentum) für alle Generationen der Muslime bis hin zum jüngsten Tag. Niemand hat das Recht, einen Verzicht hierauf zu leisten oder nur einen Teil davon zu veräußern.«[18] Aus diesem Grund lehnt Hamas jede Friedenslösung mit Israel kategorisch ab, weil sie notwendigerweise auf den Kompromiß hinauslaufen muß, das Heilige Land zwischen Juden und Palästinensern aufzuteilen. In der Charta von 1988 steht unter Paragraph 13 wortwörtlich:

»Friedensinitiativen oder das, was man friedliche Lösungen – wie etwa die internationalen Konferenzen zur Lösung des Palästina-Konfliktes – nennt, stehen in Widerspruch zu der Doktrin des islamischen Widerstands. Denn der Verzicht auf einen Teil von Palästina ist folgerichtig eine Preisgabe eines Teils des Islam... Außer mit den Mitteln des Djihad gibt es keine Lösung für Palästina. Internationale Konferenzen sind lediglich Zeitvergeudung« (ebd.).

Die Doktrin des Djihad[19] wird in Paragraph 15 der Hamas-Charta wiederholt, jedoch ohne genaue genaue Kenntnis der islamischen Quellen, auf denen diese Doktrin basiert. Die Grenze zwischen der säkularen Orientierung der PLO und der Hamas wird in Paragraph 27 gezogen:

»Wir können den islamischen Charakter von Palästina nicht zugunsten einer säkularen Orientierung aufgeben. Wer dies tut, leistet Verzicht auf den Islam und wird verlieren« (ebd.).

Diese Zitate aus der Hamas-Charta bezeugen, daß die palästinensischen Fundamentalisten die Falken und die gewandelte PLO /

Fatah-Führung (säkulare Nationalisten) die Tauben von heute repräsentieren. Arafat gilt bei den Hamas-Fundamentalisten nicht nur als »Khain« / »Verräter« – so wie Rabin vor seiner Ermordung bei den jüdischen Fundamentalisten –, sondern auch als »Kafir« / »Ungläubiger«, weil er durch die Anerkennung Israels auf einen Teil Palästinas zu verzichten bereit ist; sein Name steht deshalb an vorderster Stelle auf der Mordliste islamischer Fundamentalisten. Würde die geplante Ermordung Arafats in die Tat umgesetzt, dann ginge den Palästinensern die einzige charismatische Person verloren, die sie haben. Ein weiterer großer Rückschlag für den Friedensprozeß wäre dann nicht auszuschließen, ja sogar höchst wahrscheinlich.

Schon der israelische Premierminister Rabin stand nach den wiederholten Mordanschlägen der Hamas-Fundamentalisten 1994 / 95 unter dem Druck der israelischen Siedler, die von ihm ein Signal erwarteten. Hieraus resultierten die bereits unter der Labour-Regierung erfolgten Zugeständnisse an die Siedler-Fundamentalisten, die den Friedensprozeß immer mehr ins Stocken gebracht und die Position Arafats geschwächt haben. Die nicht beabsichtigte Folge hiervon war die Stärkung der islamischen Fundamentalisten – ein Teufelskreis! Es ist bedauerlich, daß Rabin während seiner Amtszeit nicht begriff, daß zur Eindämmung des islamischen Hamas-Fundamentalismus unausweichlich umfassende Maßnahmen gegen die jüdischen Siedler-Fundamentalisten gehören; dieser Fehler kostete ihn das Leben.

Die richtige Formel: Die PLO stärken heißt die Fundamentalisten schwächen

Nur durch Kompromisse gegenüber der PLO kann die israelische Regierung einer weiteren Islamisierung des Konflikts zuvorkommen. Netanyahu gibt jedoch nur noch unter amerikanischem Druck nach und ist zu substantiellen Zugeständnissen nicht bereit. Durch seine Siedlungspolitik judaisiert er sogar den politischen Konflikt. Am Ende dieses Weges der religiösen Färbung des Konflikts befindet sich eine Sackgasse für beide Parteien.

Selbst der sonst zuversichtliche jordanische König Hussein ist nicht mehr so optimistisch, nachdem Netanyahu den Djabal Abu Ghunaim in Har Homa umbenannt und zur jüdischen Besiedlung freigegeben hat. Als der deutsche Außenminster Klaus Kinkel den König im März 1997 besuchte (vgl. *Frankfurter Allgemeine Zeitung* vom 6. März 1997, S. 7) vertraute Hussein ihm seine Sorgen in bezug auf den Status von Jerusalem und die muslimischen Rechte an. Die Araber erkennen die Rechte der Juden in Jerusalem an. Dies sollte zu einem Akt der Gegenseitigkeit führen. Der Streit um Jerusalem, den Ort der drittheiligsten Moschee der Muslime – dies kann nicht oft genug wiederholt werden –, bietet den Fundamentalisten viele ideologische Argumente für eine Mobilisierung. Ohne eine für die Muslime akzeptable Lösung für Jerusalem kann es keinen Frieden im Nahen Osten geben. Auch dies kann man nicht oft genug wiederholen. Wenn die Israelis Arafat in diesem Bereich keine Zugeständnisse machen, entziehen sie ihm den Boden unter den Füßen.

Die Ende April 1995 in der internationalen Presse verbreitete Nachricht über die geplante Enteignung von arabischem Landeigentum in Jerusalem für den Bau jüdischer Siedlungen war schon damals Öl im Feuer der islamischen Fundamentalisten. Die Entscheidung zeigte, daß auch der israelischen Labour-Regierung jener Zeit das nötige Augenmaß fehlte, um die Reichweite der Problematik des Fundamentalismus zu begreifen. Die Likud-Regierung aber treibt diese Politik mit dem Har Homa-Siedlungsprojekt im arabischen Ostjerusalem auf die Spitze.

Eine israelische Respektierung der islamischen Rechte auf einen Teil Jerusalems sowie die räumliche Erweiterung der Autonomie mit dem Ziel der Bildung eines souveränen palästinensischen Staates wären ein israelischer Beitrag, der PLO Legitimität zu geben und sie gegen die Fundamentalisten zu stärken. Der angestrebte palästinensische Staat soll, wie Arafat als Gast der deutschen Bundesregierung am 7. Dezember 1993 in Bonn sagte, als ein »demokratischer Rechtsstaat«, das heißt säkular gestaltet werden. Die Likud-Regierung unter Netanyahu lehnt diesen Staat prinzipiell ab. Netanyahu sagt deutlich: »Niemals volle Souveränität« *(SPIEGEL, 39/1996, S. 146)*. Damit wird der einzig mögliche Weg zum Frieden zwischen Juden und Palästinensern tatkräftig unterminiert und der islamische Fundamentalismus gestärkt.

Der anvisierte arabisch-israelische Frieden war perspektivisch auf eine Erweiterung zu einem umfassenden Frieden zwischen Juden und Muslimen angelegt. Für westliche Leser kann man nicht oft genug wiederholen, daß die Neutralisierung der religiösen Dimension des Konflikts durch ihre Entpolitisierung die erste Voraussetzung dafür ist. Dies erfordert eine für die Muslime akzeptable Lösung der Jerusalem-Frage. Nur auf dieser Basis können Friedenspolitiker den fundamentalistischen Falken auf der jüdischen und der palästinensisch-islamischen Seite die Flügel stutzen. Gelingt dies nicht, ist mit einem weiter erstarkenden Hamas-Fundamentalismus zu rechnen. Die zu befürchtenden Hamas-Terroraktionen würden, wie deutlich gemacht wurde, ihrerseits die Legitimation für die Gewalttaten der jüdischen Siedler-Fundamentalisten bieten. Darüber hinaus schwächen sie die Position der säkularen palästinensischen Führung erheblich. Wir ständen dann wieder am Anfang: Fundamentalisten gegen den Frieden – bedauerlicherweise mit Erfolg. Wohlbemerkt: Netanyahu ist kein Fundamentalist, aber seine Politik trägt zur Beschleunigung des beschriebenen unheilvollen Prozesses und zur Verwandlung des zunächst nur spekulativen Szenarios »Fundamentalisten gegen den Frieden« in eine politische Wirklichkeit bei, die den Weg für jedwede friedliche Lösung versperrt.

Ein wackliger Frieden!

Der Durchbruch von Oslo, den Israelis und Palästinenser ohne Einmischung der Großmächte oder der regionalen arabischen Staaten bewerkstelligt hatten, galt als ein großes Hoffnungszeichen. Noch unter Rabin[20] hat sich die Situation im Verlauf des Jahres 1994 jedoch erheblich verändert. Das Massaker von Hebron wirkte wie ein Erdbeben in der Region. Daß es beiden Konfliktparteien – den Folgen dieses abscheulichen Massakers zum Trotz – dennoch gelungen ist, die in Oslo getroffene palästinensisch-israelische Prinzipienerklärung durch Unterschreibung des 450 Seiten langen, sechs Landkarten umfassenden Autonomievertrags in Kairo am 4. Mai 1994 in eine politische Realität umzusetzen, war seinerzeit überaus erfreulich.[21] Dies darf jedoch nicht darüber hinweg täuschen, daß sich das Hebron-Massaker vom Februar 1994 über Palästinas Grenzen hinaus weltweit sehr tief in das islamische Bewußtsein eingegraben hat[22]; es darf deshalb keineswegs als nur beiläufiges Ereignis gedeutet werden. Die Muslime trauern bis heute noch symbolisch, über alle Grenzen hinweg, um die Toten von Hebron wie die Juden den Mord an Rabin beklagen. Die jüdischen und islamischen Fundamentalisten aber trauern nach dem 4. Mai 1994, das heißt seit der Unterzeichnung des Gaza-Jericho-Abkommens in Kairo, aus einem anderen Grund[23], nämlich, weil trotz allem der Friedensprozeß nicht aufgehalten wurde. Es ist daher nicht verwunderlich, daß dieses Datum von ihnen zum Tag des jeweils auf die eigene Art definierten Ausverkaufs erklärt worden ist.

In den besetzten Gebieten haben Hamas- und Djihad-Fundamentalisten zu einer zweitägigen Trauer und zum Hissen der schwarzen Fahne als Protest gegen den »schwarzen Tag vom 4. Mai« aufgerufen. Im jordanischen Parlament bezeichneten die Fundamentalisten der »Islamischen Aktionsfront« diesen 4. Mai als Tag des »Ausverkaufs des heiligen Palästina«. Ähnlich haben jüdische Siedler unerlaubte Protestdemonstrationen in Jericho abgehalten; sie haben Rabin vorgeworfen, »einen Teil der Heimat von Erez Israel verkauft« zu haben. Sie haben zum Sturz Rabins aufgerufen und ein Jahr später, im November 1995, kam sein Mörder schließlich aus ihren Reihen. Das war mehr als ein Alarmzeichen für den Fortgang des Friedensprozesses.

Im Verlaufe dieses Kapitels möchte ich noch einmal verdeutlichen, daß es insgesamt drei große Hindernisse auf dem Weg zum Frieden gibt, die politisch und wirtschaftlich bewältigt werden müßten:

1) Die Siedlungen in den besetzten Gebieten und die dort gegen den Frieden opponierenden jüdischen Fundamentalisten,

2) die kaum entwickelten ökonomischen Strukturen in den besetzten Gebieten und das damit zusammenhängende wirtschaftliche Elend und schließlich

3) die islamischen Fundamentalisten, die den islamischen Charakter des Gesamt-Palästina unterstreichen und die Aktionen der Siedler-Fundamentalisten sowie die wirtschaftlichen Probleme ausnutzen, um eine Friedenslösung zu sabotieren.

Die wirtschaftlichen Aspekte des Friedens werden» hier nicht näher untersucht, allenfalls gestreift. Dies ist nicht die Thematik dieses Kapitels. Dagegen werden die jüdischen Siedler-Fundamentalisten und die islamischen Hamas-Fundamentalisten als die Hauptgegner des Friedens im Mittelpunkt stehen.

Vom Hebron-Massaker zum Mord an Rabin

Ein Satz des ermordeten Ministerpräsidenten Rabin ist es wert, zitiert zu werden. Nach der Prinzipienerklärung von Oslo hatte er bei der anschließenden Friedenszeremonie in Washington anläßlich der israelisch-palästinensischen Anerkennung am 13. September 1993 verkündet:»No more blood, no more tears«/»Kein Blut mehr, keine Tränen der Trauer«. Wie verfrüht Rabins Hoffnung war, haben spätestens das Massaker von Hebron und erst recht seine Ermordung während einer Friedenskundgebung Anfang November 1995 gezeigt; sein Blut tränkte das Manuskript seiner Friedensbotschaft an fast 100000 in Tel Aviv versammelte Israelis. Sowohl der Mord an Rabin als auch das Hebron-Massaker waren außerordentlich mit Symbolismus beladen.

Der Symbolismus beim Massaker von Hebron[24] besteht aus einer Kombination mehrerer, zutiefst religiöser Verletzungen: Muslime wurden im Ramadan, an einem Freitag, beim Beten getötet und dazu noch in einer Moschee, die den Rang eines »Haram«/ »heiliger Schrein« hat.

Die symbolische Botschaft des Mordes an Rabin besteht darin, daß er während einer Friedenskundgebung stattfand. William Safire, der Kommentator der *New York Times*, hatte vor dem Mord an Rabin dessen Worte zitiert, auch jüdische Fundamentalisten seien im Vergleich zu Hamas-Kämpfern ebenso Terroristen, und ironisch angemerkt, daß der »fanatische Doktor aus Brooklyn, der reihenweise Muslime beim Beten erschossen hat, der beste Verbündete von Hizbullah ist«.[25] Goldstein, der Mörder von Hebron, stammte nämlich aus dem New Yorker Stadtteil Brooklyn. Auch der Mörder von Rabin war ein jüdischer Fundamentalist. Mit anderen Worten: Fundamentalisten töten nicht nur ihre »religiösen Gegner«, sondern auch die »Verräter« aus dem eigenen Lager. Hamas-Fundamentalisten haben in dieser Hinsicht bereits eine lange Praxis aufzuweisen. Die jüdischen Fundamentalisten haben dies mit dem Mord an Rabin eingeführt; sie sind deshalb als »Verbündete von Hizbullah« zu betrachten, weil beide gegen den Frieden kämpfen.

In der Tat hatten sich führende islamische Fundamentalisten der Region unmittelbar nach dem Mord von Hebron in einschlägigen Artikeln gegen Israel, die Juden und den Frieden zu Wort gemeldet. Die überregional einflußreichen Chefideologen des islami-

schen Fundamentalismus, Scheich Mohammed al-Ghazali (gestor-
ben im März 1996) und der Urheber der Formel der »islamischen
Lösung«, Yusuf al-Qaradawi, standen dabei an vorderster Front.[26]
Das Hebron-Massaker steht im Kontext der militärischen Besetzung, des Aufbaus der Siedlungen und der palästinensischen Intifada[27] von Dezember 1987 bis 1993, die dem Unmut der Palästinenser über die israelischen Repressionen und die koloniale Siedlungspolitik in den besetzten Gebieten Luft gemacht hat. In diesem Zusammenhang hat der islamische Fundamentalismus unter
den Palästinensern in Westbank und Gaza großen Auftrieb bekommen. Die Intifada ist noch nicht ganz beendet; unter neuen Vorzeichen kann sie jederzeit erneut aufflammen, wenn Netanyahu
Arafat weiterhin delegitimiert und Hamas infolgedessen das Ruder
übernimmt. Eine erneute, diesmal fundamentalistisch geführte
Intifada wäre eine Katastrophe, weil sie das Ende des Friedensprozesses bedeuten würde.

Der einflußreiche israelische Politikberater Josef Alpher hat am
5. April 1994 – also nach dem Hebron-Massaker – in Berkeley, wo
ich seinerzeit als Gastprofessor lehrte, in einer geschlossenen Sitzung unseres Kreises von Nahostexperten unterstrichen, daß der
Aufbau der Siedlungen unter dem Likud-Premier Menachem
Begin von vornherein als eine Maßnahme gegen einen Territorial-
kompromiß mit den Palästinensern gedacht war. Ähnlich hat sich
bereits viel früher der große israelische Soziologe Eisenstadt geäußert (vgl. Anm. 9). Die logische Folge nach der Wahl von Rabin
1992 hätte die Aufgabe der Siedlungen als Instrument einer entgegengesetzten Politik sein müssen.

Wichtig ist, daß zunächst einmal der Terror der Siedler-Fundamentalisten aufhört, damit der Frieden Legitimität bei den Palästinensern gewinnen kann. Anfang Januar 1997, noch vor dem Erreichen des Hebron-Kompromisses von Mitte des Monats und dem
Abzug der israelischen Truppen, hat erneut ein der Siedlerbewegung nahestehender Israeli – diesmal ein Militärdienstleistender –
in Hebron auf Palästinenser geschossen und dabei mehrere Menschen ermordet.[28] Trotz des glorreichen Einzugs von Arafat am
Ende des Ramadan von 1997 in Hebron haben die Palästinenser
vor allem das Massaker von Februar 1994 noch nicht vergessen;
jenes tragische Ereignis hat Arafats Image erheblich angekratzt.[29]
Angesichts der Herausforderung des Fundamentalismus befin-

den sich Arafat und seine PLO, aber auch die israelische Regierung in einem Teufelskreis. Es war nicht nur die Einsicht, daß die PLO gegen Israel militärisch nichts ausrichten kann, sondern in ganz erheblichem Maße die ökonomische und politische Schwächung der PLO seit dem Golfkrieg, die die PLO-Führung dazu bewogen hat, den Oslo-Frieden und im Anschluß daran die Gaza-Jericho-Regelung zu verhandeln. Dahinter stand die Einsicht, daß durch Verhandlungen, und nicht durch Gewalt, politische Ziele besser erreicht werden können.

Auch der ehemalige General Rabin hat den Friedensschluß nur deshalb akzeptiert, weil er schließlich einsehen mußte: entweder die PLO jetzt oder Hamas später. Rabin und die anderen israelischen Friedenspolitiker wußten bestens, daß sich die palästinensische Bevölkerung alle zehn Jahre verdoppelt und sich der demographische Faktor – trotz der Zunahme der israelischen Bevölkerung durch die neue jüdische Migration aus Rußland und Osteuropa – zugunsten der Palästinenser entwickelt. Israel kann nur in Frieden sowohl mit den Palästinensern als auch mit seiner arabischen Umwelt überleben. Es ist für den Frieden wichtig, daß auch Netanyahu sich diese Erkenntnis zu Herzen nimmt. Zur Zeit gibt es 240 Millionen Araber, im Jahre 2025 werden es 450 Millionen sein. Israel als eine Art militärischer »Club Mediterranée«, umzingelt von einer feindlichen Umgebung, war nie der Traum der antisemitisch verfolgten Juden, die nur die eine Sehnsucht hatten, dauerhaft in Frieden und Sicherheit zu leben (vgl. Anm. 9).

Mag das Massaker von Hebron in den westlichen Medien vergessen sein: Arafat hat seitdem bei den Palästinensern an Popularität eingebüßt; ihm fehlt die Basis und gleichermaßen die Legitimität für seine Friedensverhandlungen. Selbst der christliche Palästinenser Edward Said, der kein Fundamentalist und als Professor für Literaturwissenschaft an der Columbia University eher New Yorker als Palästinenser ist, nannte Arafat in einem Interview mit der *New York Times* vom 4. März 1994 einen »Verräter« und veröffentlicht in den USA Pamphlete gegen den Friedensprozeß.[30] Der renommierte Literaturkritiker Said war es, der mit seinem ausgefeilten Englisch die erste Rede für Arafats Auftritt vor der UNO geschrieben hatte – heute klagt er ihn in heftiger Polemik an. Nachdem Said in der *New York Times* Arafat als »Verräter« bezeichnet hatte, schränkte er drei Jahre später in einem Interview mit *FOCUS* ein:»Ich war stets kritisch, aber nie beleidigend«, fügte dem aber hinzu:»Indem Arafat sich… auf den sogenannten Friedensprozeß einließ, hat er die palästinensische Bewegung um Jahrzehnte zurückgeworfen… Der Friedensprozeß ist eine zynische Idee.«[31]

Nun ist Netanyahu auf die politische Bühne getreten und unterhöhlt den ohnehin schon dünnen Boden unter Arafats Füßen. Auch unter der neuen Likud-Regierung bleibt die Erinnerung an Hebron in der islamischen Welt lebendig.

Im Leitartikel der großen und einflußreichen arabischen Zeitung *al-Scharq al-Ausat* wurde kurz nach dem Hebron-Massaker 1994 angemessen geurteilt:

»Der Friedensprozeß hat an Legitimität eingebüßt. Es wurde Frieden versprochen, und das Ergebnis war ein Massaker …«.[32]

Nach dem Hebron-Massaker war es Yitzhak Rabin, der die ersten positiven Gesten gegenüber den Palästinensern machte. Dazu gehörte das Zugeständnis, daß internationale, unbewaffnete Beobachter, wenn auch nur in einer bescheidenen symbolischen Zahl, in den besetzten Gebieten stationiert werden durften und daß zwei jüdisch-fundamentalistische Siedlerbewegungen verboten wurden. Das reichte damals jedoch nicht aus, um Arafats Position genügend zu stärken. Bei Netanyahu gibt es noch nicht einmal solche symbolischen Gesten. Netanyahu provoziert die Palästinenser – zum Beispiel in Ostjerusalem Anfang 1997 –, bereitet also den Boden für Gewalt. Dann verlangt er von Arafat den Beweis, daß er gegen Gewalt ist. Es ist erstaunlich, wie es Arafat gelungen ist, palästinensische Gegengewalt zu verhindern!

Koloniale Siedlungspolitik fördert den Siedler-Fundamentalismus

Nicht nur aus einer parteiischen arabischen Perspektive, sondern auch sachlich und rational scheint es erforderlich, daß Israel eine Regierung bekommt, die durchgreifende Maßnahmen gegen die Siedler-Fundamentalisten unternimmt und die koloniale Siedlungspolitik einstellt. Das ist erforderlich, um die Gewährung der Sicherheit und physischen Existenz der palästinensischen Zivilbevölkerung zu garantieren. Andernfalls wird die PLO weiterhin zugunsten von Hamas geschwächt. Statt einer solchen Regierung hat Israel nach der Wahl vom Mai 1996 genau das Gegenteil bekommen: eine von den ultraorthodoxen Parteien, die die radikalen Positionen der Siedler im Parlament vertreten, abhängige Regierung.

Doch auch die Labour-Regierung von Rabin und Peres war zuvor nicht in der Lage gewesen, durch ein konsequentes Vorgehen gegen die Siedler eine wichtige Voraussetzung für den Frieden zu schaffen. Rabin hatte seinerzeit laut einem *New York Times*-Leitartikel durch seine Ankündigung von Maßnahmen in Richtung Entspannung zwar »sympathische Worte ausgesprochen, jedoch keine adäquaten Aktionen folgen lassen«.[33] Die Kommentare der Experten in der internationalen Presse zu den versprochenen »harten Maßnahmen« und »Razzien gegen die Siedler« waren höchst skeptisch. Die Siedler-Fundamentalisten selbst haben sich über Rabin lustig gemacht[34] und seine politische Autorität öffentlich durch Demonstration ihrer Waffen in Frage gestellt.

Michael Wolffsohn sprach schon vor dem Mord an Rabin von einem »Autoritätsverlust der israelischen Regierung«. Liberale Juden forderten unmittelbar nach Hebron 1994 dazu auf, Maßnahmen gegen die Siedler zu ergreifen. Der New Yorker Herausgeber der liberalen jüdischen Zeitschrift *Tikkun,* Michael Lerner, schrieb gleichermaßen einsichtig und einfühlsam in der *New York Times* vom 26. Februar 1994:

> »Die Ermordung von mehr als 40 Palästinensern… in Hebron kann nicht allein als die Tat eines Psychopathen abgetan werden… Sein Wahnsinn spiegelt ein von rechtsradikalen Juden genährtes Klima des Hasses wider... Juden sollten Druck auf die Siedler ausüben, damit diese die Westbank verlassen… Amerikanische Juden bringen zusammen mit Herrn Rabin ihre Scham nicht nur über das Massaker, sondern auch über den systematischen Mißbrauch von Judaismus und jüdischem Leiden zur Rechtfertigung der rassistischen und inhumanen Behandlung eines anderen Volkes zum Ausdruck.«[35]

Es ist wichtig, daran zu erinnern, daß nicht alle Siedler Fundamentalisten sind. Dennoch werden sie von Personen wie dem zitierten »Khomeini« Israels, Rabbiner Levinger, dominiert. Auch die *Financial Times* urteilt, daß die Siedler:

»das größte potentielle Hindernis für den erfolgreichen Abschluß eines israelisch-palästinensischen Friedensprozesses«[36] darstellen. Den Politikern der früheren israelischen Labour-Regierung war bekannt, daß sie mit diesem Likud-Erbe fertig werden mußten, aber sie wußten auch, daß es sich um heiße Eisen handelt und haben deshalb die Suche nach einer Lösung oft verdrängt. Arafat wird von palästinensischer Seite mit Recht vorgeworfen, in Oslo zu viele Kompromisse vor allem in bezug auf die Siedler gemacht zu haben. Das ist auch einer der Gründe, weshalb der prominente Exil-Palästinenser Edward Said den Friedensprozeß als eine »zynische Idee« (vgl. Anm. 31) bezeichnet. Wegen der Brisanz der Siedlungsproblematik und aus realpolitischen Gründen hatte die Labour-Regierung bei den Verhandlungen mit der PLO durchgesetzt, daß die Siedlungen vorläufig kein Verhandlungsgegenstand sein dürfen. Erst zwei Jahre nach dem Kairo-Abkommen vom 4. Mai 1994 sollte darüber verhandelt werden. Arafat akzeptierte dieses Oktroi.

Ohne dies publik zu machen, hat die Labour-Regierung noch unter Rabin trotz der Verdrängung dieser Problematik erwogen, für ca.10 Milliarden US-Dollar (*Financial Times* vom 5. Mai 1994) Kompensationen an die Siedler als Gegenleistung für die Rückkehr nach Israel anzubieten. Für nur 150 Tausend Siedler war dies eine Wahnsinnssumme. Man hat damals versucht, diesen Siedlern klarzumachen, daß sie in absehbarer Zukunft hinnehmen müßten, unter palästinensischer Souveränität zu leben und sogar Steuern an den zu erwartenden palästinensischen Staat zu zahlen. Für die Siedler-Fundamentalisten mit ihrem rassistischen Dünkel gegen Araber könnte es nicht schlimmer kommen.

Es liegt auf der Hand, daß nur Siedler, die keine Fundamentalisten sind, dieses Angebot mit Freude angenommen hätten, wäre jener Plan in die Realität umgesetzt worden. Die anderen, die jedoch die Mehrheit darstellen, hätten das ökonomisch verlockende Angebot dagegen aus religiös-ideologischen Gründen zurückgewiesen und die kämpferische Auseinandersetzung mit der israelischen Regierung gesucht. Sie hatten schon damals damit gedroht, Gewalt auch gegen die israelischen Sicherheitskräfte anzuwenden, sollten sie gezwungen werden, die Siedlungen aufzulösen. Es gab auch Rabbiner, die eine Art jüdische Fetwa mit der Befürwortung eines Widerstands gegen die israelische Staatsgewalt verkündeten.

Selbst der Likud verwarf dieses religiöse Urteil, weil dessen Befolgung in einem inneren Zerfall Israels resultieren würde. Es würde die Situation eintreten, die Wolffsohn – wie zitiert – als »innerjüdischen Bürgerkrieg« befürchtet. Die Wahl Netanyahus hat dieses innerisraelische Szenario zwar zunächst gebannt, dafür aber das gesamte Friedensprojekt in Frage gestellt.

Der von den USA erzwungene Teilabzug aus Hebron im Januar 1997 hat die Wut der Siedler auf Netanyahu gelenkt. Nach der Hebron-Regelung wird zwar das israelische Militär auch aus dieser Stadt abgezogen; aber es bleiben immer noch genug Soldaten, um die in Hebron verbleibenden Siedler zu schützen. Mit anderen Worten: die militärische Präsenz wird fortgesetzt! Nach der Entscheidung Netanyahus vom Februar 1997, jüdische Siedlungen im arabischen Ostjerusalem zu genehmigen, waren die Siedler mit ihm wieder versöhnt. Dies zeigt erneut: ohne eine Lösung der Siedlungsfrage in den kommenden Jahren wird der israelisch-palästinensische Frieden nicht von Bestand sein.

Ähnlich wie Israel seine jüdischen Siedler-Fundamentalisten zähmen müßte, wenn es den Frieden wahrhaftig will, steht auch die Palästinensische Autonomiebehörde vor dem Problem, die Fundamentalisten in Schach zu halten, jedoch ohne Repression und Menschenrechtsverletzungen. Hierbei hat Arafat größere Probleme als Netanyahu, weil die islamischen Hamas-Fundamentalisten unter den Palästinensern weit stärker vertreten sind als die jüdischen Siedler-Fundamentalisten unter der israelischen Bevölkerung. Auch hat Arafat mit einer weit komplexeren Herausforderung fertigzuwerden. Politisch muß er nachweisen, daß er keinen »Ausverkauf Palästinas« betrieben hat – wie Hamas-Fundamentalisten propagandistisch behaupten -, und daß er nicht bereit ist, auf Jerusalem zu verzichten. Ich habe in Kapitel 2 gezeigt, wie wichtig Jerusalem für alle Muslime ist. Darüber hinaus ist entscheidend, daß Arafat den Palästinensern der besetzten Gebiete Verbesserungen in ihren wirtschaftlichen Lebensbedingungen bringt. Aus diesem Grund hat der Westen eine umfangreiche Wirtschaftshilfe für das nahöstliche Friedensprojekt bewilligt, welches Netanyahu in unserer Zeit gefährdet.

Ich möchte mich hier damit begnügen zu unterstreichen: Einer der Hauptschlüssel für den Frieden – und auch gegen Hamas – ist die Ökonomie, ohne dabei die Bedeutung außerökonomischer

Faktoren im geringsten herabzusetzen. Besonders in Gaza, der Hochburg des islamischen Fundamentalismus in den besetzten Gebieten, ist der ökonomische Aufbau eine zentrale Herausforderung. Mit Recht schrieb Julian Ozanne in der *Financial Times*, daß Gaza

»sich als der wirkliche Prüfstein für die ökonomische Herausforderung des Friedens erweisen wird. Wenn die Bewohner von Gaza keine rasche Veränderung im Lebensstandard bemerken, könnte der ohnehin schwache Rückhalt für den Friedensprozeß vollends zusammenbrechen. Unerfüllte Erwartungen könnten islamischen und anderen Gruppen, welche einen Frieden mit Israel ablehnen, Auftrieb verleihen.«[37]

Damit nicht der Eindruck entsteht, die wirtschaftlichen Probleme[38] seien die einzige Ursache für die Verbreitung des Fundamentalismus, möchte ich die an anderer Stelle näher erläuterte Sinnkrise[39] als weiteren Bestimmungsfaktor bei der Entstehung und Verbreitung des Fundamentalismus anführen.

Schlußfolgerungen

Im Kampf für den Frieden gegen Hamas und die Siedler-Fundamentalisten steht fest: Nur wirtschaftlicher Erfolg gepaart mit staatlicher Souveränität kann der PLO und Arafat helfen, an Legitimität zu gewinnen. Komplementär muß die israelische Regierung eine Lösung für die Siedler finden und die Gefahr eines jüdischen Fundamentalismus ernst nehmen.

Die PLO ist gegenwärtig die einzige legitime Palästinenser-Organisation.[40] Die Israelis machen Arafats Arbeit nicht gerade leicht, ja sie behindern ihn. Jede Behinderung des Friedensprozesses durch Likud führt fast automatisch zu einem deutlichen Punktsieg für Hamas. Als Arafat erstmals im Dezember 1993 als Staatsgast in die Bundesrepublik Deutschland kam, sagte er in seiner Tischrede im Bonner Gästehaus der Bundesregierung auf dem Petersberg, daß er und die PLO nach schwierigen Jahren erkannt hätten, daß der Konflikt zwischen Palästinensern und Israelis nicht mit den Mitteln des bewaffneten Kampfes bewältigt, sondern nur friedlich gelöst werden könne.[41] Eben diese Einsicht macht den grundsätzlichen Unterschied zwischen der PLO und Hamas aus.

Auch Rabin und Peres hatten vor Beginn der Geheimverhandlungen von Oslo ihrerseits die Einsicht gewonnen, daß sie die Palästinenser anerkennen müssen, weil sie sie auf Dauer nicht mit Mitteln der Gewalt unterdrückt halten können. Aber weder die jüdischen noch die islamischen Fundamentalisten teilen diese Einsichten. Der Aufschrei eines islamischen Fundamentalisten in Gaza vor laufender CNN-Kamera illustriert diese Aussage: »Die PLO-Führer sprechen vom Frieden, wir wollen Revolution, eine islamische Revolution, keinen Frieden.« Dieser Aufschrei mag in westlichen Ohren fremd klingen. Doch die Tatsache, daß die Hamas-Fundamentalisten mit solchen Parolen unter den Palästinensern Popularität gewinnen, muß Bedenken hervorrufen. Die Hamas-Fundamentalisten haben bisher vermocht, Sand ins Getriebe des Friedensprozesses zu streuen und auch aus dem Hebron-Massaker und späteren Entwicklungen Kapital zu schlagen. Dies ist ein zwingender Grund, den zitierten Aufschrei ernst zu nehmen. Die anhaltenden Terroraktionen im Gaza-Streifen und auf der Westbank, vor allem in Israel selbst, sind das Instrument der Hamas-Fundamentalisten, mit dem sie erfolgreich versuchen, den Friedensprozeß zu vereiteln. Ohne die Instrumentalisierung jener Aktionen für seine Wahlkampagne hätte Netanyahu die Wahl von 1996 nicht gewonnen.

Hamas hat unter bestimmten Bedingungen durchaus eine Chance, die PLO in der Vertretung der Palästinenser abzulösen. Meine Beobachtungen dieses Zuspruchs für Hamas im Rahmen meiner Erlebnise vor Ort bekräftigen mich in dieser Aussage.

Zwischen Hamas und Fatah gibt es seit jeher, also schon vor der Gaza-Jericho-Friedensvereinbarung, nicht nur ideologische Spannungen, sondern auch einen Schlagabtausch mit Waffen. Die die PLO beherrschende Fatah hat sich bereits seit den 80er Jahren auf die friedliche Lösung des jüdisch-palästinensischen Konflikts praktisch festgelegt; sie hat ihre Bereitschaft öffentlich bekundet, das Existenzrecht des israelischen Staates als Gegenleistung für die Anerkennung eines allerdings auf die besetzten Gebiete beschränkten Palästinenserstaates zu akzeptieren. Viele der Mitarbeiter Arafats sind nach seiner Anerkennung Israels von Hamas-Kommandos brutal ermordet worden. Bekanntlich wurden mehr PLO-Palästinenser durch Hamas-Kommandos als durch israelische Soldaten getötet. Arafat selbst steht auf dem ersten Platz für diese fundamentalistische Art der Beförderung in den Himmel. Im Koran heißt es »Allah al-rahim« / »Gott der Barmherzige«. Die Todesschwadronen von Hamas sind alles andere als barmherzig.

Trotz dieser Einschätzung bin ich der Auffassung, die ich auch in Fernsehkommentaren vertreten habe, daß es falsch ist, Hamas mit repressiven Mitteln zu bekämpfen. Es ist bedauerlich, daß Arafats Autonomiebehörde zu diesen Maßnahmen greift, seitdem die Herausforderungen von Hamas bedrohlicher geworden sind. Die beste Taktik scheint mir zu sein, die gemäßigten Teile von Hamas für eine institutionelle Mitwirkung am Aufbau der autonom gewordenen Teile der besetzten Gebiete zu gewinnen. Dadurch würde man sie in das System einbinden, wie vergleichsweise bestimmte Teile der K-Gruppen in Deutschland heute in die Grüne Partei integriert worden sind. Dies hat natürlich seine Grenzen, weil es nicht ausreicht, Funktionäre des Kommunistischen Bundes Westdeutschland / KBW Sitz und Stimme im Bundestag einzuräumen, um aus ihnen Demokraten zu machen. Dies ist mir durchaus bewußt. Dennoch meine ich, daß es möglich ist, durch die angesprochene Einbindung in das demokratische System Gewalt durch Auseinandersetzungen in den Institutionen zu ersetzen. Einschränkend muß ich hinzufügen, daß man jene Hamas-Fundamentalisten, die zum Terrorismus neigen, sicher nicht institutionell einbinden kann. Hamas ist jedoch keine einheitliche, geschweige denn eine homogene Organisation und es gilt, dies nicht aus den Augen zu verlieren.

Schon nach dem Hebron-Massaker 1994 hat sich eine »Palästinensische Kräfte-Allianz« gebildet, in der *nicht* nur die Fundamentalisten, sondern auch die Linksradikalen, ja sogar palästinensische Christen beider Volksfronten zur Befreiung Palästinas, unter Führung von Dr. George Habasch bzw. von Nayif Hawatimeh, und sechs kleinere Gruppen vereint sind. In dieser Allianz ist Hamas die führende und populärste Kraft. Die Terrorkommandos von Hamas sind als Mörderbanden in der Lage, auch unter den moderaten Palästinensern Angst zu verbreiten. Sie waren es auch, die nach der islamischen vierzigtägigen Trauerfrist nach dem Massaker von Hebron die ersten terroristischen Racheaktionen mit weitreichenden politischen Folgen unternahmen. Wenn Arafat – was Gott verhüten möge – ermordet wird, dann würde das sicherlich eine Tat dieser angstregenden Qassam-Brigaden sein.

Trotz dieser ernüchternden Einschätzung der Gewaltbereitschaft der Fundamentalisten halte ich es für politisch falsch, ja für gefährlich, den Fundamentalismus mit Terrorismus gleichzusetzen. Zwar lehne ich die These ab, daß der Fundamentalismus ein »Medienprodukt« sei. Ich muß jedoch hinzufügen, daß die Gleichsetzung von Fundamentalismus und Terrorismus tatsächlich ein »Medienprodukt« ist, weil die Medien den Fundamentalismus nur durch die Terroraktionen wahrnehmen. In meiner Arbeit über den Fundamentalismus habe ich mit aller Deutlichkeit gezeigt, daß diese Gleichsetzung faktisch falsch ist.[42] Fundamentalismus ist vorrangig eine auf Entsäkularisierung basierende Weltanschauung von einer gegen die kulturelle Moderne gerichteten göttlichen Ordnung; der Terrorismus ist nur eine rudimentäre Erscheinung von Extremisten innerhalb dieses globalen Phänomens.

Die in Krisensituationen mögliche mobilisatorische Wirkung fundamentalistischer Ordnungsvorstellungen ist weit gefährlicher als die punktuellen Auswirkungen einzelner Terroraktionen. Diese Aussage gilt nicht nur für den Nahen Osten, sie ist allgemein gültig.

Von der Rhetorik des »neuen Nahen Ostens« zur erhofften euro-mediterranen »Realpolitik«: Die Rolle Europas im Friedensprozeß

Nach dem Optimismus: Der Friedensprozeß in der Sackgasse

Die wiederholten Hamas-Anschläge 1996/97 wurden durch das Bestreben jüdischer Fundamentalisten und der Likud-Regierung provoziert, die Siedlungen in den besetzten Gebieten – vor allem in Jerusalem – auszubauen. Den Rahmen dieser Gewalt bildet die Nichterfüllung der in Oslo gemachten israelischen Zusage an die Palästinenser, vor einer endgültigen, noch zu verhandelnden Lösung keine vollendeten Tatsachen in den besetzten Gebieten zu schaffen.

Zur Zeit der Endfassung dieses Kapitels (Juni 1997) umfaßte das gesamte, vollständig unter der Kontrolle der Palästinensischen Autonomiebehörde (PNA) stehende, Territorium nicht mehr als buchstäblich drei Prozent des israelisch besetzten Gebietes der Westbank. In diesem Zusammenhang wird – entsprechend der Oslo-Regelung – zwischen drei Gebietskategorien unterschieden[1]:

– A-Gebiete, die vollständig unter der Kontrolle der PNA stehen. Hierzu gehört – bis auf die jüdischen Siedlungen – der Gaza-Streifen, aber nur drei Prozent der Westbank.

– B-Gebiete, in denen die PNA durch zivile Institutionen präsent sein darf, die aber militärisch von der israelischen Armee kontrolliert werden. Hierzu gehören 27 Prozent der Westbank.

– C-Gebiete, die vollständig unter der israelischen Besatzungsmacht stehen. Diese machen die restlichen 70 Prozent der Westbank aus.

Nach palästinensischem Verständnis der Oslo-Vereinbarungen sollte die PNA bereits in der ersten Stufe des israelischen Truppenabzugs 30 Prozent der besetzten Gebiete unter eigener Kontrolle haben. Bei Erreichen der dritten und letzten Stufe, die die Labour-Regierung (1992 – 1996) für August 1998 vorgesehen hatte, sollte Israel das gesamte Gebiet der Westbank – mit Ausnahme von Ostjerusalem, den Grenzzonen, den Siedlungen und »spezifizierten militärischen Orten« – verlassen haben. Abzüglich dieser besonderen Gebiete wäre das ungefähr 90 Prozent des besetzten Gebietes. Netanyahu ist aber nicht bereit, sich an diese Abmachung zu halten; er hat andere Vorstellungen.

Am 9.März 1997 hat das israelische Likud-Block-Kabinett beschlossen, den Palästinensern neun Prozent zusätzlich zu den bisherigen drei Prozent der A-Gebiete anzubieten. Faktisch bedeutet das israelische Angebot sogar nur den militärischen Abzug aus zwei Prozent der besetzten Gebiete, da die anderen sieben Prozent zu den B-Gebieten zählen. Diese sollen lediglich in die A-Kategorie verwandelt werden. Die PLO wird von allen arabischen Ländern in ihrer Reaktion unterstützt, weitere Verhandlungen unter diesen Bedingungen zu verweigern, weil dieses Angebot lächerlich ist. Hinzu kommt, daß Netanyahu die Auffassung vertritt:

– das gesamte militärisch freizugebende besetzte Gebiet dürfe 50 Prozent nicht überschreiten,
– keine Souveränität der Palästinenser, nur lokale Autonomie, also nur die Gewährung von Reservaten, und kein palästinensischer Staat.[2]

Neben die lokalen Widerstände treten die regionalen Hindernisse auf dem Wege des nahöstlichen Friedensprozesses. Die arabischen Staaten empfinden die Verweigerung der israelischen Unterschrift unter den Atomwaffensperrvertrag bei gleichzeitiger Fortsetzung der nuklearen Proliferation in Israel als eine Bedrohung.[3] Diese Fülle an Zündstoff zeigt die lokalen, regionalen und internationalen Dimensionen des Konflikts. Die angesprochenen Probleme bestanden schon vor Netanyahus Wahlsieg im Mai 1996, doch intensivieren sie sich seitdem.

Die Politik nahöstlicher Regierungen und auch die Bemühungen der Europäischen Union sowie der USA, den Friedensprozeß voranzutreiben, sind seit dem 31. Mai 1996 in eine Sackgasse geraten. In diesem Sinne gewinnt die Institution des Kronberger Symposiums, das die Bertelsmann Stiftung schon vor der Verschärfung der Situation im Januar 1995 eingerichtet hat, besondere Bedeutung. Eine ausgewählte Gruppe von arabischen, israelischen und europäischen Politikern und Experten engagiert sich im Rahmen des Kronberger Symposiums, Lösungen für einen Nahostfrieden zu entwickeln. Als diese Institution gegründet wurde, herrschte ein Optimismus, dem das Modell eines »Neuen Nahen Ostens« zugrunde lag.

In Kronberg forderte der Vizepräsident der Weltbank, Cajo Koch-Weser, im Januar 1995 ein »neues Paradigma für den Nahen Osten«. Trotz aller Engpässe hatte die Weltbank bis zu diesem Zeitpunkt von der nach dem Oslo-Frieden für den Aufbau der besetzten Gebiete versprochenen westlichen Hilfe von 2,3 Milliarden US-Dollar[4] schon 240 Mio. ausgeben können (davon 20 Mio. allein im Dezember 1994). Dennoch ist damit für die Palästinenser keine spürbare Verbesserung ihrer Lebensbedingungen einhergegangen. Vertreter der Autonomiebehörde in den besetzten Gebieten um den Planungsminister Nabil Scha'at sagten auf dem ersten Kronberger Treffen, daß nur eine solche Verbesserung ihrer Regierung Legitimität gegenüber den Fundamentalisten verleihen kann. Die Bejahung des Friedens durch die palästinensische Bevölkerung erfordert Legitimität für die Autonomiebehörde und diese ist nur durch Leistungen, nicht durch Rhetorik zu gewinnen.

Dem ersten Kronberger Symposium lag ein Strategie-Papier[5] von Professor Werner Weidenfeld und seinen Mitarbeitern von der Bertelsmann Stiftung zugrunde, das die Diskussion strukturierte. Es ging um vier Problembereiche, auf die sich die friedliche Neugestaltung des Nahen Ostens konzentrierte: Sicherheit, zivile Gesellschaft (Demokratisierung), regionale Kooperation und die Arbeit internationaler Institutionen (zum Beispiel Weltbank). Der zentrale Begriff für den Frieden, der sich aus den Überlegungen der Experten ergab, war der der »regionalen Kooperation«.

Die Vorstellung von einer regionalen Integration bildete bis 1996 den substantiellen Rahmen für die vom Westen befürwortete und anvisierte Friedenspolitik im Nahen Osten. Optimisten sahen eine Friedenslösung vor, bei der Israel wirtschaftlich in eine nahöstliche Gemeinschaft integriert werden sollte. Netanyahu hat diese optimistische Vision in Trümmer verwandelt. Dennoch wird diese Vorstellung weiterhin als Option bewahrt. Die Europäer wollen diese regionale Kooperation in einem mediterranen Rahmen umsetzen, als eine euro-mediterrane Ordnung, auf die ich noch näher eingehen werde. Dagegen bevorzugen die Amerikaner eine Strategie des »Neuen Nahen Ostens«.

Trotz der europäischen Präferenz für eine Mittelmeerpolitik ist auch die Entwicklung eines »Neuen Nahen Ostens« in Frieden für die Europäische Union lebenswichtig. Nicht, weil Europa aus dem südlichen oder östlichen Mittelmeerraum eine militärische Bedrohung erwächst. Eine solche Bedrohung existiert nicht. Zudem hat sich die Sicherheitspolitik nach dem Ende des Ost-West-Konflikts radikal geändert. Die Bedrohung Europas kann vielmehr durch die demographische Explosion und die Instabilität der sozioökonomischen Entwicklung im Nahen Osten erfolgen. Aus diesem Grund ist die Stabilität des für Europa lebenswichtigen Mittelmeerraumes von zentraler Bedeutung. Politische Krisen können eine Flut von Migranten und Flüchtlingen auslösen. Hinzu kommt die weiterhin bestehende Abhängigkeit Europas vom Nahen Osten in bezug auf die Energieversorgung.

Die Auswirkungen der demographischen Explosion, die automatisch von einer Verjüngung der Bevölkerung begleitet wird, sind im Hinblick auf bevorstehende Völkerwanderungen für Europa alarmierend. Zur Illustration möchte ich anführen, daß in Gaza 56 Prozent der Bevölkerung unter 16 und in Algerien 50 Prozent der 30 Millionen umfassenden Bevölkerung unter 20 Jahre alt sind; die ägyptische Bevölkerung nimmt netto alle acht Monate um eine Million zu. Für die anderen Länder der Region liegen ähnliche Zahlen vor. Die beschäftigungslose und unzufriedene Jugend ergibt ein Potential für Migration nach Europa und für die Bildung von verslumten Trabantenstädten – wie sie in England und Frankreich bereits bestehen.

Ein weiterer Aspekt der rapiden Verjüngung der Bevölkerung durch die extrem hohe Geburtenrate ist die Tatsache, daß die perspektivlose Jugend die Rekrutierungsbasis für aufbegehrende fundamentalistische Bewegungen bietet. Während sich die nahöstliche und maghrebinische Bevölkerung durch die beschriebene Entwicklung verjüngt, findet parallel dazu keine Elitenzirkulation in der Region statt. Die alten Eliten vergreisen, klammern sich jedoch an die Macht und blockieren jede Demokratisierung. Das »Generation Gap« ist eine der bedrohlichsten Zeitbomben im Mittelmeerraum. Die Entfaltung neuer Perspektiven für die Zukunftschancen der Jugend ist dringend erforderlich. Das gilt auch und vor allem für die Palästinenser. Deshalb ist die Sackgasse des Friedens eine Sackgasse der jungen Generation und der sich stets verjüngenden Bevölkerung.

Nahostfrieden und Mittelmeer-Sicherheit: Das Netanyahu-Debakel

Der Friedensprozeß im Nahen Osten gehört in den größeren Rahmen der Sicherheit des gesamten Mittelmeerraumes. Es geht also nicht mehr im engen Sinne um die israelisch-palästinensische Verständigung. Die Region muß sich aus eigener Kraft entwickeln und Europa kann und sollte hierbei Hilfestellung leisten. Die Bildung regionaler Networks, die dann eine mediterrane Dimension bekommen sollten, ist eine zentrale Voraussetzung dafür. Zwischen arabischen – speziell palästinensischen – und israelischen Politikern, wie dem Unterstaatssekretär Yoav Biran vom israelischen Auswärtigen Amt und dem palästinensischen Planungsminister Nabil Scha'at, entwickelte sich auf dem angeführten Kronberger Symposium von 1995 eine Debatte über die arabischen Ängste bezüglich der Bildung regionaler »Networks«: Angesichts des Entwicklungsgefälles fürchten die Araber – im Bewußtsein ihrer schwachen Position – eine israelische Dominanz. Ein im Gespräch angeführtes Beispiel der Integration des schwach entwickelten Portugals in die Europäische Union diente dazu, die arabischen Ängste zu entkräften. Entwickeltere EU-Staaten dominieren Portugal nicht; ganz im Gegenteil, sie helfen, die bestehenden Entwicklungsprobleme zu bewältigen.

Unter den europäischen, arabischen und israelischen Politikern und Politikexperten bestand auf dem ersten Symposium der Bertelsmann Stiftung Einigkeit darüber, daß das alte Modell des euro-arabischen Dialogs als Muster für die Zusammenarbeit mit dem Nahen Osten gescheitert ist. Der Grund hierfür ist die Tatsache, daß die jenem Dialog zugrundeliegende geopolitische Bestimmung des Nahen Ostens seit dem Golfkrieg der Geschichte angehört. Noch 1995 glaubte man, ein »Neuer Naher Osten« befinde sich in der Geburtsphase und sein neuer, umfassender geopolitischer Rahmen sei die Region des südlichen und östlichen Mittelmeers. Doch hat die Zeit gezeigt, daß das Modell vom »Neuen Nahen Osten« wenig Chance auf Realisierung hat.

Zur Geburtshilfe für die Umsetzung des Konzepts gehören die anvisierte Bildung eines palästinensischen Staates (vgl. Anm. 2) in den besetzten Gebieten nach Beendigung der israelischen Okkupation[6] und vorrangig die wirtschaftliche Entwicklung der Region.[7] Nicht zu vergessen ist das bereits angesprochene Problem der Lösung der Jerusalem-Frage sowie die Frage der Einbeziehung Syriens in den Friedensprozeß. Im Frühsommer 1997 scheint es so, als sei es eine Illusion zu glauben, Netanyahu werde sich unter amerikanischem Einfluß vom Anti-Friedensrhetoriker zu einem pragmatischen Politiker entwickeln. Selbst der Vermittler in der arabischen Politik, der moderate König Hussein von Jordanien, scheint nach der Har Homa-Krise diese Illusion aufgegeben zu haben. Nach den Provokationen Netanyahus in Ostjerusalem hat König Hussein am 9. März 1997 an Netanyahu in aller Deutlichkeit geschrieben:

»In aller Offenheit muß ich Ihnen sagen, daß ich Ihre wiederholt vorgetragenen Ausflüchte nicht mehr hinnehmen kann. Ich kann nicht länger Ihre Entschuldigung akzeptieren, daß Sie deshalb so handeln, weil Sie unter Druck und Zwang handeln müssen« (*The Economist* vom 15. März 1997, S. 46).

In demselben, englisch verfaßten dreiseitigen Brief wirft König Hussein Netanyahu vor, er verwandle den Friedensprozeß in ein »in der Ferne liegendes« Projekt, ja in eine Fata Morgana (»elusive mirage«) und treibe ihn somit indirekt »an den Abgrund des Blutvergießens und des Desasters« (ebd.). Netanyahu, der in einer 1995 erschienenen und 1997 unverändert neu gedruckten Schrift alle Araber gleichermaßen abfällig und vorurteilsbeladen in die Nähe des Terrorismus stellt[8], reagierte beleidigend, indem er den aus der Familie des Propheten stammenden König vor Journalisten als »instabil« bezeichnete.

Wie will Netanyahu den Frieden erreichen bei gleichzeitiger Ablehnung eines palästinensischen Staates in den besetzten Gebieten sowie jeglicher Zugeständnisse in Hinblick auf Jerusalem? Wie soll das möglich sein?

Die Leser dieses Buches wissen bereits, daß Netanyahu schon an der Madrid-Konferenz beteiligt war, mit der der Nahostfriedensprozeß eingeleitet wurde. In Madrid ging es um den Nahostfrieden als Grundlage für den »Neuen Nahen Osten«. Im selben Jahr,

1991, hatte die Bertelsmann Stiftung unter Führung von Werner Weidenfeld eine Pionierleistung erbracht, als sie Politiker und Experten zu dem großen Kongreß »The Challenge of the Mediterranean«[9] nach Barcelona einlud. Vier Jahre später, im November 1995, fand – ebenfalls in Barcelona – ein EU-Mittelmeergipfel statt, der von entscheidender Bedeutung für die Darstellung der europäischen Mittelmeerstrategie war. Die Überschneidung beider Projekte »Neuer Naher Osten« und »Das neue Mittelmeer« werden hier deutlich. Die Likud-Politik unter Netanyahu gefährdet beide Friedensprojekte.

Beim Nachdenken über die Umsetzung der Vision eines neuen Nahen Ostens in ein politisches Konzept sind die Lehren des Golfkriegs zu vergegenwärtigen. In Kapitel 4 habe ich gezeigt, daß der Friedensprozeß ohne den Golfkrieg undenkbar gewesen wäre. An zentraler Stelle stehen hierbei drei Erkenntnisse:
– Erstens, der Panarabismus als Rahmen für regionale Kooperation gehört gleichermaßen mit seinem Traum vom arabischen Einheitsstaat und von der arabischen Exklusivität im Nahen Osten der Vergangenheit an. Daraus folgt
– zweitens, daß Israel und die Türkei als Mittelmeerstaaten ebenso wie der Iran zum Nahen Osten gehören.
– Die dritte Erkenntnis hilft, den zu hohen Erwartungen an die Wirkung auswärtiger Akteure vorzubeugen. Der Nahe Osten hat – wie jede Konfliktregion – seine regionale Eigendynamik; die Konflikte müssen auch lokal und regional bewältigt werden, zumal auswärtige Hilfe Entwicklungen erleichtern und beschleunigen, nicht aber verursachen kann. Diese Einschätzung entlastet die USA nicht von ihrer großen Verantwortung im Nahen Osten, die im zehnten Kapitel noch näher erläutert wird.

Welche Rolle kann Europa bei der Vision eines »Neuen Nahen Ostens« spielen? PNA-Minister Scha'at sprach von Europas Rolle als »Mr. Peace« im Nahen Osten und drückte damit eine palästinensische Erwartungshaltung aus; auch der israelische Außenpolitiker Biran unterstrich auf dem Kronberg-Symposium von 1995 die erwartete größere und verantwortungsbewußtere Rolle Europas im Nahen Osten. Den Frieden können aber nur Araber und Israelis gemeinsam schaffen, Europa kann durch Hilfeleistungen den Prozeß fördern. Wichtiger als Europa sind die USA, weil sie über einen Schalthebel verfügen, mit dem sie Druck auf Netanyahu ausüben können. Dennoch: ein substantieller Frieden muß letztendlich auf Verhandlungen zwischen Palästinensern und Israelis basieren.

Europäische, arabische und israelische Politiker und Politikexperten erkannten in ihren Debatten bei dem angeführten Bertelsmann-Gespräch die Parallelität von nahöstlicher und mediterraner Sicherheit und Stabilität. Das fehlende Gleichgewicht von wirtschaftlichem Wachstum und Bevölkerungsentwicklung ist die Hauptquelle der Destabilisierung. Der Fundamentalismus darf nicht verengt als bloße Sensation terroristischer Tagespolitik[10] gedeutet werden, sondern muß als eine religiös-ideologische Reaktion weiter Teile der Bevölkerung auf Strukturprobleme[11], ohne deren Bewältigung es keinen Frieden gibt, gesehen werden. In diesem Zusammenhang ist es besonders erfreulich, daß sich die Einsicht auf dem ersten Kronberg-Symposium (1995) durchgesetzt hat, daß zum Frieden nicht nur wirtschaftliche Entwicklung und politische Vereinbarungen gehören. Auch kulturelle Erneuerungen sind zentrale Voraussetzungen für den Frieden, der nur in gegenseitiger Anerkennung, Demokratie, Rechtstaatlichkeit und marktwirtschaftlicher Gestaltung der Region gedeihen kann.

Es geht auch nicht nur um eine formelle, völkerrechtliche Anerkennung Israels durch die Araber, sondern – wie der prominente Jerusalemer Politikwissenschaftler Schlomo Avineri in Kronberg sagte – um die Legitimität der Juden, eine eigene souveräne Staatlichkeit im nahöstlichen, nicht mehr exklusiv-arabischen Staatensystem zu haben. Das erfordert eine Neudefinition des islamischen Toleranzbegriffs, wonach Juden und Christen zu tolerieren sind – jedoch nur als Schutzbefohlene (Dhimmi) ohne eigene Souveränität. Auf einer anderen, ebenfalls von Bertelsmann geförderten Veranstaltung, dem von Frank Wössner in der Londoner Westminster-Synagoge eröffneten jüdisch-islamischen Dialog, haben jüdische Dialogpartner eine ähnlich gerechtfertigte Forderung an die Muslime gestellt.[12]

In den vorangegangenen Kapiteln habe ich gezeigt, daß der nahöstliche Frieden ein komplexer Prozeß ist; er umfaßt nicht nur Fragen der Sicherheit und der wirtschaftlichen Entwicklung, sondern auch das soziale Generationsproblem und vor allem Fragen der Religion und Kultur und in diesem Bereich verankerte, historisch tradierte Konflikte. Gibt es eine realistische Chance für einen »Neuen Nahen Osten« in einem dauerhaften Frieden? Diese Vision ist durchaus rational. Ihre Durchsetzung erfordert allerdings einen hohen Einsatz und viel Geduld – doch die Zeit läuft davon! Die Friedensbilanz der Jahre 1993 bis 1997 nach Oslo war mehr als bescheiden. Wichtig war der prinzipielle Durchbruch, der mit Worten auch von der Likud-Regierung nicht in Frage gestellt, durch ihre Taten jedoch in der Substanz unterminiert wird.

Von den Visionen zur Realpolitik

Auch nach den nicht ermutigenden Wahlen in Israel im Mai 1996 bleibt die Herausforderung einer Friedenspolitik im Nahen Osten als eine Voraussetzung für einen friedlichen Mittelmeerraum bestehen. Hierbei wird erneut die Frage gestellt: »Hat der Frieden eine Chance?« Diese Frage habe ich bereits im zweiten Kapitel diskutiert, jedoch auch dort aufgrund der höchst komplizierten Lage keine eindeutige Antwort geben können. Meine Absicht war es, zunächst die Komplexität und die darin eingebettete arabische Position aufzuzeigen. Ist mir dies bisher gelungen, dann wissen die Leser, wie wichtig es ist, sich vor Vereinfachungen und vor dem damit zusammenhängenden Zweckoptimismus zu hüten! Im folgenden werde ich diese Diskussion unter neuen Gesichtspunkten wiederaufgreifen.

Es ist nicht falsch, eine Friedensvision für den Nahen Osten zu entwickeln; Visionen dürfen sich jedoch nicht zu weit von der Realität entfernen, wenn sie eine Wirkung auf die Politik haben wollen. Eine Perspektive des Friedens der Zivilisationen im Mittelmeerraum im Übergang zum 21. Jahrhundert muß hier der realpolitische Rahmen sein. Aus der Mittelmeerperspektive geht Europa der Frieden im Nahen Osten weit mehr an als die USA. Es trifft zwar zu, daß der seit dem Ende des Golfkrieges im Anschluß an die Madrid-Konferenz 1991 angelaufene Friedensprozeß auf amerikanische Initiative zustande gekommen ist, mit dem Ziel, einen neuen Nahen Osten ins Leben zu rufen. Von Europa aus betrachtet ist die Perspektive jedoch eine andere: sie ist euro-mediterran. Die Europäer müssen mit der Zeit lernen, ihr Schicksal und ihre Zukunft selbst in die Hand zu nehmen und selbständig zu werden. Amerika kann ihnen hierbei nicht immer helfen.

Frieden im Nahen Osten herbeizuführen, ist also kein leichtes Unternehmen und in unserer Gegenwart mehr eine, wenn auch rational zu begründende, Hoffnung als Realpolitik. Das wurde bereits auf dem zweiten Kronberger Symposium der Bertelsmann Stiftung im März 1996 deutlich. Nicht mehr Optimismus und die Rhetorik des neuen Nahen Ostens waren das Leitmotiv für dieses zweite Symposium, sondern Sicherheitspolitik und das erforderliche Crisis Management. Im März 1996 war noch die Labour-Regierung an der Macht und prominentester Israeli in Kronberg war der israelische Botschafter in den USA und Unterhändler bei den israelisch-syrischen Friedensgesprächen, Itamar Rabinovich.[13] Aber das zweite Kronberger euro-arabisch-israelische Gespräch über den Frieden im Nahen Osten stand im Schatten der Terroranschläge in Israel von Februar und März 1996.

Nach diesen Terroranschlägen sowie im Licht des Antiterror-Gipfels von Scharm al-Scheikh im März 1996 war die Hoffnung auf einen »Neuen Nahen Osten« nur noch gedämpft, – man neigte schon vor der Wahl Netanyahus eher dazu, mit Sorge vom Nahen Osten unter der Bedrohung des Terrorismus zu sprechen.

Der Direktor des Kairoer al-Ahram Center for Political and Strategic Studies, Abdel Monem Said Aly, brachte den Wandel auf den Punkt mit seiner Forderung:

»Benötigt wird ein Crisis Management; uns fehlen die erforderlichen Mechanismen zur Konfliktbewältigung.«

Den arabischen Muslimen haftet das Vorurteil an, sie sähen in allem »Qismet«, das Schicksal walten, Said Aly aber hielt daran fest, daß die Zukunft des Nahen Ostens offen sei, sie werde von der Reaktion der internationalen Gemeinschaft sowie der regionalen Staaten auf lokale Ereignisse und Herausforderungen abhängen. Er fügte hinzu:

»Um es klarzustellen, es wird weiterhin mehr Terrorismus und zwar gleichermaßen auf palästinensischer und jüdischer Seite geben.«

Auch ein Jahr später, 1997, behalten diese mahnenden Worte ihre Gültigkeit.

**Benötigt wird ein Crisis Management als Mechanismus
der Konfliktbewältigung – Der Nahe Osten
im Licht der Bedrohung durch den Terrorismus**

Auf dem zweiten Kronberger Dialog-Symposium zum Frieden im Nahen Osten (1996) wurde deutlich, daß sich die Reaktion auf die aus dem Terrorismus erwachsenen Herausforderungen nicht in einer auf »Policing« beschränkten Sicherheitspolitik erschöpfen darf. Drei Problembereiche rückten in den Mittelpunkt. Richtungsweisend war hierbei die Suche nach einer Antwort auf die Frage: »Wie können wir den Frieden retten?« Die drei Schwerpunkte waren:
– Sicherheitspolitik,
– wirtschaftliche Neugestaltung des Nahen Ostens und schließlich
– Demokratie und politische Kultur als Legitimitätsfrage unter den Bedingungen der sich strukturell und demographisch wandelnden nahöstlichen Gesellschaften.

Die Bewältigung dieser Aufgaben bildet den Rahmen für das benötigte neue Crisis Management für den Nahen Osten. Zunächst klingen die aufgelisteten Problembereiche sehr theoretisch; Politiker und Nahostexperten sitzen jedoch nicht im Elfenbeinturm. Sicherheitspolitik heißt hier konkret, wie regionale Staaten und die internationale Gemeinschaft politisch auf den Terrorismus[14] reagieren können – jedenfalls nicht so wie Netanyahu (vgl. Anm. 8). Die israelischen Gesprächspartner, wie der Politikberater Amos Elon, betonten ohne Polemik à la Netanyahu den Bedarf an einer resoluteren Politik der Autonomiebehörde unter Arafat gegenüber der Hamas.[15] Der palästinensische Planungsminister Nabil Scha'at warnte dagegen vor dem Teufelskreis von Rache und Vergeltung in der Politik. Diese Warnung vom März 1996 hat sich im März 1997 im Zyklus von Gewalt und Gegengewalt bewahrheitet. Die Likud-Regierung provoziert die Palästinenser. Die Folge ist Terror und Gegenterror. Und was die Spitze ist: Netanyahu macht Arafat dafür verantwortlich.

Hamas ist eindeutig keine einheitliche Bewegung mit einer konsistenten Politik. Beim Terrorismus geht es genaugenommen um den radikalen Flügel von Hamas, der mehr Stützpunkte im Ausland (z.B. in USA und England) als in Palästina selbst hat, und der den Friedensprozeß torpedieren will. Dieser Flügel greift auf den

Terrorismus als Instrument zur Durchsetzung seiner Ziele zurück. Es gibt jedoch auch gemäßigte Hamas-Fraktionen, die nicht in die Arme des Terrorismus getrieben werden sollten. Es ist falsch, wie Netanyahu zu verfahren und Fundamentalismus/Islamismus und Terrorismus gleichzusetzen (vgl. Anm.8 und 10). Ich möchte meine Ausführungen vom vorangegangenen Kapitel über diesen Gegenstand nicht wiederholen und mich hier auf den Terrorismus konzentrieren.

Seit den Terrorakten im Februar / März 1996 hat Israel die Grenze zu den besetzten Gebieten, nur mit partiellen Auflockerungen, abgeriegelt. Auf diese Weise werden ca. 130000 palästinensische Tagelöhner daran gehindert, in Israel ihrer Arbeit nachzugehen. Hieraus erwächst für die palästinensischen Familien ein Einkommensverlust von ca. 5 bis 6 Mio. US-Dollar täglich. Die Rache der Terroristen sind neue Bomben, auf die wiederum mit einer Verschärfung der Abriegelung und Vergeltung reagiert wird. Dies trifft aber die Falschen, das heißt nicht die Terroristen, denen es vielmehr hilft, Verbündete für ihre Sache zu rekrutieren und generell zu mobilisieren.

Nach Scha'at kann man unter namentlicher Identifikation der Täter nachweisen, daß alle in die vier Terroranschläge von Februar und März 1996 involvierten Selbstmord-Attentäter nicht aus dem Kreis der 130000 Tagelöhner kamen. Der PLO-Politiker Scha'at sagte ohne Ironie:

»Israel hat 1992/93 400 Hamas-Anhänger nach Mardj al-Zuhur in den Südlibanon deportiert. Sie wurden quasi als Stipendiaten dorthin versandt, um von der schiitischen Hizbullah den Terrorismus und ihre Ideologie der Selbstopferung zu lernen. Es ist nachweisbar, daß alle Selbstmord-Bomber zu jenem Kreis der Deportierten von 1992/93 gehören.«

Der Terrorist, der im März 1997 in einem Café in Tel Aviv eine Bombe explodieren ließ, war, wie die Israelis mit Hilfe der palästinensischen Sicherheitsbehörde herausgefunden haben, Mitglied einer jener Zellen, die von einem in den Südlibanon deportierten Hamas-Mitglied geleitet werden.

Alle palästinensischen Muslime sind sunnitisch. Bekanntlich verbietet die Djihad-Doktrin[16] des sunnitischen Islam die Selbsttötung und spricht Aktionen wie denen der Selbstmord-Bomber ab, ein Akt des Djihad zu sein. Anders ist es jedoch bei den Schiiten der Hizbullah (vgl. Anm.10).

Prominente arabische Teilnehmer des zweiten Kronberger Bertelsmann-Symposiums aus Politik und Publizistik stimmten dem palästinensischen Minister Scha'at zu, daß der Terrorismus nicht durch Vergeltung, sprich Abriegelung der besetzten Gebiete, bekämpft werden könne. Wichtiger sei es dagegen, schon die Rekrutierungspolitik von Hamas zu unterlaufen und gleichzeitig die »Support Systems« von Hamas auszuheben, die in Westeuropa liegen. Hierzu wird die wirkliche Kooperation westeuropäischer Regierungen dringend benötigt.

Bekanntlich kommen islamische Fundamentalisten, die die angesprochene Rekrutierungspolitik betreiben und die von Scha'at angeführten »Support Systems« tragen, nach Europa und erhalten hier politisches Asyl und sogar großzügige Sozialhilfeleistungen. In Kronberg wurde an den vom ägyptischen Präsidenten Mubarak auf dem Antiterror-Gipfel in Scharm al-Scheikh (März 1996) unterbreiteten Vorschlag erinnert, den Terrorismus direkt an seinen Unterstützungsquellen, nämlich in Europa selbst, zu bekämpfen. So wird der höchste Anteil des Jahresbudgets der Hamas in Höhe von 70 Mio. US-Dollar in England im Rahmen von sogenannten »Wohlfahrtssammlungen« bei der dort lebenden muslimischen Gemeinde aufgebracht; nur 5 Mio. US-Dollar bekommt die Hamas aus Iran! Dennoch redet man im Westen nur über iranische Zahlungen, schweigt sich hingegen über die Westeuropa-Logistik als »Support System« für Hamas aus. Auch dieser Tatbestand läßt sich in die Heuchelei westlicher Politiker einordnen (vgl. das Interview mit mir in: *DIE WELT* vom 20. Januar 1997).

Der ehemalige jordanische Ministerpräsident al-Rifa'i machte bei dieser Diskussion von 1996 auf den Widerspruch aufmerksam, daß manche europäische Staaten, vor allem Deutschland, einen kritischen Dialog mit Iran fordern, obwohl dieser den Terrorismus unterstützt, gleichzeitig aber nur eine Politik des »Crack Down« in bezug auf Hamas verlangen. Auch er erinnerte daran, daß es gemäßigte Hamas-Flügel gebe, mit denen man eine Politik des Dialogs im Kampf gegen den Terrorismus betreiben könne. Natürlich entbinden die Hinweise auf die strukturellen Ursachen der Terrors nicht von einer konkreten Politik zur Terrorismusbekämpfung. Jedoch muß die kurzfristige, auf Sicherheitspolitik im engen Sinne bezogene Politik von einer langfristigen Strategie gegen den Terrorismus begleitet sein, die seine strukturellen Ursachen in politischen, kulturellen und wirtschaftlichen Bereichen ins Visier nimmt.

Am zweiten Kronberger Symposium der Bertelsmann Stiftung nahm auch der damalige israelische Botschafter in Washington, der Politikwissenschaftler und international anerkannte Syrienexperte Itamar Rabinovich (vgl. Anm.13) teil. Bevor er Botschafter wurde, lehrte Rabinovich als Professor an der Universität. Kurz vor dem Kronberger Treffen führte er – wie erwähnt – die israelische Delegation bei den Verhandlungen mit Syrien in den USA an. In Kronberg sagte er, daß jede Antiterrorpolitik einen Friedensabschluß mit Syrien einschließen müsse. Schon damals hielt Rabinovich allerdings Assads Haltung des »Alles oder Nichts« für problematisch; sie stehe der Umsetzung des syrisch-israelischen Deals in eine politische Realität im Wege. Dennoch zeigte er sich überzeugt davon, daß es für Syrien keine Alternative zum Frieden gebe. Syrien trägt sicherlich zum Teil selbst die Verantwortung dafür, daß die Chance zum Frieden mit Israel – damals noch unter Führung von Schimon Peres – vertan wurde. Ein Konzept über eine Syrienpolitik gehört im Nahen Osten zum benötigten Crisis Management. Nach der Wahl Netanyahus hat Rabinovich seinen Botschafterposten in Washington niedergelegt, mit der Begründung, er könne die Likud-Syrienpolitik nicht mittragen.

Eine regionale Sicherheitspolitik kann – wie der Vizepräsident des jordanischen Parlaments und Ex-Premier al-Rifa'i hervorhob – zu einer »Kultur des Friedens« beitragen. Der Vizepräsident der Weltbank, C.Koch-Weser, bereicherte diese Überlegungen mit Ausführungen über die wirtschaftlichen Grundlagen des Friedensprozesses, die nicht nur regionale Kooperation, sondern vor allem die Wasserfrage betreffen.[17]

Bei der zweiten Kronberger Gesprächsrunde waren die Experten bereits vor dem durch Netanyahus Wahlsieg verursachten Erdbeben nicht mehr von der Euphorie des »Neuen Nahen Ostens« getragen, die ein Jahr zuvor noch dominiert hatte. Der libanesische, in Paris wirkende Politikberater und Nahostexperte Ghassan Salamé sagte nüchtern, der Ausgang der gegenwärtigen Periode des Übergangs sei auch im Nahen Osten offen, sie könne zu Demokratie führen oder zu mehr Autoritarismus beitragen:

»Wirtschaftliche Reformen führen nicht automatisch zu politischen Reformen, geschweige denn zu einer Demokratie westlichen Musters.«

Schon nach dem Golfkrieg habe ich die von Huntington verfrüht angekündigte »Dritte Welle der Demokratisierung« hinterfragt und dabei argumentiert, sie gelte nicht für den Nahen Osten.[18] Manch islamischer Fundamentalist meint, Terror sei die richtige Methode gegen undemokratische Regime.

Unterhalb der Oberfläche des Terrorismus lagern die tiefgreifenden Probleme der Region, die von der euphorischen Rhetorik des »Neuen Nahen Ostens« nur verdeckt wurden. Nach dem Ende des Kalten Krieges hat sich der Rahmen der nahöstlichen Sicherheitspolitik geändert; er gehört nicht mehr in die Problematik des Ost-West-Konflikts und des Wettbewerbs der Supermächte um Macht in jener Region. Diese Bereiche existieren nicht mehr. Es sieht so aus, als würden bestimmte Experten die nahöstliche Sicherheitspolitik seitdem auf die Terrorismusproblematik beschränken. Aber dies ist nicht nur verkürzt, sondern auch falsch.

Die auf den Kronberger Bertelsmann-Nahostsymposien diskutierten Problembereiche bilden die neuen Felder der gewandelten Sicherheitspolitik, die ich im folgenden anhand eines Harvard-Projekts[19], an dem ich selbst mitwirke, diskutieren möchte. Im Rahmen dieses von der Harvard University finanzierten türkisch-amerikanischen Projekts versammelten sich im Juni 1995 an der Middle East Technical University in Ankara Nahostexperten aus mehreren arabischen Ländern, aus Israel, der Türkei und Iran sowie aus den USA.

Sicherheitspolitik im Nahen Osten nach dem Kalten Krieg

Seit dem Golfkrieg bezieht sich die nahöstliche Sicherheitspolitik nicht mehr verengt auf den arabisch-israelischen Konflikt, sondern auch auf die innerarabischen Beziehungen vor allem in der Golfregion.[20] Der Nahostexperte Shamlan al-Essa von der Kuwait University ließ bei dem angeführten Treffen des Harvard-Teams keinen Zweifel daran, daß sein Land im Hinblick auf die eigene Sicherheit keinem anderen arabischen Land mehr trauen könne:

»Die Erfahrung einer Bedrohung durch ein anderes arabisches Land sitzt tief... Arabische Truppen sind zum Schutz von Kuwait willkommen, aber nur in Verbindung mit dem Westen. Wir vertrauen noch nicht einmal den Truppen des Golf-Kooperationsrates.«[21]

Der zitierte kuwaitische Wissenschaftler hat diese Einstellung vor internationalen Nahostexperten vorgetragen, die in Ankara die neue Sicherheitspolitik im Nahen Osten nach dem im arabischen Kollektivgedächtnis immer noch lebendigen Golfkrieg erörterten. Seit dem Golfkrieg und dem Ende des Kalten Krieges gibt es im Nahen Osten keine klaren Fronten der Freunde und Feinde mehr. Dies trägt zunächst zur Desorientierung bei. Unter den veränderten Bedingungen bestehen neue Gefahren und anders geartete Bedrohungen, ohne staatliche Fronten. In Ankara wurde gefragt: Wozu dann noch traditionelle Armeen? Und weshalb noch die anhaltende nahöstliche Beteiligung am Wettrüsten? Obwohl sich der Rahmen der Nahost-Sicherheitspolitik verändert hat, bleibt das Wettrüsten in jener Region bestehen.[22]

Die Leiterin dieses sicherheitspolitischen Projekts, Professor Lenore Martin[23] von Harvard, hat zu Beginn die Daten vorgelegt:

»Im Nahen Osten werden durchschnittlich 20 Prozent des Bruttosozialprodukts für Waffen ausgegeben. Im Durchschnitt verschlingen die Militärausgaben 54 Prozent des Regierungsbudgets aller Nahoststaaten. Das sind im weltweiten Vergleich die höchsten Rüstungsausgaben. Der Nahe Osten ist ein internationaler ›Basar für Waffen‹.«

Bei diesen hohen Militärausgaben bleiben nur wenig Mittel für wirtschaftliche Entwicklung, den Ausbau der Infrastruktur und zur Befriedigung der Grundbedürfnisse der Bevölkerung. Nun wird es in absehbarer Zeit keine arabisch-israelischen Kriege mehr geben, wie ich in den vorhergehenden Kapiteln ausführlich dargelegt habe. Es gibt aber immer noch Militärexperten – wie z.B. Cordesman – die glauben, auch nach dem Zerschlagen der Militärmaschinerie des Irak könnten die Golf-Araber noch nicht ruhig schlafen. Dennoch meine ich, daß zwischenstaatliche Kriege im Nahen Osten in unserer Gegenwart eher unwahrscheinlich sind (vgl. Anm.10 u. 11 zu Kap. 1). Es stellt sich jedoch die Frage: Wird es dem Nahen Osten besser gehen, wenn staatliche Bedrohungen nicht mehr existieren? Oder anders formuliert, wird sich der

Grundcharakter des Nahen Ostens, nämlich ein »Basar für Waffen« zu sein, erheblich verändern?

Die Sicherheitsexpertin Mary Morris von der Rand Corporation unterstrich auf dem zitierten Ankara-Treffen der Harvard-Gruppe, daß politische Stabilität eine stabile regionale Bündnispolitik erfordere. Aber die Definition der »Bedrohung« im Nahen Osten ist in unserer Zeit äußerst schwierig geworden, nicht etwa weil es diese nicht mehr gäbe, sondern vielmehr, weil sich der Charakter der Bedrohung angesichts der veränderten Weltlage völlig gewandelt hat. Eine der Hauptquellen der Bedrohung bezieht sich nunmehr auf innere Quellen der Destabilisierung, etwa durch das unkontrollierte Anwachsen der Städte, verursacht durch die ebenso unkontrollierte Landflucht und Verarmung der Bevölkerung.[24] Nahöstliche Städte verdoppeln oder verdreifachen ihre Größe parallel zu den unglaublich hohen demographischen Wachstumsraten. Iran hatte zur Zeit der Machtübernahme Khomeinis 35 Millionen Einwohner, heute sind es beinahe doppelt soviel, und in dieser Größenordnung wachsen vergleichsweise auch die türkische und die ägyptische Bevölkerung. Der nahöstliche Staat kann die Entwicklung in den Städten weder politisch noch institutionell unter Kontrolle halten. Bis auf die Ausnahme der relativ demokratischen Türkei bleiben als Garanten für Stabilität nur die blutrünstigen Geheimdienste, die ein Regime der Angst errichten. Syrien und Irak bieten für solche massiven Menschenrechtsverletzungen und Barbareien eindringliche Illustrationen.[25]

Die Unfähigkeit der Machthaber in der Region, mit den anstehenden Problemen fertig zu werden, macht ihre Legitimität sehr verletzlich. In dieser Situation ist der Islamismus die Hauptherausforderung an die Legitimität bestehender Regierungen. Indem er heilsideologisch eine Lösung der Krise auf seine Fahnen schreibt, delegitimiert er nahöstliche Staaten. Doch auch dies hat Grenzen. Selbst der an dem Ankara-Gespräch der Nahostexperten teilnehmende Teheraner Politikprofessor Hossein Saifzadeh hatte keine Hemmungen, offen zuzugestehen, daß auch das iranische Mullah-Regime an Legitimität einbüßen kann, wenn die versprochene Befriedigung der Grundbedürfnisse ausbleibt. Der Islamismus löst die Krise nicht; er potenziert sie. Der Iraner Saifzadeh räumte eine allgemeine Unzufriedenheit in seinem Lande ein, weil auch die Mullahs mit den neuen Herausforderungen nicht fertig werden.

Die Befreiung sicherheitspolitischen Denkens von der alten Schablone der zwischenstaatlichen Konflikte öffnet neue Perspektiven für die Erkenntnis der Wirklichkeit. »New Frontiers in Middle Eastern Security« hieß die neue Formel, auf deren Basis die in Ankara versammelten Nahostexperten des Harvard-Teams über Sicherheit im Nahen Osten im Übergang zum 21.Jahrhundert diskutierten. Den amerikanischen Organisatoren des Gesprächs gelang es, die Zusammensetzung der Expertengruppe nach der neuen umfassenden Definition des Nahen Ostens zu gestalten: Neben den Mitgliedern des arabischen Staatensystems[26] waren – wie erwähnt – auch Iran, die Türkei und vor allem Israel vertreten. Ein Repräsentant der Palästinensischen Autonomiebehörde, Dr. Said Assaf, saß friedlich neben dem Israeli Hillel Schuval, um in der erweiterten Gemeinschaft von Nahostexperten über die Zukunft der Region laut nachzudenken. Dies zeigt: Vernunft und Rationalität verbinden Konfliktparteien sehr wohl!

Keine exklusiv-militärischen Fragen, sondern neue Problemfelder

Ist die Zeit einer Überbewertung der militärischen Aspekte der Sicherheitspolitik im Nahen Osten überwunden, dann ist die Sicht frei für die Erkenntnis neuer »Issues«, neuer Problemfelder. Es sind dies: Legitimität, Aufstieg des Fundamentalismus, wirtschaftliche Instabilitäten, ethnische und religiöse Konfliktpotentiale, und vor allem die Wasserproblematik und die Versorgung mit natürlichen Ressourcen.

Der israelische Wasserexperte Schuval machte sowohl in Ankara als auch beim Folgetreffen des Harvard-Teams im Rockefeller-Center in Bellagio / Italien deutlich, daß sein Staat den Palästinensern mehr Wasser zukommen lassen müsse. Zur Zeit werden im Bereich der israelischen Staatshoheit jährlich 1,5 Milliarden Kubikmeter Wasser verbraucht, deren Quellen gemeinsam von Israelis und Palästinensern in Anspruch genommen werden, obwohl letzteren – bei steigendem Bedarf vor allem in Israel – nur ein Bruchteil dieser Menge zufließt. Schuval schlug vor, die nahöstliche Friedensregelung um die Regelung der Wasserfrage zu erweitern und zwar so, daß alle Wasservorkommen in der Region, einschließlich der Flüsse Euphrat, Tigris, Nil und Jordan (vgl.

Anm.17) einbezogen würden. Eine solche gesamtregionale Wasserordnung (vgl. Anm. 57 zu Kap. 2) gehört mit zu einer nahöstlichen Friedensregelung.

Die Türken waren immer für eine »Friedens-Wasserpipeline« und haben ihre Wasserressourcen anderen Nahoststaaten angeboten. Die Ägypter zeigen sich in diesem Punkt dagegen höchst reserviert. Der ägyptische Sicherheitsexperte Mohammed El-Sayed-Selim verschanzte sich hinter der geographischen Bestimmung, daß das Nil-Wasser afrikanisch sei, so daß seine Verteilung mit allen afrikanischen Anrainerländern geregelt werden müsse; dies würde die Möglichkeit einer Wasser-Pipeline vom Nil zum asiatischen Teil des Nahen Ostens analog zu der von den Türken anvisierten Wasserleitung von Euphrat/Tigris zur arabischen Halbinsel ausschließen.

Über die spezifische Problematik des Wassers hinaus unterstrich der früher in Oxford und jetzt in Harvard als Wirtschafts- und Sozialhistoriker für den Nahen Osten lehrende Roger Owen[27], daß eine umfassende Friedensregelung für den Nahen Osten eine wirtschaftliche Basis haben müsse, die alle Nahoststaaten einschließt und sie in eine europäische Mittelmeer-Wirtschaftspolitik integriert. In diesem mediterranen Rahmen ließen sich die ungeheueren wirtschaftlichen Herausforderungen an die Stabilität des Nahen Ostens am besten bewältigen. Diese wirtschaftliche Analyse wurde in dem Folgetreffen in Bellagio vertieft. Es ist wichtig, an dieser Stelle anzuführen, daß diese Israel und Europa umfassende Mittelmeervision bei den Arabern große Ängste auslöst; sie ist auch in Ankara auf Ablehnung gestoßen. Araber befürchten, ihre Identität zugunsten einer nahöstlich oder mediterran definierten Region einzubüßen.

Sicherheitspolitik im Nahen Osten wird oft auf tagespolitische Herausforderungen eingeengt. Das Nachdenken von Nahostexperten über das weit gefächerte Spektrum der angeführten neuen Problemfelder ermöglicht dagegen, über die engen Grenzen der Sicherheitspolitik hinauszugehen und weit in die Zukunft zu blicken. Der Frieden im Nahen Osten erscheint aus dieser Perspektive als eine weit größere Aufgabe als bisher angenommen wurde. Die Bewältigung der wirtschaftlichen Probleme sowie das Finden der benötigten Antworten auf die Frage der Legitimität[28] bestehender Regime gehören zu dieser Aufgabe. Der Erkenntnis der internen Gefahren und der Überwindung der engen Schranken der bisherigen Konzentration der Sicherheitspolitik auf das Militärische kommt ein zentraler Stellenwert zu. Das bedeutet jedoch keineswegs, daß die militärische Dimension vernachlässigt werden sollte; sie ist aber an den Rand gerückt. Dennoch gehört zum Frieden im Nahen Osten auch weiterhin die Rüstungskontrolle.

Die Lösung der Strukturprobleme muß zu einer vorrangigen Aufgabe werden; sie verspricht eine langfristige Perspektive dafür zu bieten, daß der Nahe Osten friedlich wird. Ein international überwachtes Regime zur Rüstungskontrolle im Nahen Osten wäre die erste Voraussetzung für die Freisetzung der bisher von den Militärs beanspruchten Ressourcen für die friedliche Entwicklung der Region. Erst dann würde der Nahe Osten aufhören, ein »Basar für Waffen« zu sein. Noch ist eine solche Perspektive jedoch nicht in Sicht.

Die Vorrangstellung nichtmilitärischer Faktoren als neue Problemfelder bei der Suche nach einem dauerhaften Frieden im Nahen Osten ruft die gegenwärtig international aktualisierte These von Kant vom ewigen Frieden ins Gedächtnis; nur demokratische Ordnungen sind demnach davor bewahrt, Krieg gegeneinander zu führen, sondern lösen ihre Konflikte stattdessen friedlich miteinander. Die Relevanz dieser internationalen Vergegenwärtigung der Kant'schen Vorstellungen vom »demokratischen Frieden«[29] für den Nahen Osten veranlaßt mich, dieses Kapitel mit der Erörterung eines in Istanbul geführten und skandinavisch geförderten euro-islamischen Dialogs über die »Bedeutung der Zivilgesellschaft für einen westlich-islamischen Frieden« fortzusetzen. In diesem Buch bringe ich die Auffassung zum Ausdruck, daß der arabisch-israelische Frieden auch für den Westen von großer Bedeutung ist, weshalb er ein »demokratischer Frieden« im Kant'schen Sinne sein müßte. Diese Idee hat auch die Europäische Union übernommen und, wie ich im letzten Abschnitt dieses Kapitels zeigen werde, zum Gegenstand der Fortsetzung des Barcelona-Mittelmeergipfels von 1995, diesmal mit einer Konzentration auf den kulturellen Dialog, in Den Haag (März 1997), gemacht. Zunächst aber die Istanbuler Debatte.

Eine Debatte über Zivilgesellschaft
in Istanbul

Die Vorstellung, daß der regionale Nahostfrieden ein Bestandteil des globalen Friedens ist, gehört zum Kerngedanken dieses Buches. Im Zeitalter der Zivilisationskonflikte[30] gehört der westlich-islamische Dialog zu den Instrumenten des Weltfriedens. In den westlich-islamischen Beziehungen haben die Schweden eine lange Tradition aufzuweisen. Im Gebäudekomplex der diplomatischen Vertretung Schwedens in Istanbul, in prächtiger Umgebung gelegen und von historischer Bedeutung, wurde im November 1996 ein wichtiger Dialog geführt. Dieser Gebäudekomplex liegt im Stadtteil Beyöglu in einer Allee namens Istiklal Caddesi (Straße der Unabhängigkeit), früher Grande Rue de Pera genannt. In dem Istanbuler Stadtteil Pera lebte einst die gehobene Klasse der nicht-muslimischen Ausländer; die Umbenennung in »Istiklal« / »Unabhängigkeit« unter Atatürk war zugleich symbolisch und politisch bedeutungsvoll. Zum besseren Verständnis meines Berichts über den euro-islamischen Friedensdialog führe ich zunächst einige historische Daten an:

Das alte Königreich Schweden war im 16. Jahrhundert eine Großmacht, die – im Wettstreit mit dem russischen Zarenreich – schon unter dem schwedischen König Johann III. Kontakte zu Sultan Murat suchte und ein islamisch-schwedisches Bündnis gegen die Russen anstrebte. Höhepunkt dieser Entwicklung war die Flucht des schwedischen Königs Karl XII. nach Istanbul: Nach seiner Niederlage in der Schlacht von Poltawa gegen Peter den Großen floh er 1709 in das Osmanische Reich und blieb dort bis zum Jahre 1714. Während dieser Zeit schmiedete er die schwedisch-osmanische Allianz gegen die Russen, die im Jahre 1739 zu einem Verteidigungspakt führte, – dem ersten Bündnis der osmanisch-islamischen Sultane mit einer westlich-christlichen Macht. Das heutige schwedische Konsulat in der Istiklal Caddesi (eröffnet 1757 und nach einem Brand 1870 erneuert) war die erste westliche diplomatische Vertretung in einem islamischen Land. Wenn sich nun skandinavische und muslimische Dialogpartner an diesem geschichtsträchtigen Ort treffen, um miteinander über die Zivilgesellschaft als interzivilisatorisches Bindeglied zwischen dem Westen und der Welt des Islam zu diskutieren, dann muß man diese Gespräche nicht nur wegen des traditionsreichen Gebäudes –

im Licht der westlich-islamischen Geschichte der gegenseitigen Annäherung sehen.

Im Gegensatz zu Deutschland kann das kleine Schweden bereits zwei großangelegte Dialogprojekte zwischen dem Islam und dem Westen vorweisen: im Juni 1995 in Stockholm und im Juni 1996 in Kooperation mit der jordanischen Königsfamilie in al-Mafraq / Jordanien. In al-Mafraq hat der jordanische König eine Universität gegründet, die den Namen der Prophetenfamilie trägt: die Al al-Bayt-University; dort wurde seinerzeit offen und pluralistisch über den westlich-islamischen Frieden debattiert. Die Bundesrepublik hatte einst, für November 1995, ebenfalls einen solchen euro-islamischen Dialog geplant, der bekanntlich von Bundesaußen-minister Kinkel abgesagt worden war (vgl. Anm. 44 zu Kap. 2), weil er sich einen solchen Dialog ohne den iranischen Außenmini-ster nicht vorstellen konnte. Der Bundestag hatte damals beschlos-sen, dieser den Terrorismus befürwortende Iraner dürfe nicht als Staatsgast nach Bonn kommen. Erst nach dem Mykonos-Gerichts-urteil im April 1997 in Berlin hat Kinkel einsehen müssen, daß sein »kritischer Dialog mit dem Iran« ein solcher mit Terroristen war.

Die anderen Europäer haben im Gegensatz zu den Deutschen einen höheren Grad an außenpolitischer Reife gezeigt. In Istanbul wurde im November 1996 der sich in Stockholm und al-Mafraq zunächst auf vertrauensbildende gegenseitige Zusicherungen westlich-islamischer Verbundenheit beschränkende Dialog von einem kleinen Kreis von Experten inhaltlich fortgesetzt. In dieser Runde wurde auch die nach dem Ende des Kalten Krieges wieder-belebte Debatte um Kants Entwurf eines ewigen Friedens fortge-setzt, insbesondere unter dem Gesichtspunkt der Beziehungen zwischen den Zivilisationen. Nach Kant hängt die Stabilität einer Friedensordnung davon ab, daß sie von republikanischen, das heißt demokratischen, Ordnungen getragen wird. In diesem Sinne haben amerikanische Demokratietheoretiker als Rahmen für das Zeitalter nach dem Ende des Kalten Krieges die Vorstellung von einem »Democratic Peace« / »demokratischen Frieden« entwor-fen. Aus dieser Perspektive ist die Förderung der Zivilgesellschaft in der Welt des Islam die Grundlage für jede Demokratisierung. Nun ist die »Zivilgesellschaft« eine westliche Idee[31] und die Welt des Islam befindet sich in einer »Revolte gegen den Westen«. Wie

könnte man diesen Teufelskreis unterbrechen, um den Weg freizu-
machen für eine Demokratisierung?

Die in Istanbul debattierenden Muslime – unter ihnen keine
Fundamentalisten – und ihre westlichen Dialogpartner stimmten
darin überein, daß die Formeln von einer »Islamisierung der
Demokratie« und einer »Demokratisierung des Islam« leere
Sprachhülsen[32] sind. Substantiell bildet erst die politische Förderung von Zivilgesellschaft und ihrer Institutionen einen inhaltlichen Beitrag zur Förderung der Demokratie in der Welt des Islam.
Hierin ist eine Strategie für einen westlich-islamischen Frieden zu
sehen, zu dessen Kern der Nahostfrieden gehört. Im Gegensatz zu
den Zeiten Karls XII. ist die westlich-islamische Annäherung diesmal nicht gegen eine dritte Macht gerichtet, sondern vom Ziel des
Weltfriedens zwischen den Zivilisationen geleitet.

Ein zentrales Problem im islamisch-westlichen Dialog besteht
darin, daß viele Westler nicht länger selbstbewußt zu ihren Werten
stehen[33], während die Muslime ihre Werte-Authentizität in den
Mittelpunkt stellen. In einem Dialog soll man eigentlich von einander lernen. Um es ganz offen zu sagen: in Fragen der Demokratisierung und der Zivilgesellschaft haben die Muslime mehr von
den Europäern zu lernen als umgekehrt. Das Problem ist nur, wie
ein türkischer Teilnehmer sagte, daß die Zivilgesellschaft von den
Europäern, die dieses Gemeinwesen bereits besitzen, nicht hinrei-
chend geschätzt wird, während die Muslime – und damit meinte
er die Säkularisten – die Zivilgesellschaft zwar nicht haben, sich
aber nach ihr sehnen. Am Beispiel eines anderen euro-mediterranen Treffens, diesmal der Europäischen Union in Den Haag, werde ich in diesem Kapitel abschließend noch zeigen, daß europäische Politiker diese Zusammenhänge nur unzureichend verstehen.

Für ein besseres Verständnis ist es wichtig zu wissen: Der Islam
kennt in seiner Doktrin den Begriff »Staat« (arab. »Daula«, türk.
»Devlet«) nicht; somit hat diese Zivilisation auch keine Tradition
der Abkoppelung der Staatsmacht von der gesellschaftlichen
Sphäre, also von der Zivilgesellschaft.[34] Der in Damaskus wirkende Philosoph und Religionskritiker Sadiq al-Azm[35] hat in Istanbul
auf die Spannung zwischen dem historischen und dem doktrinären
Islam hingewiesen. Zwar sei Historisierung im islamischen Bewußtsein und Denken nicht erlaubt, weil die islamische Wahrheit
als absolut gelte; dennoch habe es aber in der Realität einen von

der Doktrin freien »historischen Islam« gegeben, der nicht nur die Trennung von Gesellschaft und Staatsmacht, sondern sogar eine Säkularisierung zulasse. In der Tat stützt das Studium der islamischen Geschichte diese Einschätzung, zumal im Reich der Kalifen von Bagdad die Trennung von »Scharia« als göttlichem Gesetz und »Siyasa« als weltlichen Entscheidungsbereich des Kalifen in der Realität praktiziert wurde, obgleich diese Dualität der islamischen Doktrin widerspricht (vgl. Anm.34).

Politikorientiertes Denken ist kein akademisches Gerede, und so ging es in Istanbul auch nicht um die theoretische Forderung, daß die Freiheit des Individuums und die Pluralität der Institutionen – die Grundlagen der Zivilgesellschaft – garantiert werden müßten. Vielmehr ging es darum, ob diese Voraussetzungen in der Welt des Islam ansatzweise vorhanden seien und wie sie gefördert werden könnten. Der politische Islam, sprich der religiöse Fundamentalismus, ist heute eine wichtige Strömung; gerade er predigt die Einheit von Macht, Gesellschaft und Wahrheit und verkündet das Gegenprogramm zur Zivilgesellschaft. Ist die Folge hiervon eine Polarisierung zwischen den Fronten innerhalb der islamischen Gesellschaft? Um diese Frage auf die zentrale Thematik dieses Buches zu beziehen, möchte ich Netanyahus Anspruch, Israel sei die »Front der Demokratie gegen den militanten Islam« mit allem Nachdruck zurückweisen und unterstreichen, daß Dialoge wie der in Istanbul geführte Netanyahus Schwarz-Weiß-Malerei widerlegen. Netanyahus Gleichsetzung von Islam und Fundamentalismus wirkt sich verhängnisvoll auf jedes Friedensprojekt aus.

Der Ägypter Saad Eddin Ibrahim gehört zu den arabischen Muslimen, die den polarisierenden Tendenzen entgegenwirken. Er ist nicht nur Mitbegründer der »Arabischen Organisation für Menschenrechte«, sondern darüber hinaus in der Welt des Islam als Präsident des Kairoer »Ibn Khaldun-Center for the Promotion of Civil Society« bekannt (vgl. Anm. 21 zu Kap. 4). In Istanbul setzte er sich dafür ein, auf das islamische Erbe – vor allem auf Ibn Khaldun[36] – zurückzugreifen, um die Spannung zwischen Fundamentalismus und Zivilgesellschaft zu verstehen und »zu reduzieren«. Nach Ibn Khaldun vollzieht sich die islamische Geschichte im Kampf zwischen der Zivilisation der Städte (Madaniyya; abgeleitet davon heißt es im Arabischen »al-Mudjtama' al-Madani« / »Zivilgesellschaft«) und den Stämmen des Hinterlandes. Wenn die

Stämme die Stadt erobern, zivilisieren sie sich und werden selbst zum Gegner der unzivilisierten Stämme. Ibrahim weiß, daß es heute im islamischen Orient keine Stämme im traditionellen Sinne mehr gibt (mit wenigen Ausnahmen, wie dem Jemen und Saudi-Arabien). Ein Äquivalent für die Stämme sind heute die Slums in den Vorstädten, die die Zivilgesellschaft in den Städten bedrohen. Zur Illustration: In Marokko gibt es die Dichotomie vom Hinterland (al-Siba) der Stämme und dem Makhzan (staatliche Zentralautorität) der Städte. Für Ibrahim sind die Vorstädte von heute die al-Siba der Welt des Islam. Dort finden die Fundamentalisten ihre Basis. Ibrahim hat auf seine Feldforschungen in der Kairoer Vorstadt Inbaba hingewiesen, wo eine Million Menschen leben. Der ägyptische Präsident Mubarak sei, laut Ibrahim, verwundert gewesen, als er erfuhr, daß in Inbaba ein Gegenpräsident durch die islamische »Bay'a« / »Huldigung« gekürt worden sei. Analog dazu haben die palästinensischen Fundamentalisten in Scheich Ahmed Yasin ihre islamistische Alternative zu Arafat[37]; Yasin ist der Geist von Hamas und er befindet sich als politischer Gefangener in einem israelischen Gefängnis.

Nicht Polarisierung, sondern institutionelle Integration schlägt Ibrahim als Strategie für den Umgang mit der al-Siba der Fundamentalisten vor – dies gilt auch für Hamas. In Istanbul pries der ägyptische Säkularist und »Zivilgesellschaft«-Vorkämpfer die Türken, weil sie einem Fundamentalisten wie Erbakan ermöglicht haben, in den Institutionen mitzuwirken, ja sogar auf demokratische Weise die Macht zu übernehmen. Auf diesem Wege können sich Fundamentalisten, wie er meinte, von Zeloten zu demokratischen Politikern, also »von Taliban zu Erbakans« entwickeln. Das Beispiel Erbakans zeigt dagegen meiner Meinung nach, daß Fundamentalisten nur äußerlich Demokraten werden.[38] Dennoch trete ich – wie Ibrahim – für eine institutionelle Eingliederung der Fundamentalisten als Strategie gegen die Gewalt ein. Einschränkend muß ich aber hinzufügen: Extremisten lassen sich – wie ein Blick auf Algerien zeigt – institutionell nicht einbinden.

Die Deutung des Fundamentalismus ist sicher wichtig, im Mittelpunkt des skandinavisch-islamischen Dialogs standen jedoch eher andere Belange. Es geht vor allem darum, für die Politikkonzepte, die als Anleihen von anderen Zivilisationen übernommen werden, eine kulturelle Untermauerung im Islam zu finden. Das führt zu einer Wiederaufnahme der Frage: Wie können Zivilgesell-schaft und islamische Weltanschauung miteinander in Einklang gebracht werden?

Angesichts des auch in der Türkei um sich greifenden Islamis-mus als einer Spielart des religiösen Fundamentalismus möchte ich allgemein der Frage nachgehen, ob Islamisten an der Macht zu Demokraten und Fürsprechern der Zivilgesellschaft werden. Oben habe ich verneint, daß sie zu wahren Demokraten werden. Was unterscheidet die Erbakans hier von den afghanischen Taliban?

Nach Ibn Khaldun werden die wilden Stämme durch ihr Leben in der Stadt / al-Madina zu Städtern und somit zivilisiert; werden Fundamentalisten – nach diesem Schema – in den Institutionen »entwildert«? Der Kenner der politischen Situation in der Türkei weiß, daß die Refah-Fundamentalisten-Partei einen stetigen Marsch durch die Institutionen betreibt. Ob die Ibn-Khaldun-Par-allele hier ihre Geltung behält, oder ob die Fundamentalisten ihren Einfluß zur Entwestlichung der Türkei verwenden werden, ist eine Frage, die erst die zukünftige Entwicklung beantworten wird. Doch ein wesentlicher Unterschied zwischen den Erbakans der Türkei und den Taliban Afghanistans besteht in dem Grad der »Madaniyya« / »Zivilisiertheit«, der in der Türkei weit höher ist als in dem noch von primitiven Stämmen beherrschten Afghanistan. Auch die palästinensischen Hamas-Fundamentalisten sind nicht so primitiv wie die afghanischen Taliban-Zeloten, die aus dem Pasch-tunen-Stamm kommen.

Ungeachtet der vielfältigen Ausformung von Madaniyya inner-halb der islamischen Welt bleibt es für den am Dialog mit mode-raten Muslimen beteiligten Westen eine Gewißheit, die Skandina-vier haben es in Istanbul eindrücklich bekräftigt, daß Frieden für Europa heute Frieden mit der Welt des Islam heißt. Die Skandi-navier sind darüber besorgt, daß die Zahl der muslimischen Zuwanderer in Europa (zur Zeit 15 Mio.) sich allmählich der Gesamtzahl aller Skandinavier annähert. Von den Moscheen in Stockholms Vorstadt, dem Ausländerghetto Rinkeby, gibt es glei-chermaßen Imame, die zum Djihad aufrufen und solche, die ein friedliches Zusammenleben mit den Europäern predigen. Dieser innerislamische Dissens kann Europäern nicht gleichgültig sein; in Stockholm haben Experten und Politiker aus diesem Grund das von mir entwickelte Konzept des »Euro-Islams«[39] übernommen.

Darunter verstehe ich eine gleichermaßen liberale und laizistische Deutung des Islam, die diese Religion – als kulturelles System – in Einklang mit den westeuropäischen Verfassungen bringt.

Das schwedische Außenministerium hatte mein Konzept übernommen und mich eingeladen, nach meiner Rückkehr aus Harvard Ende April 1997, die Global Village Lecture in Stockholm über den Euro-Islam zu halten. Deutsche Politiker können viel von den Skandinaviern lernen. Die Siba gibt es nicht nur in den Vorstädten von Casablanca und Kairo, sondern auch in Stockholm, London und Paris – und nicht zuletzt auch in Deutschland. Aber deutsche Politiker scheinen für Lernprozesse nicht offen zu sein.

Anders verhielt sich die Europäische Union unter dem Vorsitz der Niederlande: Im März 1997 hatte sie die Problematik der »Zivilgesellschaft« zum Gegenstand des ersten seit dem Mittelmeergipfel von Barcelona[40] durchgeführten Kulturdialogs erhoben. Auf der EU-Konferenz in Den Haag sollten auch Israelis und Palästinenser über diese Thematik miteinander sprechen. Die von der EU mit internationalem Kurier an die Palästinenser gesandten Reisedokumente wurden vom israelischen Geheimdienst jedoch zurückgehalten, so daß – »aus technischen Gründen« – kein Palästinenser anreisen konnte. Allein der Präsident der al-Quds-Universität in Jerusalem, der in Harvard ausgebildete Philosoph Sari Nuseibeh, konnte an der Konferenz teilnehmen, – er hielt sich zufällig in Europa auf und konnte so von Athen aus in die Niederlande reisen. Dafür erschien in Den Haag eine monologisierende Likud-Delegation. Wenn dies das israelische Verständnis von »Dialog« und »Zivilgesellschaft« ist, dann dürfte es um den Frieden schlecht bestellt sein.

Wie in der Europäischen Union mit dem südlichen Mittelmeerraum über die Zivilgesellschaft debattiert wird: Dialog der Unehrlichkeiten

Seit dem Barcelona-Mittelmeergipfel im November 1995 wurde zwar in kleineren Folgeveranstaltungen viel über Politik und Wirtschaft verhandelt, es wurde aber nicht über Fragen des kulturellen Zusammenlebens beraten. Ist es vor diesem Hintergrund als Durchbruch zu werten, wenn auf Initiative der Niederlande Mitte März 1997 Delegationen aus den 15 Staaten der Europäischen

Union und aus 12 Staaten des südlichen und östlichen Mittelmeerraumes im niederländischen Parlamentsgebäude in Den Haag zusammengekommen sind, gerade um über Zivilgesellschaft und Multikulturalität als Leitthemen der Mittelmeerpolitik zu sprechen? Der Verlauf der Konferenz hat leider bestätigt, daß die Europäer immer noch nicht in der Lage zu sein scheinen zu verstehen, daß kulturelle Faktoren nach dem Ende des Kalten Krieges in der Weltpolitik eine zentrale Stellung einnehmen (vgl. Anm. 30). Frieden bedeutet – wie wir schon gesehen haben – einen Frieden der Zivilisationen. Wie in ihrer Permissivität in der Drogenpolitik scheinen die gegenwärtig regierenden Linksliberalen in Den Haag auch im Bereich der Verleugnung der Identität Europas eine »Führungsrolle« zu beanspruchen.

Die Niederlande hatten während der ersten Hälfte des Jahres 1997 den Vorsitz der Europäischen Union inne und fungierten zugleich als Initiator und Gastgeber des angeführten ersten euromediterranen Treffens über Fragen der Kultur. In Den Haag hat der stellvertretende niederländische Ministerpräsident Hans Dijkstal richtig verkündet, daß die Zivilgesellschaft das Bindeglied zwischen dem nördlichen und südlichen Mittelmeerraum sei. Das hätte ein guter Ansatz für einen Brückenschlag zwischen Europa und dem mediterranen Islam sein können, wie er zuvor in Istanbul versucht worden ist. Dies setzt aber ein ehrliches Bemühen beider Dialogparteien für die Geltung der Zivilgesellschaft an beiden Ufern des Mittelmeers voraus. Daß dieses Ziel zudem nur ohne die für die Europäer gegenwärtig kennzeichnende Selbstverleugnung (vgl. Anm. 33) und nicht mit schönen Festreden der Politiker erreicht werden kann, schien unter den Europäern in Den Haag leider keine allgemein verbreitete Erkenntnis zu sein.

Der niederländische Parlamentsvorsitzende P. Bukman eröffnete das Treffen mit einer Rede, in der er die niederländische Gesellschaft als eine solche der Minderheiten kennzeichnete, womit er meinte, daß es keine niederländische Kernbevölkerung mehr gebe. Um den Politikern des südlichen Mittelmeerraumes, aus dem die Migranten zum überwiegenden Teil kommen, zu gefallen, verleugnete der Parlamentssprecher die europäisch-holländische Identität seines Landes. Der Parlamentarier wurde dabei vom stellvertretenden Ministerpräsidenten seines Landes unterstützt, der die zitierte Beteuerung wiederholte. Dieser Auffassung widersprach der bei der Kanzlei des belgischen Ministerpräsidenten tätige Leiter des Büros für »Chancengleichheit und Antirassismus«, J. Leman. Er wollte dies für sein Land nicht gelten lassen und hob die Tatsache hervor, daß es in Belgien ohne Zweifel eine belgische Kernbevölkerung mit einer Leitkultur gebe. Gegen Rassismus und für gleiche Chancen für die Migranten sein, heißt sicher nicht, sich selbst, ja die eigene Existenz, zu verleugnen und dabei nur den anderen Geltung zu gewähren.

Wenn über Fragen von Wirtschaft und Politik verhandelt wird, scheinen europäische Politiker durchaus Sachrationalität aufzuweisen und geschäftstüchtig zu sein. In Fragen der Kultur herrscht jedoch vor dem Hintergrund der europäischen Wertekrise sowie der hiermit verbundenen Unsicherheit und Orientierungslosigkeit ein Diskurs, der durch Selbstverleugnung und Unehrlichkeit bestimmt ist. Der stellvertretende niederländische Ministerpräsident Dijkstal behauptete in seiner Rede allen geschichtlichen Fakten zum Trotz, im Mittelmeerraum habe es nie eine »Teilung«, sondern stets Harmonie gegeben. Dem stellte sich ein dänisch-protestantischer Theologe vom britischen »Centre for Christian-Muslim Relations« an die Seite, um die ignorante Geschichtsdeutung mit protestantischer Gesinnungsethik zu stützen.[41] Dieser Politiker beratende Theologe, Jørgen Nielsen, behauptete, daß es weder eine westliche noch eine islamische Zivilisation gebe, sondern nur eine Mittelmeer-Zivilisation mit einer nördlichen und einer südlichen Spielart. Vom Fundamentalismus als Störfaktor wollten westliche Politiker in Den Haag nichts wissen, weil ihre Amtskollegen des südlichen Mittelmeerraums diese politische Realität in ihren Ländern verleugnen, das Thema tabuisieren und zudem nicht wünschen, im Ausland darüber zu reden, obwohl gerade ihre Regierungen von Fundamentalisten existentiell bedroht werden. Nach außen stellen sie den Fundamentalismus lediglich als Störfaktor dar und weigern sich, darin ein strukturelles Problem zu sehen. Erfrischend wirkte bei dieser Veranstaltung die Rede der marokkanischen Wissenschaftlerin T. Ould-Daddah mit ihrer Stellungnahme, daß »der islamische Integrismus (Fundamentalismus) im Widerspruch zum Dialog-Diskurs zwischen dem nördlichen und dem südlichen Mittelmeerraum« stehe. Doch Politiker beider Seiten des Mittelmeerraums scheinen unter Kulturdialog eher die rhetorische Beteuerung von Gemeinsamkeiten und

nicht ein politisches Instrument zu verstehen, um die real bestehenden weltanschaulichen Unterschiede in konstruktiver Zusammenarbeit zu bewältigen. In den Arbeitsgruppen wurde jeder Versuch, über wirkliche Konfliktpotentiale und konkrete politische
Schritte zur Integration der Muslime in Europa zu sprechen, im
Keim erstickt.

Niederländische Politiker und andere europäische Entschei-
dungsträger haben zwar in Den Haag ihr Bekenntnis zur Zivilgesellschaft als Gegengewicht zum Staat in einer demokratischen
Ordnung bekräftigt. Aber die Struktur des unter dem Namen der
Europäischen Union im Parlament einer europäischen Demokratie
stattfindenden Dialogs stand in jeder Hinsicht im Widerspruch zu
diesem edlen Ziel. In den europäischen Delegationen waren Wissenschaftler und öffentliche Personen der nichtstaatlichen Institutionen vertreten. In den islamischen Delegationen waren in Verleugnung aller Prinzipien der Zivilgesellschaft – mit Ausnahme
der zitierten Ould-Daddah – nur Staatsrepräsentanten und keine
NGOs (Non-Governmental Organizations) wie Menschenrechts-
gruppen vertreten. Politiker, die zudem nicht demokratisch gewählt sind, eignen sich kaum, um über Zivilgesellschaft und demokratische Rechte zu sprechen.

Das Treffen in Den Haag wurde von den Niederlanden als der-
zeitigem Vorsitzenden der Europäischen Union getragen und –
nur formell – in Kooperation mit einem der EU nahestehenden
südlichen Mittelmeerland, nämlich Marokko, als »Co-Chair«
durchgeführt. Das mag äußerlich den Eindruck eines partner-
schaftlichen Geistes vermitteln, war in der Sache jedoch ein Schlag
gegen Demokratie und Zivilgesellschaft, weil der nicht nur von
Intellektuellen und Journalisten als Polizei-Despot gefürchtete marokkanische Innenminister D. Basri für den muslimischen Süden
sprach. Auch mit den anderen Delegationen aus dem südlichen
Mittelmeerraum war es nicht besser bestellt als mit der marokkanischen, unter ihnen waren keine Vertreter von Menschenrechts-
gruppen oder anderen NGOs. Die Niederländer haben in ihrer
Selbstverleugnung (wie sagte der Parlamentssprecher: »In den
Niederlanden gibt es nur Minderheiten«) den in ihren Reden rhe-
torisch hervorgehobenen Unterschied zwischen Staat- und Zivilgesellschaft in bezug auf andere in ihrer Politik entweder vergessen oder im Namen einer wertelosen Toleranz aufgegeben.

Es war erstaunlich, wie europäische Innenpolitiker sich von ihren keineswegs demokratiegeübten Amtskollegen des südlichen Mittelmeerraums belehren ließen, daß sie »dem Islam« einen zentralen Platz in Europa einzuräumen hätten, weil dies zur Demokratie gehöre, ohne darüber zu reden, welcher Islam gemeint sei. Es wird nicht als Einmischung in die inneren Angelegenheiten Europas empfunden, wenn nicht demokratisch gewählte Politiker des südlichen Mittelmeerraums über das Schicksal der aus ihren Ländern stammenden Zuwanderer in Europa mitreden dürfen. Aber kein europäischer Politiker hat es gewagt, sich zu Fragen der nirgendwo in den südlichen Mittelmeerländern existierenden Zivilgesellschaft zu Wort zu melden. Solche Wortmeldungen wären automatisch als eine Einmischung in die Innenpolitik dieser Länder zurückgewiesen worden. Es stellt sich hier die Frage, ob erkannt wird, daß von einer gegenseitigen Öffnung keine Rede sein kann. Wann begreifen europäische Politiker, daß Selbstverleugnung nicht zur Demokratie gehört und ihnen keinen Respekt im südlichen Mittelmeerraum einbringt? »Nur wenn der Westen sich nicht verleugnet, kann der Brückenschlag zum Islam gelingen.« Das ist der Untertitel meines *FAZ*-Essays (vom 4. November 1995) über den islamisch-westlichen »Wettkampf der Zivilisationen«.

Weil Politiker bei öffentlichen Auftritten nichtssagende Beteuerungen vorziehen und äußerst ungern substantiell über Probleme sprechen, wurde auch über das Verhalten der israelischen Likud-Behörden als Ursache für das Fehlen der Palästinenser bei der Konferenz in Den Haag kein Wort verloren. Kann man einem solchen Europa als Vermittler bei regionalen Konflikten, zum Beispiel bei dem Nahostkonflikt, Glauben schenken? Wird Europa bei dem auf den Nahen Osten zugeschnittenen Mittelmeerfriedensprojekt ebenso versagen wie es bei dem vier Jahre andauernden Bosnienkrieg jämmerlich versagt hat?

Nach dem EU-Kulturtreffen in Den Haag folgte im April 1997 eine Ministerkonferenz der EU in Malta, auf der der Friedensprozeß im Nahen Osten direkt angesprochen wurde, jedoch wiederum ohne konkrete Resultate. In Malta machten die Europäer der 15 EU-Staaten im Dialog mit den 12 südlichen Mittelmeerländern deutlich, daß von ihnen zur Rettung des Nahostfriedens nichts zu erwarten ist.

Auf dem Malta-EU-Ministertreffen ging es – ebenso wie zuvor in Den Haag – um die Neubelebung des in Barcelona 1995 beschworenen euro-mediterranen Geistes. Diesmal verlangten die arabischen Minister eine Stellungnahme von der Europäischen Union zum Friedensprozeß im Nahen Osten; sie erwarteten, daß die Europäer die gegen internationales Recht verstoßende israelische Siedlungspolitik verurteilen und den daraus erwachsenden Stillstand anprangern würden. Der amtierende EU-Ratsvorsitzende, der niederländische Außenminister van Mierlo, unterstrich, daß die Europäer keinen »offenen Streit« mögen und einen »positiven Verlauf« in Harmonie bevorzugen. Ebenso argumentierte der deutsche Außenminister Kinkel, der vor jeder »Verschärfung des Klimas«[42] durch eindeutige Stellungnahmen warnte. Es blieb bei diesen nichtssagenden Worten, ohne irgendwelche Handlungen einzuleiten, um eine tatsächliche Verschärfung der Krise im Nahostfriedensprozeß zu verhindern.

Dem amerikanischen Rat folgend, Nahost- und Mittelmeerpolitik auseinanderzuhalten, haben die EU-Minister versucht, den Nahostkonflikt zu verdrängen. Im Gegensatz dazu steht die berechtigte arabische Haltung, daß ein Mittelmeerfrieden ohne einen Nahostfrieden undenkbar ist. Dieser Sachverhalt – verbunden mit der Unfähigkeit der Europäischen Union zu einer gemeinsamen Nahostfriedenspolitik – hat laut dem *FAZ*-Korrespondenten in La Valletta / Malta zu folgendem geführt:

»Die Verquickung der Nahostkrise mit der Konferenz hat schon in Malta dafür gesorgt, daß das ehrgeizige Projekt einer Stabilitätscharta für den Mittelmeerraum bis auf weiteres auf Eis gelegt wurde.«[43]

Der ägyptische Außenminister Amru Musa hat in La Valletta die arabische Position klargestellt, daß es sinnlos sei,

»große Projekte für die Stabilität im Mittelmeer zu schmieden, solange der Friedensprozeß im Nahen Osten stocke« (ebd.).

Angesichts dieser Erfahrung möchte ich dieses Kapitel über europäische Mittelmeerpolitik aus der Perspektive des Nahostfriedens damit abschließen, daß das sich einigende Europa bei den Arabern große Hoffnungen als »Mr. Peace« (Nabil Scha'at) hervorgerufen hat, sich jedoch parallel dazu als unfähig zu einer eigenständigen Außen- und Sicherheitspolitik im Mittelmeerraum gezeigt hat. Es mag hämisch klingen, wenn ein Amerikaner die Ergebnisse des umfangreichen Gipfeltourismus europäischer Außenminister zwischen Den Haag, Brüssel, Rom, La Valletta / Malta und Madrid unter der Überschrift »Talk, Talk, Talk«[44] zusammenfaßt. Europäische Politiker sprechen vom Sparen, treffen sich aber unter großem Aufwand, wie ich es selbst in Den Haag erlebt habe: Reden, Plaudern, Schwätzen. Über »Talk, Talk, Talk« hinaus bringen sie nichts zustande. Die Schlußfolgerung ist, daß von Europa für den Nahen Osten nicht viel zu erwarten ist. Im Schlußkapitel 10 werde ich fragen, ob die USA als westliche Führungsmacht diesen Part übernehmen können. Ich glaube kaum, daß Europa in seiner gegenwärtigen desolaten Verfassung eine tatkräftige Außen- und Sicherheitspolitik betreiben kann, die dem Friedensprozeß im Nahen Osten zugute kommen könnte.

Ist der »neue Nahe Osten« eine Illusion?
Frieden bedeutet mehr als das Schweigen der Waffen:
Lehren aus der Vergangenheit –
Perspektiven für die Zukunft

»Ohne Ägypten kann für Israel keine bedeutende militärische Bedrohung durch irgendwelche Kombinationen der übrigen arabischen Staaten entstehen. In dieser Hinsicht ist die politische, ökonomische und auch militärische Rolle Ägyptens von einzigartiger Bedeutung. Darüber hinaus kann Ägypten das Aktionsfeld seiner Beziehungen zu den anderen arabischen Staaten einschränken. Ägypten kann es sich leisten, seine arabische Umwelt nicht zu beachten, die arabische Welt kann Ägypten nicht entbehren.«

P.A. Jureidini/R.D. McLaurin, »Beyond Camp David. Emerging Alignments and Leaders in the Middle East«, Syracuse / N.Y. 1981, S. 2.

»Israels Traum, die arabische Welt zu durchschneiden und das stärkste Mitglied ihrer Staatengemeinschaft aus dem Kampf für Palästina herauszunehmen, schien sich nun zu realisieren. Unglaublich dabei bleibt, daß dies sogar unter der chauvinistischsten Führung, die Israel je hatte, geschehen ist.«

David Hirst/Irene Beeson, »Sadat«, London 1981, S. 308.

Einführung

Auf dem Höhepunkt der durch das Har Homa-Siedlungsprojekt im arabischen Ostjerusalem im März 1997 ausgelösten Dauerkrise des Friedensprozesses besuchte der israelische Ministerpräsident Netanyahu in dem darauf folgenden Monat April Washington. Im Umfeld der Beratungen zwischen ihm und US-Präsident Clinton war vielfach die Rede von einer Auffrischung der Camp David-Formel, das heißt des Camp David-Friedens von 1978, als seinerzeit Verhandlungen zwischen den regionalen Konfliktparteien auf Gipfelebene stattfanden. Eine Voraussetzung hierfür war damals die Vermittlung des US-Präsidenten Jimmy Carter; heute ist Bill Clinton der Vertreter der einzig verbliebenen Supermacht.

Sowohl diese Aktualität der Camp David-Verhandlungen als auch der Bedarf, aus der Vergangenheit zu lernen, haben mich dazu veranlaßt, den Schlußteil dieses Buches diesem Gegenstand zu widmen. Zunächst blicke ich in Kapitel 9 in einer Retrospektive auf den zwei Jahrzehnte zurückliegenden Camp David-Frieden, um daraus in Kapitel 10 Schlußfolgerungen für die Gegenwart zu ziehen. Zudem nutze ich das neunte Kapitel dazu, Informationen über Ägypten, dem wichtigsten arabischen Land im Friedensprozeß, zu liefern.

In Kapitel 10 wird auch eine aktuelle Analyse des gegenwärtigen Stands des Friedensprozesses vorgelegt, die eine Skizze der überschaubaren Zukunftsperspektiven im Licht der Camp David-Erfahrung enthält. Hier nehme ich die zuvor aufgeworfene Frage nach den Möglichkeiten der USA, ihren Einfluß zum Druck auf die regionalen Akteure, vor allem auf Israel, einzusetzen, um den Konflikt friedlich zu lösen, wieder auf.

Ausgangspunkt ist die wiederholt angeführte, gleichermaßen in Weltliteratur und Fachveröffentlichungen stets wiederkehrende Tolstoi'sche Formel von »Krieg und Frieden«. In bezug auf den Nahen Osten hat der Oktoberkrieg 1973 zum Camp David-Frieden 1978/79 ebenso wie danach der Golfkrieg von 1991 zum Oslo-Frieden 1993 geführt. Die Leser, die die beiden ersten als Motto angeführten Zitate zu diesem Teil von Jureidini / McLaurin und Hirst / Beeson sehr sorgfältig lesen, werden verstehen, daß im Camp David-Frieden von Anfang an sehr wenig Friedensgeist herrschte. Es schien nicht nur so, daß es in Camp David eiskalt um politisches Kalkül ging, die späteren Ereignisse haben bestätigt, daß es so war. Dagegen versprach der Oslo-Frieden – zumindest von der Intention her – eine andere Qualität.

Als Fachwissenschaftler für internationale Politik, der zudem eine erhebliche Abneigung gegenüber Gesinnungsethik pflegt, weiß ich, daß Realpolitik in den internationalen Beziehungen mehr Gewicht zukommt als Wunschvorstellungen aus dem Bereich der Ideale. Dennoch bin ich der Auffassung, daß jede Realpolitik von Ethik geleitet sein müßte. Schließlich hat Max Weber uns gelehrt, daß Verantwortungsethik die Alternative zur Gesinnungsethik protestantischer Theologen ist. Aus dieser Perspektive finde ich im ägyptisch-israelischen Camp David-Frieden ausschließlich Realpolitik wieder. In Camp David hatten im September 1978 sowohl der militante Likud-Politiker Menachem Begin als auch sein ägyptischer Widersacher Anwar al-Sadat die beschränkte Stabilität ihrer Länder, nicht aber die gesamte Region im Auge. Keiner der beiden hatte eine den gesamten Nahen Osten umfassende Friedensvision, obwohl in dem allgemeinen Dokument »Framework for Peace« von einem umfassenden Nahostfrieden die Rede ist. Einzelheiten werden die Leser im folgenden Kapitel erfahren. Der einzige bei den Verhandlungen von Camp David, der ehrlich – wenngleich naiv – an einen gesamtregionalen Frieden dachte, war der amerikanische Präsident Jimmy Carter. Bei allem Respekt gegenüber diesem US-Politiker, von dem ich ein mir in seinem Carter-Center in Atlanta überreichtes, meiner Frau und mir persönlich gewidmetes Exemplar seines Nahostbuches »The Blood of Abraham« (Boston 1985) besitze, muß ich kritisch anmerken: Seine politische Ethik war nicht verantwortungsethisch genug. Als ich während meiner Gastprofessur in Princeton im akademischen Jahr 1986/87 nach einem Besuch in Atlanta mit dem mir von Carter gewidmeten Buch in der Hand stolz zu meiner Gastuniversität zurückkehrte, sagte mir einer der großen Princeton-Experten für internationale Politik: »Carter war der naivste Präsident, den wir je hatten.« Carter ist nicht nur an der mißlungenen Aktion zur Befreiung der Geiseln aus der amerikanischen Botschaft in Teheran, sondern vor allem an seinen eigenen politischen Illusionen gescheitert.

Sowohl Politiker als auch Journalisten diskutieren in Washington seit Anfang 1997 den Bedarf nach einer Wiederholung von Camp David. Deshalb scheint mir ein Vergleich mit Oslo legitim zu sein. Ganz im Gegenteil zu den als Separatfrieden zu charakterisierenden Camp David-Vereinbarungen ist der Oslo-Frieden zumindest in seiner ersten Konstruktion die benötigte Synthese von Realpolitik und Verantwortungsethik mit dem umfassenden Ziel eines in Frieden und Sicherheit sowie Prosperität aufzubauenden »Neuen Nahen Ostens«. Das war der Geist von Rabin und Peres und des mit ihnen die Hände schüttelnden Arafat. Im Gegensatz zur sehr aktiven und trotz aller Kritik zu würdigenden Rolle Jimmy Carters beim Camp David-Frieden hat Bill Clinton für den Oslo-Frieden nur eine Statistenrolle gespielt. Wenn es nicht allzu scharf wäre, könnte man Clinton als »Nutznießer« bezeichnen, weil er einen Erfolg für sich verbucht hat, für den er selbst keine substantielle Leistung erbracht hat.

Nach der Rückkehr des Likud an die Macht nach der Mai-Wahl 1996, in einer Zeit, in der der Frieden gefährdet ist, zeigt sich Clinton unfähig, den Zerfallsprozeß des Friedens aufzuhalten, ja, er hat sogar durch ein zweifaches Veto im Weltsicherheitsrat verhindert, daß Druck auf Israel ausgeübt wird, die Siedlungspolitik in Ostjerusalem einzustellen. Die Verurteilung der zerstörerischen Politik Netanyahus durch die UN-Vollversammlung konnte Clinton nicht verhindern, weil hier Mehrheiten gelten und Großmächte kein Veto haben.

In der schon zum Ausdruck gebrachten Intention, aus der Vergangenheit Lehren für die Zukunft zu ziehen, lautet mein in Kapitel 9 entfaltetes zentrales Argument, daß der Camp David-Frieden als Separatfrieden nur Israel durch die militärische Neutralisierung Ägyptens als Südflanke genutzt hat (»Flanke« ist ein militärischer Begriff; zum Beispiel war die Türkei die Südflanke der NATO gegen die Sowjetunion). Ich möchte dabei jedoch nicht bestreiten, daß der tatsächliche Nutzen in dem Sinne größer war, daß die angesprochene Herausnahme Ägyptens aus der arabisch-militärischen Front das Ende aller umfassenden arabisch-israelischen Kriege bedeutete. Aber wie ich bereits mit der Überschrift zu diesem Schlußteil angesprochen habe, bedeutet ein Schweigen der Waffen gewiß noch keinen Frieden.

Schließlich hat die militärische Undurchführbarkeit eines umfassenden arabisch-israelischen Krieges nach Camp David Israel nicht daran gehindert, weitere begrenzte Kriege gegen seine arabischen Nachbarn zu führen. Ein eklatanter Beweis hierfür ist der Libanonkrieg von 1982 sowie die beiden darauf folgenden, jedoch gescheiterten Katjuschakriege von 1993 und 1996, die in diesem Buch ausführlich erörtert werden (Kap.1 und 6).

In Camp David verfolgte der ägyptische Präsident Sadat, ebenso wie Begin, sein politisches Kalkül. Ägyptens Kriegswirtschaft stand damals kurz vor dem Zusammenbruch. Die Sowjetunion lieferte Waffen, konnte aber keine Wirtschaftshilfe gewähren. Um westliche Zahlungen zu bekommen, mußte sich Ägypten für Israel öffnen. Sadat war ein sehr fähiger Politiker. Der Oktoberkrieg diente ihm nur als Mittel dafür, eine gute Verhandlungsbasis für sein Land zu schaffen. Wir wissen heute, daß Sadat, 1973 wohlgemerkt noch ein Verbündeter der Sowjetunion, schon während der Kriegshandlungen im Oktober 1973 über »Back Channels«/ »geheime Kanäle« Kontakte zu Washington aufgenommen und eine Zusammenarbeit angeboten hatte. Die Amerikaner waren verblüfft und wußten nicht so recht, wie ernst sie dieses Angebot nehmen und wie sie darauf reagieren sollten. Heute bekommt Ägypten als Gegenleistung zum Frieden mit Israel US-Finanzhilfe in Milliardenhöhe, außerdem eine Weizenhilfe in Höhe von ca. 700 Mio. US-Dollar, die den Brotpreis in Ägypten niedrig hält und einen Massenaufstand der auf ca. 60 Mio. angewachsenen Bevölkerung verhindert. Wie William B. Quandt in seinem kleinen Buch »The United States & Egypt« (Washington D.C. 1990) gezeigt hat, sind die Vereinigten Staaten – für Ägypten ebenso wie für Israel – zum wichtigsten Geldgeber geworden. Die US-Finanzhilfe an Ägypten ist die Friedensdividende für Camp David. Reicht die Befriedung Ägyptens auf der Camp David-Grundlage, das heißt die Herausnahme des wichtigsten arabischen Staates aus einem kriegerischen Szenario, aus, um einen umfassenden Nahostfrieden zu erreichen? Ich glaube kaum!

Im Gegensatz zu den realpolitisch genau kalkulierten, auf einen begrenzten Frieden zugeschnittenen Camp David-Vereinbarungen sollte der Oslo-Frieden nur der erste Schritt für einen umfassenden Nahostfrieden sein. Die Versöhnung zwischen Palästinensern und Israelis auf der Basis gegenseitiger Anerkennung, zu der der jüdische Humanist Herbert C.Kelman entscheidend beigetragen hat, sollte nur die Grundlage für weitere Öffnungen zugunsten umfassender Friedensbemühungen im Nahen Osten sein. Die gegenwärtige Likud-Regierung unter Netanyahu versucht aber, aus diesem ersten Schritt bereits die endgültige Statusfestlegung für die Palästinenser zu machen. Dies bedeutet ein »palästinensisches Bantustan«, das heißt selbstverwaltete Reservate ohne Souveränität und unter israelischer militärischer Okkupation. Das ist kein Frieden, sondern ist noch weniger als der Camp David-Separatfrieden! Sowohl zeithistorisch als auch persönlich war dieses Buch ein Lernprozeß. Zu Beginn wollten unvoreingenommene Beobachter dem Friedensprozeß – auch unter Netanyahu – eine Chance einräumen. Die anhaltende Hoffnung nach dem Likud-Wahlsieg wurde jedoch durch die von den Ereignissen diktierte Einsicht abgelöst, daß eine Fortsetzung des Friedensprozesses unter Netanyahu für kaum noch möglich gehalten wird. Entsprechend habe ich im Sommer 1996 begonnen, dieses Buch in einem hoffnungsvollen Geist – im Sinne meines am 30. Mai im ZDF gegebenen Kommentars – zu schreiben. Doch mußte ich nach den ernüchternden Ereignissen nach dem 18. März 1997 zentrale Passagen dieses Buches neu überdenken und meinen Optimismus realpolitisch revidieren.

Kapitel 9

Der ägyptisch-israelische Camp David-Frieden – ein Modell? – Ägypten und Palästina zwischen Camp David und Oslo

Warum hat der Camp David-Frieden Israel gestärkt?

Auf den Hügeln von Maryland, in der Nähe der amerikanischen Hauptstadt, steht ein Haus, das dem amerikanischen Präsidenten als Zufluchtsstätte dient, in das er sich zur Erholung von dem hektischen politischen Alltag in Washington zurückziehen kann. Das Anwesen heißt Camp David. In den ersten Septembertagen des Jahres 1978 hatten sich in dieser Idylle der ägyptische Präsident Anwar al-Sadat und der israelische Likud-Ministerpräsident Menachem Begin als damalige Vertreter der Konfliktparteien mit US-Präsident Jimmy Carter in seiner Funktion als Vermittler getroffen. Nach zwölftägigen, höchst intensiven Verhandlungen hatten sich die beiden Kontrahenten mit der Formulierungshilfe ihrer Berater auf zwei Texte geeinigt, die als »Camp David Accords« international bekannt geworden sind: Einen über den Rahmen für einen umfassenden arabisch-israelischen Frieden und einen Entwurf eines ägyptisch-israelischen Friedensvertrags. Am 17. September 1978 hatten Sadat für Ägypten und Begin für Israel beide Texte unterschrieben. Jimmy Carter fügte jeweils seine eigene Unterschrift mit dem Vermerk »witnessed by« / »bezeugt von« hinzu. Der vervollständigte ägyptisch-israelische Friedensvertrag sollte bei den späteren »Blair House«-Gesprächen im Gästehaus der US-Regierung in Washington (Oktober 1978) in den Einzelheiten verhandelt werden. Hier ging es ausschließlich um den ägyptisch-israelischen Frieden. Von der Vision eines umfassenden Nahostfriedens unter Anerkennung der Rechte der Palästinenser war nicht mehr die Rede.[1] Der Vertrag trat am 26. März 1979 in Kraft.[2]
Das gesamte Verhandlungswerk von Camp David gilt seitdem

als Camp David-Frieden. Mit dieser Bezeichnung erlangte das kleine Anwesen auf den Hügeln von Maryland Weltruhm. Frieden im Nahen Osten folgte darauf aber nicht. Zehn Jahre nach Camp David schrieb der amerikanische Nahostexperte und einstige Berater von Jimmy Carter, der bekannte Politikwissenschaftler William B. Quandt, in der Einleitung zu einem von ihm herausgegebenen Sammelband ägyptischer, israelischer und amerikanischer Nahostexperten:

»Die Araber haben befürchtet, daß Israel noch aggressiver wird, wenn Ägypten durch den Frieden mit Israel neutralisiert wird ... Die politischen Ereignisse von 1981/82 haben diese Befürchtung reichhaltig belegt. Kurz hintereinander zerbombte Israel den irakischen Atomreaktor in der Nähe von Bagdad, dann erweiterte es die israelische Rechtshoheit auf die Golanhöhen, beschleunigte den Prozeß des Siedlungsbaus in der besetzten Westbank und schließlich erfolgte die höchst zerstörerische Libanoninvasion 1982.«[3]

Warum hat der Camp David-Frieden diese aggressive israelische Politik ermöglicht, statt den Frieden herbeizuführen?

Im Mittelpunkt dieses Kapitels stehen die historischen Hintergründe des Camp David-Friedens und dessen Inhalt und Ergebnisse. Der Versuch zu erklären, warum jener »Frieden« gescheitert ist, scheint mir für Lernprozesse aus der Vergangenheit relevant zu sein. Diese Relevanz hängt damit zusammen, daß dasselbe Muster als Modell für die Zukunft herangezogen wird. Ich werde im abschließenden zehnten Kapitel diese Diskussion über die Aktualität von Camp David und die Eignung dieses Friedensmusters als ein Modell für einen umfassenden Nahostfrieden im einzelnen aufgreifen.

Die USA als wichtigste Großmacht im Nahen Osten

Zentral am Camp David-Frieden sind zwei wichtige Tatsachen: zum einen der Auftritt der USA als internationaler Vermittler in jenem Friedensprozeß durch die Person des Präsidenten Jimmy Carter, zum anderen der amerikanische Unilateralismus, selbst zu den Zeiten des Ost-West-Konflikts und des damit verbundenen Kalten Krieges. Unter dem Begriff »Unilateralismus« versteht man in der internationalen Politik einseitige Handlungen eines Staates als politischer Akteur. Während des Ost-West-Konflikts galt die Regel, daß beide miteinander konkurrierenden Supermächte bei der Bewältigung regionaler Konflikte gleichermaßen beteiligt sein müßten. In Camp David wurde die damals noch bestehende Sowjetunion aber vollständig ausgeschaltet. Die Sowjetunion hatte damals wichtige lokale Verbündete (Syrien und die PLO) und hätte daher den Anspruch auf Mitsprache gehabt.[4] Der amerikanische Unilateralismus von Camp David ist heute, nach dem Ende des Kalten Krieges, als Potential strukturell überwältigend, kommt jedoch durch den inaktiven Präsidenten Clinton nicht zum Tragen.

Schon vor dem Oslo-Friedensprozeß und aus der Retrospektive von zwei Jahrzehnten haben Beobachter das Scheitern des Camp David-Friedens festgestellt. Im Mittelpunkt steht bei dieser Feststellung die Überlegung, welche Möglichkeiten die USA haben, wirksam und autoritativ die Bewältigung des Nahostkonflikts zu beeinflussen und friedliche Lösungen zu bieten. Der amerikanische Nahostexperte und Politikberater Seth P. Tillman hat sich nur wenige Jahre nach der Unterzeichnung der Camp David-Dokumente, bzw. der darauf folgenden Ausarbeitung des Friedensvertrags, kritisch zu diesem Gegenstand geäußert:

»Die Vereinigten Staaten sind bisher nicht in der Lage gewesen, durchführbare Lösungen für den Nahostkonflikt zu gestalten oder zu arrangieren. Dies war nicht deshalb der Fall, weil hier Probleme vorlagen, die komplexer als alle anderen waren ... Der Nahe Osten ... bleibt ein Kampfplatz für Krisen und potentielle Desaster sowohl für die Vereinigten Staaten als auch für die Völker dieser Region und noch mehr für den Rest der ganzen Welt.«[5]

Nun erhebt sich die weitere Frage: Wenn Camp David als gescheitert gilt, warum wird es dann heute überhaupt in Washington als Modell wieder ins Gespräch gebracht? Liegt das an der Unfähigkeit, die amerikanischen Möglichkeiten einzusetzen, Druck auf die Konfliktparteien, hier auf Israel, auszuüben? Oder ist das ein Indiz für den Erfolg der israelischen Politik der Intransigenz, das heißt der Unnachgiebigkeit?

Diese Fragen sind für unsere Gegenwart höchst relevant. Um diese und andere Fragen zu beantworten, ist es zunächst erforderlich zu erklären, was in Camp David seinerzeit geleistet worden ist und warum jenes Friedenswerk nicht zu einem umfassenden Friedensprozeß, sondern nur zur Stärkung Israels auf Kosten der Araber geführt hat. Nach meinem Wissen hat der jordanische König Hussein dem amerikanischen Präsidenten Clinton davon abgeraten, einen neuen Camp David-Gipfel anzustreben. Was hat ihn zu diesem Rat bewogen?

Zunächst ist der Camp David-Frieden mit dem Oslo-Frieden dadurch vergleichbar, daß er als Initiative der Konfliktparteien selbst und nicht durch die Supermacht USA zustandegekommen ist. Sadat hat nach dem Oktoberkrieg 1973 und der erfolgreichen »Shuttle-Diplomatie« von Henry Kissinger über Rumänien Kontakt mit der israelischen Regierung aufgenommen und anschließend die Weltöffentlichkeit mit seinem »Blitzbesuch« in Israel am 9. November 1977 überrascht. Dort hielt er vor der Knesset eine dramatische und bewegende Rede, in der er ein Friedensangebot unterbreitete.[6] In seiner Rede wiederholte er stets, daß er im Einklang mit dem Willen Allahs handele. Zur Legitimation seiner Handlung hatte sich Sadat, in der islamischen Tradition stehend, post eventum, das heißt nach dem Ereignis[7], eine »Fetwa« / »religiöses Rechtsgutachten« von dem Scheich der al-Azhar eingeholt, wonach ein Frieden mit Israel im Nachhinein islamisch zu rechtfertigen ist. Im Koran heißt es: »Wa in djanahu lil silm fa idjnah laha« / »Wenn Sie Dir Frieden anbieten, dann nimm dies an«.[8] Nun wurde der Frieden von Sadat, und nicht von den Israelis angeboten. Die Israelis haben das Angebot im Rahmen dieses Rollentausches angenommen. Erst nach diesem ägyptisch-israelischen Kontakt, das heißt nach der Eigeninitiative der Konfliktparteien, haben die USA als Vermittler die Bühne betreten. Ebenso verlief es beim Oslo-Frieden. In Kapitel 6 über den Oslo-Frieden habe ich gezeigt, daß es falsch ist, in der Person Präsident Clintons den Vater des Friedens zu sehen, wie er dies gerne hätte.

Sadats Motive
Obwohl ich als ein Muslim an den Koran glaube, gehe ich als Wissenschaftler und Nahostexperte im Sinne des islamischen Rationalismus nicht – wie viele Muslime – von Koranzitaten, sondern von meiner Vernunft und entsprechend von der Beobachtung der realen Politik aus. In diesem Geiste ist zu fragen, warum Sadat die

Friedensinitiative ergriffen hat und die Israelis diese angenommen haben. Was waren die Motive?

Fest steht, daß Ägypten sich seit den sechziger Jahren in einer wirklichen Krise befand, nachdem das nasseristische, als Sozialismus verkaufte, staatsinterventionistische Modell gescheitert war.[9] Ägypten brauchte dringend Finanzhilfe, die es nicht von seinem damaligen Patron, das heißt der Sowjetunion, sondern nur von den USA und den arabischen Petrodollar-Staaten erhalten konnte. Dies erforderte eine Kursänderung, das heißt den Wechsel vom Moskau-Lager zu einer prowestlichen Politik. Sadat wollte diesen Übergang aus einer Position der Stärke vornehmen, deshalb war der von ihm initiierte Oktoberkrieg von 1973 nur ein Schachzug in diese Richtung.[10] In jenem Krieg erlangte er die neue Legitimität »Batal al-'Ubur« / »Held des Überquerens«, das heißt des Überqueren des Suezkanals und des Siegs der ägyptischen Armee über die israelischen Truppen. Mit dieser neuen Legitimität wollte er den neuen Kurs in seiner Politik begründen.

Der Palästinenser Shibley Telhami glaubt, daß Sadat bei dem Kurswechsel mehr von der Suche nach einer Kompensation des Verlusts der panarabischen Führung seines Landes als von der damals bestehenden ökonomischen Krise geleitet wurde. Er führt aus:

»Eine alternative Erklärung ist der Hinweis auf den erfolgten Wandel in der regionalen Machtverteilung (im Nahen Osten) … Ironischerweise schien es (aus dieser Perspektive, B.T.), daß die Führung der arabischen Welt eher durch eine vorläufige Aufgabe des panarabischen Zieles, also durch einen Friedensabschluß mit Israel zu erlangen ist.«[11]

Sadat dachte, daß er nicht nur als »Held des Überquerens«, sondern auch als »Held des Friedens« / »Batal al-Salam« eine gestärkte arabische Welt führen würde. Er war besessen von der Überbewertung der Rolle der USA und dachte, daß ein ägyptischer Frieden mit Israel aus Ägypten einen Verbündeten der USA mache. Somit verlöre Israel sein Monopol auf das Bündnis mit den USA und Ägypten könnte einen prowestlichen Nahen Osten anführen. Auf dieser Basis sollte Ägypten unter Sadat die arabische Welt anders als Ägypten unter Nasser leiten. Mit diesen Absichten ging Sadat nach Camp David und handelte dort zwei Vereinbarungen aus:

- »Framework for Peace in the Middle East« / »Rahmenrichtlinien für den Frieden im Nahen Osten«: Dieses von Sadat, Begin und Carter unterschriebene Dokument sieht einen umfassenden Nahostfrieden vor, der auf der Basis der UN-Weltsicherheitsresolution 242 erfolgt und in den Jordanien und die Palästinenser einbezogen werden. Für die Palästinenser hatte Sadat das israelische Zugeständnis erlangt, eine graduelle Selbstverwaltung in den besetzten Gebieten anzustreben. Aber weder von einer Räumung der besetzten Gebiete, noch von einem palästinensischen Staat, noch von einer Lösung für Jerusalem war in den in Camp David formulierten Rahmenrichtlinien die Rede.

- Grundlagen für den ägyptisch-israelischen Friedensvertrag parallel zur Anerkennung der völkerrechtlichen Souveränität Israels durch Ägypten als Gegenleistung für die Rückgabe der seit dem Sechstagekrieg (1967) von Israel besetzten Sinai-Halbinsel sowie die Aufgabe der dortigen Siedlungen.

Das Wichtigste an diesen Vereinbarungen war damals wie heute die Durchsetzung der Erkenntnis, daß der Nahostkonflikt nur politisch, nicht aber militärisch gelöst werden kann. Der Hinweis auf die vier großen arabisch-israelischen Kriege im ersten Dokument sollte als Hintergrund für die Ausformulierung eben dieser Erkenntnis dienen. Das hat Israel aber nicht daran gehindert, den fünften Krieg – nach Invasion in den Libanon im Jahre 1982 – zu führen.

Entgegen den Erwartungen Sadats war die arabische Ablehnung total.[12] Von arabischer Seite wurde die Kritik geäußert, daß Sadat für die israelische Gegenleistung der Rückgabe des Sinai, die wichtigste arabische Karte für Verhandlungen mit Israel, das strategische Gewicht Ägyptens, preisgab. Ohne die militärische Macht Ägyptens kann kein arabischer Staat, auch Syrien nicht, ein Gegengewicht zu Israel bilden. Gegen Ägypten wurde der Vorwurf erhoben, der Camp David-Frieden diene ausschließlich zur militärischen Neutralisierung der israelischen Südflanke. Das spätere Verhalten Israels – vor allem im Libanon 1982 – hat, wie oben bereits erläutert, diese Vermutung nur mit Fakten untermauert.

Von palästinensischer Seite wurde Sadat vorgeworfen, er maße sich an, als Vormund der Palästinenser aufzutreten und ohne entsprechende Autorisierung für sie zu verhandeln, ohne dabei etwas zu erreichen. Wichtig ist hier, die deutschen Leser zu informieren, daß die arabischen Staaten ohne Ausnahme die Palästina-Frage und die Palästinenser stets für die Legitimierung ihrer eigenen Politik mißbräuchlich instrumentalisiert haben.[13] Eine der wichtigsten Lehren des Sechstagekrieges war für die Palästinenser, daß sie ihre Sache in die eigene Hand nehmen und sich selbst vertreten müssen. Herbert C. Kelman hat hierfür die Formel »Die Palästinianisierung des arabisch-israelischen Konflikts«[14] geprägt. Sadat kümmerte sich wenig um diesen nach 1967 eingetretenen Wandel. Der Palästinenser Telhami beschreibt das Resultat:

»Ägypten hat nicht genug bei den Verhandlungen (in Camp David, B.T.) versucht ... Zwei zentrale Faktoren prägten die Verhandlungsstrategie nachhaltig. Das Fehlen eines klaren Einvernehmens über den jüdischen Siedlungsbau in Westbank und Gaza und eine eindeutige Bindung der Normalisierung der ägyptisch-israelischen Beziehungen an einen Fortschritt bei der Erlangung der palästinensischen Autonomie« (Telhami, wie Anm. 11, S. 201).

Kurzum: Begin unterschrieb die beiden Dokumente, sowohl das über den umfassenden Frieden (enthält die Absicht einer Autonomieregelung) als auch das andere über den ägyptisch-israelischen Frieden. Seine Politik – vor allem bei den späteren Verhandlungen zur Ausformulierung des Friedensvertrages – zeigte aber deutlich, daß er nur an letzterem interessiert war.

Nach Camp David war keine Rede mehr von einer Lösung der Palästina-Frage. Kamal Hassan Ali (vgl. Anm. 1) und Boutros Ghali haben in den Blair House-Gesprächen versucht, eine Verbindung zwischen dem ägyptisch-israelischen Frieden und der Lösung der Palästinenser-Frage herzustellen. Wie der damalige Nahostberater Carters, William B. Quandt, schreibt, hat selbst Carter den Ägyptern offen gesagt: »Die Frage der Westbank und Gazas sollte einen Fortschritt beim ägyptisch-israelischen Friedensvertrag nicht verhindern.«[15] Quandt machte deutlich, daß Begin damals nicht bereit war, mehr als eine »unverbindliche vage Zusage« zu leisten, die Palästina-Frage zu lösen. Letztendlich haben die Ägypter und auch Carter nachgegeben und Begin war der Sieger. Sein Ziel war erreicht, weil Ägypten aus dem arabischen Spiel war. Der Camp David-Frieden blieb ein Separatfrieden. Mit anderen Worten:

Sadats Traum von einer Führung der arabischen Welt auf der Basis seiner Camp David-Leistung hat sich nicht bewahrheitet. Im Gegenteil, die ganze arabische Welt erhob sich gegen Ägypten und den »Verräter Sadat«. Auf dem arabischen Gipfel von Bagdad im November 1978 wurde Ägypten aus der arabischen Welt ausgegrenzt.[16]

Unvorhergesehen kam dann die islamische Mullah-Revolution im Iran, zu deren Ideologie der Kampf »gegen Juden und Zionismus« und die »Ausrottung Israels«[17] gehörte. Bis zum Golfkrieg wagte angesichts der um sich greifenden Politisierung des Islam und somit der »Islamisierung« des arabisch-israelischen Konflikts (vgl. Anm. 63 zu Kap. 2) kein arabischer Politiker mehr, Sadat beizustehen. Erst der Golfkrieg hat diese Situation in bezug auf Frieden mit Israel verändert (vgl. Kap. 4). Saudi-Arabien und Jordanien, auf die Sadat vorrangig als Mitstreiter gezählt hatte, wurden damals zu heftigen Gegnern. Gegenseitige übelste Beschimpfungen gehörten in jener Zeit zur innerarabischen Politik. Es schien so, als bräche ein neuer innerarabischer »kalter Krieg« wie jener zu Nassers Zeiten[18] aus. Dann wurde Sadat im Oktober 1981 von einem islamischen Fundamentalisten ermordet.[19]

Die Erkenntnis, daß Ägypten die Schlüsselfigur in der arabischen Region ist, ohne die kein strategisches Kalkül adäquat betrieben werden kann, gehört zum Grundlagenwissen über den Nahen Osten. Vor allem diese Erkenntnis hat die israelische Perspektive des Herausnehmens dieser Schlüsselfigur aus dem nahöstlichen strategischen Spiel geleitet und die israelische Zustimmung zum Camp David-Frieden bestimmt. Gerade die Unfähigkeit der amerikanischen Politiker zu verhindern, daß die in Camp David getroffenen Vereinbarungen in einem Separatfrieden münden, hat den Blick für eine umfassende Friedensperspektive im Nahen Osten blockiert. Die Camp David-Vereinbarungen erweisen sich nach zwei Jahrzehnten aus der Retrospektive als ein separater ägyptisch-israelischer Friedensvertrag, der die benötigte umfassende Lösung keineswegs versprach.[20]

Ich möchte hier die Einschätzung teilen, daß Israel sein gesamtes Kriegspotential im Libanonkrieg 1982 nur deshalb einsetzen konnte, weil seine Südflanke völlig frei und sicher war. Das für Nichtexperten verblüffende Ausbleiben von arabischen Reaktionen auf diese Invasion war seinerzeit nichts anderes als ein Zeichen der militärischen Ohnmacht angesichts des Fehlens des stärksten Gliedes in der arabischen Kette: Ägypten.

Aus der Retrospektive würde heute jeder Experte dem amerikanischen, in Princeton lehrenden Ägyptenexperten John Waterbury, zustimmen, der über Sadat schreibt:

»Er hatte wie ein professioneller Spieler (River Boat Gambler) seine letzte Karte in einer Situation gesetzt, in der er vor der Alternative stand, kaum Bedeutendes zu gewinnen oder alles zu verlieren. In diesem Sinne hatte er nichts Greifbares gewonnen.«[21]

Dennoch gilt Sadat als Wegbereiter des arabisch-israelischen Friedens; er hat hierfür mit seinem Leben bezahlt.

Ägypten und seine arabische Umwelt

Camp David hat Ägypten in seiner ökonomisch und demographisch hoffnungslosen Situation durch die US-Wirtschaftshilfe Erleichterungen gebracht.[22] Es ist gewiß richtig, daß der »River Boat Gambler« Sadat seine letzte Karte in jener aussichtslosen Lage ausgespielt hatte. Dennoch blieben die erhofften großen Verbesserungen für Ägypten nach der Überwindung der Kriegslast aus. Zunächst waren auch die Experten davon ausgegangen, daß die hohen Militärausgaben Ägyptens und Israels, die die Wirtschaft beider Länder erheblich belasteten[23], nach dem Camp David-Frieden hätten zurückgehen müssen. Dies ist jedoch nicht eingetreten, weil dem Friedensabschluß keine Abrüstung folgte.

Eine beliebte und sehr oft wiederholte Formel des »Spielers« Sadat lautete, daß 95 Prozent der Karten in den Händen der Vereinigten Staaten seien. Diese Formel bringt die ägyptische Wahrnehmung bei den Camp David-Verhandlungen zum Ausdruck. Sadat wollte über die USA einen partiellen Frieden erreichen, wohingegen die Palästinenser in Oslo unter dem Zeichen der »Versöhnung« direkt mit den Israelis verhandelten.

Die Bedeutung Ägyptens als das stärkste und wichtigste Glied in der arabischen Region ist hinlänglich bekannt. Ich möchte hier nicht bloß eine aktuelle, an der Oberfläche bleibende Erörterung des ägyptischen Gewichts im arabischen Staatensystem vornehmen. Vielmehr geht es mir darum, strukturgeschichtlich aufzuzeigen, wie Ägypten seinen Weg in die arabische Gemeinschaft gefunden und wie es in ihr seine Schlüsselstellung errungen hat.

Ägypten war nicht immer arabisch; es hat eine glänzende pharaonische Geschichte. Erst im Rahmen der Verbreitung des Islam wurde Ägypten von den Arabern 639 – 642 erobert und daraufhin islamisiert und gleichermaßen arabisiert. Durch die im Jahre 970 in Kairo gegründete al-Azhar (Moschee und Hochschule) gilt Ägypten als führender Teilbereich der Welt des Islam. Die al-Azhar ist die autoritative Instanz der Ausstellung von Fetwas/religiösen Rechtsgutachten im sunnitischen Islam. Das arabische Element in Ägypten ist also nicht neu, wohl aber die im Sinne des Panarabismus formulierte Identität des Landes als Teil der »arabischen Nation«; sie ist deshalb neu, weil die Idee einer »arabischen Nation« als eine nationale Gemeinschaft zweifellos ein Produkt der neueren Geschichte seit dem 19. Jahrhundert ist. Ägypten fand seinen Weg in diese panarabisch definierte Gemeinschaft relativ spät, wofür bestimmte historische Bedingungen ausschlaggebend waren.[24] Erst unter Nasser (1952 – 1970) wurde Ägypten volles Mitglied dieser Gemeinschaft, obwohl die Arabische Liga, auf Initiative Ägyptens, bereits vor der Nasser-Aera im März 1945 gegründet worden war.

Im Rahmen der Diskussion über Ägypten und seine arabische Umwelt werde ich im folgenden die Spannung zwischen drei sozio-politischen und kulturellen Zugehörigkeitskreisen in der neueren ägyptischen Geschichte untersuchen, nämlich zwischen dem Islam, dem Ägyptertum (al-Misriyya) und dem Arabertum (al-'Uruba), um dann zu zeigen, wie diese Spannung unter Nasser nach seiner Machtergreifung 1952 zugunsten der arabischen Identität entschieden und Ägypten zum Sprachrohr und Forum des Arabismus wurde. Die Zugehörigkeit Ägyptens zum afrikanischen Identitätskreis und zur Welt des Islam wurde im Vergleich zur arabischen Bestimmung des Landes sekundär. Nasser galt als der »arabische Bismarck«, der die arabische Welt nach dem deutschen Modell von 1871 gegen den Westen und Israel vereinigen würde. Nach Nassers Tod im September 1970 übernahm Sadat die Macht.

Unter Berücksichtigung der Epoche Nassers in der arabischen Politik erforderte die Friedenspolitik Sadats eine Politik der De-Nasserisierung und somit eine Neubestimmung der Identität Ägyptens. Besonders nach der arabischen, auf Camp David folgenden, Isolierung Ägyptens kann man eine Rückkehr zur ägyptischen Bestimmung der Identität des Landes, jenseits der panarabischen Zugehörigkeit, feststellen. Nur auf dieser Basis konnte auch die Politik des Separatfriedens mit Israel nach der arabischen Blockade weiter verfolgt werden. Ich möchte hier keine Wertungen zwischen dem Panarabismus und dem ägyptischem Patriotismus vornehmen, wenngleich ich Fouad Ajamis Kritik an der panarabischen Rhetorik durchaus teile.[25] Vor Camp David haben die Araber bei ihren Kaffeehausdiskussionen von den Ägyptern die Übernahme der Führungsrolle im »Kampf gegen Israel« erwartet, ohne selbst die hierfür erforderlichen Opfer zu bringen. Die arabische Ausgrenzung nach Camp David nährte lokal-nationale Sentiments gegen den Panarabismus. Als Reaktion darauf haben die Ägypter die Rollen getauscht und von ihren Kaffeehäusern aus von den anderen verlangt, ihrerseits Opfer zu bringen.

Wie jeder Konflikt hat der Nahostkonflikt seine regionalen und internationalen Akteure. Auf der arabischen Seite ist Ägypten der wichtigste regionale Akteur. Es mag manchen Leser erstaunen, daß die arabische Identität Ägyptens für die Ägypter keineswegs eine Selbstverständlichkeit ist. Sowohl in Ägypten selbst als auch in seiner arabischen Umwelt haben seit der Einführung des panarabischen Konzepts von der »arabischen Nation« in der zweiten Hälfte des 19. Jahrhunderts hierzu hitzige Debatten stattgefunden.

Von der anthropologischen Perspektive her waren allein die alten Bewohner der arabischen Halbinsel der vorislamischen Zeit genuine Araber. Nach der islamischen Religionsstiftung kann der Historiker zwischen zwei Strömungen der weltweiten Ausbreitung des Islam unterscheiden: zwischen einer Islamisierung, die zugleich eine vollständige Arabisierung beinhaltete, und einer Verbreitung des Islam, die die einheimischen Kulturen nicht hat verdrängen können.[26] Klassische Beispiele hierfür sind die Türkei und der Iran, die ihre eigenen vorislamischen Traditionen beibehielten, die also nicht nur nicht arabisiert werden konnten, sondern auch – im Falle des Iran – in der Form der Zwölfer-Schia eine eigene spezifische Islamauffassung entfalteten.

Die heutigen arabischen Länder des Vorderen Orients und Nordafrikas gehören zu den Gebieten, die fast vollständig arabisiert worden sind. Die Unterschiede zwischen Berbern und Arabern im arabischen Maghreb sind nicht anthropologisch und beruhen lediglich darauf, daß die heute als Berber bezeichneten Maghrebiner vorislamische Kulturelemente, vor allem ihre Sprache, beibehalten haben. In Ägypten verläuft die Trennlinie in der Bevölkerung zwischen Muslimen und Kopten, die die vorislamische christliche Tradition fortsetzen. Wie zwischen Berbern und Arabern bestehen zwischen ägyptischen Muslimen und Kopten – außer in der Religion – kaum kulturelle Unterschiede.

Trotz der parallelen Arabisierung und Islamisierung Ägyptens kann der Anthropologe, der dort Feldforschung betreibt, auf Spezifica stoßen, die die Ägypter von den anderen Arabern erheblich unterscheiden.[27] Der Orientalist Haarmann, der sich mit dem »Regional Sentiment« im mittelalterlichen Ägypten beschäftigt hat, ist zu dem Schluß gekommen, »daß der Islam die ägyptischen Bräuche nicht verdrängte und auch kein Recht hierauf oder einen Grund hierfür hatte«, und verweist auf die rurale ägyptische Tradition, die »den Spiegel der historischen Kontinuität und die Bewahrungsstätte des pharaonisch-gnostischen Erbes«[28] darstellt. Im Sinne der Anerkennung der großen kulturellen Vielfalt innerhalb der oft einheitlich dargestellten »arabischen Nation« lohnt es sich, diese Unterschiede näher zu beleuchten, um ihre Folgen für die Politik besser zu verstehen.

Vor der napoleonischen Eroberung 1798 gehörte Ägypten zum Osmanischen Reich. Nach der Evakuierung der französischen Truppen im Jahre 1801 wurde Ägypten unter der Herrschaft von Mohammed Ali seit dem Jahre 1805 zu einem faktisch unabhängigen Gebilde. Als erstes nahöstliches Land hatte es seine eigene Modernisierung eingeleitet. Europa war das Leitbild für diese Modernisierung und Ägypten ist das arabische Land mit den ältesten Verbindungen zur westlichen Zivilisation. In diesen historischen Rahmen gehört die Entstehung und die Entwicklung der kulturellen Identität des modernen Ägyptens.

Die historische Epoche zwischen der Napoleon-Expedition im Jahre 1798 und der militärischen Eroberung der politischen Macht durch die »Freien Offiziere« im Jahre 1952 kann als eine Zeit der Suche nach einer eigenen Identität charakterisiert werden. Fragen der Identität sind in unserem Zeitalter der zunehmenden Bedeutung der Kultur von entscheidender Bedeutung auch für den Friedensprozeß im Nahen Osten.

In der politischen Geschichte Ägyptens während der angesprochenen Epoche hatte sich eine Verbindung zwischen Islam und ägyptisch-nationaler Kultur entfaltet, die während der ersten Hälfte des 20. Jahrhunderts von einer Verbindung von ägyptischer Kultur und Säkularismus abgelöst wurde. Den liberalen ägyptischen Nationalisten ging es nicht mehr um die Modernisierung des Islam und um die Sicherung seiner Wirkung durch die Verbindung mit der lokalen Kultur, sondern um die Stärkung der ägyptischen nationalen Bewegung und deren Identität, die nunmehr als säkular begriffen wurde.[29]

Noch bevor der britische Kolonialismus Ägypten 1882 militärisch in seinen Herrschaftsbereich einbezog, hatte dieses Land zum kolonialen Einflußbereich gehört. Die ägyptischen Nationalisten, die gewiß keine Islamisten waren, blickten auf das islamische Reich der Osmanen als einen möglichen Verbündeten gegen das britische Kolonialsystem.

Der panarabische Nationalismus geht auf das Ende des 19. Jahrhunderts zurück und nahm von Syrien seinen Ausgang. Im Gegensatz zu den ägyptischen Nationalisten blickten die arabischen Nationalisten auf Großbritannien und Frankreich als mögliche Verbündete gegen das Osmanische Reich. Die syrischen Panarabisten waren Untertanen des Osmanischen Reiches, wohingegen die Ägypter vom britischen Kolonialsystem beherrscht wurden. Dadurch erklären sich die Differenzen zwischen beiden: den panarabischen, syrischen auf der einen und den lokalpatriotischen, ägyptischen Nationalisten auf der anderen Seite. Der panarabische Nationalismus galt in den Augen der ägyptischen liberalen Nationalisten als prokolonialistisch, weil seine Anhänger sich vor dem Ersten Weltkrieg mit Großbritannien und Frankreich, also mit den beiden damaligen Kolonialmächten, unter denen Ägypten litt, gegen das Osmanische Reich verbündet hatten. Dies erklärt auch, warum der panarabische Nationalismus vor 1952 keine Verbreitung in Ägypten, bzw. im arabischen Westen/Maghreb, gefunden hatte.

Obwohl Arabisch die Sprache des Landes war, betrachteten sich die Ägypter als eine selbständige Nation, die für ihre nationale Unabhängigkeit gegen das britische Kolonialsystem kämpfte. Daß Arabisch die Nationalsprache und der Islam die Religion der Mehrheit der Bevölkerung sind, änderte nichts am Festhalten an einer spezifisch-lokalkulturellen ägyptischen Identität und an einer ägyptisch-nationalen Kultur. Die beschriebene Situation änderte sich erst nach dem Staatsstreich vom 23. Juli 1952 durch die »Freien Offiziere«. Das Selbstverständnis dieser Offiziere, die vorwiegend aus dem ländlichen Kleinbürgertum kamen, war panarabisch; es gab keine Verbindungslinien zwischen ihnen und der ägyptischen verwestlichten Elite, deren Ideologie der säkulare Liberalismus und deren Identität in der lokalen ägyptisch-nationalen Kultur begründet war.

Der Offizier Gamal Abdel Nasser kämpfte im ersten arabisch-israelischen Krieg 1948 und schrieb danach seine programmatische kleine Schrift »Die Philosophie der Revolution«. Darin spricht er von drei Kreisen, zu denen Ägypten gehört: dem arabischen, dem afrikanischen und dem islamischen. Der ägyptische Zugehörigkeitskreis spielt bei Nasser also keine Rolle mehr. Nasser behandelt diese drei Zugehörigkeiten allerdings nicht gleichrangig. Zunächst schreibt er entschieden:

»Wir können auch nicht die Tatsache übersehen, daß ein arabischer Kreis besteht, der uns umgibt, und daß dieser Kreis ebenso ein Teil von uns ist, wie wir ein Teil von ihm sind, daß unsere Geschichte mit ihm verbunden ist, und daß seine Interessen mit den unseren vermischt sind. Das sind Tatsachen aus der Gegenwart und keine leeren Worte.«[30]

Im Anschluß erörtert Nasser die Zugehörigkeit Ägyptens zum afrikanischen und islamischen »Kulturkreis«, um dann zu gewichten:

»Ohne Zweifel ist der arabische Kreis der wichtigste und uns am engsten verbunden. Seine Geschichte verschmilzt mit der unseren. Wir haben die gleichen Nöte gelitten, die gleichen Krisen durchlebt, und wenn wir unter den Hufnägeln der Rosse von Eroberern fallen, so fallen sie mit uns und liegen mit uns am Boden« (ebd., S. 56).

Die Ideologie des »Bundes der Freien Offiziere«, dem Nasser angehörte, war aber nicht bloß säkular-arabisch-nationalistisch. Wir finden hier eine Mischung populistischer und religiöser Ideologien. Der Nasserismus war eine Ideologie[31], die religiöse Themen mit romantischen nationalistischen Methapern paarte und mit kleinbürgerlichen Gerechtigkeitsvorstellungen verband. Der Einfluß der deutschen Bestimmung der Nation als Kulturgemeinschaft war unübersehbar, wie ich anderer Stelle (vgl. Anm. 24) nachgewiesen habe. Nasser träumte davon, alle Araber in einem Staat zu vereinigen, und Bismarck diente ihm hierfür als Vorbild. Die Figur des islamischen »wahren Imam« findet sich in der säkularen Person des »arabischen Bismarck« wieder. Nasser galt als der lang ersehnte »arabische Bismarck«.

Unter Nassers Herrschaft 1952 – 1970 wurde die Identität Ägyptens arabisch-islamisch bestimmt und als ein Bestandteil der »arabischen Nation« eingeordnet. Mit dieser Neuorientierung erlangte Ägypten Legitimität für einen panarabischen Führungsanspruch. Im Mittelpunkt dieses Panarabismus stand der arabisch-israelische Konflikt und der vereinte Kampf der Araber gegen Israel. Zwei der wichtigsten arabisch-israelischen Kriege (der Suezkrieg 1956 und der Sechstagekrieg 1967) fanden während dieser Epoche statt.

Die bisherigen Ausführungen über die Identität Ägyptens sind zentral für das Verständnis der Rolle Ägyptens im arabisch-israelischen Konflikt. Vor dem Camp David-Frieden hatte Ägypten unter Nasser die arabische Führung gegen Israel übernommen. Der Tod Nassers im September 1970 hat ein Vakuum in der arabischen Welt hinterlassen, das für eine lange Zeit anhielt.[32]

In Vorbereitung des Separatfriedens von Camp David – Überwindung von Nassers Erbe

Während der Sadat-Herrschaft 1970 – 1981 hat sich in Staat und Gesellschaft Ägyptens ein wichtiger Wandel vollzogen. Unter Nasser war Sadat, der ebenso zum »Bund der freien Offiziere« gehörte, eine Randfigur; er stand stets im Schatten des »arabischen Bismarck«. Wenn man Sadats Persönlichkeit bedenkt, der zunächst als Kompromißkandidat von den anderen Offizieren als Nachfolger Nassers aufgestellt wurde, ist sein Bedürfnis nach Abgrenzung zu Nasser verständlich. Durch wichtige Schachzüge gelang es Sadat, sich als der »neue Imam« durchzusetzen. Die Persönlichkeit Sadats und die De-Nasserisierung sind nicht das Thema dieses Buches, weshalb die Ausführungen hierüber nicht vertieft werden. Uns interessiert die De-Nasserisierung hier nur im Zusammenhang mit dem veränderten außenpolitischen Kurs des Landes und seiner Stellung im arabisch-israelischen Konflikt.

Wie ich einleitend zu diesem Kapitel gezeigt habe, hatte Sadat den Oktoberkrieg 1973 vor dem Hintergrund seiner beabsichtigten außenpolitischen Kursänderung geführt. Hierbei griff er zunächst instrumentell auf die sowjetische Militärhilfe zurück, um dann Abstand von der Sowjetunion zu nehmen. Sadat wollte die Führung der arabischen Welt nicht mehr mit der Legitimität einer panarabischen Ideologie, wie einst zu Nassers Zeiten, sondern auf der Basis einer Annäherung an den Westen im Rahmen eines arabisch-israelischen Friedens. Wir haben gesehen, daß diese Rechnung nicht aufging. Sowohl vor Camp David als auch danach hatte Sadat die vom Staat dirigierte Bestimmung der politischen Kultur des Landes (z.b. durch die Kontrolle der Medien und des Erziehungswesens) in Richtung einer Ablösung des Landes von der Ideologie des Panarabismus gesteuert. Diese Richtung hatte sich massiv nach der ablehnenden arabischen Haltung von Sadats Vision eines prowestlichen Nahen Ostens herausgebildet. Sadat begann seitdem, die Ägypter als Träger einer seit der Zeit der Pharaonen bestehenden Hochkultur von den »arabischen primitiven Beduinen« abzugrenzen und eine ägyptische Identität hochzustilisieren. Ich möchte diesen Wandel näher erläutern, weil er Licht auf das Ende des Nasser'schen, auf den arabisch-israelischen Konflikt fixierten Panarabismus wirft.

Sadats Griff nach der Macht in Ägypten begann damit, daß er die unterschiedlichen Fraktionen, die ihn als Kompromißkandidaten ohne Befugnisse aufgestellt hatten, gegeneinander ausspielte. Sadat hatte zuvor die Armee und den Sicherheitsapparat für seine Pläne gewinnen können. Dadurch war es ihm gelungen, die gegnerischen Fraktionen zu neutralisieren, die er als »Marakiz al-quwwa« / »Machtzentren« denunzierte. Dann proklamierte er die »Korrektiv-Revolution« / »Thaurat at-tashih« von 1971 und leitete nach seinem Sieg eine Politik der De-Nasserisierung als Re-Liberalisierung ein, die er als »Infitah« / »Öffnung« bezeichnete.[33]

Außenpolitisch beinhaltete die Wende unter Sadat den Bruch mit der Sowjetunion[34] und die Ausweisung der sowjetischen Militärberater, auf institutioneller Ebene bedeutete sie die graduelle Auflösung der Staatspartei Arabische Sozialistische Union / ASU und die Wiedereinführung des Mehrparteiensystems (vgl. Anm. 33) und schließlich, auf panarabischer Ebene, führte sie zur ebenfalls graduellen Abkoppelung Ägyptens von seiner arabischen Umwelt.

In den westlichen Medien wurde Sadat nach Camp David über-
schwenglich gefeiert, und er sonnte sich in diesem Ruhm als der
»im Westen am meisten verehrte arabische Staatsmann seiner
Generation«.[35] Hirst und Beeson, die hierüber berichten, schreiben weiter über Sadat: »Nach seiner Auffassung hatte Nasser die
Rolle usurpiert, die das Schicksal eigentlich für ihn erkoren hatte«
(ebd., S. 50). Unter der Überschrift »The Nasser Complex« zeigen
seine Biographen einen wichtigen Teil der Persönlichkeitsentwick-
lung Sadats auf.

Die ideologische Kampagne der De-Nasserisierung wurde durch
den Doyen der ägyptischen Schriftsteller, Taufiq Hakim, mit seinem, charakteristischerweise in Beirut und nicht in Kairo erschienenen Buch »al-'Auda ila-wa'i« / »Die Rückkehr zum Bewußtsein«
im Jahre 1974 eröffnet. Hakim ruft darin zur Öffnung des Dossiers
über Nasser auf, um mit seiner Aera der geistigen Diktatur und
Geheimdienstherrschaft abrechnen zu können. Es folgten darauf
Dutzende von ägyptischen Büchern, in denen Sadat z.b. als »Ra'id
lil-ta'sil al fikri« / »Pionier der Wiederherstellung der intellektuellen Originalität«[36] bezeichnet wurde; auch zahlreiche Dissertatio-
nen wurden an den ägyptischen Universitäten verfaßt, oft mit dem
Untertitel »Dirasa fi fikr Anwar as-Sadat« / »Eine Studie über das
Denken Anwar as-Sadats«.[37] Noch im Jahre 1974 erschien eine
zentrale Veröffentlichung der Kairoer Geschichtsprofessorin
Nu'mat Fuad, in der sie nicht weniger verlangt, als die ägyptische
Geschichte im Rahmen der De-Nasserisierung neu zu schreiben.
Uns interessieren hier vor allem die neuen Akzente der Geschichts-
revision im Hinblick auf das Verhältnis Ägyptens zu seiner arabi-
schen Umwelt. Signifikant in diesem Zusammenhang ist, daß die
Kairoer Professorin Fuad damals für eine Rückbesinnung auf die
vom Arabismus unabhängige ägyptische Identität eintrat.

Fuad beklagt sich vor allem darüber, daß den Ägyptern unter
Nasser tagtäglich eingehämmert worden war, daß sie Araber seien,
wodurch ihre eigene kulturelle Identität verleugnet wurde.

> »Unsere Kinder mußten in den Schulen auswendig lernen: Ich bin
> Araber ... mein Vater ist ein Araber ... etc. Die aufrichtigen Ägyp-
> ter wiesen die Aufrufer und die Aufrufe zum arabischen Nationa-
> lismus ab, nicht weil sie diesen selbst ablehnten oder haßten, son-
> dern wegen der Art und Weise, wie ihre eigene Geschichte dabei
> verleugnet wurde.«[38]

Fuad weist auch auf die Unbeliebtheit der Ägypter als Panarabisten unter den Arabern hin:

»Die Araber glaubten uns Ägyptern nicht, wenn wir unser Arabersein betonten, und vermuteten Hinterhältigkeiten hinter dieser
Behauptung. Die Araber achteten uns nicht und glaubten uns auch
nicht ... Als wir Ägypter waren, respektierten uns die Araber und
sie mochten uns sogar« (ebd.).

Ganz offen greift Fuad die Schulgeschichtsbücher an, in denen die
vorarabische klassische ägyptische Geschichte unterschlagen
wird, und zitiert arabische Bücher, in denen die Unterscheidung
zwischen arabischen und arabisierten Völkern vorgenommen
wird; Ägypten ist für sie ausschließlich ägyptisch; sie bestreitet
schlicht das Arabertum (Uruba) Ägyptens. Ägypten sei immer
Ägypten geblieben. Das Ägyptertum ist für Fuad ein zentraler
Glaube:

»Ich kenne nichts außer Ägypten; ich glaube außer an Gott, an seine
heiligen Bücher und an seine Propheten nur an Ägypten« (ebd.,
S. 7).

Ein Ziel der zitierten Studie Fuads geht völlig konform mit der
Staatsideologie des ägyptischen Militärregimes in seiner neuen
Phase unter dem ägyptischen Imam Sadat, nämlich die Betonung
der Eigenständigkeit der kulturellen Identität Ägyptens. Ohne meiner bereits im Vorwort artikulierten Position untreu zu werden, als
ich die von israelischen Autoren vertretene Deutung des Arabismus als einen Reflex auf den Zionismus zurückwies, möchte ich
hier einräumen, daß der Panarabismus unter Nasser einseitig als
Frontstellung gegen Israel gedeutet wurde. Historisch ist es aber
falsch, den Nasser'schen Panarabismus und den panarabischen
Nationalismus im allgemeinen gleichzusetzen. Wie ich in meiner
Untersuchung von 1971, die seitdem in deutscher und englischer
Sprache (Anm. 24) als autoritativ gilt, gezeigt habe, geht der panarabische Nationalismus auf das 19. Jahrhundert zurück, während
der panarabische Nasserismus eine Ausgeburt von 1952 ist.

Parallel zu der neuen Staatsideologie, die auf eine Abkoppelung
vom Arabismus zielte, um den Camp David-Frieden zu legitimieren, hat Sadat durch seine Infitah / Öffnung vieles liberalisiert.
Dennoch bleibt eine Gemeinsamkeit zum ancien régime bestehen:

278

»In Sadats Ägypten, ähnlich wie seinerzeit im Ägypten unter Nasser, war die reale Macht stets auf das engste mit dem Militärpolizeikomplex und nicht mit irgendwelchen zivilen Institutionen verbunden.«[39]

Wie unter Nasser, blieb auch unter Sadat[40] die Domäne der Außenpolitik zentral für das politische System. Eine Konzentration der Energien auf die internen Probleme Ägyptens, die notwendig gewesen wäre, um sie bewältigen zu können, blieb ebenso wie eine Abrüstungspolitik aus. Auch nach der Ermordung Sadats ist Ägypten ein Land ohne Hoffnung geblieben. Die Erwartungen der ägyptischen Bevölkerung, der Friedensschluß mit Israel ermögliche eine Konzentration auf die Innenpolitik und somit gesellschaftliche Veränderungen, blieben unerfüllt. Auch unter Sadats Nachfolger, Hosni Mubarak, hat es keine Friedensdividende gegeben[41], dafür mehr Korruption als Begleiterscheinung einer angeblichen Liberalisierung.

Exkurs über Sprache und Kultur der Konfliktparteien

Die verbalen Schlammschlachten zwischen Sadat und seinen arabischen Gegnern im Anschluß an den Camp David-Friedensprozeß ähneln den Schlammschlachten zwischen Arafat und seinen Gegnern nach dem Oslo-Frieden. Diese rhetorischen Scharmützel sind für Europäer schwer zu verstehen, weshalb ich hier einen Exkurs über die Verwendung der Sprache in der Politik im Zusammenhang mit dem arabisch-israelischen Konflikt einbaue.

Wer des Arabischen mächtig ist, weiß wie zentral diese Sprache für die arabische Art zu denken ist. Grundsätzlich beinhaltet jede Sprache eine bestimmte kulturell-spezifische Art des Denkens und Artikulierens. Aus diesem Grund muß das Fachwissen von Regionalexperten, die die Sprache der Region, über die sie arbeiten, nicht beherrschen, stark angezweifelt werden. Dieser Vorbehalt wiegt gerade für Nahostexperten ohne Arabischkenntnisse schwer. Wer die Reden der dortigen Politiker und ihre offiziellen Verlautbarungen nicht im Original aufnehmen kann, der kann sie auch nicht adäquat deuten. Der bisherige Vertreter der Arabischen Liga in Bonn, der ägyptische Diplomat Hamdy M. Azzam, schreibt in einer in deutscher Sprache verfaßten Publikation über das Verhältnis der Araber zu ihrer Sprache:

»So ist z.B. die Sprache immer noch nicht nur ein einfaches Verständigungsmittel, sondern gilt als schöngeistige Kunst, die Menschen und Massen berauschen und in Euphorie versetzen kann.«[42]

Eine in diesem kulturell-spezifischen Kontext als Artikulationsmedium verwendete Sprache kann man nicht richtig verstehen, wenn man sprachliche Äußerungen, die »berauschen und in Euphorie versetzen« sollen, wortwörtlich nimmt. Hierin liegt eine zentrale Quelle der Fehlinterpretation arabischer Positionen zum arabisch-israelischen Konflikt, besonders wenn wortstarke, beängstigende, aber nicht mit Taten verbundene Drohungen ausgesprochen werden, die Westler oft wortwörtlich nehmen. Erfahrene westliche Politiker, die direkt mit ihren arabischen Ressortkollegen verhandeln, kennen – auch wenn sie selbst kein Arabisch sprechen können – den sprachlichen Unterschied zwischen geäußerter und verhandelter Position genau.

Einer der intimen Kenner der arabischen Region, der britische Publizist Patrick Seale[43] schrieb seinerzeit über die gegen Sadat gerichteten arabischen Wortgefechte richtigstellend:

»Alle Gegner von Camp David (Arafat eingeschlossen) wollen in Wirklichkeit den Frieden. Ihre Rhetorik bringt faktisch nur ihre Verärgerung darüber zum Ausdruck, daß Ägypten ihren Verhandlungsspielraum erheblich einengte, als es das Abkommen unterschrieb. Diese Gegner würden es lieber so formulieren, daß Ägypten durch Camp David die Chance einer israelischen Räumung der besetzten Westbank ein für allemal verspielt hat.«[44]

Auch den israelischen Politikern war dies klar. Israel verfügt über die besten sprach- und kulturkundigen Experten über die Region, die – wie zum Beispiel Emmanuel Sivan und viele andere – fließend arabisch sprechen. Diese Experten übersetzen für die israelische Regierung und ihre Institutionen die arabischen offiziellen Verlautbarungen und deuten sie dabei kulturell korrekt. Dennoch werden diese Äußerungen in der Öffentlichkeit häufig bewußt mißinterpretiert, um die aggressiven Handlungen Israels, wie die Libanoninvasion, als defensive Aktionen der »Selbstverteidigung« darzustellen.

Über diesen Gegenstand liegt eine erhellende Untersuchung des israelischen Historikers Benny Morris vor, der über die »arabische

Infiltration« während der Ben Gurion / Dayan-Ära gearbeitet hat. Es gab tatsächlich arabische Infiltration und die Anwendung von Gewalt, die jedoch in unverhältnismäßiger Weise von arabischer Rhetorik begleitet waren. Benny Morris zeigt, daß der damalige israelische Ministerpräsident Ben-Gurion und sein Verteidigungsminister Mosche Dayan diese »Infiltration« nicht eindämmen, sondern die arabische Propaganda nutzen wollten, um eine Eskalation zu inszenieren. Wie der jüdische Rezensent von Morris, Nachum Orland, das wertvolle Buch beschreibt:

»Israel hat auch mit Vergeltungsschlägen bewußt überreagiert ... Mosche Dayan und Ben-Gurion trieben bewußt zum Krieg ... Israel beginnt, sich mit seiner Vergangenheit auseinanderzusetzen. Morris gehört zu denen, die auf eine verfehlte nationalistische Politik hinweisen.«[45]

Orland schreibt mit Recht, daß die Gefahr eines Mißbrauchs »selbstkritischer Forschungen israelischer Historiker« hingenommen werden muß, und nicht davon abhalten darf, diese wichtige Arbeit zu tun. Wie wir selbstkritischen Araber den arabisch-israelischen Konflikt aufarbeiten, müssen auch die Israelis Ähnliches leisten. Die Enthüllung der bewußten Verwechslung von realer Gewalt und der Gewalt der arabischen Sprache, ist ein wichtiger jüdischer Beitrag zum Frieden. Die Werke von Benny Morris oder David Grossman ermutigen uns selbstkritische Araber.

Zurück zu Camp David: eine Inhaltsanalyse der Dokumente
Die bisher unterbreiteten Vorinformationen sind unentbehrlich, um die Camp David-Vereinbarung und ihre Relevanz bzw. Irrelevanz für eine noch anstehende umfassende Friedenslösung für den Nahen Osten zu werten. Es ist zunächst wichtig, genauer auf den Vertragstext einzugehen und Experten-Deutungen hierüber heranzuziehen, um auf dieser Basis die Frage zu stellen, ob Camp David eine über Ägypten hinaus, auch für unsere Zeit nach der Oslo-Vereinbarung relevante Friedenslösung bietet. Oder handelte es sich nur um einen Separatfrieden, der die Südflanke Israels abgesichert hat? In diesem Zusammenhang wird dann das Plädoyer des amerikanischen außenpolitischen Beraters und Regionalexperten, Seth P. Tillman, der an der Georgetown University in Washington

lehrt, zu diskutieren sein, daß die Friedensverantwortung für den Nahen Osten bei den USA liegt. Im folgenden Kapitel werde ich diese Erkenntnis am aktuellen Gegenstand der Nahostpolitik unter Clinton erneut aufgreifen.

Der ägyptisch-israelische Friedensprozeß ist in drei Stufen realisiert worden: Er wurde durch Sadats Blitzbesuch in Jerusalem am 9. November 1977 eingeleitet und durch die ägyptisch-israelisch-amerikanische Gipfelkonferenz mit der Camp David-Vereinbarung vom September 1978 als Ergebnis fortgeführt. Nach der Ausarbeitung des Textes im Gästehaus der US-Regierung, Blair House, wurde am 26. März 1979 schließlich der formelle ägyptisch-israelische Friedensvertrag unterschrieben. Sadats Rede vor der israelischen Knesset am 9. November enthielt substantiell nur ein Friedensangebot an Israel. Wichtiger dagegen sind die Camp David-Vereinbarung (zweiteilig) und der völkerrechtlich verbindliche ägyptisch-israelische Friedensvertragstext (vgl. Anm. 2). Der erste Text der Camp David-Vereinbarungen, der »Framework«, enthält die Zusicherung, daß »eine gerechte, umfassende und dauerhafte Lösung des Nahostkonflikts« anzustreben sei.[46] Einer der Vereinbarungsabschnitte befaßt sich mit den Palästinensern, worin eingeräumt wird, daß die Westbank und der Gazastreifen palästinensisch sind, bzw. daß Jordanien und die Palästinenser »bei Verhandlungen über eine Lösung des Palästina-Problems, die alle Aspekte einschließt« einbezogen werden müßten. Der zweite Teil der Camp David-Vereinbarung, »Egypt-Israel«, und der komplementäre, abschließende Abschnitt »Associated Principles« befassen sich ausschließlich mit den ägyptisch-israelischen Beziehungen. Wie ich bereits unterstrichen habe: Der Separatfrieden mit Ägypten war das Hauptmotiv von Begin, überhaupt nach Camp David zu gehen. Darauf folgte der ägyptisch-israelische Friedensvertrag vom 26. März 1979. Darin wird die Rückgabe der Sinai-Halbinsel an Ägypten bzw. die Gestaltung der ägyptisch-israelischen Beziehungen geregelt. Die damalige israelische Likud-Regierung hat jede Verbindung von Fortschritten bei der Konfliktbewältigung mit dem ägyptisch-israelischen Friedensvertrag bei den Blair House-Gesprächen abgelehnt.

Von Camp David blieb letztlich nur der Teil des ägyptisch-israelischen Friedens mit praktischen Auswirkungen übrig. Aus der

Verlautbarung, daß das Ziel eine »gerechte, umfassende und dauerhafte Lösung des Nahostkonflikts« sei, die ja primär das Palästinenserproblem bzw. die Zukunft von Westbank und Gaza beinhalten muß, ergaben sich vor der Oslo-Vereinbarung keinerlei praktische Folgen. Werfen wir zunächst einen Blick auf die Positionen namhafter westlicher Beobachter und Regionalexperten, um diese Lesart der Dokumente zu überprüfen.

Francis Fukuyama hat in einem mit einem Mitarbeiter geschriebenen Aufsatz zunächst wohlwollend über Camp David geurteilt, machte jedoch die Einschränkung, daß es ohne die Lösung der Frage der besetzten Gebiete bzw. der Palästinenser, die ja in der Vereinbarung »gefordert« wird, keinerlei Fortschritte geben kann.

> »Wenn wir den Aspekt des bilateralen Vertrages verlassen und uns dem Westbank-Problem zuwenden, ... dann können wir feststellen, daß hier keinerlei Lösung geboten wird ... In der Tat haben spätere Äußerungen Begins klargestellt, daß er niemals an eine vollständige Räumung bzw. an eine Erteilung einer Souveränität gedacht hat ...«[47]

Die spätere israelische Invasion des Libanons 1982 hatte parallel zu dieser Einschätzung den Vorbehalt gegen den Camp David-Frieden noch erhärtet.

Selbst aus ihrer Position der Stärke war die damalige israelische Likud-Führung noch nicht einmal bereit, zur Kenntnis zu nehmen, daß es ein »palästinensisches Volk« gibt, obwohl sie in Camp David eingewilligt hatte, einmal mit dessen »Vertretern« zu verhandeln. Der Israeli Avi Plascov, ein Spezialist für die Palästina-Frage, hebt hervor:

> »Israels Premierminister hat seine ursprüngliche Absicht nie geändert: nämlich Ägypten dadurch aus der Szene herauszumanövrieren, daß Israel die ägyptischen Gebietsansprüche vollständig erfüllt ... Israels Premierminister berechnete korrekt, daß er eine breite Unterstützung in Israel finden würde, wenn es ihm gelänge, Ägypten auf diese Weise zu isolieren ... Denn es ist kaum abzusehen, daß die fragmentierte arabische Welt sich dann vereinigen könnte ... In diesem Kontext blieb die Rede von den ›legitimen Rechten der Palästinenser‹ lediglich ein Lippenbekenntnis dazu, das Vertragswerk mit Ägypten zu bewerkstelligen ...«[48]

Selbst Jordanien, das in der Camp David-Vereinbarung als zentraler Partner vorgesehen war, hatte die damalige Likud-Begin-Regierung keinerlei Konzessionen anzubieten. In Expertenkreisen stellte man sich seinerzeit die Frage: Weshalb sollte dann König Hussein unter solchen Bedingungen »the kiss of death«, den Sadat zu seinem eigenen Schaden gewagt hatte, riskieren? Nach dem Oslo-Frieden hat König Hussein Israel im Oktober 1994 anerkannt und ist das Risiko damit eingegangen. Dennoch hat er im Frühjahr 1997 Präsident Clinton dringend vor einem »neuen Camp David« gewarnt. Ich möchte diese Camp David-Analyse mit einer Bewertung der amerikanischen Rolle als »Vermittler« abschließen.

Die USA und der Nahostkonflikt

Für unsere Gegenwart bleibt von Camp David nur noch die Erkenntnis, daß die USA der wichtigste Vermittler für einen Nahostfrieden waren und dies auch bleiben. Camp David wäre ohne die autoritative Vermittlung der Carter-Administration nicht zustandegekommen. Damit sprechen wir die internationale Ebene des Konflikts an. In Zeiten des Kalten Krieges hieß dies, von der Problematik des arabisch- bzw. palästinensisch-israelischen Konflikts zu der des Ost-West-Konflikts und der Rolle der Supermächte, die ehemalige Sowjetunion und die USA, überzugehen. Aber schon vor dem Ende des Kalten Krieges haben die USA durch die Ausschaltung der Sowjetunion den Unilateralismus praktiziert, wie ich einleitend zu diesem Kapitel gezeigt habe. Heute sind die USA wahrhaftig der einzige »Global Player«.

Schon Sadat war – wenngleich in übertriebenen Worten – der Auffassung, daß 90 bzw. 95 Prozent der Karten in den Händen der USA seien. Das Übergewicht der USA im Nahen Osten ist in der Tatsache begründet, daß der mächtigste regionale Konfliktpartner, Israel, nur durch amerikanische Unterstützung existieren kann. Der Nahostexperte Peter Mangold drückte es so aus:

> »Israel braucht die USA sowohl militärisch und ökonomisch als auch diplomatisch. Es besteht kaum eine Aussicht dafür, einen Ersatz für diese Unterstützung von irgendeiner anderen Seite zu erhalten.«[49]

Berücksichtigt man diese Sachlage, dann drängt sich die Frage auf: Weshalb zwingen die USA, deren Interessen im Nahen Osten primär mit den Erdölvorkommen der Region zusammenhängen, Israel nicht zu Konzessionen, um auf der Basis der Lösung des Palästinenserproblems einen dauerhaften Frieden zu realisieren? Obwohl ich meine eigene Antwort auf diese Frage habe, ziehe ich es vor, sie zunächst von amerikanischen Experten beantworten zu lassen. Die beiden Nahostexperten Jureidini und McLaurin schreiben, daß die amerikanische Nahostpolitik stets von der Fehleinschätzung ausgegangen sei, die sowjetische Bedrohung sei für die arabischen Staaten und von diesen selbst höher einzustufen als die israelische Bedrohung:

»Trotz der ungeheuren Bedeutung des Nahen Ostens ... haben die USA während der vergangenen Jahre stets versucht, mit dieser Region umzugehen, ohne eine allgemeine Strategie oder nur eine auf das Optimum der amerikanischen Interessen gerichtete Regionalpolitik vorweisen zu können ... Ohne eine solche allgemeine Strategie bleibt jede Politik inkonsistent und ihre Teilbereiche bleiben miteinander unversöhnt.«[50]

Nach dem Ende des Ost-West-Konflikts und der Auflösung der Sowjetunion hat die amerikanische Nahostpolitik einen wichtigen Pappkameraden verloren. Der Drang der Sowjetunion nach Einfluß im Nahen Osten war eine Realität. Dagegen war die US-Wahrnehmung von Israel, es sei die einzige »nahöstliche Demokratie gegen den Kommunismus«[51], einer der größten amerikanischen Fehler in der Nahostpolitik.

In Zeiten des Kalten Krieges beruhte die amerikanische Nahostpolitik auf vier ideologischen Vorurteilen: 1. Die Priorität der »sowjetischen Bedrohung«, 2. Israel sei der »strategische Aktivposten« des Westens (vgl. Anm. 51), 3. das Palästinenserproblem sei eine übertriebene Sorge und schließlich 4. die PLO sei terroristisch und man könne mit ihr nicht verhandeln. Israelische Politiker sowie ihre Lobby in Washington (vgl. Anm. 30 zur Einl.) haben seinerzeit diese amerikanische Wahrnehmung des Nahen Ostens gefördert. Bereits 1982 vertrat der amerikanische Nahostexperte Michael Hudson die Ansicht, daß die amerikanische Perzeption des Nahen Ostens geändert werden müsse, und daß nur »amerikanischer Druck auf Israel«, seine Unnachgiebigkeit aufzugeben, aus der Sackgasse herausführen könne.[52] Ein Beispiel dafür aus dem Jahre 1982: Der israelische Ministerpräsident Begin hatte seinem Verteidigungsminister Scharon die Befehlsgewalt über die Luftwaffe entzogen, nachdem der amerikanische Präsident Reagan in zwei Telefonaten am 12. August 1982 klare Worte gesprochen und deutlich gefordert hatte, die militärisch nicht zu rechtfertigende Bombardierung Beiruts solle endlich aufhören. Dieses Beispiel belegt die Wirksamkeit entschiedenen amerikanischen Auftretens gegenüber Israel. Es drängt sich die Frage auf: Ist die Situation nicht heute, im Jahre 1997, ganz ähnlich? Warum tritt Clinton gegenüber Netanyahu nicht in vergleichbarer Weise auf wie damals Reagan gegenüber Begin? Warum sagt Clinton Netanyahu nicht, daß die Siedlungspolitik im arabischen Ostjerusalem den Friedensprozeß zerstört? Diese Frage wird uns im folgenden Kapitel noch beschäftigen.

Hudson schrieb noch vor der Libanon-Invasion 1982 in *ORBIS*: »Jede Provokation von seiten der Regierung Begin kann nur zu der Erosion der Position Washingtons im Nahen Osten beitragen« (ebd.). Dieselbe Feststellung gilt für die heutige Politik. Die Einsicht, daß ein gerechter und dauerhafter Frieden im Nahen Osten nicht ohne die Lösung des Palästinenserproblems, das heißt auch nicht ohne die Bildung einer palästinensischen Souveränität in den palästinensischen Gebieten möglich ist, fehlt in Washington. Dies ist aber eine Grundvoraussetzung für jeden Friedensplan für den Nahen Osten.

Die bisherigen Ausführungen haben gezeigt, daß Camp David, sosehr es als Beginn eines Friedensprozesses dargestellt und von Carter und Sadat sicherlich auch als solcher begriffen wurde, doch nur die Auslösung eines neuen Nahostkrieges, die Invasion des Libanon, ermöglicht hat. Mit anderen Worten: Die Frage, ob ein umfassender Frieden durch einen separaten ägyptisch-israelischen Friedensvertrag realisiert oder nur eingeleitet werden könnte, wird von den zitierten Experten negativ beantwortet.

Deutsche Leser werden leider nicht mit informativen Büchern über den Nahen Osten oder andere nichtwestliche Regionen unserer Welt verwöhnt, weil die provinzielle deutsche Universität keine Möglichkeiten hat, entsprechende Experten für Medien, Politik, Wissenschaft und Wirtschaft auszubilden. Dennoch gibt es einige wenige Deutsche, die ihr Wissen über diesen Gegenstand in Amerika erworben haben. Zu ihnen gehört Christian Hacke, der in seinem Buch über die amerikanische Nahostpolitik Camp David wie folgt korrekt bewertet:

>Nachdem Israel einen bilateralen Vertrag mit Ägypten erreicht hatte, galt es, amerikanisches Drängen auf weitere Verhandlungen zu unterlaufen. Der Friedensvertrag mit Ägypten solle aus dem Gesamtrahmen herausgenommen werden.«

Somit hat Camp David, wie Hacke schlußfolgert, »weder die Lösung der Probleme im Nahen Osten noch einen kardinalen Durchbruch für eine umfassende Friedensregelung«[53] erbracht. Immerhin gab es in Camp David einen »Framework«-Text, in dem – wenn auch unverbindlich – von dem Bedarf einer umfassenden Regelung des Konflikts die Rede ist, was bei der Implementierung jedoch völlig außer Acht geblieben ist. Die Prinzipienvereinbarungen von Oslo bieten zwar viel mehr als dieses »Framework«; aber wird dieser Oslo-Geist beim Übergang zur Umsetzung in Politik unter der neuen Likud-Regierung dasselbe Schicksal erleiden? Und wie steht es mit den USA als dem wichtigsten Vermittler in diesem Konflikt?

Der Nahostfrieden ist eine Herausforderung für die amerikanische Außenpolitik

Wenn Präsident Clinton heute erwägt, einen neuen Camp David-Friedensprozeß einzuleiten, muß man ihn daran erinnern, daß die amerikanische Friedensoption von Camp David seinerzeit mißlang. Bereits Anfang der 80er Jahre war den Experten bewußt, daß eine umfassende Konfliktlösung nur dann für die Zukunft vielversprechend sein kann, wenn sie folgende Voraussetzungen erfüllt:
– Israelischer Rückzug zu den Grenzen von 1967 im Sinne der Weltsicherheitsrat-Resolutionen 242 und 338. Hierbei sind geringe Veränderungen zugunsten Israels verhandelbar. Im Klartext aber heißt dies: Räumung der besetzten Gebiete;
– Anerkennung des palästinensischen Selbstbestimmungsrechts innerhalb der Westbank und des Gaza-Streifens, also praktisch: palästinensischer Teilstaat mit Souveränität;
– offizielle palästinensische Anerkennung des Existenzrechts und

der Legitimität Israels; dies ist in Oslo ohne eine substantielle Gegenleistung Israels – erfolgt;
– ein zu verhandelnder Konsens über eine arabische Souveränität über die islamischen Heiligtümer in Jerusalem oder die Anerkennung Ostjerusalems als Hauptstadt Palästinas;
– die Errichtung demilitarisierter Zonen entlang der israelischen Grenze unter UNO-Aufsicht.
In diesem Rahmen ist eine Anerkennung Israels durch alle Staaten der Arabischen Liga möglich. Nur auf der Basis dieser Voraussetzungen kann die Normalisierung der Beziehungen zu Israel erfolgen.

In diesem Buch habe ich gezeigt, daß die arabische und auch die palästinensische Politik mit einem solchen Friedensplan konform geht. Die Palästinenser und die Araber (vgl. Kap. 3) haben ihren guten Willen bewiesen, mit Israel auf der Basis der Anerkennung des palästinensischen Selbstbestimmungsrechts im Hinblick auf die Westbank und Gaza sowie die Räumung der seit 1967 besetzten Gebiete in Frieden zu leben und der Beendigung des Kriegszustands zuzustimmen. Israel unter dem neuen Likud aber lehnt es ab, das Palästinenserproblem im Einklang mit den Oslo-Vereinbarungen zu lösen und die Siedlungspolitik in den besetzten Gebieten, die die Vorstufe der Annexion ist, einzustellen. Da Israel die mächtigste Militärmacht in der Region ist, glaubt es, seine Friedensoption mit militärischen Mitteln durchsetzen zu können. Aus der Analyse der beiden in diesem Buch untersuchten Katjuschakriege (1993, 1996) sowie aus der Erfahrung mit der Intifada (1987 - 1993) wissen wir jedoch, daß Israel auch mit seiner militärischen Überlegenheit nicht mit dem »irregulären Krieg« unserer Gegenwart fertig werden kann. Die Zeit der zwischenstaatlichen Kriege in regionalen Konflikten (vgl. Anm. 9-11 zu Kap. 1) scheint vorüber zu sein. Zudem: ein von außen diktierter Frieden ist kein wahrer Frieden und kann daher nicht von Dauer sein.

Mit anderen Worten: Auf der Basis militärischer Überlegenheit kann Israel seine eigene Sicherheit nicht mehr langfristig garantieren. Zum einen kann Israel die »irreguläre Gewalt« nicht bewältigen, zum anderen kann es auch nicht selbstgefällig davon ausgehen, daß die arabischen Konfliktpartner für die kommenden Jahrzehnte weiterhin unterentwickelt und somit schwach bleiben werden. Militärische Dominanz und Macht sind variable Größen!

Wenn Israel zudem die besetzten Gebiete mit einer ständig wachsenden Bevölkerung von gegenwärtig 2 Millionen behält, kann es die Palästinenser nur mit Mitteln der Repression ruhig halten. Ein solcher Staat kann nicht demokratisch sein. Der Nahe Osten hat seine von auswärtigen Mächten unabhängige »regionale Eigendynamik«. Dennoch haben die USA ein »Leverage« / »Schalthebel« in dieser Region. Als Schutzmacht Israels können die Vereinigten Staaten entscheidenden Druck ausüben. Alle mir bekannten amerikanischen Nahostexperten raten ihrer Regierung zu solchem Druck, nicht etwa, weil sie Partei für die arabische Position ergreifen, sondern ausschließlich, weil diese Experten um die amerikanischen Interessen in der Region besorgt sind. Diese lassen sich in drei Zielsetzungen zusammenfassen:

1. Zugang zu den Ölquellen und ihre Sicherung,
2. Schutz Israels als Bündnispartner,
3. nichtmilitärische Lösung von Konflikten, um kriegerische Eskalationen zu vermeiden,
4. Geopolitik und Eindämmung des islamischen Fundamentalismus.

Warum retten die USA nicht den Friedensprozeß und warum sind die amerikanischen Entscheidungen im Nahen Osten »chronisch unausgewogen«? Der amerikanische Nahostexperte Tillman meinte zu dieser Herausforderung an die USA bereits 1982:

»Der unvergleichliche Einfluß der Israel-Lobby in der amerikanischen Politik ... hat es stets erreicht, lebenswichtige Interessen der amerikanischen Politik hintanzustellen« (wie Anm. 5, S. 276).

Heute ist die »Jewish Community« in den USA wie in Israel in bezug auf den Frieden geteilt.[54] Ein nicht unerheblicher Teil meiner Freunde und Kollegen aus dem jüdisch-amerikanischen Kreis befürworten die gegenwärtige Politik Netanyahus nicht und sind über die Zukunft des Judenstaates besorgt, der nur in Frieden mit seinen Nachbarn überleben kann.

In bezug auf die USA ist zu sagen, daß die Supermacht zwar ein Interesse an der Aufrechterhaltung des Existenzrechts Israels hat, nicht aber an der Verteidigung seiner expansionistischen Politik, die die USA in unlösbare Konflikte mit ihren arabischen Verbündeten bringt, die, wie Saudi-Arabien, einen Lebensnerv für die amerikanische Wirtschaft darstellen.

Was Tillman 1982 schrieb, gilt unverändert für das Jahr 1997:

»Nun ist es deutlich geworden, daß es erforderlich ist, die amerikanische Militär- und Wirtschaftshilfe für Israel an Konditionen zu binden. Dies würde die Regierung der Vereinigten Staaten von Amerika in die Lage versetzen, Israel bei einer Ablehnung dieser Bedingungen offen zu sagen: ›Ihr seid auf Euch gestellt‹ (You are on your own). Die Notwendigkeit einer solchen amerikanischen wirkungsvollen Vorgehensweise wurde schon seit langem nicht nur von den Ereignissen selbst demonstriert, sondern auch von Experten erwiesen« (vgl. Anm. 5, S. 286).

In einem Leitartikel der *New York Times* vom April 1997 »Tickets to Ride: If Bibi and Yasir Won't Pay, Let it Be«, schreibt der jüdische Publizist Thomas Friedman, daß Clinton von den nahöstlichen Akteuren, vor allem von Israel, einen Preis für den Frieden verlangen müsse, zu dem vor allem die »Einstellung des Baus neuer Siedlungen in Jerusalem und der Westbank, sowie das Ende des Ausbaus bestehender Siedlungen und auch ein Bekenntnis zu den Kernvereinbarungen von Oslo« *(NYT* vom 10. April 1997) gehören. Wird dieser Preis nicht bezahlt, dann »macht es keinen Sinn, nach Camp David zu gehen«, schreibt Friedman und fügt hinzu, mögen die Konfliktparteien

»sich gegenseitig Schmerzen zufügen, laßt sie Auge für Auge und Zahn für Zahn vergelten, wenn sie denken, dies sei der bessere Weg für ihre Völker als der des Oslo-Friedens. Laßt sie die Konfrontation haben, die sie reichlich verdienen … Die USA sollen sich heraushalten und Bibi (Netanyahu) und Yasir (Arafat) sagen, solange ihr nicht bereit seid, den Preis zu zahlen, wird es kein Camp David geben« (ebd.).

Ist dies der richtige Weg für eine amerikanische Friedenspolitik im Nahen Osten? Diese Frage werde ich im abschließenden zehnten Kapitel noch einmal aufgreifen. Zuvor möchte ich meine Gedanken zu Camp David mit dem folgenden Resümee abschließen.

Nachdem die US-Politik im Nahen Osten mit dem alten Camp David gescheitert ist, gilt es nun, das Oslo-Werk zu retten. Camp David von 1978 war nur ein Separatfriedensvertrag; dieser diente Israel nur als Absicherung seiner Südflanke, um an seiner nördlichen Grenze sein militärisches Potential voll einsetzen zu können, wovon die Invasion des Libanon 1982 ein klares Zeugnis ablegt. Dagegen versprechen die Oslo-Vereinbarungen, eine Grundlage für eine umfassende Friedenslösung im Nahen Osten zu sein, wenn sie erfüllt werden. Die Vereinigten Staaten von Amerika, die, wie Sadat einst sagte,»neunzig Prozent der Karten in der Hand« haben, könnten durch die Ausübung von Druck auf Israel den entscheidenden Beitrag hierfür leisten. Von einem solchen Frieden wird in der Zukunft auch abhängen, ob die ökonomischen und auch strategischen Interessen des Westens in jener Region im Zeitalter des Zivilisationskonflikts gewahrt werden können. Zwar teile ich die Auffassung von den»neunzig Prozent der Karten« nicht; ich habe in diesem Buch mehrfach meine Analyse über die Eigendynamik regionaler Konflikte vorgetragen. Ich gehe aber davon aus, daß es eine Wechselwirkung zwischen der von mir behaupteten Eigendynamik und der von vielen Experten unterstellten Allmacht der USA gibt. Ganz gewiß können die USA Israel – ebensowenig wie den Arabern – keine Politik diktieren. Schließlich ist der Nahostfrieden Sache der Betroffenen und nicht eine exklusive Angelegenheit der an materiellen Interessen ausgerichteten US-Außenpolitik. Sowohl in Israel als auch in der arabischen Welt gibt es wichtige Kräfte des Friedens. Die USA können diese Kräfte unterstützen, wenn die US-Beteuerungen über Frieden, Menschenrechte und Demokratie ernst gemeint und keine Sprechblasen sind. Ich möchte die Möglichkeiten der USA im Rahmen einer Analyse des aktuellen Stands der Lage im Nahen Osten (Juni 1997) im folgenden abschließenden Kapitel untersuchen.

Vom Oslo-Frieden zurück zum Krieg? Kann die Neubelebung der Camp David-Gipfelverhandlungen die verfahrene Situation retten?

Juni 1997:
Zwischen dem Gedächtnis an den Sechstagekrieg 1967 und der Trauer um den Frieden

Der Sechstagekrieg vom Juni 1967 war ein entscheidender Einschnitt in der Geschichte des Pulverfasses Naher Osten. Der darauf folgende Oktoberkrieg 1973 ebnete den Weg für den in Camp David vermittelten ägyptisch-israelischen Frieden. Es bedurfte aber des Golfkrieges, um den Rahmen für einen umfassenden arabisch-israelischen, auf einer jüdisch-palästinensischen gegenseitigen Anerkennung basierenden Frieden herzustellen. Die Grundsteine hierfür wurden in Madrid und Oslo gelegt. Beim Schreiben dieser Zeilen zur Endfassung dieses Kapitels, am 5. Juni 1997, dem 30. Jahrestag des Sechstagekrieges, lese ich auf dem Titelblatt der *FAZ*, daß der amtierende israelische Ministerpräsident, Benjamin Netanyahu, anläßlich dieses Jahrestages Äußerungen gemacht hat, in denen er sich

> »hinsichtlich der territorialen Ansprüche Israels bei den Verhandlungen mit den Palästinensern kompromißlos gezeigt hat. Demnach will er auf keinen Fall auf Ostjerusalem und ... jüdische Siedlungen im Westjordanland verzichten ... In einer Kabinett-Sitzung habe Netanyahu gesagt, daß der Raum Groß-Jerusalem ... sowie das gesamte Jordantal dauerhaft unter einer israelischen Kontrolle bleiben müßten (*FAZ* vom 5. Juni 1997, S. 1).

Beim Abschluß dieses Buches über Hoffnungen und Niederlagen des Friedensprozesses könnte der Autor angesichts dieser Äußerungen realpolitisch zu dem Resultat gelangen, daß bereits alles entschieden sei: Es wird keinen Frieden geben! Ist dem wirklich so? Ich habe dieses Buch mit einer dem Frieden geöffneten arabischen Perspektive begonnen. Wenn meine Analyse, die trotz meiner arabischen Position sachlich und wissenschaftlich begründet ist, richtig ist, dann ist die Politik Netanyahus die Ursache dieser verfahrenen Situation, die mich zu einer Revidierung meiner optimistischen Einschätzung gezwungen hat. Kann sich Israel weiterhin diese Politik des Unfriedens leisten?

Der international anerkannte israelische Schriftsteller David Grossman antwortet auf diese Frage eindeutig mit »Nein«. Er argumentiert mit Nachdruck, daß Israel in seiner arabischen Umwelt ohne Frieden mit seinen Nachbarn nicht überleben kann. Grossman räumt aus israelischer Perspektive dem Oslo-Abkommen eine große Bedeutung ein:

> »Die drei Jahre seit der Unterzeichnung ... verschafften Israelis ...
> ein bisher kaum je erlebtes Gefühl der Freiheit und einer allmählich
> beginnenden Genesung ...« (*Die ZEIT* vom 4. Oktober 1996, S. 1).

Schon vor Beginn der großen, durch den Beginn der Bauarbeiten am Siedlungsprojekt Har Homa im arabischen Ostjerusalem ausgelösten, Krise des Friedensprozesses hat David Grossman im zitierten Artikel sein Mißtrauen gegenüber Netanyahu klar zum Ausdruck gebracht:

> »Netanyahu hat offenbar ein anderes Ziel vor Augen als Rabin und
> Peres – ein Ziel, das sich in schrecklicher Klarheit abzuzeichnen
> beginnt und um dessentwillen er jedes Hindernis auf dem Weg zu
> Rabins Frieden zum Vorwand nimmt, den Friedensprozeß zu bremsen, ja zum Stillstand zu bringen« (ebd.).

Ein halbes Jahr nach dem Ausbruch der angeführten Krise des Friedensprozesses hat Grossman dem Ministerpräsidenten seines Landes schwere Vorwürfe gemacht:

> »Mit seiner Politik leistet Netanyahu der Gewalt Vorschub, die sich
> aus dem Haß nährt« (*Die ZEIT* vom 28. März 1997).

Der prominente Israeli Grossman spricht sogar vom »unberechenbaren irrationalen« Netanyahu, der »einen Schritt in Richtung Frieden tut, und zwei Schritte zurückgeht«. Ohne Zweifel hat hier die Person Netanyahu einen großen politischen Wirkungsgrad, in einer Region, in der die Politik stärker von Personen als von Institutionen getragen ist. Dennoch gibt es reale Strukturen, die bestimmend sind; es gibt auch Ideologien, die entweder in diese Strukturen eingebettet sind oder von Visionen geleitet werden, die eben diesen Realitäten entgegengesetzt sind. Zu diesen Ideologien gehören »Erez Israel« auf israelischer und »Islamisches Palästina« auf arabischer Seite. Die Araber, und vor allem die Palästinenser, haben unter der Führung Arafats zugestimmt, daß das Heilige Land zwischen den Konfliktparteien, also zwischen Juden und Palästinensern zu teilen ist, und haben somit auf die Vision vom islamischen Palästina verzichtet. Nur die islamischen Fundamentalisten vertreten auf der arabischen Seite weiterhin diesen Anspruch. Aber sind es auch auf israelischer Seite nur die jüdischen Fundamentalisten, die von Erez Israel träumen? Obwohl Likud-Politiker, einschließlich Begin und Schamir als frühere Ministerpräsidenten und Netanyahu heute, keine Fundamentalisten sind, muß man sich fragen: Vertritt nicht auch der Likud diese Auffassung vom biblischen Israel, in dem es für die Palästinenser keinen Platz gibt?

Weil dieses Buch aus einer arabischen Perspektive geschrieben ist und dennoch beansprucht, nicht parteiisch, sondern sachlich und wissenschaftlich begründet zu sein, ist es mir wichtig, Autoritäten aus dem anderen Lager zu zitieren, die wie ich Probleme unvoreingenommen erkennen. Der Westen hat Rabin und nach dessen Ermordung Peres nicht allein aus Schuldgefühlen auf Grund der westlichen Verbrechen des Antisemitismus unterstützt. Ich möchte en passant anmerken, daß wir Araber mit diesen Verbrechen nichts zu tun haben, schließlich sind die Juden unsere semitischen Brüder und Schwestern, mit denen wir vor dem Palästina-Konflikt in einer Symbiose gelebt und denen wir schon zu Zeiten des Osmanischen Reiches Zuflucht vor europäischer Verfolgung geboten haben (hierzu ausführlich Bernard Lewis, Anm. 35 zu Kap. 4). Der Westen hat den Frieden im Nahen Osten vor allem deshalb unterstützt, weil sich die Weltpolitik einen solchen Konflikt nicht mehr leisten kann. Der deutsch-israelische Politikwissenschaftler Dan Diner formuliert die richtige Erkenntnis,

»daß der Nahe Osten in einer sich neu formierenden Weltgesellschaft nicht länger mit einem Konflikt leben kann, der ständig zur kriegerischen Entladung drängt und Sprengwirkungen zu entwickeln vermag, die weit über seinen unmittelbaren Anlaß hinausgehen«.[1]

In diesem Buch wurde im vierten Kapitel detailliert gezeigt, daß der Golfkrieg in einer vom Ende des Ost-West-Konflikts geprägten internationalen Atmosphäre den Weg für den benötigten Friedensprozeß geebnet hatte. Auch damals wurde Israel von einer Likud-Regierung geführt, die sozusagen gezwungen wurde, am Friedensprozeß in Madrid und Washington mitzuwirken, diesem aber zugleich, wo immer möglich, Steine in den Weg legte. In dem zitierten Kapitel habe ich gezeigt, daß diese Blockade-Haltung zur Abwahl dieser Regierung geführt und den Weg für Rabin und Peres geöffnet hatte, die dann den Oslo-Friedensprozeß wagten. Zu jener Zeit der Likud-Blockaden nach dem Golfkrieg hat Dan Diner über diesen Gegenstand 1991 seine Analyse geschrieben und die bestehenden Alternativen für die israelische Regierung aufgezeigt:

»Entweder kommt sie den Erwartungen nach, ... gibt also die besetzten Gebiete auf ... oder sie klammert sich starr an das ideologische Glaubensbekenntnis vom ›ganzen Land‹, widersetzt sich also dem Druck des internationalen Konsens – mit allen sich daran knüpfenden Folgen der Isolation« (Diner, wie Anm. 1, S. 123).

Bereits in jener Analyse formulierte Diner seine von mir geteilte Hoffnung auf einen »historischen Kompromiß zwischen Israel und den Arabern«, war sich aber sowohl als Kenner Israels und seiner Politiker als auch als analytisch denkender Politikwissenschaftler darüber im klaren, daß die Erfüllung dieser Hoffnung in weiter Ferne ist. Die Gründe hierfür:

»Die politische Klasse in Israel hat bisher den Epochenwechsel in der internationalen Politik und seine Folgerungen für die israelische Situation noch nicht abgeklärt. Man bewegt sich in Verhaltensmustern, die den israelischen Politikern aus der Epoche des Kalten Krieges und der Blockkonfrontation geläufig sind« (ebd., S. 124).

Rabin und Peres hatten zusammen mit Arafat den bestehenden Engpaß überwunden. Mit ihrem neuen, von beiden Konfliktparteien geteilten Oslo-Geist hatten sie eine neue Grundlage geschaffen, die durch die neue Likud-Regierung unter Netanyahu zerstört wird. Dies bescheinigt auch Peres seinem Nachfolger. Nach seinem Ausscheiden aus der Politik durch die Niederlegung seiner Partei-ämter hat Schimon Peres, der einst einen »Neuen Nahen Osten« versprochen hatte, in der bekannten BBC-Interview-Stunde »Hard Talk« mit Tim Sebastian gesagt, daß die Welt und die Israelis das Problem begreifen müßten: »Die Ernsthaftigkeit des Dilemmas erfordert dringend eine Lösung, aber die dafür zur Verfügung ste-hende Zeit ist höchst knapp«. Netanyahu verstehe dieses Problem nicht, sagte Peres und schlußfolgerte: »In den zwölf Monaten sei-ner Amtszeit haben wir soviel verloren. Und dies auch noch unnötig.« In bezug auf den Likud-Vorwurf gegen ihn, der von ihm verfolgte Frieden sei ein Sicherheitsrisiko für Israel, kommentierte Peres: »Das Risiko des Friedens ist besser als das Risiko des Krie-ges – das ist die Alternative« (BBC-TV-Nachrichtenkanal, 31. Mai 1997).

Am 30. Jahrestag des Sechstagekrieges stellt sich die Frage, ob Netanyahu die zitierte Peres-Formel durch seine Politik umkehrt und sich für das Risiko des Krieges entschieden hat. Aus diesem Anlaß hat der bisherige Direktor der Berliner Gedenkstätte der Wannsee-Konferenz, Gerhard Schoenberner, in seinem Artikel »Berlin und Jerusalem« geschrieben, daß sich die öffentliche Dis-kussion in Israel seit der Oslo-Vereinbarung um den innenpoliti-schen Streit dreht, »ob eine Politik der Annexion oder die Formel Land gegen Frieden die Zukunft des jüdischen Staates besser zu sichern vermag« (*FAZ* vom 5. Juni 1995). Der Westen hat seine ethische Verpflichtung zum Frieden beteuert, muß jedoch nicht nur wegen dieser allgemeinen Friedenspflicht, sondern auch wegen seiner Schuld gegenüber den Juden Partei für eine Frie-denspolitik ergreifen. Denn die Politik der Annexion treibt den jüdischen Staat in gewaltförmige Konflikte mit seiner demo-graphisch überwältigenden arabo-islamischen Umwelt, die Israel nicht auf Dauer durch die Überlegenheit seiner Militärtechnologie bestehen kann. Schon allein aus diesem Grund ist es fatal, wenn deutsche Politiker wie der Oberbürgermeister von Berlin der Inter-pretation zustimmen, daß die Annexion des arabischen Ostjerusa-lem, wo sich bedeutende islamische Schreine der 1,3 Milliarden Muslime befinden, eine »Befreiung« sei. In Berlin wird diese Anne-xion sogar unter der Schirmherrschaft des Oberbürgermeisters gefeiert. Es ist erfreulich, daß die *FAZ* Gerhard Schoenberner

Raum eingeräumt hat für die wichtige Klarstellung, daß diese Annexionspolitik dem Frieden zuwiderläuft:

>»Die Advokaten von Fundamentalismus und Gewalt auf beiden Seiten, die man schon am Ende glaubte, erhalten vermehrten Zulauf. Der Prozeß der schrittweisen Freigabe der besetzten Gebiete in die Autonomie ist ins Stocken geraten. Verhandlungen über Jerusalem ... stehen noch aus« (ebd.).

Wenn unter solchen Vorzeichen die Stadt Berlin und der Oberbürgermeister den falschen, wie Gerhard Schoenberner schreibt, »irreführenden Vergleich der geteilten und wiedervereinigten beiden Städte ins Spiel« (ebd.) bringen und hierfür die Schirmherrschaft übernehmen, ist dies weder ein Beitrag zum Frieden, noch eine Wohltat für das bedrängte jüdische Volk. Mit Recht schreibt Schoenberner, daß die Stadt Berlin das Zelebrieren einer Jahresfeier der palästinensischen Intifada von 1987 bis 1993 mit der Begründung einer »voraussehbaren Gefährdung der öffentlichen Sicherheit« untersagt hätte. In Berlin leben mehr als eine Viertelmillion Muslime, deren religiöse Gefühle von der Feier einer Annexion ihrer heiligen Schreine in Jerusalem verletzt werden, was die Fanatiker unter ihnen zu Gewalttaten provoziert.

Schoenberner erkennt richtig, daß eine »geteilte Souveränität Jerusalems« eine der Grundvoraussetzungen für den Frieden im Nahen Osten ist. Daher war sein Aufruf an alle Deutschen, die »den beiden Völkern, Juden wie Palästinensern, ein Leben in Frieden wünschen, ... dem Fest fern zu bleiben« sehr klug. Ich würde dem als Semit hinzufügen: Die Deutschen sollten, statt einer solch fragwürdigen Jubelfeier, sich lieber der Mühe unterziehen, die eigene Vergangenheit »rational« zu bewältigen, es also unterlassen, durch solch irrationale schuldgeleitete Handlungen Schaden gleichermaßen für Juden und Araber anzurichten. Eingedenk des brutalen Sechstagekrieges ist der 5. Juni ein Tag der Trauer um den Frieden von Oslo. Historische Arbeit ist die beste Trauerarbeit, und dieses abschließende Kapitel ist ein Nachdenken über die Möglichkeiten eines Durchbruchs in der verfahrenen nahöstlichen Situation.

Die jüdische Siedlungspolitik im arabischen Ostjerusalem und der Zerfall des historischen Oslo-Kompromisses

Nach der Erinnerung an den Sechstagekrieg aus aktuellem Anlaß möchte ich nun wieder auf die Frage zurückkommen, wie stark der 1993 in Oslo erreichte Kompromiß – nach der Rückkehr des Likud-Blocks an die Macht im Mai 1996 – gefährdet ist. Wie steht es nun – nach der in den vorangegangenen neun Kapiteln geleisteten Arbeit – mit der Antwort?

Es ist mir wichtig zu unterstreichen, daß meinerseits keine Voreingenommenheit gegenüber Netanyahu besteht. Als ich mit der schriftlichen Abfassung des Buches begann – der Forschungsprozeß ist viel älter -, hoffte ich, daß der wortstarke Oppositionspolitiker Netanyahu nach dem Wahlsieg zum Pragmatiker würde. Mein Kommentar im Gespräch mit Alexander Niemetz im Heute Journal des Zweiten Deutschen Fernsehens vom 30. Mai 1996, direkt nach der Wahl Netanyahus, ist der Beweis für meine Einstellung. Im ZDF habe ich die Auffassung vertreten, auch mit Netanyahu könne Frieden geschlossen werden. In der Einleitung zu diesem Buch habe ich diesen ZDF-Kommentar angeführt, um zu zeigen, daß meine heutige Überzeugung, daß es mit Netanyahu keinen Frieden geben wird, das Resultat des Erkenntnisprozesses ist, der dieses Buch begleitet hat. Das erste Regierungsjahr Netanyahus war ein zeithistorischer Lernprozeß und ein Prüfstein auch für meine Einschätzung der Friedensperspektiven. Netanyahu, der während des Wahlkampfes als Oppositionspolitiker gegen den Frieden von Oslo polemisiert hatte, brauchte seine Zeit, um sich als Ministerpräsident pragmatisch zu verhalten und die Palästinensische Autonomiebehörde unter Arafat anzuerkennen sowie mit ihr umzugehen. Dann folgte im September 1996 der Schock der Eröffnung eines Tunnels quasi unter der islamischen al-Aqsa-Moschee in Jerusalem, was zu großem Blutvergießen führte. Nach diesem schwarzen Kapitel kam im Januar 1997 die hoffnungsvolle israelische Zustimmung zur partiellen Räumung von Hebron (arabisch: al-Khalil). Die Freude darüber hielt nicht lange vor. Im März kündigte Netanyahu den Bau jüdischer Siedlungen im arabischen Ostjerusalem an. Arafat rief daraufhin zu einer internationalen Konferenz in Gaza auf, auf der er am 15. März 1997 sagte:

»Wir haben geglaubt, daß der Friedensprozeß nach der Unterzeichnung des Hebron-Abkommens nunmehr doch in seine richtige

Bahn zurückgekommen ist und unser Herz war erfüllt von Hoffnungen ... Dann wurden wir von dem einseitigen Beschluß der israelischen Regierung, die Siedlungspolitik in Jerusalem wiederaufzunehmen schockiert ... Als wir (in Oslo, B.T.) unsere Zustimmung dafür gegeben haben, die Verhandlungen über den Status von Jerusalem sowie über die Siedlungen und die Flüchtlinge auf einen späteren Zeitpunkt zu verschieben, taten wir dies in gegenseitigem Einvernehmen, daß in der Zwischenzeit keinerlei einseitige Maßnahmen durch Vorwegnahme von Tatsachen erfolgen werden.«[2]

Es ist wichtig, eine autoritative israelische, die Aussagen von Arafat bestätigende Stimme zu zitieren, um zu zeigen, daß es sich bei der in Oslo sozusagen stillschweigenden Verabredung, Oslo sei nur der Beginn, nicht um eine Phantasie von Arafat handelt. David Grossman formuliert literarisch:

»Die Palästinenser haben der Vereinbarung (von Oslo, B.T.) nur zugestimmt, weil sie auf dieses plötzlich aufglimmende Fünkchen Hoffnung nicht verzichten wollten und weil sie glaubten, sie könnten es nähren und zu einer wärmenden Flamme entfachen« *Die ZEIT* vom 4. Okt. 1996).

Die israelische Oslo-Delegation hat diese Hoffnung in jeder Hinsicht genährt. Deshalb war Har Homa eine große Verletzung des Geistes von Oslo. Netanyahu hat sich von vielen Warnungen und auch von der internationalen Ablehnung seiner Siedlungspolitik im arabischen Ostjerusalem – einschließlich der USA – nicht beeinflussen lassen. Am 18. März ließ er seine Bulldozer zum palästinensischen Berg / Djabal Abu Ghunaim rollen. Damit geriet der Friedensprozeß in eine Krise, von der er sich bis zum Abschluß dieses Buches im Juni 1997 nicht wieder erholt hat und sich wahrscheinlich auch nicht mehr erholen wird. Die einleitend zu diesem Kapitel zitierten Äußerungen Netanyahus geben keinen Anlaß zur Hoffnung.

Unabhängig von dieser Entwicklung habe ich in den Kapiteln des ersten und zweiten Teiles aus der Sicht eines Sozialwissenschaftlers zunächst die zeithistorischen Zusammenhänge des Friedensprozesses näher erläutert und alle wichtigen Informationen hierzu dargelegt. Dort habe ich den israelisch-palästinensischen Frieden von Oslo deshalb als einen Durchbruch gewertet, weil dieser die von dem jüdischen Humanisten Herbert C. Kelman als Vordenker des palästinensisch-israelischen Friedens gesetzte psychologische Voraussetzung, nämlich »gegenseitige Anerkennung der Konfliktparteien« erfüllt. Hierbei geht es gleichermaßen um die Anerkennung der menschlichen Würde und der damit verbundenen politischen Belange beider Konfliktparteien. Darauf fußt der benötigte Konsens über die Grundfragen der Konfliktbewältigung.

Der palästinensische Politikwissenschaftler und Direktor des Palästinensischen Forschungszentrums der Westbank in Nablus, Khalil Schikaki, vertritt die arabische Sicht, wenn er hervorhebt:

»Arafat und Rabin waren in der Lage, gemeinsam eine Zukunftsvision zu entwickeln und sie zu teilen. Dies hat beiden als Grundlage dafür gedient, eine Rangordnung der Prioritäten anzuerkennen und eine gemeinsame Interessenlage zu entwickeln.«[3]

Unter der neuen Likud-Regierung mit Netanyahu an der Spitze fehlen beide Voraussetzungen: die gegenseitige Anerkennung und das Einvernehmen über politische Pläne für die Zukunft. In bezug auf das Araberbild von Netanyahu kann ich nach Lektüre des »Terrorismus«-Buches (hierzu Anm. 8 zu Kap. 8) dieses israelischen Politikers dem *FAZ*-Leitartikler und Nahostexperten W. G. Lerch nur zustimmen:

»Netanyahu scheint persönlich ... nur schwer in der Lage zu sein, in einem Araber etwas anderes zu erkennen, als den potentiellen Feind und Terroristen ... Das prägt auf eine Weise, die es schwer macht, sich vertrauensvoll auf eine zunächst ungewisse Friedlichkeit einzulassen. Der Frieden beginnt in den Köpfen ... Der Friedensprozeß existiert noch als Summe von bisherigen Vereinbarungen und als Chance, aber sein Ende droht näherzurücken« (*FAZ* vom 19. April 1997).

Zusätzlich zu diesen, dem Frieden nicht gerade förderlichen Feindbildern, hat Netanyahu außer der festen Überzeugung, daß es »keine palästinensische Souveränität« (*SPIEGEL*-Interview, 39/1996, S. 146) geben darf, keine Vorstellung darüber, wie der Oslo-Friedensprozeß weitergehen könnte. Schließlich gab es ein Einverständnis darüber, daß der Oslo-Frieden nur als eine Einigung über Prinzipien für eine Interimsperiode zu bewerten ist, die durch spätere Verhandlungen näher bestimmt werden sollten. Oslo war nur der erste Schritt. Für Netanyahu gilt diese Deutung von Oslo jedoch nicht, weshalb es keine weiteren Schritte geben wird.

Der Geist von Oslo

Aus einer arabischen Perspektive bestehen die Grundprinzipien, die den Geist von Oslo verkörpern, in folgenden vier Punkten:
1. Substantielle Anerkennung der UN-Resolutionen 242 und 338. Die Resolution 242 (nach dem Sechstagekrieg 1967) schreibt vor: »Rückzug der israelischen Streitkräfte aus den ... besetzten Gebieten« und parallel »eine gerechte Lösung des Flüchtlingsproblems«. Resolution 338 (nach dem Oktoberkrieg 1973) bekräftigt diesen UN-Beschluß und fügt hinzu, daß »Verhandlungen über einen gerechten und dauerhaften Frieden im Nahen Osten beginnen« müßten.
2. Die in Oslo beschlossene Autonomieregelung Gaza-Jericho gilt nur für die Festlegung der Vereinbarungen für ein »Übergangsstadium«. Stillschweigend heißt dies, daß der Höhepunkt des Friedensprozesses in der Einigung über Regelungen zu den zentralen Fragen liegt. An vorderster Stelle steht die Anerkennung einer eingeschränkten palästinensischen Souveränität – mit kleinen Modifikationen – über die von Israel im Sechstagekrieg besetzten palästinensischen Gebiete, das heißt Gaza und Westbank. Anders formuliert: Ein palästinensischer Staat entsteht auf der Basis »Land für Frieden«. Das ursprüngliche Palästina wird geteilt und die zwei Staaten gewähren einander in gegenseitiger Anerkennung Frieden und Sicherheit.
3. Das »heiße Eisen« Jerusalem wird in den Oslo-Vereinbarungen im gegenseitigen Einvernehmen nur unter der Bedingung zurückgestellt, daß in diesem Bereich von israelischer Seite während des graduell voranschreitenden Friedensprozesses keine endgültigen Tatsachen geschaffen werden. Der Grund für die Zurückstellung war das Bewußtsein, daß ein Konsens über diese Frage schwer zu erzielen sein wird (vgl. Kap. 2) und eine Diskussion hierüber schon zu Beginn des Friedensprozesses eine unüberwindbare Hürde darstellen würde. Auf diese Zusammenhänge spielt Arafat in der oben zitierten Stellungnahme an.
4. Die bestehenden jüdischen Siedlungen in den besetzten Gebieten sind zwar illegal, da sie gegen die Genfer Konvention ver-

stoßen (vgl. unten), dennoch stimmten die Palästinenser zu, daß diese Siedlungen während des Friedensprozesses weiterhin bestehen; sie verpflichten sich, ihre Sicherheit zu garantieren, die Israelis untersagen aber ihrerseits einen weiteren Ausbau. Eine endgültige Regelung hierüber wird – wie bei der Jerusalem-Frage – auf einen späteren Zeitpunkt verschoben, wenn der Friedensprozeß auf festen Grundlagen stehen wird.

Bei einer Vergegenwärtigung der angeführten Grundlagen des Oslo-Geistes wird in diesem Kapitel der Versuch unternommen, die Frage zu beantworten, ob und wie der Frieden zu retten ist. Der von Arafat und Rabin entwickelte Geist von Oslo wird von Netanyahu nicht geteilt. Was sind die Folgen?

Die arabische Antwort auf diese Frage ist pessimistisch. Das große arabische Nachrichtenmagazin *al-Wasat* bringt in einer Ausgabe mit einer Titelgeschichte über »Ightial Salam Madrid«/»Die Ermordung des Friedens von Madrid«[4] die in der arabischen Öffentlichkeit gegenwärtig vorherrschende Einstellung zum Ausdruck, daß die Politik Netanyahus bestens geeignet ist, die Erfüllung all dieser Grundsätze zu torpedieren. Geschieht dies im Gefolge der noch näher zu erläuternden Har Homa-Krise, dann bleibt vom Friedensprozeß nichts übrig. Kehrt der Nahe Osten dann zu den Kriegszeiten zurück? Wird das »Risiko des Friedens« (Peres) durch das »Risiko des Krieges« ersetzt?

Bereits zu Beginn seiner Amtszeit hat Netanyahu begonnen, die Palästinenser zu malträtieren und zu demütigen. Zunächst wollte er Arafat gar nicht treffen; dann wich er unter amerikanischem Druck hiervon ab und traf ihn widerwillig, ohne seine große Abneigung zu verbergen. Dabei machte er mit Nachdruck klar, daß von einer vollständigen Räumung der besetzten Gebiete und von einer palästinensischen Souveränität niemals die Rede sein könne.

Die Krise: Die Har Homa-Provokation

Höhepunkt der Eskalation durch die neue Likud-Regierung war die Umbenennung des palästinensischen Berges Abu Ghunaim in Har Homa zwecks der Gründung jüdischer Siedlungen. Diese Maßnahme hat geopolitische, völkerrechtliche und friedenspolitische Dimensionen. Geopolitisch verfolgt die Likud-Regierung damit ein doppeltes Ziel[5]: Erstens durch Siedlungspolitik die Zahl der jüdischen Siedler im arabischen Ostjerusalem zu vergrößern und die arabische Bevölkerung in eine Minderheit zu verwandeln, und zweitens Ostjerusalem geographisch von der Verbindung zur besetzten Westbank abzukoppeln. Völkerrechtlich ist diese Maßnahme völlig illegal, wie ich noch zeigen werde. Friedenspolitisch handelt es sich um eine massive Zerstörung des sich gerade herausbildenden Bewußtseins gegenseitigen israelisch-palästinensischen Vertrauens. Um dies zu illustrieren, möchte ich die Arbeiten meines jüdischen Harvard-Kollegen Everett Mendelsohn erörtern. Dieser im Friedensprozeß politisch aktive Kollege hat an der American Academy of Arts and Sciences ein Großprojekt geleitet, an dem aus Israelis und Palästinensern bestehende Teams mitgearbeitet haben. Gegenstand des Projekts war die »Israeli-Palestinian Security«. Zu seinen zentralen Ergebnissen gehört die Erkenntnis:

»Wenn es eine Frage gibt, die zum Zusammenbruch der Friedensverhandlungen über den Endstatus führen kann, dann ist dies die Jerusalem-Frage.«[6]

In einem bemerkenswerten Aufsatz hat Mendelsohn den bisher erreichten Nahostfrieden als »elusive«, das heißt noch verschwommen, schwer faßbar, bezeichnet.[7] Wird in diesem anfänglichen Stadium eine massive Politik der jüdischen Besiedelung des arabischen Ostjerusalems verfolgt, dann bedeutet das auf der Basis dieser Erkenntnis das Ende des Friedensprozesses. In der arabischen Presse wurde im April 1997 von dem bekannten Islamisten Fahmi Huwaidi ein heftiger »Aufruf zur Proklamation des Ärgers der islamischen Welt über das Verbrechen der Judaisierung Jerusalems«[8] veröffentlicht. Ein anderer, jedoch gemäßigter, Leitartikler, Ahmad Abu-Fateh, warnt in moderaterem Ton davor, daß »der Verlust von Jerusalem das größte Argument für die Terrroristen«[9] biete. Kein arabischer oder islamischer Politiker kann es sich leisten, mit Israel über die Aufgabe des islamischen Anspruchs auf einen Teil von Jerusalem, in dem sich der drittwichtigste islamische Schrein befindet, zu verhandeln. Nur die Deutschen bringen es fertig, in Form einer höchst fragwürdigen Bewältigung ihrer Nazi-Verbrechen die Annexion von Heiligtümern, die ihnen nicht gehören, als »Befreiung von Jerusalem«, und dies sogar unter der Schirmherrschaft des Berliner Oberbürgermeisters, auf ihrem Territorium feiern zu lassen. Das ist eine Förderung der Politik des Unfriedens, keine Friedensarbeit.

In dieser Situation ist es höchst erfreulich, wenn ein deutscher, sehr ausgewogener und kenntnisreicher Journalist, der Israel-Korrespondent der *Frankfurter Allgemeine Zeitung*, Jörg Bremer, in einem bemerkenswerten Artikel mit Fakten untermauert, wie arabische Muslime und Christen aus ihrer Heimatstadt Jerusalem ausgegrenzt werden: »Jerusalem wächst nur für Juden«.[10] Zuvor hatten Bremer und der Nahostexperte W.G. Lerch in mehreren März-Ausgaben der *Frankfurter Allgemeine Zeitung* kritisch über das Har Homa-Siedlungsprojekt berichtet. Das brachte der *FAZ* einen Leserbrief aus Israel ein, in dem bedauerlicherweise polemisiert wurde:

»Mit der Arroganz Ihrer Forderung ›Jerusalem muß, in welcher Weise auch immer, Hauptstadt für Juden und Palästinenser werden, wenn es eine friedliche Zukunft haben soll‹, vergiften Sie nun freilich die diesbezügliche Diskussion in Deutschland, festigen allerdings zugleich Ihre kaum mehr verkennbare antijüdische und antiisraelische Tendenz.«[11]

Meine jüdischen Freunde in Harvard, Kelman, Roy, Mendelsohn sowie viele dem Frieden verpflichtete Israelis und nichtisraelische Juden, die mir beim Schreiben dieses Buches zur Seite standen, können mit diesem Vorwurf an die *FAZ* nicht konform gehen. Sind meine jüdischen Freunde und Kollegen antijüdisch, weil sie anerkennen, daß Jerusalem allen drei abrahamitischen Religionen gehört?

Völkerrechtlich ist diese Zwangsbesiedelung des arabischen Ostjerusalem durch die Likud-Regierung eindeutig illegal. Der Präsident des IKRK hat in einer Pressekonferenz am 10.April 1997 in Washington verkündet:

»Es ist bedauerlich, daß diese fast systematische Verletzung der vierten Genfer Konvention so viele humanitäre Probleme unter der Bevölkerung beider Seiten geschaffen hat ... Diese Konvention verbietet eine Siedlungspolitik, bei der die Bevölkerung der Besatzungsmacht in besetztem Gebiet angesiedelt wird. ... Die Israelis haben den arabischen Ostteil Jerusalems 1967 im Sechstagekrieg erobert.«[12]

Die dortige Siedlungspolitik hat systematischen Charakter, aber es gibt auch einen aktuellen Hintergrund. Die Umbenennung von Abu Ghunaim in Har Homa folgte auf innenpolitische Schwierigkeiten. Netanyahu hatte im Januar 1997 unter amerikanischem Druck das Hebron-Abkommen unterzeichnet. In seinem Kabinett sind die rechtsextremen ultraorthodoxen Parteien mit sieben Ministern vertreten. Wie später, nach Enthüllung der Bar-On-Affäre, auf die ich noch eingehen werde, bekannt wurde, hatte Netanyahu gegen israelisches Recht verstoßen, um die Zustimmung der Ultraorthodoxen zum Hebron-Abkommen zu bekommen und sie zufrieden zu stellen. Das war aber noch nicht genug. Netanyahu wollte seine rechtsextremen Koalitionspartner nach ihrer Verärgerung über Hebron mit dem Siedlungsprojekt Har Homa besänftigen. Darüber hinaus wollte er bei seinen Wählern durch die Verkündung, daß die Vereinbarungen über die graduelle Vergrößerung des autonom verwalteten palästinensischen Gebietes eingeschränkt werden (vgl. den Beginn von Kap. 8), wieder Boden gutmachen. Damit verstößt Netanyahu gegen zwei der angeführten Oslo-Grundsätze: Er schafft Tatsachen vor einer endgültigen Regelung der Jerusalem-Frage (Punkt 3 oben); zudem wird durch die Vergrößerung der inzwischen auf eine Zahl von 150 in den besetzten Gebieten angewachsenen Siedlungen mit 150000 Siedlern eine Lösung dieser Frage erschwert.

Den wiederholten Äußerungen von Netanyahu ist zu entnehmen, daß es in den besetzten Gebieten in Zukunft nur autonom verwaltete palästinensische Enklaven ohne Souveränität und ohne territoriale Verbindung zueinander geben wird. Das entspräche einem palästinensischen »Bantustan«, aber keinem Staat Palästina (Punkt 2 oben). Netanyahu gibt somit Arafats Gegnern Recht, die diesem vorwerfen, sich auf ein Geschäft mit den Israelis eingelassen zu haben, bei dem die Palästinenser nicht nur ihre Würde, sondern auch ihre Rechte einbüßen.

Mit der Fortsetzung der Siedlungspolitik in der Westbank und der Annexion arabischen Bodens in Ostjerusalem verletzt Netanyahu sowohl den dritten als auch den vierten Oslo-Grundsatz; mit seinem verschwommenen Plan, daß die Palästinenser nicht mehr als eine Ansammlung von »Bantustan«-Reservaten bekommen, negiert er den zweiten Grundsatz, daß ein palästinensischer Staat entstehen soll. Mehr noch: durch sein Verhalten gegenüber den

Palästinensern und den Arabern wirft Netanyahu insgesamt den Geist des Oslo-Friedens über Bord. Dieser Geist besteht in der gegenseitigen Anerkennung und im Respekt der Konfliktparteien füreinander. Es ist wichtig, hier keine arabische, sondern eine etablierte amerikanische Stimme zu zitieren, um die zitierte arabische Formel von der »Hinrichtung«/»Ightiyal« des Geistes von Oslo unparteiisch zu veranschaulichen.

Das größte amerikanische Nachrichtenmagazin *NEWSWEEK* (vom 14. April 1997) berichtete von einer Geschichte, die sich schon vor dem Ausbruch der Unruhen in den besetzten Gebieten, das heißt vor dem 18. März 1997 ereignet hat: Der passionierte Pilot König Hussein von Jordanien wollte Anfang März seinen Besucher Yasir Arafat persönlich mit seinem Jet von Amman nach Gaza fliegen. Wer mit der arabischen Kultur vertraut ist, versteht dies als eine Geste der Ehrerbietung und Gastfreundschaft. Die israelischen Behörden haben jedoch mit einer ausdrücklichen persönlichen Vollmacht von Netanyahu dem jordanischen König die Fluggenehmigung über israelisches Territorium verweigert. König Hussein hat darauf mit einem – für den jordanischen König völlig untypisch-wütenden – Brief reagiert, der der Presse überlassen wurde. In diesem Brief wirft er Netanyahu die Mißachtung seiner – wie es heißt – »sogenannten Dialogpartner« vor. Meine Leser mögen sich an die mäßigenden Äußerungen König Husseins über Netanyahu erinnern (vgl. Motto zu Teil 1) und sich die in Kapitel 3 dargestellten Versuche der Brückenbildung von König Hussein nach der Likud-Wahl vergegenwärtigen. Immerhin ist Jordanien auch ein arabischer Staat, der Israel im Oktober 1994 völkerrechtlich anerkannt hat und seitdem diplomatische Beziehungen zu ihm unterhält. Netanyahu aber stellt mit seinem Verhalten seine Mißachtung der Araber dar, die er, wie erwähnt, auch in seinem Buch über den »Terrorismus« (vgl. Anm. 8 zu Kap. 8) zum Ausdruck bringt. *NEWSWEEK* kommentiert den zitierten Vorfall wie folgt:

> »Für Netanyahu haben arabische Werte wie Würde, Ehre, die Wahrung des Gesichts keine Bedeutung. Vom ersten Augenblick seiner Amtsübernahme im Juni 1996 an ritt er auf den Palästinensern herum, um ihnen ihre Unfähigkeit zu demonstrieren … Er droht Tausenden von Arabern an, ihnen das Recht, in Jerusalem zu leben,

abzusprechen ... Zu diesem Geist gehört beispielsweise die Demütigung von Arafat, als dieser (von Gaza kommend/B.T.) mit seinem Hubschrauber in der Westbank landen wollte: Netanyahu ließ ihn ganze 45 Minuten in der Luft hängen, bis er schließlich die Landeerlaubnis erhielt. Das ist Netanyahus Stil und auch der Ton seiner Politik; beide sind dazu geeignet, die Beziehungen mit den Palästinensern, ja mit den Arabern, zu vergiften ... Netanyahus arrogante Demonstration der Macht hat das Klima der Konfrontation intensiviert. Netanyahus unilaterale Handlungen wirken wie kalkulierte Maßnahmen, um die Palästinenser in Rage zu bringen.«[13]

Wohlgemerkt: Dieses Bild von Netanyahu zeichnet keine arabische Zeitung und auch nicht die in dem zitierten Leserbrief (Anm. 11) verfemte *Frankfurter Allgemeine Zeitung*, sondern die international angesehene *NEWSWEEK*. Wie kann ein auf diese Weise handelnder Politiker dem Frieden im Nahen Osten dienen?

Bei einem Treffen bei der Turkish Democracy Foundation in Istanbul (Anfang Mai 1997) haben dort mitwirkende israelische Kollegen über das sich in Israel massiv verschlechternde Image Netanyahus, besonders im politischen Establishment, berichtet. Dies liege daran, daß dieser nur manövriere und keine Vereinbarung einhalte. Dieses Urteil wird durch die arabischen Erfahrungen mit Netanyahu gestützt. Der arabische Politiker, der die größte Rückendeckung für Netanyahu in der arabischen Welt leistete, König Hussein, wurde zweimal von ihm getäuscht und mißbraucht. Der verärgerte Brief von König Hussein an Netanyahu resultierte nicht nur aus seinem Ärger über die Verweigerung der Fluggenehmigung. Vor der Öffnung des Tunnels unterhalb der al-Aqsa-Moschee in Jerusalem im September 1996 war der Berater Netanyahus, Dori Gold, bei König Hussein gewesen, ohne ein Wort über diesen Plan fallen zu lassen. Vor der Entscheidung von Har Homa war Netanyahu selbst in Amman und hatte mit König Hussein ebensowenig ein Wort hierüber gesprochen, wenige Stunden nach seiner Rückkehr nach Israel jedoch die Maßnahme des Siedlungsbaus verkündet. In beiden Fällen sah es so aus, als seien beide Entscheidungen mit König Hussein besprochen und abgestimmt worden. Die arabische Zeitung *al-Sharq al-Ausat* berichtete vom königlichen Hof, daß »König Hussein, der für seine Fähigkeit zur Selbstbeherrschung und dafür, stets die

Fassung zu bewahren, berühmt ist, vor der Abfassung des verärgerten Briefes, den Unmut in seinem Gesichtsausdruck nicht unterdrücken konnte.«[14] Netanyahus Reaktion auf den Brief des Königs war, Hussein sei »instabil«. Ist dies das Verhalten eines seriösen Politikers?

Sowohl der Inhalt als auch der Zeitpunkt, und auch der selbstgefällige Stil bei der Entscheidung des Har Homa-Siedlungsprojekts zeugen davon, daß es sich hierbei um eine Provokation handelt, die in einem Anschlag auf den Friedensprozeß resultiert. Der gesamte Stil des Umgangs mit den arabischen Politikern zeugt von Geringschätzung und Mißachtung, um das inzwischen inflationär verwendete Wort »Rassismus« zu vermeiden.

Netanyahu ist kein Friedenspolitiker

Warum provoziert Netanyahu auf eine Weise, die nicht nur von Arroganz, sondern auch von Ignoranz der politischen Spielregeln sowie der Umgangsformen in der nahöstlichen Region zeugt?

Es ist vielleicht wichtig, zum besseren Verständnis in Erinnerung zu rufen, daß Netanyahu lange Jahre seines Lebens in den USA verbracht hat und lebensgeschichtlich mit der Region des Nahen Ostens, vor allem mit ihren kulturellen Eigenarten, sehr wenig vertraut ist. Die Tatsache, daß er Englisch nicht mit einem hebräischen, sondern mit auffälligem amerikanischen Akzent spricht, ist Ausdruck seiner Persönlichkeitsbildung und nicht etwa seiner sprachlichen Fähigkeiten. Präsident Mubarak von Ägypten hat nach dem zitierten NEWSWEEK-Bericht öffentlich beanstandet, daß Netanyahu die Menschen im Nahen Osten und ihre Sitten weder kennt noch versteht, geschweige denn respektiert, »sonst würde er sich nicht so benehmen«. Diese Unwissenheit entschuldigt natürlich nicht die »arrogante Demonstration der Macht« und die »Erniedrigung der Gegner«.

Netanyahu kennt nicht nur die orientalischen Vorstellungen von Würde und Ehre nicht, die gleichermaßen für Araber und Juden gelten, sondern ist noch nicht einmal mit Clausewitz[15] vertraut. Dieser große Meister hatte in seiner Kriegstheorie die Grundregel der Politik hervorgehoben: Man dürfe den Gegner im Krieg und auch danach weder unnötig demütigen noch versuchen, ihn zu zerstören, weil die Folge dieses Verhaltens ein weiterer Krieg wäre.

Die Deutschen kennen die Richtigkeit dieser Lehre aus ihrer Geschichte. Auf Bismarcks Erniedrigung der Franzosen 1871 folgte der Erste Weltkrieg. Zahlreiche weitere Beispiele aus der Geschichte bestätigen diese Clausewitz'sche Lehre. Bedeutet Netanyahus Politik der Provokationen und Demütigungen nun die Rückkehr zur Kriegsgeschichte im Nahen Osten?

Zu den Grundideen dieses Buches gehört die Auffassung, daß zwischenstaatliche Kriege nach dem Zeitalter des Ost-West-Konflikts und des damit verbundenen Kalten Krieges sehr unwahrscheinlich geworden sind. In diesem Sinne gehören arabisch-israelische Kriege nach dem Muster der fünf Kriege von 1948, 1956, 1967, 1973 und 1982 der Vergangenheit an. Der neue Kriegstyp basiert auf der Anwendung irregulärer Gewalt. Die Intifada der Palästinenser in den Jahren 1987 bis 1993 hat die israelische Wirtschaft demoliert, die israelische Psyche gequält und ganz Israel demoralisiert. Meine israelischen und jüdisch-amerikanischen Freunde erzählen mir, daß sie sich beim Anblick der Bilder der israelischen Soldaten, die palästinensische Jugendliche mit Gewehren dazu gezwungen haben, die Intifada-Grafitti von den Wänden abzuwischen, an das Verhalten der Nazioffiziere gegenüber den jüdischen Opfern erinnert fühlten. Für einen Juden, der seine Identität auf der Basis der Vergegenwärtigung der Holocaust-Morde bestimmt, sich also ethisch dem Respekt der Würde des Menschen und der Gegnerschaft jeglicher Entmenschlichung als oberste Maxime verpflichtet fühlt, kann ein solches, militärisch völlig überflüssiges Verhalten israelischer Soldaten in keiner Weise Rechtfertigung finden.

Es stellt sich die Frage: Wenn es nun keine arabisch-israelischen zwischenstaatlichen Kriege mehr geben kann und der Friedensprozeß durch Netanyahu zu Grabe getragen wird, wird es dann eine neue Intifada geben? Und wer wird sie anführen, wenn Arafat und seine säkular orientierten Mitstreiter durch Netanyahu delegitimiert werden?

Die gestellte Frage geht von der Annahme aus, daß mit Netanyahu kein Frieden zu machen ist. In bezug auf diese Frage hat der prominente jüdische *New York Times*-Leitartikler Thomas Friedman den israelischen Premierminister Netanyahu in einem bemerkenswerten Leitartikel gefragt:

»Oh Bibi, bist Du Dir im klaren, welche palästinensischen Führer Du bekommen wirst, wenn Du Arafat delegitimierst??« (*NYT* vom 10. April 1997).

Für die Kenner der Region besteht kein Zweifel, daß nach einer Delegitimierung oder gar Ermordung Arafats nach einer Zwischenperiode des Chaos' das Ruder an die Radikalen gehen würde, unter denen die Fundamentalisten das größte Gewicht haben.

Kann der Frieden gerettet werden?

Die alte Intifada hat positiv dazu beigetragen, daß das Friedenslager in Israel gestärkt worden ist. Kann eine neue Intifada eine ähnliche Wirkung haben? Friedman ist bewußt, daß eine neue Intifada von Hamas und Djihad Islami und nicht mehr von Arafats Fatah geführt werden würde. Es ist allgemein bekannt, daß die fundamentalistischen Bewegungen keine Kompromisse kennen. Aber ob auch »Bibi« das weiß?

Bevor ich zur Beantwortung der gestellten Fragen diesen Gegenstand vertiefe, muß zunächst darüber nachgedacht werden, ob und wie der Frieden noch gerettet werden kann. Immerhin stehen der amerikanische Präsident Clinton und der liberale Teil der Jewish Community in den USA nicht auf seiten »Bibis«. Kann das helfen, den Friedensprozeß zu retten?

Zentral für die Beantwortung dieser Frage ist, ob die USA im regionalen Nahostkonflikt von dem, was Fachwissenschaftler für internationale Politik »Leverage« / »Schalthebel« nennen, Gebrauch machen werden. In diesem Zusammenhang ist in den USA, wo der Kern dieses abschließenden Kapitels im März-April 1997 im Kreise der Nahostexperten in Harvard entstanden ist (fertiggestellt im Juni 1997 in Göttingen), von einem neuen Camp David-Verfahren die Rede. Nun haben wir in dem vorangegangenen Kapitel die Bedeutung des Camp David-Friedens und seine Grenzen kennengelernt. Ist dieses Ansinnen als Mittel zur Rettung des Friedens realistisch?

Im Gespräch mit meinen Harvard-Kollegen wurde mir bei der Anführung von Camp David stets vorgehalten, daß Jimmy Carter dort zwischen zwei Parteien vermittelt hatte, die einander jeweils etwas zu bieten hatten: der Likud-Politiker Menachem Begin war bereit, den Ägyptern die Sinai-Halbinsel zurückzugeben, und Präsident Sadat war gewillt, hierfür den Preis der Anerkennung Israels parallel zu einem Friedensvertrag – das heißt im Klartext die Neutralisierung der Südflanke Israels – zu zahlen. In Oslo hatten die Palästinenser und Israelis einander ebenfalls etwas anzubieten: Die Rabin / Peres-Labour-Regierung war bereit, den Palästinensern Land zu geben dafür, daß die PLO die im Dezember 1987 ausgebrochene Intifada beendete. Aber was hat Netanyahu Arafat und den Palästinensern zu bieten? Die Nahostexpertin der *Financial Times*, Judy Dempsey, ist der Auffassung, daß Arafat und Netanyahu aufeinander angewiesen seien und deshalb gemeinsam weitermachen müssen; sie führt aus:

>»Trotz all seiner Kritik an Arafat ... und der Beschuldigung, dieser habe grünes Licht für die terroristischen Angriffe gegeben, weiß Netanyahu, wie abhängig er von Arafat im Kampf gegen den Terrorismus ist.«[16]

Es ist zwar entlastend für Arafat und seine Autonomiebehörde gegenüber Israel, daß gerade seine palästinensischen Sicherheitsexperten in Zusammenarbeit mit dem israelischen Geheimdienst, ja sogar mit der CIA, die Zelle von Hamas ausheben konnten, die hinter dem Anschlag auf das Apropos-Café in Tel Aviv im März 1997 gestanden hatte.[17] Aus der Sicht seiner Landsleute ist es aber für Arafat nicht gerade schmeichelhaft, mit der CIA und Schin Bet gegen Hamas – als »Stimme des Islam« in Palästina – zusammenzuarbeiten. Ebensowenig ist es für Arafat ein Ruhmesblatt, daß seine Polizisten »mit M-16-Gewehren bewaffnet, palästinensische Demonstranten zurückhalten und nicht auf die sie bedrohenden israelischen Soldaten schießen«[18], wie die meist proisraelische *Boston Globe* schreibt. Dafür bekommt Arafat für diese sicherheitspolitische Kooperation noch nicht einmal Anerkennung von Netanyahu. Ganz im Gegenteil, Netanyahu überträgt das in seinem Terrorismus-Buch dokumentierte Feindbild von den Arabern auf Arafat und beschuldigt ihn weiterhin der Anstiftung zu Terroraktionen; die angeführte erfolgreiche Zusammenarbeit wird als eine »einmalige Ausnahme« abgetan und heruntergespielt. Warum sollte Arafat unter diesen Bedingungen weiterhin »den Friedensprozeß« durch Erfüllung solcher polizeilichen Hilfsdienste für Netanyahu fortführen? Was bekommt er dafür? Welche Gegenleistung erbringt Netanyahu? Hier stellt sich wieder die Frage nach einer möglichen Erneuerung des Camp David-Gipfelverfahrens unter amerikanischer Leitung. Ich werde hierauf noch ausführlicher eingehen, aber an dieser Stelle ist es zunächst wichtig, zwei Vorschläge auseinanderzuhalten:

- Netanyahus Vorschlag bei seinem noch zu erläuternden Besuch in Washington im April 1997, die Vereinbarungen von Oslo über einen »Interim-Frieden« bzw. einen graduellen Friedensprozeß durch einen »sechsmonatigen raschen Friedensprozeß« mit einer zügigen Festlegung des »Endstatus« für die Palästinenser zu ersetzen.

- Den Vorschlag eines Camp David-Gipfels von Clinton mit Arafat und Netanyahu sowie König Hussein und Präsident Mubarak, um den Friedensprozeß aus der Sackgasse herauszuführen.

Mit seinem sechsmonatigen Verfahren will Netanyahu Arafat zum Verzicht auf bereits in Oslo erfolgte Zugeständnisse der Israelis bewegen und ihn auf eine territorial erheblich reduzierte Palästina-Lösung festlegen, die die bereits zitierte *Financial Times*-Expertin Dempsey wie folgt umschreibt:

»Netanyahu möchte alles Mögliche tun, um die geographische Größe des anvisierten palästinensischen Staates zu verkleinern, wobei er glaubt, die Palästinenser auf einem kleinen Raum nach dem Modell von Homelands einpferchen zu können« (wie Anm. 16).

Nun erhebt sich die Frage, ob Arafat in der gegenwärtigen Krise des Friedensprozesses dermaßen auf Netanyahu angewiesen ist, daß er zu solchen, einem politischen Selbstmord gleichkommenden, Zugeständnissen bereit wäre. Nach meiner Ansicht würde er den letzten Rückhalt – auch im eigenen Lager – verlieren und hierbei ungewollt riskieren, das Ruder an Hamas abzugeben, wenn er sich auf eine solche Regelung einlassen würde! Der gegen Arafat gerichtete arabische Vorwurf des »Khain« / »Verräter« wäre die unausweichliche Folge. Kurzum: Netanyahus Vorschlag scheidet aus. Bleibt nur ein neues Camp David! Mit dem schon in Kapitel 9 vermittelten Wissen über Camp David von 1978/79 will ich nun fragen, ob ein neues Camp David für 1997/98 Erfolg versprechen könnte.

Eine Neuauflage von Camp David? Eine Rolle für die USA bei der Konfliktlösung?

Im April 1997 hat Netanyahu bei seinem Besuch in Washington eingeräumt, daß er Gipfelverhandlungen im Stile von Camp David zustimmen würde, wenn der von ihm angeführte Vorschlag eines »raschen Friedensprozesses mit Festlegung der endgültigen Ziele« in dem soeben beschriebenen Sinne scheitern würde. Aber ist die gegenwärtige Situation mit jener vergleichbar, die seinerzeit zu dem Camp David-Gipfel von Begin / Sadat unter der Regie von Carter geführt hat? Im vorangegangenen Kapitel wollte ich nicht nur die Bedeutung Ägyptens für den Friedensprozeß, sondern auch Grundlagen für eine an der Sicht der Gegenwart orientierte Bewertung des Camp David-Friedens erarbeiten. Für den Bedarf an einer solchen Diskussion gibt es drei Gründe:

1. um daraus Lehren für einen umfassenden Friedensprozeß zu ziehen,
2. um den Stellenwert der USA für den Nahostfrieden auszumachen, und
3. um Vorarbeit zu leisten für den gegenwärtigen Vorschlag, Camp David zu erneuern, um den in eine Sackgasse geratenen Friedensprozeß zu retten.

In Harvard, wo diese Zeilen für das vorliegende Buch verfaßt wurden, wurde Anfang April 1997 – parallel zum Besuch des israelischen Ministerpräsidenten in Washington – viel über den Camp David-Frieden geredet. Angesichts der offensichtlichen ernsten Krise des Friedensprozesses – um nicht pessimistisch bereits von seiner Zerstörung zu sprechen – fordern Kommentatoren ein entschlossenes Eingreifen der USA. In diesem Zusammenhang fällt der Begriff »Camp David« und findet auch in Teilen des arabischen Lagers Zustimmung, weil nur die USA die verfahrene Situation retten können. Der Leitartikler der *New York Times*, Stephen Cohen, der zur jüdischen Israel-Lobby gehört, fordert von Präsident Clinton[19]:

1. Die Durchführung einer zweiten internationalen Nahostkonferenz, also ein Madrid-II, bei der die bestehenden Unsicherheiten über den Inhalt des Friedensprozesses durch Festlegung und Klarstellung der »Issues« im Rahmen eines international zu erreichenden Konsenses beseitigt werden können.

2. Eine Neubelebung der Camp David-Formel in der amerikanischen Nahostpolitik durch die Abhaltung von zwei Gipfeltreffen in Camp David jeweils unter der persönlichen Leitung des amerikanischen Präsidenten und unter der Führung der USA als dritte Partei:

a) einen Camp David-Gipfel für die palästinensische und die israelische Konfliktpartei und

b) eine Verhandlung im Camp David-Stil, an der jeweils die Führung Syriens und Israels als Konfliktparteien mitwirken.

Cohens Argument lautet, daß eine »amerikanische Führung benötigt wird, weil es kein Vertrauen mehr gibt« (ebd.) zwischen den Konfliktparteien. In Harvard wurde unter den Nahostexperten eine ähnliche Diskussion über die Brauchbarkeit der Camp David-Formel für den Umgang mit der gegenwärtigen hoffnungslosen Situation geführt, die die Politik von Netanyahu hervorgerufen hat. Was ist der Hintergrund für die Aktualität von Camp David? Welche politische Relevanz hat es?

In Oslo hatten sich Israel und die PLO – wie bereits gezeigt wurde – darauf geeinigt, die Fragen von Jerusalem, der jüdischen Siedlungen und des endgültigen Status der autonom-verwalteten Gebiete zunächst zurückzustellen und erst in einem späteren, fortgeschrittenen Stadium der Entwicklung über sie zu verhandeln. Im zweiten Abschnitt dieses Kapitels habe ich Arafat zitiert und – aus arabischer Perspektive – angeführt, daß die palästinensische Unterschrift unter die Oslo-Interim-Regelung unter dieser Voraussetzung erfolgt ist. Hinter der palästinensischen Konzession, diese Punkte zurückzustellen, stand – wie erwähnt – die Einsicht, daß diese Fragen dermaßen konfliktbeladen und somit schwer lösbar sind, daß man Gefahr laufe, den Friedensprozeß zu gefährden, würde man sie zu früh anpacken. Dabei gingen die Palästinenser jedoch von der Annahme eines gegenseitigen Vertrauens aus, das heißt konkret von der Überzeugung, daß die Israelis das Warten der Palästinenser auf eine spätere Lösung nicht mißbrauchen. Im besagten Arafat-Zitat (Anm. 2) wird die palästinensische Erwartung zum Ausdruck gebracht, keine Tatsachen zu schaffen, die den weiteren Verlauf der Verhandlungen entscheidend vorbestimmen würden. Genau dies ist aber Netanyahus Vorgehensweise, wie die Ereignisse auf dem Djabal Abu Ghunaim zeigen: Seit dem 18. März 1997 sind die israelischen Planierraupen im Einsatz, um für 6500 Wohneinheiten einer neuen jüdischen Siedlung den Boden zu bereiten, das heißt unilateral neue Tatsachen zu schaffen. Der Widerstand gegen die Bebauung ist gewaltig.[20] Zudem scheint dieses Vorgehen Netanyahus den Friedensprozeß zu Fall zu bringen. Die seitdem ausgebrochene Krise ist kolossal. Der größte Schaden ist die Zerstörung des in Oslo embryonal gebildeten gegenseitigen Vertrauens.

Bei der Krise geht es auch um Jerusalem

Die Politik Netanyahus hat dem jüdischen Volk »mehr Sicherheit« versprochen, hat es aber geschafft, die gesamten besetzten Gebiete in ein Pulverfaß zu verwandeln, in dem die Gewalt brodelt, wobei gleichermaßen jüdisches und palästinensisches Leben gefährdet wird. Es ist wichtig, den Lesern stadtgeographisch zu erklären, wie die israelische Likud-Regierung versucht, Jerusalem zu judaisieren, das heißt den arabischen Muslimen und Christen (20 Prozent der Palästinenser sind Christen) ihren Anspruch auf einen Teil Jerusalems abzusprechen.[21] Seit 1967, das heißt seit der Eroberung des arabischen Ostjerusalems und dessen Annexion, werden am Stadtrand von Jerusalem jüdische Siedlungen parallel zur Erweiterung des Stadtgebietes gebaut. Das bedeutet, daß das jüdische Territorium in Jerusalem immer größer wird und gleichzeitig der Anteil an israelischen Bewohnern, für die neue Wohneinheiten gebaut werden, zunimmt. Das arabische Gebiet auf dem Berg Abu Ghunaim ist die letzte Landverbindung Ostjerusalems zur Westbank, das heißt zum palästinensischen Territorium, das ein Kerngebiet des erhofften palästinensischen Staates bilden soll. Wird der Berg Abu Ghunaim in eine jüdische Siedlung namens Har Homa verwandelt, dann wird Ostjerusalem von der Westbank abgekoppelt; damit werden Tatsachen geschaffen, die jeden friedlichen palästinensischen Anspruch auf einen Teil Jerusalems ein für allemal zunichte machen. Genau dies ist auch das Ziel Netanyahus. Jerusalem soll auf Kosten der islamischen Ansprüche auf die heilige Stadt vollständig judaisiert werden. Von islamischer Seite kann es so keinen Frieden geben!

Auf den Pressekonferenzen mit Netanyahu u.a. in Washington mußten amerikanische und andere Journalisten wiederholt verblüfft feststellen, daß er nicht alle Oslo-Unterlagen im einzelnen kannte bzw. nicht genau gelesen hatte. Generell hält sich die Likud-Regierung nicht an die Grundlinien der Oslo-Vereinbarungen und provoziert dadurch die Palästinenser. Daraus folgt seit dem 18. März 1997 eine Art Volksaufstand, bedauerlicherweise begleitet von Terrorismus. Den Palästinensern wird die Schuld für die Zerstörung des Friedensprozesses zugeschrieben, worauf weitere Provokationen folgen, die wiederum neuen gewaltförmigen Widerstand hervorrufen.

Netanyahu verlangt als Voraussetzung für die Fortführung des Friedensprozesses von der Palästinensischen Autonomiebehörde, diesen Aufstand im Namen der Bekämpfung des Terrorismus zu unterbinden und wirft Arafat dabei vor, »grünes Licht für terroristische Aktionen« gegeben zu haben. Als Reaktion auf den Ausbruch der palästinensischen Demonstrationen der Steinewerfer, die man nicht als Terrorismus, sondern als Volksaufstand, bezeichnen kann, haben die jüdisch-fundamentalistischen Siedler, die offiziell Maschinengewehre tragen dürfen, während der ersten Aprilhälfte 1997 zu ihren Waffen gegriffen und begonnen, palästinensische Zivilisten – zum Beispiel in Hebron / al-Khalil – auf offener Straße zu ermorden. Maschinengewehre gegen Steine! Zu Recht hat der prominente Jerusalemer Palästinenser Faisal al-Husseini Netanyahus Formel umgedreht und gefragt, ob der Likud-Politiker »grünes Licht für Siedler-Terrorismus« gegeben habe[22], um Palästinenser wie Freiwild abzuschießen. Genau dies ist auch die Praxis der Siedler. In Kapitel 7 habe ich diese Siedler als die Fundamentalisten Israels näher vorgestellt.

In der Tat ist die palästinensische Polizei – laut den Beobachtungen des Korrespondenten der *New York Times* und anderen – noch vor den Siedlermorden im März 1997 in Hebron unter Gewaltanwendung massiv gegen palästinensische Demonstranten vorgegangen.[23] Hinzu kommt die schon angeführte palästinensische Kooperation mit den israelischen Sicherheitsdiensten (vgl. Anm. 17). Dennoch schützt diese Vorgehensweise von Palästinensern gegen Palästinenser und die Kollaboration mit den israelischen Sicherheitsdiensten nicht vor Netanyahus Vorwurf der Förderung des Terrorismus. Es gibt Anlaß zu der Vermutung, daß Netanyahu nur noch nach einem Vorwand sucht, den Friedensprozeß mit der Begründung einzufrieren, die Autonomiebehörde fördere den Terrorismus. Mehrfach ist von den palästinensischen

Gegnern des Friedensprozesses, gleich ob linke Radikal-Nationalisten wie der DFLP (Demokratische Volksfront für die Befreiung Palästinas)-Chef Nayif Hawatimeh (vgl. sein Interview mit dem SPIEGEL, 4/1996) oder Hamas-Fundamentalisten (hierzu Kap. 7), die Kritik zum Ausdruck gebracht worden, daß die Palästinensische Autonomiebehörde als Handlanger der israelischen Besatzungsmacht bei der Unterdrückung der Palästinenser wirke. Genau diese Funktion scheint Netanyahu als einzige Aufgabe der PNA zu sehen und anzuerkennen. Dabei vergißt er, daß die Palästinensische Autonomiebehörde laut dem Geist von Oslo die Vertreterin des palästinensischen Volkes und seiner Belange ist, und nicht etwa aus Hilfspolizisten besteht, die im Dienste Netanyahus stehen – wie es in der Tat im März 1997 den Anschein hatte.

Im Vorwort dieses Buches habe ich geschrieben, daß die arabischen Staaten durch die Aufgabe der gegenüber Israel verhängten regionalen und internationalen Blockade diesem Land nicht nur einen Weg aus der Isolation, sondern auch die Integration in einen friedlichen »Neuen Nahen Osten« bieten. Diese Perspektive wird von der Politik Netanyahu dermaßen in Frage gestellt, daß die Außenminister der 22 Mitgliedstaaten der Arabischen Liga auf der 107. Sitzung des Ministerialrates ihrer Organisation die »Wiederaufnahme des Wirtschaftsboykotts und das Ende der Normalisierung mit Israel« in einer formellen Resolution beschlossen haben.[24] Von offizieller arabischer Seite bedeutete dieser Beschluß das vorläufige Ende des Friedensprozesses. Zu Beginn dieses Kapitels habe ich Netanyahus Äußerungen anläßlich des 30. Jahrestages des Sechstagekrieges am 5. Juni 1997 zitiert. Genau diese Position war der Grund für die angeführte Entscheidung der Arabischen Liga von Ende März 1997. Wenn Netanyahu zwei Monate später durch Wiederholung seine Haltung bekräftigt, dann gibt dies wenig Anlaß zu Hoffnung!

Die Katastrophe: eine fundamentalistische Intifada als »Djihad-Krieg«

Ich möchte hier noch einmal die oben bereits gestellte Frage aufgreifen: Können die USA durch ihr Eingreifen – etwa durch die Wirkung als vermittelnde »dritte Partei« im Stile eines Camp David-Gipfels – die bevorstehende Katastrophe verhindern? Bevor ich darauf eine Antwort gebe, möchte ich erläutern, warum ich in diesem Zusammenhang als Realist, der gesinnungsethische Moralisierungen verabscheut, dennoch die scheinbar moralisch klingende Warnung vor einer »Katastrophe« teile.

In einem Interview mit *TIME* (vom 31. März 1997) sagte Netanyahu dem *TIME*-Herausgeber Walter Isaacson, es sei »weit überzogen«, wenn Arafat die Rückgabe von 80 bis 90 Prozent der besetzten Gebiete plus Souveränität erwarte. Mit anderen Worten, Netanyahu will nicht mehr Zugeständnisse machen als territorial nicht miteinander verbundene Flecken palästinensischen Gebietes – sprich »Bantustan-Reservate« -, die nach dem Modell der südafrikanischen Apartheid-Homelands autonom verwaltet werden können. Kein Teil von Jerusalem soll zu diesem »Palästina-Bantustan« gehören. Zur Zeit hat die Palästinensische Autonomiebehörde nicht mehr als drei Prozent der besetzten Gebiete unter vollständiger Kontrolle, die um weitere zwei Prozent vergrößert werden (Bericht in *The Economist* vom 15. März 1997, S. 45).

Das ist der Tatsachenhintergrund meiner Warnung vor einer realpolitisch möglichen Katastrophe; diese besteht darin, daß die israelische Likud-Politik für die fundamentalistischen Gegner des Friedensprozesses den Beweis erbringt, daß ihre Ablehnung der Politik Arafats berechtigt ist. Auf dieser Grundlage rufen die Fundamentalisten zum Djihad auf, wie noch zu zeigen sein wird. Der Hamas-Sprecher in Amman, Ibrahim Ghausche, hat in einem *SPIEGEL*-Interview folgende Behauptung aufgestellt:

»Das Oslo-Paket hat uns nach dreieinhalb Jahren weder die lang ersehnte Sicherheit noch wirkliche Souveränität oder gar nationale Würde gebracht. Alle Hoffnung ist verflogen, die Verzweiflung wächst.«[25]

Als arabischer Nahostexperte, der zu den unzweideutigen Gegnern des islamischen Fundamentalismus gehört (vgl. Kap. 7), kann ich hier auf der Basis der Tatsachen kein einziges Wort aus dem angeführten Zitat widerlegen, ja muß sogar einräumen, daß diese Behauptung absolut korrekt ist. Ghausche sieht in dem seit dem 18. März anhaltenden – wenngleich zeitweise abflauenden – Massenaufstand der Palästinenser eine »zweite Intifada« und wird wahrscheinlich – wenn sich die Lage so weiterentwickelt – auch mit dieser Aussage Recht haben. Die erste Intifada war der Aufstand der Palästinenser in den besetzten Gebieten in den Jahren 1987 bis 1993 (vgl. Anm. 40 zur Einl.).

Nun zur anstehenden Katastrophe: Nach dem Fundamentalisten Ibrahim Ghausche wird sich diese »neue Intifada ... zu einem heiligen Krieg / Djihad gegen die Besatzer ausweiten« (wie Anm. 25). Dies wäre der Beginn eines Flächenbrandes, der gleichermaßen durch die Flüchtlinge und die sich ausweitenden Terroraktionen auch den Westen, besonders Europa, betreffen würde. Mit dem Austausch der Formel »Land für Frieden« durch »Sicherheit für Frieden« hat Netanyahu die Wahl vom Mai 1996 gewonnen, seinen Landsleuten aber stattdessen die Gefahr eines »Heiligen Krieges« eingebracht. Kann diese Entwicklung gestoppt werden?

Nur die USA können den Friedensprozeß retten: Ist Clinton dazu fähig?

Nach meiner Auffassung sind die USA die einzige internationale Macht, die ein Horrorszenario im Nahen Osten mit internationalen Auswirkungen verhindern kann. Die USA haben im Nahen Osten – im Gegensatz zum Balkan – handfeste Interessen und somit keinen Grund zum Zögern – wie etwa damals in Bosnien. Einer resoluten Entscheidung im Wege stehen könnte jedoch die starke Israel-Lobby in Washington. Hinzu kommt die in den USA bekannte außenpolitisch unentschlossene Haltung von Präsident Clinton. In den Besuch von Netanyahu in Washington am 8. April 1997 wurden große Erwartungen gesetzt[26], und man fragte sich seinerzeit, ob der US-Präsident sich in dieser Situation des ihm zur Verfügung stehenden Schalthebels bedienen würde. Dies ist nicht erfolgt. Wie Clinton selbst sagte, war das Gespräch mit Netanyahu »sehr spezifisch, offen, aufrichtig und sehr lang«. Ergebnisse gab es jedoch keine.[27] Es blieb, wie ein Clinton-Berater sagte, »bei einem Gedankenaustausch, statt zu einer Übereinstimmung über konkrete Pläne zu kommen«. Es war ein äußeres Zeichen der Unzufriedenheit und auch der Abneigung Clintons gegenüber Netanyahu, daß es nach den Beratungen keine gemeinsame Pressekonferenz gab, wie dies sonst üblich ist.

In Washington hat Netanyahu – in Verleugnung der Genfer Konvention – wiederholt das Recht Israels betont, auch im arabischen Ostjerusalem Siedlungen aufzubauen, ohne hierbei zur Kenntnis zu nehmen, daß es bei einer Fortsetzung der Politik der Judaisierung Jerusalems keinen Frieden im Nahen Osten – und auch nicht mit der Welt des Islam – geben kann. Im zweiten Kapitel dieses Buches habe ich dieses Jerusalem-Kernproblem akzentuiert. Auch in diesem Kapitel habe ich die Forschungsergebnisse des palästinensisch-israelischen Forschungsteams der American Academy of Arts and Sciences unter Leitung von Mendelsohn zitiert, wonach jeder Nahostfrieden mit Jerusalem steht und fällt. Jerusalem ist zwar eine geteilte Stadt, aber ihre Teilung ist nicht nur politisch, sondern bezieht sich auch auf zivilisatorische und religiöse Gemeinschaften. Deshalb verbietet sich ein Vergleich mit dem früher geteilten Berlin. Informierte Beobachter müßten den Oberbürgermeister von Berlin hierüber belehren, der seine Stadt mit Jerusalem verwechselt.

Das Problem ist hier nicht nur, daß Israel unter Netanyahu die unwiederbringliche Chance verspielt, ein Ende der jahrzehntelangen von außen auferlegten Isolation zu erreichen. Stattdessen trägt er diese Chance selbst zu Grabe und führt sein Land damit in die Isolation zurück. Auch treibt Netanyahu den proisraelischen Präsidenten Clinton zu einer Politik, die auch die USA im Nahen Osten isoliert. Der amerikanische Leitartikler des *Boston Globe*, Ethan Bronner (vgl. Anm. 3), zitiert einen Leitartikel von Nahum Barnea in der auflagenstärksten israelischen Zeitung *Yediot Aharonot*, in dem die Klage eines namentlich nicht genannten Beraters von Präsident Clinton gegen Israel angeführt wird:

»Netanyahu sitzt zwei Stunden lang dem Präsidenten gegenüber und redet nur noch über seine Bedürfnisse, seine Probleme und den Druck, unter dem er steht ... Sein Unwille, die Palästinenser zu verstehen, ist bekannt. Aber er verhält sich ebenso, wenn er dem US-Präsidenten gegenüber sitzt, und versteht nicht, daß auch dieser seine eigenen Bedürfnisse hat. Israel kann sich nicht leisten, diese amerikanischen Bedürfnisse zu ignorieren« (wie Anm. 3).

Der amerikanische Leitartikler Bronner kommentiert dann:

»Die Implikation ist nicht nur, daß Israel sich in die Isolation treibt, sondern auch, daß es seine Schutzmacht, die Vereinigten Staaten, in Institutionen wie den Vereinten Nationen isoliert. Netanyahu scheint Probleme damit zu haben zu verstehen, daß er (durch seine Politik, B.T.) Ärger auf sich zieht.«

Es ist bedauerlich, daß Präsident Clinton zwar seine Mißstimmung zeigt, aber von dem »Leverage«, den die USA zur Verfügung haben und der von den Präsidenten Reagan und Bush einst gegenüber Israel eingesetzt worden ist, keinen Gebrauch macht. Mein jüdisch-amerikanischer Kollege von UCLA (University of California and Los Angeles), Steven Spiegel, hat öffentlich in einer Harvard-Diskussion gesagt, daß »Clinton von allen geliebt werden möchte« und nicht der Typ von Politiker sei, der einen »strengen Politikkurs« betreiben würde.[28]

Grundsätzlich ist die Lage in den Vereinigten Staaten für eine entschlossene US-Politik zugunsten des Friedens unter Einsatz von Druckmitteln gegen Netanyahu relativ günstig, weil die amerikanische jüdische »Community« nicht nur in bezug auf Israel unter Netanyahu, sondern auch hinsichtlich des zunehmenden Fundamentalismus unter bestimmten Kreisen der Rabbiner besorgt und gespalten ist. Diese Situation schränkt den Einfluß der Israel-Lobby ein, die aber dennoch ein Machtfaktor bleibt. Es ist gewiß kein Zufall, daß die *New York Times* in ihrer Ausgabe vom 31. März 1997 gleich zwei Leitartikel von zwei prominenten jüdischen Kolumnisten veröffentlicht hat, die, obwohl sie unterschiedliche Themen behandelten, komplementär sind und hierbei die angesprochene Situation veranschaulichen.[29]

Marty Kaplan, der früher als Redenschreiber von Vizepräsident Walter Mondale wirkte, schreibt in seinem Leitartikel:

»Also soll ich kein Jude sein. Dieses Urteil habe ich nicht selbst gefällt und es wird gewiß meine jüdischen Eltern überraschen. Meine Exkommunikation kommt von der 600 Mitglieder umfassenden Union der orthodoxen Rabbiner der USA und Kanada, die die schriftgläubige Befolgung der 613 Vorschriften der Thora als Maßstab für das Jüdisch-Sein bestimmen.«

Die liberalen und aufgeklärten Juden, wie Marty Kaplan, sind besorgt über die Fundamentalisten in ihrem Lager. Kaplan schreibt in dem zitierten Leitartikel:

»Fundamentalisten haben ihren Gott, wir unseren Kant und vielleicht eine Art Vorrang der individuellen Persönlichkeit.«

Solche Einstellungen führen dazu, Abstand von der Likud-Regierung sowie den sie mittragenden ultraorthodoxen Parteien zu nehmen. Als ein arabischer Muslim befinde ich mich gegenüber unseren eigenen Fundamentalisten, die mir auch mein Muslim-Sein absprechen, in einer vergleichbaren Situation wie Marty Kaplan. In dem anderen Leitartikel aus der Feder des bereits zitierten jüdischen Kolumnisten Thomas Friedman wird der amerikanische Präsident direkt angesprochen, der sicherlich am Frühstückstisch die *New York Times*-Leitartikel liest:

>»Herr Präsident, in Ihren ersten vier Jahren hatten Sie es leicht, hinter Rabin zu wirken und ihm die Arbeit zu überlassen. Sie haben das ›Catering‹ (Lieferung von Speisen und Getränken) besorgt, aber die Erfolge für sich selbst kassiert. Rabin war Ihr Freund und mußte für seinen Einsatz sterben, aber Sie haben bisher nichts getan, um den Zerfallsprozeß des Friedens aufzuhalten. Wenn Oslo mißlingt, dann wird Ihr Name, Herr Präsident, auf der Todesurkunde stehen. Wenn Ihnen aber daran gelegen ist, als Friedensstifter im Gedächtnis zu bleiben, dann müssen Sie hierfür etwas tun!«< (Ebd.)

In Washington hat Netanyahu Präsident Clinton – wie angeführt – vorgeschlagen, in einem sechs Monate langen Prozeß den Friedensprozeß neu zu bestimmen und somit zügig zu einem Abschluß zu bringen. Welcher »Abschluß«, muß man fragen?! Ich habe bereits in der Einleitung zu diesem Buch gezeigt, daß Netanyahu als relativ unerfahrener Politiker keine eigene Strategie hat, dafür aber die Taktik des Zeitgewinnens anscheinend beherrscht. Bei seinem ersten Besuch in Ägypten hat Netanyahu zum Beispiel Präsident Mubarak mit falschen Versprechungen getäuscht. Doch ist dieses Spiel des Zeitgewinnens inzwischen durchschaut.

Im April 1997 befand sich der jordanische König Hussein, der in diesem Buch – neben Arafat – als zentrale Figur der arabischen Seite beim Friedensprozeß dargestellt wird, in der Mayo-Klinik in Rochester/Minnesota zu einer Operation. In Anerkennung der zentralen Rolle des Königs besuchte Netanyahu ihn am Wochenende zu Beginn seiner USA-Reise vom April 1997 erst in der Mayo-Klinik, ehe er am Montag zwei Stunden mit Präsident Clinton in Washington verhandelte. Netanyahu verhielt sich so, als wären seine mehrfachen Affronts gegen den König nie gewesen und trug ihm seine Vorstellungen vor. Sowohl Hussein als auch später Clinton haben darauf kühl reagiert und gesagt: Angesichts der fehlenden Vertrauensbasis könne es nur darum gehen, durch substantielle israelische Gesten zu deeskalieren und das verlorene Vertrauen wieder aufzubauen. Der amerikanische Präsident ließ sich zudem von König Hussein beraten, der von solch spektakulären Plänen wie etwa eines Gipfeltreffens in Camp David zunächst abriet. Nach der Rückkehr Netanyahus in seine Heimat hat die amerikanische Presse die Zusicherung Clintons veröffentlicht, er sei »ein Freund Israels«. Durch seinen Regierungssprecher hat Clinton jedoch einen für Netanyahu wenig schmeichelhaften Vorbehalt zum Ausdruck gebracht:

> »Netanyahu muß mit Taten, nicht mit Worten, unter Beweis stellen, daß er in seinen Intentionen ehrlich ist. Erst dann wäre Präsident Clinton bereit, sich zu einem Plan zu verpflichten, ohne die Glaubwürdigkeit der USA einem Risiko auszusetzen.«[30]

Mit dem Plan »zügiger sechsmonatiger Verhandlungen«, die die Oslo-Interim-Lösung ersetzen sollen, will Netanyahu – wie ich ausgeführt habe – nicht nur den in Oslo erreichten Konsens unterminieren, sondern auch, wie man dies von ihm kennt, Zeit für weitere Manöver gewinnen. Es fällt auf, daß die anderen Akteure diesmal nicht mitspielen.

Bedingungen an eine Neuauflage des Camp David-Gipfels

Der bereits zitierte einflußreiche *New York Times*-Kolumnist Friedman nennt in einem späteren Leitartikel folgende Bedingungen für die beiden Konfliktparteien, die sie als Vorleistung dafür, daß der US-Präsident das Risiko eines Gipfels im Stile Camp Davids wagt, erfüllen müßten[31]:
– Netanyahu muß sich gegenüber den USA verpflichten, den Aufbau neuer Siedlungen in Jerusalem und in der Westbank sowie den Ausbau bestehender Siedlungen einzustellen,
– Arafat und Netanyahu müssen sich erneut hundertprozentig zu dem Oslo-Geist bekennen.
– Arafat muß die Palästinenser darauf vorbereiten, daß sie nicht alle besetzten Gebiete für ihren »Ministaat« zurückerlangen können, das heißt zu akzeptieren, daß die Israelis bereit wären, ihnen minimal 65 Prozent und maximal 85 Prozent des Territoriums zurückzugeben.

– Netanyahu muß eine neue Koalition bilden, die diese Politik mittragen kann, das heißt er muß sich von den ultraorthodoxen Parteien trennen und eine Zusammenarbeit mit Labour anstreben.

Wenn beide Parteien diese Voraussetzungen nicht erfüllen können,
dann gibt es nicht nur keine amerikanischen Camp David-Ver-
mittlungen, sondern auch keinen Frieden. Wie Thomas Friedman
zynisch schreibt, ist Frieden nur unter Schmerzen möglich. Die
Amerikaner sollten bei einem Scheitern ihrer Vermittlung Juden
und Palästinenser einander bekämpfen lassen:

»Es ist traurig sich vorzustellen, daß beide Parteien Schmerzen
erleiden müssen, um sie vor dem Abgrund zu bewahren« (ebd.).

Die Entwicklung scheint aber eher in Richtung Abgrund zu verlaufen, als dahin daß Netanyahu zu verstehen beginnt und die
erforderlichen Konzessionen macht. Für eine Politik der Kompromisse hat er keine Koalitionsmehrheit!

Sosehr ich hier die nicht genutzten Möglichkeiten der USA,
Druck auf Israel auszuüben, unterstreiche, sowenig verleugne ich
damit meinen Ansatz beim Studium regionaler Konflikte, daß diese ihre regionale Eigendynamik haben und die Interventionsmög-
lichkeiten für externe Mächte begrenzt sind. Das gilt auch für ein
Land wie Israel, so abhängig es von der US-Hilfe auch sein mag.
Israel ist nicht Zaire (jetzt Kongo)! Früher konnten Großmächte
ihre Kanonenboot-Diplomatie einsetzen, um ihre Interessen
durchzusetzen. Heute ersetzen die Geheimdienste mit ihren
»Covert Actions« / »Verdeckte Aktionen«[32] die alten Kanonen.
Das funktioniert aber nicht überall, sondern nur in Ländern mit
schwach ausgebildeter Staatlichkeit, das heißt nur in »Quasi-Staa-
ten« wie Kongo / Zaire. Dort konnte der amerikanische Geheimdienst CIA Mobuto nach der Kongo-Krise von 1960 erstmals an
die Macht verhelfen. Und heute, 1997, nachdem der »Mohr seine
Schuldigkeit getan« hat und nicht mehr benötigt wird, kann er
gehen, um für einen anderen, hier Kabila, den Weg frei zu machen.
Kabila schoß sich mit amerikanischer CIA-Unterstützung seinen
Weg nach Kinshasa frei. Der neue, als »Wiskey- und Frauenheld«
(so der ZDF-Reporter aus Kinshasa) bekannte, Führer hat den einstigen Kleptomanen Mobuto als neuer Diktator abgelöst. So können die Amerikaner mit einem hoch entwickelten Staat wie Israel

nicht umgehen und deshalb wird Netanyahu, trotz der amerikanischen Mißstimmung über seine Politik und obwohl er im Wege der amerikanischen Interessen im Nahen Osten steht, an der Macht bleiben. Die Hoffnung auf eine große Koalition mit der Labour-Partei hat sich nach der Bar-On-Affäre verflüchtigt, die ich im folgenden aus der Perspektive ihrer Folgen für den Friedensprozeß erläutern möchte.

Netanyahu bleibt an der Macht – keine große Likud-Labour-Koalition

Zum Verständnis der Bar-On-Affäre ist es notwendig, die Leser daran zu erinnern, daß Netanyahu unter sanftem amerikanischen Druck zugestimmt hat, die israelischen Truppen – in Erfüllung der Oslo-Vereinbarung – im Januar 1997 aus Teilen von Hebron abzuziehen. Das Resultat war damals eine große Verärgerung unter den jüdisch-fundamentalistischen Siedlern, die mit dem Har Homa-Siedlungsprojekt in Jerusalem besänftigt werden sollten. Man fragte sich im Januar 1997, warum die in Netanyahus Kabinett vertretenen sieben Minister aus dem ultraorthodoxen und fundamentalistischen Kreis die Räumung von Hebron nicht verhindert hatten.

Die Enthüllung eines Skandals durch das israelische Fernsehen hat den Hintergrund dieser Zusammenhänge verdeutlicht: Im Vorfeld des Hebron-Teilabzugs hatte Netanyahu einen militanten und zugleich kaum qualifizierten, der Schas-Partei nahestehenden Juristen, Roni Bar-On, als Generalstaatsanwalt berufen[33]; unter scharfer Kritik mußte dieser jedoch bald das Amt wieder aufgeben. Das israelische Fernsehen hat enthüllt, daß Netanyahu die Berufung von Roni Bar-On unter dem Druck von Arye Deri, dem Chef der im Kabinett vertretenen ultraorthodoxen sephardischen Schas-Partei, vorgenommen hatte. Deri wird in verschiedenen Fällen des Betrugs und der Bestechlichkeit angeklagt und erhoffte sich von der von ihm erzwungenen Einsetzung Bar-Ons persönliche Vorteile, das heißt Entlastung. Als Gegenleistung für diese Berufung schwieg er zuvor im Kabinett bei der Hebron-Entscheidung, so daß Netanyahu freie Hand hatte. In einem 995 Seiten starken Polizeibericht werden Netanyahu und zwei seiner engsten Mitarbeiter des Rechtsbruchs beschuldigt. Dennoch hat die Justiz befunden, daß die Beweisführung für eine Anklage nicht ausreiche, und hat die Affäre heruntergespielt. Doch wird sie Nachwirkungen haben, wie die *Washington Post* in einem Leitartikel ausführt:

>»Ja, Netanyahu kann im Amt bleiben ... aber er ist bereits getroffen ... Als Folge wird er sich in Zukunft noch mehr auf die nationalistischen und ultraorthodoxen Parteien verlassen müssen, und dies wird den Friedensprozeß beeinträchtigen ... Israelisch-palästinensische Verhandlungen waren bereits an einem Tiefpunkt angelangt und ein weiterer Rechtsrutsch einer ohnehin schon rechtslastigen Regierung wird die palästinensisch-israelischen Beziehungen noch problematischer machen.«[34]

Sowohl diese Folgen der Bar-On-Affäre als auch Veränderungen innerhalb der Labour-Partei nach dem altersbedingten Ausscheiden von Schimon Peres sprechen nun endgültig gegen die hoffnungsvolle Perspektive der Bildung einer großen Koalition. Mit Ehud Barak als neuem Chef von Labour und angesichts der Tatsache, daß diese Partei auf ihrem Kongreß von Mitte Mai laut dem Leitartikel von *Yediot Ahronot* »Peres vor die Tür gesetzt« hat (nach *FAZ* vom 15. Mai 1997), wird es von dieser Seite keine Absprachen zwischen den Parteien mehr geben, um eine große Koalition zu bilden. Im Likud-Block ist diese Perspektive ebenfalls nicht mehr vorhanden. Denn nicht nur die Macht der ultraorthodoxen Parteien ist durch die Schwächung Netanyahus gestärkt worden, auch die ultrarechten Gegner des Premierministers innerhalb der eigenen Partei – wie zum Beispiel Ariel Scharon – haben nun größeren Einfluß. Wenn auf dieser Basis gesagt wird, daß der Friedensprozeß tot ist, dann ist das keine Spekulation, sondern eine Aussage, die sich mit Äußerungen von Scharon selbst belegen läßt.

Auch Netanyahu hatte während des Wahlkampfes im Sommer 1996 gegen den Friedensprozeß polemisiert, aber Beobachter haben dies als Rhetorik eingeordnet. Dies gilt gewiß nicht für Scharon, der als israelischer Verteidigungsminister während der Libanoninvasion 1982 seine Hände mit Blut befleckt hat; nach den von ihm zu verantwortenden Massakern in den palästinensischen Flüchtlingslagern Sabra und Schatila mußte er nach großem Protest in Israel selbst sein Amt 1983 verlassen. Im Vorfeld der 1996-Wahl hatte Scharon dem *SPIEGEL* ein Interview gegeben, in dem folgende Äußerungen fielen:

»Israelis sind ermordet worden ... Das sind die Früchte des Friedens, die Schimon Peres erntet ... Rabin hat einen schrecklichen Fehler begangen ... Vielleicht hat ihn Peres zu sehr gedrängt.«[35] Über den von den Palästinensern in einer legitimen Wahl unter Aufsicht internationaler Wahlbeobachter (u.a. Jimmy Carter) gewählten Präsidenten Arafat sagt er:

»Der Kriegsverbrecher Arafat ... ich werde mit dieser Kreatur (sic!) sicherlich nicht verhandeln ... eine Regierung des Likud kann die Oslo-Vereinbarungen nicht akzeptieren.«

Einen Menschen als »Kreatur« zu bezeichnen, weil er Araber ist, kann man nur als Rassismus bezeichnen. Trotz dieser entmenschlichenden Einstufung des palästinensischen Präsidenten hat Scharon doch für ihn Gebrauch, nämlich als »Hilfspolizist«.

»Eine Likud-Regierung wird sofort dafür sorgen, daß sich Arafat in diesen (autonomen, B.T.) Gebieten an die Abmachungen hält, ... beispielsweise ... den Terror zu bekämpfen.«

Scharon ist in Netanyahus Kabinett Ressortchef des Infrastrukturministeriums mit einem Etat von mehr als 2 Milliarden Dollar und zuständig für die Siedlungen. Man muß sehr naiv sein, um zu glauben, daß mit einem solchen Politiker Friedenspolitik möglich ist und man muß sehr blind sein, wenn man die zitierten Äußerungen als »Entgleisungen« herunterspielt. Es ehrt Netanyahu, daß er bei seinem Regierungsantritt Scharon nicht als Minister berufen wollte. Aber sein Außenminister David Levy, der auch zu den Ultras gehört, hat seinerzeit gedroht, das Kabinett zu verlassen, wenn nicht auch Scharon als Minister mit von der Partie ist. Nach der Bar-On-Affäre wird der Regierungskurs nicht mehr von Netanyahu, sondern von seinen Widersachern bestimmt. Der *FAZ*-Korrespondent in Israel, Jörg Bremer, vergleicht den Friedensprozeß mit einem Schachspiel, bei dem man »von einer Figur auf dem Brett nicht weiß, ob sie Springer oder Turm ist«. Denn »das Kabinett Netanyahus steht; doch es scheint handlungsunfähig ... nur eine handlungsfähige Regierung kann den Nahost-Schach spielen«.[36]

Die Zerstörung des Friedensprozesses! Ende der Hoffnung! Was tun die Palästinenser?

Unter den beschriebenen, sehr entmutigenden Bedingungen haben die arabischen Schlüsselfiguren im Friedensprozeß, König Hussein und Präsident Mubarak, von einer Wiederholung der Camp David-Verhandlungsstrategie abgeraten. Aber Arafat selbst ist dermaßen verzweifelt und so geschwächt, daß er bereit wäre, sich auch an dem Strohhalm eines neuen Camp David zu klammern. Aber in der gegenwärtigen Situation, bei Abschluß der letzten Fassung dieses in Harvard im März / April 1997 begonnenen und im Juni - abgeschlossenen Kapitels, spricht alles gegen eine Wiederholung des Camp David-Friedens. Es gibt einen Stillstand im Friedensprozeß; die zu Recht befürchtete Katastrophe einer von Hamas angeführten »Djihad-Intifada« ist zwar noch nicht eingetreten, aber sie ist sicher auch nicht ganz gebannt. Der Nahe Osten läßt sich am besten mit dem Titel dieses Buches als »Pulverfaß« beschreiben.

In dieser Situation haben sich die Palästinenser, wie aus Arafats Kreisen geäußert wird, in einer kurzfristigen Perspektive zu der folgenden, fünf Bestandteile umfassenden Strategie entschlossen[37]:

– Eine weltweite diplomatische Offensive, um internationalen Druck auf Israel zur Wiederaufnahme des Friedensprozesses zu erzeugen. Hierzu gehörten im Frühjahr 1997 die Mitwirkung von Arafat an dem Außenministertreffen der Blockfreien Staaten in Neu Delhi und die Aktivierung des gesamt-islamischen Jerusalem-Kommitees (Vorsitz König Hassan II. von Marokko), das in Rabat getagt hat. Ferner sind die zahlreichen Besuche von Arafat in afrikanischen und asiatischen Staaten, um die internationale Öffentlichkeit zu mobilisieren, in diesen Zusammenhang einzuordnen. Arafat wollte afrikanische und asiatische Politiker, die ihre Länder gegenüber Israel nur unter der Perspektive einer gegenseitigen israelisch-palästinensischen Anerkennung geöffnet haben, über die Blockade des Friedens aufklären und ihre Unterstützung erlangen. Die UN-Vollversammlung hat die Politik Israels mit afro-asiatischer Mehrheit verurteilt.

– Israel daran zu hindern, die Früchte einer Normalisierung der Beziehungen zu ernten. Das Einfrieren jedes weiteren Normalisierungsschrittes, solange die israelische Regierung ihren Kurs nicht ändert, soll die Politik der arabischen Staaten und anderer Staaten bestimmen.

- »Anheizen« / »Taskhin« der militärischen und sicherheitspolitischen Situation in den besetzten Gebieten, jedoch unter der Bedingung, daß sie unter Kontrolle gehalten wird, um sicherzustellen, daß dies weder zu einer Eskalation noch zu gewaltförmigen Konfrontationen zwischen den Palästinensern und den israelischen Truppen führt. In diesem Sinne hat die Autonomiebehörde zwar die Doppelstrategie verfolgt, die Demonstrationen zu unterstützen, aber parallel dazu mit ihren Polizisten zu verhindern, daß es zu palästinensischen Übergriffen kommt. Die Palästinenser wollen die Verbindung der PNA mit Terrorismus verhindern. Denn das ist ein Kernpunkt der israelischen Propaganda, den es zu entkräften gilt.

- Druck auf die USA, um die amerikanische Führung zu veranlassen, ihr Gewicht einzusetzen, um den friedenspolitischen Kurs wiederaufzunehmen,

und schließlich

- dafür zu sorgen, daß trotz all dieser Maßnahmen eine Verbindung zwischen der Palästinensischen Autonomiebhörde und Israel weiterhin bestehen bleibt. Im Arabischen heißt diese Metapher: »Scha'rat Mu'awiya« / »Haar des Mu'awiya« und bezieht sich auf die haarfeine Verbindung zwischen Mu'awiya und Ali im 7. Jahrhundert im Kampf darum, wer der »wahre Imam« sei. Der Ausdruck ist in diesem Zusammenhang auch offiziell verwendet worden (vgl. Anm. 37). Gemeint ist damit, daß der gegenwärtige Bruderzwist unter Semiten nicht zu einem Abbruch der Verhandlungen führt.

Die Palästinenser wissen, daß sie schwach sind und daß sie mit dieser Strategie nicht viel erreichen können. Auch wissen sie, daß Netanyahu nur die Sprache der Macht spricht und über sie verfügt. Dies beweist seine Bestätigung einer schon vor der hegemonial gefärbten Feier der sogenannten »Befreiung Jerusalems« in der israelischen Zeitung *Ha'aretz* veröffentlichten Landkarte, mit deren Implementierung der Friedensprozeß nun endgültig begraben wird. Netanyahu hat mit seiner Verkündung des »Allon-Plus-Plans« offiziell seinen Willen bekräftigt, den »Status quo zum Endstatus zu machen«.[38] Hiernach bekommen die Palästinenser höchstens 50 Prozent der besetzten Gebiete, aber ohne Souveränität.

Zudem bleiben sowohl Jerusalem als auch das Jordantal vollständig israelisch. Der Kommentar Arafats zeigte seine ganze Ohnmacht, dieser »Plan verletze die Vereinbarungen und widerspreche dem Geist des Friedens« (ebd.). Klare Worte sprach dagegen der neue Chef der Labour-Partei, Ehud Barak: »Der Plan wird nicht mehr Frieden und nicht mehr Sicherheit bringen – aber mehr Terror. Der Verteidigungshaushalt wird wachsen« (ebd.). Ehud Barak weiß als ehemaliger Soldat und hoch dekorierter israelischer General, was Sicherheit bedeutet, und versteht von militärischen Fragen mehr als der Laie Netanyahu, der seinem Volk »Sicherheit für Frieden« verspricht, aber die Saat für einen islamischen Djihad gegen Israel legt. Der Friedensprozeß ist zerstört.

Der letzte Hoffnungsschimmer, den es zur Zeit der Entstehung der Schlußfassung dieses Buches noch gab, war nach der wiederholten Zurückhaltung der Clinton-Administration, Druck auf Israel auszuüben, die ägyptische Vermittlung zwischen Israelis und Palästinensern. Es ging darum, den zum Stillstand gekommenen Friedensprozeß durch die Rückbesinnung auf den für alle Parteien wichtigen Oslo-Geist wieder in Gang zu setzen. In diesem Schlußteil ist die zentrale Bedeutung Ägyptens im arabisch-israelischen Konflikt deutlich geworden. Obwohl der Oslo-Durchbruch von den direkt Betroffenen, das heißt den Palästinensern und Israelis, erreicht worden ist, nahm Ägypten bei der Umsetzung der Oslo-Vereinbarung in konkrete Friedensverträge eine wichtige Rolle ein. Das Vertragswerk Oslo I ist unter ägyptischer Vermittlung zwischen Israelis und Palästinensern 1994 in Kairo, und Oslo II ebenfalls mit Ägypten als Vermittler 1995 in Taba (Sinai) entstanden. Aus diesem Grund wurden im Juni 1997 große Hoffnungen auf Ägypten gesetzt, den nach der Har Homa-Krise abgebrochenen Friedensprozeß retten zu können.

Seit März 1997 haben keine Verhandlungen mehr zwischen Israelis und Palästinensern stattgefunden. Im Juni 1997 trafen sich durch die Vermittlung von Usama al-Baz, dem in Harvard ausgebildeten außenpolitischen Berater des ägytischen Präsidenten Mubarak, eine israelische und eine palästinensische Delegation in Kairo. Gleich zu Beginn machte der ägyptische Botschafter in Israel, Mohammed al-Basjuni, deutlich, daß Ägypten »ein Teilhaber / Scharik, kein Vermittler / Wasit« sei (nach *al-Ahram* vom 9. Juni 1997), weil der wirkliche »Vermittler« nur die USA seien und Ägypten diese Rolle nicht einnehmen möchte. Der Chef der palästinensischen Delegation, Said Erekat, gab sich optimistisch: »Auch wenn es keine Vereinbarung über das erforderliche Einfrieren der Siedlungspolitik gibt, allein die Tatsache, daß Palästinenser und Israelis sich treffen, ist ein Beweis dafür, daß der Wille besteht, den Friedensprozeß in seine natürliche Bahn zurückzulenken« (nach *al-Hayat* vom 9. Juni 1997). Aber aus der großen Hoffnung, daß Ägypten mit seiner von allen Seiten, auch von den USA, akzeptierten »zentralen Rolle« als Vermittler (*Financial Times* vom 13. Juni 1996) den »Deadlock« / »toten Punkt« brechen würde, ist nichts geworden. Der palästinensische Chefunterhändler Erekat hat nicht Recht behalten darin, daß eine Zusammenkunft der Konfliktparteien den guten Willen bezeugt. Netanyahu hat die Fortsetzung seiner Siedlungspolitik und der Judaisierung Jerusalems bei gleichzeitiger Rücknahme der von Israel in Oslo gemachten zentralen Zugeständnisse beschlossen, das zeugt nicht von gutem Willen. Damit hat Netanyahu den Friedensprozeß zu Grabe getragen. Der Rücktritt seines Finanzministers und die parallele Aufwertung des Falken Ariel Scharon tragen zu einer weiteren Verhärtung bei. Es besteht Gewißheit darüber, daß es unter der Likud-Regierung keinen Durchbruch geben wird. Mit dieser Einschätzung kann der empirische Teil dieses Buches beendet werden.

Es bleibt noch zu sagen: Der Gedanke, dieses Buch zu schreiben, geht auf das Jahr 1993 – nach dem Durchbruch von Oslo – zurück. Meine Beschäftigung mit dem Gegenstand ist jedoch viel älter, wie ich im Vorwort ausführe. Der Beginn der Arbeit war mit viel Hoffnung und mit der euphorischen Vorstellung verbunden gewesen, daß der arabisch-israelische und der palästinensisch-jüdische Konflikt, die den Nahen Osten für ein halbes Jahrhundert gelähmt haben, nun endlich friedlich bewältigt werden können. Die wichtigste Frucht des Friedens wäre die Entfesselung von Kräften und Ressourcen der Region für deren Aufbau und die Überwindung von Unfreiheit und Unterentwicklung, statt fast ausschließlich für die Kriegführung. Als ich im Sommer 1996 mit der Niederschrift begann, wollte ich mich von dem Likud-Wahlsieg nicht entmutigen lassen und hielt an der Überzeugung fest, daß eine Friedenspolitik auch mit Netanyahu gemacht werden könne. Die große Ernüchterung stellte sich nach der Enthüllung der Hinhaltespiele dieses Politikers im März 1997 ein; die Hoffnung auf eine Fortsetzung des Friedensprozesses mit dieser anderen Likud-Regierung entschwand. Unter diesen Bedingungen bleibt der Nahe Osten wie in den vergangenen Jahrzehnten weiterhin ein Pulverfaß. Nach dem Ende des Ost-West-Konflikts und dem Umsichgreifen des Fundamentalismus als Ideologie des Zivilisationskonflikts droht das Pulverfaß Naher Osten das gesamte euro-mediterrane Friedensprojekt, das ich im achten Kapitel angesprochen habe, hochgehen zu lassen. Der praktisch vor seiner Haustür liegende Nahe Osten geht auch Europa an. Zudem leben in Europa 15 Millionen Migranten aus dem südlichen und östlichen Mittelmeerraum, den man geopolitisch »nahöstliche Region der Weltpolitik« nennt. Dieses Buch soll an die europäischen Politiker den Appell richten, daß der Frieden im Nahen Osten nicht nur die Israelis und die Araber, sondern auch die Europäer angeht, und Vorkommnisse wie die in Berlin am 5. Juni 1997 in Zukunft vermeiden helfen. Gelangen meine Leser nach der Lektüre zu diesen Einsichten, dann hätte dieses Buch seine Aufgabe erfüllt.

Anmerkungen

Abkürzungen

BM	=	*Berliner Morgenpost*
FAZ	=	*Frankfurter Allgemeine Zeitung*
FT	=	*Financial Times*
IHT	=	*International Herald Tribune*
NYT	=	*New York Times*
NZZ	=	*Neue Zürcher Zeitung*

Einleitung: Kein »neuer Naher Osten«?
Die Likud-Regierung und der Friedensprozeß im Nahen Osten

1   Diplomatischer Coup König Husseins, in: *NZZ* vom 14. Januar 1997,
    S. 1; Wolfgang G. Lerch, Geburtshelfer, in: *FAZ* vom 16. Januar 1997
    (Schlußseite).
2   Vgl. hierzu den Bericht Risala mi al-malik Hussein ila Mubarak (Ein
    Brief von König Hussein an Mubarak), in: *al-Hayat* vom 14. Januar
    1997, S. 5.
3   Judy Dempsey, Netanyahu Pulls Back from the Brink, in: *FT* vom
    14. Januar 1997, S. 5.
4   Jörg Bremer, Ein Ausgleich auf dem Scherbenhaufen des israelischen
    Revisionismus, in: *FAZ* vom 16. Januar 1997, S. 3. Und dazu den
    Leitartikel von Wolfgang G. Lerch: Neue Hoffnung in Nahost, in:
    FAZ, dieselbe Ausgabe.
5   Zehntausende Palästinenser feiern mit Arafat die Übergabe Hebrons,
    in: *FAZ* vom 20. Januar 1997, S. 2.
6   'Amaliyyat al-salam ba'd ittifaq al-khalil (Der Friedensprozeß nach
    dem Hebron-Abkommen), in: *al-Wasat,* Heft 261 vom 27. Januar
    1997, S. 20-24; und im April: Ightiyal Salan Madrid (Die Ermordung
    des Madrid-Friedens) vom 20. April 1997.
7   Vgl. hierzu den Vertrauten Arafats, Mahmoud Abbas (Kadername
    Abu Mazen), *Through Secret Channels. The Road to Oslo,* Reading /
    Engl. 1995; außerdem Robert O. Freedman (Hg.), Israel under
    Rabin, Boulder / CO 1995; mehr hierüber in Kapitel 6.
8   Herbert C. Kelman, Israelis and Palestinians: Psychological Prerequi-

sites for Mutual Acceptance, in: *International Security*, Bd. 3 (1978), S. 162 – 186.

9 Zu den Nahostkriegen vgl. autoritativ Anthony Cordesman / Abraham Wagner, *The Lessons of War*, 3 Bde., Boulder / CO 1990, Bd.1 über die arabisch-israelischen Kriege, Bd.2 über den Iran-Irak-Krieg und Bd. 3 über Afghanistan. Zu den 1967–1991-Kriegen vgl. auch B.Tibi, *Conflict and War in the Middle East*, London – New York 1993 (erheblich erweiterte Neuausgabe mit dem neuen Untertitel: *From Interstate War to New Security*: 1998 i.E.).

10 Erstmals in der Geschichte Israels wurden die Premierminister-Wahl und die Parlaments / Knesset-Wahl als zwei getrennte Vorgänge, wenn auch gleichzeitig durchgeführt. Netanyahu gewann zwar den Premierposten, nicht aber die Mehrheit im Parlament. Hierzu die Wahlanalyse von Don Peretz / Gideon Doron, Israel's 1996 Election: A Second Political Earthquake?, in: *The Middle East Journal*, Bd. 50 (1996), H. 4, S. 529-546.

11 Zu der großen Bedeutung dieser Jerusalem-Moschee für die Muslime vgl. Fakhri Kh. Abu-Safiyya, *al-Masdjid al-Aqsa. Makanatuhu wa khasaisahu fi al-Islam* (Die al-Aqsa-Moschee, ihre Bedeutung und ihr Stellenwert im Islam), Constantine/Algerien 1991. Zu Jerusalem vgl. Anm.61 zu Kap.2.

12 Vgl. hierüber die arabischen Berichte in den Zeitungen *al-Hayat* und *al-Ahram* zwischen dem 28. September und dem 7. Oktober 1996 sowie die Ausgaben des *Economist* vom 4. Oktober und von *Newsweek* vom 7. Oktober 1996.

13 Zu Mubaraks Warnung vgl. *FAZ-Sonntagszeitung* vom 6. Oktober 1996. König Hussein sprach später nach einem Bericht der *NYT* vom 11.Oktober 1996 eine ähnliche Warnung aus.

14 Shai Feldman, Netanyahus Victory Opens a New Mideast Era, in: *IHT* vom 1.-2. Juni 1996, S. 8; zu Feldman vgl. Anm.42 unten sowie Anm.3 zu Kap.8).

15 Kamel Abu-Jaber ist ein in den USA promovierter Politikwissenschaftler; vgl. die immer noch lesenswerte veröffentlichte Fassung seiner Dissertation *The Arab Ba'th Socialist Party. History, Ideology and Organization*, Syracuse 1966.

16 Sammy Smooha/Theodor Hanf, Conflict-Regulation in Deeply Divided Societies, in: John Hutchinson /Anthony D. Smith (Hg.), *Ethnicity*, Oxford 1996, S. 326-333.

17 Solch eine negative Ansicht vertritt der einstige deutsche Militärattaché Jörg-Dieter Brandes, *Der Wille zum Unrecht. Problematisches zum »Nahost-Friedensprozeß«*, Berlin 1995.

18 Mark Heller, *A Palestinian State. The Implications for Israel*, Cambridge / MA 1983; und neu Glenn Robinson, *Building a Palestinian State*, Bloomington 1997. Aus einer palästinensischen Perspektive sind die Beiträge in: Michael Hudson, *The Palestinians. New Directions*, Washington D.C. 1990, Teil 3, S. 155ff., verfaßt worden.

19 Ein brauchbarer und umfassender Überblick ist enthalten in Ian J.Bickerton / Carla L. Klausner (Hg.), *A Concise History of the Arab Israeli Conflict*, zweite veränderte Auflage, Upper Saddle River / N.J. 1995.

20 Mr. Netanyahu Comes Calling, Leitartikel in der *NYT* vom 9. Juli 1996. Vgl. auch *NYT* vom 11. Juli 1996.

21 Der Bericht: Egyptian Mood Hostile as Israel's Leader Visits, in: *The Honolulu Advertiser* vom 18. Juli 1996, S. A 12, vermittelt einen Überblick über die Reaktionen der ägyptischen Zeitungen, u.a. *al-Ahram, Akbar al-Yaum* etc.

22 Günther Nonnenmacher, Im globalen Dorf. Das Weltwirtschaftsforum von Davos, in: *FAZ* vom 7. Februar 1997, S. 14.

23 Clinton und Netanyahu sprechen über den neuen Dialog mit Syrien, in: *FAZ* vom 14. Februar 1997, S. 1; zu dieser Thematik die umfassende Arbeit von Moshe Ma'oz, *Syria and Israel. From War to Peace-Making,* Oxford 1995.

24 Hierzu Avi Machlis, Threat to Peace as Israel Signals Settlement Drive, in: *FT* vom 3. August 1996, S. 3.

25 Hierüber ausführlich Rashid Khalidi, *Under Siege. PLO-Decisionmaking during the 1982 War,* New York 1986, hierzu Index-Seitenangaben unter Sharon.

26 A. F. K. Organski, *The 36 Billion Bargain. Strategy and Politics in US Assistance to Israel,* New York 1990.

27 Zu den arabischen Ölmonarchien vgl. F. Gregory Gause, *Oil Monarchies,* New York 1994; und zur arabischen Ölwaffe Roy Licklider, *Political Power and the Arab Oil Weapon,* Berkeley 1988.

28 Sehr exemplarisch ist das Buch des einstigen ägyptischen Außenministers und Generalsekretärs der Arabischen Liga, Mahmud Riyad, *Amerika wa al-'arab* (Amerika und die Araber), Kairo 1986.

29 Dan Diner, *Israel in Palästina. Über Tausch und Gewalt im Vorderen Orient,* Königstein / Ts. 1980, S. 246ff. (eine von mir betreute Habilitationsschrift); hierzu und zu Diner Anm.3 zu Kap.5; vgl. auch die Diskussion der neuen Ansichten von Diner in Kap.10 unten.

30 Edward Tivnan, *The Lobby. Jewish Political Power and American Foreign Policy,* New York 1987; und Stephen Green, *Taking Sides. America's Secret Relations With a Militant Israel,* Brattleboro / Vermont 1988.

31 Eine deutsche Arbeit hierüber lieferte Christian Hacke, *Amerikanische Nahostpolitik,* Bonn – München 1985. Amerikanische Standardarbeiten sind Seeth P. Tillman (zit. in Anm.5 zu Kap.9); William B. Quandt, *Decade of Decisions. American Foreign Policy Toward the Arab Israeli Conflict,* Berkeley 1977; und neu John Cooley, *Payback. America's Long War in the Middle East,* Washington D.C. 1991. Speziell zum Frieden Dan Tschirgi, *The American Search for Mideast Peace,* New York 1989; und neu William B. Quandt, *Peace Process. American Diplomacy and the Arab Israeli Conflict,* Washington D.C. 1993.

32 Cheryl A. Rubenberg, *Israel and the American National Interest. A Critical Examination,* Chicago 1986.

33 Nach dem Leitartikel von Ethan Bronner, in: *Boston Globe* vom 13. April 1997, S. A 2.

34 Benjamin Netanyahu, *Fighting Terrorism,* New York 1997[2].

35 Zum Terroranschlag eines israelischen Soldaten in Hebron Anfang Januar 1997 vgl. den Bericht von Joseph Conterbas, Radicals in the Ranks, in: *Newsweek* vom 13. Januar 1997, S. 12ff.

36 Das autoritative Werk von der jüdischen, mit den Palästinensern sympathisierenden Harvard-Kollegin Sara Roy, *Gaza Strip. The Political Economy of De-development,* Institute for Palestine Studies, Washington D.C. 1995, vgl. hier S. 309ff.

37 Interview mit Serge Schmemann, Gaza Workers Await Return to Jobs in Israel, in: *NYT* vom 9. Juli 1996.

38 Hierzu ausführlich Edgar O'Ballance, *Islamic Fundamentalist Terrorism 1979 – 1995. The Iranian Connection,* New York 1997, zu Hamas S. 166ff., zur Hizbullah S. 58ff.

39 Zu den Palästinensern in Jordanien vgl. Lauri Brand, *Palestinians in the Arab World,* New York 1988, S. 149ff.

40 Eine den Palästinensern nahe Interpretation der Intifada veröffentlichte Geoffrey Aronson, *Israel, Palestinians and the Intifada. Creating Facts of the West Bank,* Institute for Palestine Studies, Washington D.C. 1987; und aus israelischer Sicht Ze'ev Schiff / Ehud Ya'ari, *Intifada. The Palestinian Uprising – Israel's Third Front,* New York 1989. Zwei wissenschaftliche Monographien sind zitierenswert: F. Robert Hunter, *The Palestinian Uprising. A War by other Means,* revidierte Auflage Berkeley 1993; und David McDowall, *Palestine and Israel. The Uprising and Beyond,* Berkeley 1989.

41 Über das Fundamentalismus-Projekt der American Academy of Arts and Sciences, an dem dieser Autor mitwirkte, vgl. den Bericht von B. Tibi, Die Welt durch Militanz erneuern. Das Fundamentalismus-Projekt der American Academy of Arts and Sciences, in: *FAZ* vom 28. Februar 1996 (Geisteswissenschaften, S. N 6); und die Einführung zu Teil 3. Aus diesem Projekt gingen 5 bei Chicago University Press erschienene Bände sowie die Einführung von B. Tibi, *Der religiöse Fundamentalismus im Übergang zum 21. Jahrhundert,* Mannheim 1995, hervor.

42 Vgl. oben Anm.14. Shai Feldman ist der Autor von: *Israeli Nuclear Deterrence. Strategy for the 1980s,* New York 1982; und *Nuclear Weapons* (zit. in Anm.3 zu Kap.8).

Kapitel 1: Vor der Wahl des Likud – Der zweite Katjuschakrieg

1 So *NYT* vom 23. September 1996.

2 Zur Militärbilanz parallel zum Friedensprozeß vgl. Anthony H. Cordesman, *Perilous Prospects. The Peace Process and the Arab Israeli Military Balance,* Boulder / CO 1996.

3 Julian Ozanne, The Bitter Harvest of Bombardment. Peres is Facing a Crucial Test of his Leadership, in: *FT* vom 20. April 1996, S. 9. *Bemerkung zur Auswertung der Presse*: In diesem Kapitel und im ganzen Buch habe ich die arabische und internationale Presse ausgewertet und werde nicht immer einzelne Berichte zitieren. Ausgewertet wurden vor allem die arabischen Zeitungen *al-Hayat, al-Quds al-Arabi, al-Ahram* u.a.; während meiner Aufenthalte in den USA die *New York Times* (Abk.: *NYT),* während Aufenthalten in - Europa und dem Nahen Osten die *International Herald Tribune (IHT)* und *Financial Times (FT);* von den deutschen Zeitungen primär die *Frankfurter Allgemeine Zeitung (FAZ).*

4 Einzelheiten hierzu in dem Bericht Proche-Orient: Les Secrets d'une negociation, in: *L'Express*, Heft 2338 vom 25. April 1996, S. 76f.; und Cease-Fire Does Not Mean Peace, in: *Time* vom 13. Mai 1996, S. 28f.

5 Vgl. hierzu das Kapitel von Martin Kramer, Hizbullah. The Calculus of Jihad, in: Martin Marty / Scott Appleby (Hg.), *The Fundamentalism Project*, 5 Bde., hierzu Bd. 3: *Fundamentalisms and the State*, Chicago 1993, S. 539-556 (zu diesem Projekt vgl. Anm.41 zur Einl.).

6 Zu der schiitischen Partei Amal vgl. August R. Norton, *Amal and the Shi'a Struggle for the Soul of Lebanon*, Austin/Texas 1987. Insgesamt zur Situation im Libanon Theodor Hanf, *Koexistenz im Krieg. Staatszerfall und Entstehen einer Nation im Libanon*, Baden-Baden 1990.

7 Zu den syrisch-iranischen Beziehungen die ausgezeichnete Arbeit von Hussein J. Agha / Ahmad S. Khalidi, *Syria and Iran. Rivalry and Cooperation*, London 1995.

8 Das Peres-Interview mit Q. Peel und J. Ozanne erschien mit der Überschrift »The Damascus Dilemma« in: *FT* vom 23. Januar 1996, S. 13.

9 Zu den arabisch-israelischen Kriegen vgl. den Überblick von Ritchie Ovendale, *The Origins of the Arab Israeli Wars*, London 1987[5]; sowie die Literatur in Anm.9 zur Einleitung.

10 Hierzu Martin van Creveld, *The Transformation of War*, New York 1991; und Kalevi J. Holsti, *The State, War, and the State of War*, Cambridge 1996.

11 Hierzu der neue Teil V zur Neuausgabe der Harvard-Veröffentlichung von B.Tibi, *Conflict and War in the Middle East. From Interstate War to New Security*, London 1998[2] i.E. (der neue Untertitel bezieht sich auf die neuen Teile).

12 Jörg Bremer, Abkehr von der Libanon-Doktrin, in: *FAZ* vom 14. Februar 1997, S. 14.

13 Efraim Karsh, *The Soviet Union and Syria*, London 1988.

14 Zu diesen regionalen Konflikten aus amerikanischer Perspektive vgl. die Arbeit des Politikberaters Richard N. Haas, *Conflicts Unending. The United States and Regional Disputes*, New Haven 1990.

15 Klassisch hierzu Hedley Bull, *The Anarchical Society. A Study of Order in World Politics*, New York 1977, S. 260f. u. S. 305ff. Für unsere Zeit vgl. Louise Fawcett/Andrew Hurrell, *Regionalism in World Politics*, Oxford 1995, zum Nahen Osten S. 283ff.

16 Alexandre Bennigsen / S. E.Wimbush u.a., *Soviet Strategy and Islam*, London 1989.

17 Hierzu B.Tibi, *Konfliktregion Naher Osten. Regionale Eigendynamik und Großmachtinteressen*, München 1991[2] (zuerst 1989).

18 Autoritativ über Syrien die überarbeitete und aktualisierte Neuausgabe der Arbeit des holländischen Diplomaten Nikolaos van Dam, *The Struggle for Power in Syria. Politics and Society under Assad and the Ba'th Party*, London 1996.

19 Erich Gysling, *Zerreissprobe in Nahost*, Zürich 1987, S. 102 – 121.

20 Itamar Rabinovich, *Syria under the Ba'th 1963-66. The Army-Party Symbiosis*, Jerusalem 1972; und ders., *The War for Lebanon 1970 – 1985*, überarb. Neuauflage Ithaca – London 1986.

21 Vgl. die Beiträge von Rabinovich und Tibi in dem Sammelband von

Gustav Stein / Udo Steinbach (Hg.), *The Contemporary Middle Eastern Science. Basic Issues and Major Trends,* Opladen 1979, S. 128ff. u. 84ff.

22 Es liegen zwei Arbeiten über Assad vor, von denen eine von einem Israeli, M. Ma'oz, stammt und von Assad – laut Bericht eines amerikanischen Diplomaten – in einer extra für ihn angefertigten arabischen Übersetzung mit Zustimmung gelesen worden sei. Der Brite Patrick Seal, *Assad. The Struggle for the Middle East,* Berkeley 1988, schreibt Assad schmeichelnd; nüchterner und analytischer der Israeli Moshe Ma'oz, *Assad. The Sphinx of Damascus,* London – New York 1988.

23 Zu Frankreich im Konflikt mit der anderen früheren Kolonialmacht vgl. allgemein Ann Williams, *Britain and France in the Middle East and North Africa,* New York 1968; und neu, mit einem Fokus auf den Zweiten Weltkrieg, Aviel Roshwald, *Estranged Bedfellows. Britain and France in the Middle East During the Second World War,* New York 1990.

24 Vgl. hierzu Noami J. Weinberger, *Syrian Intervention in Lebanon,* New York 1986; und zur Situation danach Elisabeth Picard, *Liban. État de discorde. Des fondations aux guerres fratricides,* Paris 1988.

25 Vgl. A. F. K. Organski, *The 36 Billion Bargain* (zitiert in Anm.26 zur Einl.), dort bes. S. 202ff.

Kapitel 2: Zentrale Fragen des Nahostfriedens: Rüstungskontrolle, Jerusalem, Palästina-Staat und die Golanhöhen

1 Vgl. Helmut Hubel, *Das Ende des Kalten Krieges im Orient,* München 1995.

2 Vgl. hierüber S. F. Wells / M. Bruzonsky (Hg.), *Security in the Middle East. Regional Change and Great Power Strategies,* Boulder / CO 1987; und R. Litwak / S. F. Wells (Hg.), *Superpower Competition and Security in the Third World,* Cambridge / MA 1988.

3 Hierzu B.Tibi, *Krieg der Zivilisationen. Religion und Politik zwischen Vernunft und Fundamentalismus,* Hamburg 1995; und Anke Houben, *Die zivilisatorische Staatengemeinschaft. Zivilisation und internationale Politik im Nahen Osten,* Frankfurt 1996.

4 Hierzu die Arbeiten von Kalevi J. Holsti und Martin van Crefeld (zitiert in Anm.10 zu Kap.1).

5 Vgl. B.Tibi, *Der religiöse Fundamentalismus im Übergang zum 21.Jahrhundert,* Mannheim 1995 (zum Fundamentalismus-Projekt vgl. Anm.41 zur Einl.).

6 Zu den Nahostkriegen siehe Sydney B. Bailey, *Four Arab-Israeli Wars and the Peace Process,* New York 1990[3]; sowie zum vierten (1973) und fünften Nahostkrieg (1982) die Literatur in Anm.9 zur Einleitung und Anm.9 zu Kapitel 1.

7 Michael Wolffsohn, *Frieden jetzt? Nahost im Umbruch,* München 1994; und zuvor Ders., *Israel,* Opladen 1991. Für ein Beispiel früherer Friedensentwürfe: Willard Beling (Hg.), *Middle East Peace Plans,* New York 1986.

8 So der Titel des Anhangs zu der erweiterten DTV-Ausgabe von

B. Tibi, *Die Verschwörung. Das Trauma arabischer Politik,* Hamburg 1994² (DTV-Ausgabe München 1994), hier S. 353 – 392.

9 John Newhouse, *War and Peace in the Nuclear Age,* New York 1989.
10 Kurt Gottfried/Bruce Blair (Hg.), *Crisis Stability and Nuclear War,* New York 1988.
11 Leonard S. Spector, *Nuclear Ambitions. The Spread of Nuclear Weapons 1989-1990,* Boulder / CO 1990.
12 Hierzu Stephen D. Krassner (Hg.), *International Regimes,* Ithaca – London, Neudruck 1989, bes. das Kapitel von R. Jervis über »Security Regimes«, S. 173ff.
13 Umfassend hierüber Joseph A. Yager (Hg.), *Nonproliferation and US.-Foreign Policy,* Washington D.C. 1980; vgl. auch den Lexikon-Artikel von Mitchell Reiss, »Nonproliferation«, in: Joel Krieger (Hg.), *The Oxford Companion to Politics in the World,* Oxford 1993, S. 646f.
14 Hierzu im einzelnen L. S. Spector (wie Anm.11 zu diesem Kap.), zu Israel S. 149ff., zu Indien / Pakistan S. 63ff. / 89ff. und zu Südafrika S. 269ff.
15 Diese spannende Geschichte über Vanunu und seine Enthüllungen ist enthalten in: Frank Barnaby, *The Invisible Bomb. The Nuclear Arms Race in the Middle East,* London 1989.
16 Hierzu Spector (Anm.11), S.186 – 199.
17 Robert Pranger/Dale Tahtinen, *Nuclear Threat in the Middle East,* Washington D.C. 1975.
18 »Intelligence is part of a struggle between two countries / Der Geheimdienst ist ein Teil des Kampfes zwischen zwei Ländern«, urteilt Abram Shulsky, *Silent Warfare. Understanding the World of Intelligence,* New York 1991, S.175.
19 Ian Black / Benny Morris, *Israel's Secret War. A History of Israel's Intelligence Services,* New York 1991.
20 Hierüber ausführlich Dan McKinnon, *Bullseye Iraq. The Dramatic True Story of Saddam Hussein's Atomic Bomb Factory – and the Air Strike that Destroyed it,* New York 1988.
21 Zu den nuklearen Ambitionen des Iran siehe L. S.Spector (wie Anm.11 zu diesem Kap.), S.203-216.
22 Martin van Creveld, *Nuclear Proliferation and the Future of Conflict,* New York 1993, zum Nahen Osten S.97ff.
23 Im Vorfeld der NPT-Erneuerung der ausführliche Artikel von Jimmy Burns und Bronwen Maddox, Tick, Tick, Tick: Tick Them Off. Should the World Worry About the Spread of Nuclear Weapons? in: *FT* vom 5. August 1994, S.13.
24 Amos Perlmutter, Nuclear Fog: Egypt's Fears Go Beyond Israels' Basement Bomb, in: *IHT* vom 4. April 1995; sowie der Leitartikel von Edward Mortimer, The Ban of the Bomb, in: *FT* vom 5. April 1995; und Julian Ozanne / Shahira Idreiss, NPT under Middle East Cloud, in: *FT* vom 10. März 1995, S.9.
25 Vgl. Verlängerung des Atomsperrvertrags, in: *FAZ* vom 13.Mai 1995.
26 Hierzu Shai Feldman, *Israeli Nuclear Deterrence,* New York 1982 (vgl. die neue Arbeit von Feldman, Anm.3 zu Kap.8); sowie die Arbeit von Frank Barnaby, *The Invisible Bomb* (zit. in Anm.15 zu diesem Kap.); und Spector (wie Anm.11), S.149-170.

27 Andrew J. Pierre, *The Global Politics of Arms Sales,* Princeton / N.J.
     1982, hier S.136-209; für die Zeit danach vgl. *SIPRI*-Jahrbücher.
28 Hierüber Geoffrey Kemp, *The Control of the Middle East Arms
     Race,* Washington D.C. 1991.
29 Vgl. Anthony H. Cordesman, *Perilous Prospects* (zit. in Anm.2 zu
     Kap.1).
30 Seymour M. Hersh, *The Samson Option. Israels's Nuclear Arsenal
     and American Foreign Policy,* New York 1992. Genau übersetzt
     heißt die Formulierung:»Die Fähigkeit, nicht zu sehen, was Amerika
     nicht sehen will.«
31 Robert I. Friedman, *Zealots for Zion. Inside Israel's West Bank
     Settlement Movement,* New York 1992, Neuausgabe New Brunswick
     1994. Vgl. dazu meine Rez.»Auch jüdischer Fundamentalismus
     gefährdet den Frieden«, in: *FAZ* vom 20. September 1994, S.14.
32 Rosemary Radford Ruether / Herman J. Ruether, *The Wrath of
     Jonah. The Crisis of Religious Nationalism in the Israeli-Palestinian
     Conflict,* San Francisco 1993³, bes. Kap.1 über Islam, Christentum
     und Judentum.
33 Vgl. die konzise Einführung von Ian J. Bickerton / Carla L. Klausner
     (nachgewiesen in Anm.19 zur Einl.). Siehe auch die deutsche Arbeit
     des libanesischen *SPIEGEL*-Redakteurs Adel S.Elias, *Wer wirft den
     letzten Stein. Der lange Weg zum Frieden im Nahen Osten,* Düssel-
     dorf 1993.
34 B.Tibi, *Der wahre Imam. Der Islam von Mohammed bis zur Gegen-
     wart,* München 1997² (zuerst 1996).
35 Hierzu die Biographie von David Hirst / Irene Beeson, *Sadat,* Lon-
     don 1981, zu Sadats Reise nach Jerusalem vgl. S.255ff. Mehr hier-
     über in Kapitel 9.
36 Zu Arafat vgl. Alan Hart, *Arafat. Terrorist or Peacemaker?* London
     1984; und Andrew Gowers / Tony Walker, *Behind the Myth of Yas-
     ser Arafat,* New York 1991; zur PLO unter Arafats Führung Barry
     Rubin, *Revolution until Victory. The Politics and History of the PLO,*
     Cambridge / MA 1994.
37 Vgl. Mary Wilson, *King Abdullah. Britain and the Making of Jordan,*
     Cambridge 1987, S.208f.
38 al-Qassam ramz li nidal hamas wa al-djihad (al-Qassam, Symbol für
     Hamas und Djihad), in: *al-Quds al-Arabi* vom 9. / 10. März 1996.
39 Ziad Abu-Amr, *Islamic Fundamentalism in the West Bank and
     Gaza,* Bloomington 1994.
40 Wolfgang G. Lerch, Konferenz der Tausend. Das Treffen von Casa-
     blanca, in: *FAZ* vom 1. November 1994, S.12.
41 B.Tibi, Ein neuer Naher Osten?, in: *FAZ* vom 18. Februar 1995, S.12.
42 Anthony Lewis, End of a Charade, in: *NYT* vom 11. Oktober 1996,
     S. A 39.
43 Pierre Heumann, Cottis Mission in Casablanca war ein Flop. Lauter
     diplomatische Körbe, in: *Wirtschaftswoche* (Schweiz), Nr. 52 vom
     29. Dezember 1994, S.19.
44 B.Tibi, Ein Dialog ohne Ehrlichkeit ist sinnlos, in: *BM* vom 13. No-
     vember 1995, S.4.
45 Iran lockt mit Milliardenaufträgen. Möllemann: Der Zeigefinger
     beeindruckt mich nicht, in: *FAZ* vom 29. Januar 1997, S.6.

46 Salman Rushdie, Europa ohne Gott, in: *FAZ* vom 14. Februar 1997, S.35. Wohlbemerkt: Als Muslim bin ich kein Parteigänger Rushdies und kritisiere seine geschmacklosen *Satanischen Verse*, verwechsele hierbei allerdings nicht die Verteidigung der Menschenrechte mit der Kritik an einem profilierungssüchtigen Autor. Diese Position ist ausführlich ausgearbeitet in Teil II von B.Tibi, *Im Schatten Allahs. Der Islam und die Menschenrechte*, München 1994 (*SP*-Ausgabe München 1996), S.119ff.

47 B.Tibi, Wettkampf der Zivilisationen. Nur wenn der Westen sich nicht selbst verleugnet, kann der Brückenschlag zum Islam gelingen, in: *FAZ* vom 4. November 1995 (Wochenendbeilage Bilder und Zeiten). Vgl. auch B.Tibi, *Krieg der Zivilisationen* (wie Anm.3 zu diesem Kap.).

48 Vgl. Stanley Fisher et al., *Securing Peace in the Middle East. Project on Economic Transition*, Cambridge / MA 1994. Siehe auch B.Tibi, Hilfen für den wirtschaftlichen Aufbau von Gaza-Streifen und Westbank, in: *FAZ* vom 24. Januar 1994, S.12 (Wirtschaftsteil).

49 Über Syrien im Friedensprozeß vgl. Moshe Ma'oz, *Syria and Israel. From War to Peace Making,* Oxford 1995; und allgemein Derek Hopwood, *Syria 1945-1986*, London 1988; sowie Anm.18 zu Kapitel 1.

50 Hirsh Goodman / W. Seth Carus, *The Future Battlefield and the Arab Israeli Conflict,* Washington D.C. 1990, S.13ff.

51 Colonel Trevor Dupuy, *Future Wars*, New York 1993, Kap.1, S.3–47.

52 Anthony H. Cordesman, *Perilous Prospects* (zit. in Anm.2 zu Kap.1), S.154-188 u. S.199ff.

53 Aryeh Shalev, Israel and Syria: *Peace and Security on the Golan*, Tel Aviv 1994 (in den USA veröffentlicht bei Westview Press, Boulder / CO , mit Dokumentenanhang).

54 Über Assad vgl. Anm.22 zu Kap.1.

55 Heikle Visite in Damaskus, in: *NZZ* vom 25. Oktober 1994, S.3.

56 Vgl. Elisabeth Picard, *Liban* (wie Anm.24 zu Kap.1).

57 Hierüber die entsprechenden Beiträge in dem Band von Ali Ihsan Bagis, *Water as an Element of Cooperation and Development in the Middle East,* Ankara 1994 (vgl. auch Anm.17 zu Kap.8).

58 Shai Feldman, Look Again: Israelis and Syrians May be Getting Somewhere, in: *IHT* vom 23. März 1995, S.8. Shai Feldman ist ein bedeutender israelischer Sicherheitsexperte, vgl. den von ihm und Ariel Levite hg. Band *Arms Control and the New Middle East Security Environment,* Tel Aviv 1994 (vgl. auch Anm.26 zu diesem Kap.und Anm.42 zur Einl.).

59 Vgl. Ann Leschs Kapitel in Robert O. Freedman (Hg.), *Israel under Rabin,* Boulder / CO 1995, S.111ff., hier S.115.

60 Jörg Bremer, Der Kampf um Jerusalem ist entbrannt, in: *FAZ* vom 6. Juni 1994; sowie B.Tibi, Kein Frieden ohne Jerusalem, in: *BM* vom 13. November 1994; und ders., Der Streit um Jerusalem, in: *FAZ* vom 19. Juli 1994, S.8.

61 Zu Jerusalem vgl. kurz und informativ in deutscher Sprache Wolfgang G. Lerch, *Stadt der Weltreligionen.* Jerusalem, Zürich 1992. Umfassend sind die Monographien von Karen Armstrong, *Jerusalem.*

One City, Three Faiths, New York 1996; sowie Martin Gilbert, *Jerusalem in the Twentieth Century*, New York 1996.

62 Jörg Bremer, Mufti von Jerusalem reklamiert den Tempelberg für Muslime, in: *FAZ* vom 15. April 1995.

63 Hierzu Fakhri Kh. Abu-Safiyya (zit. in Anm.11 zur Einl.). Zur islamischen Dimension des Konflikts Rifaʿat S.Ahmed, *al-Islam wa qadaya al-sira' al-arabi al-israeli* (Der Islam und der arabisch-israelische Konflikt), Kairo 1989; sowie Ziad Abu-Ghanima, *al-Haraka al-Islamiyya wa qadiyyat filastin* (Die islamische Bewegung und die Palästina-Frage), Constantine / Algerien 19903.

64 Marius Haas, *Husseins Königreich. Jordaniens Stellung im Nahen Osten*, München 1975.

65 Leslie Mcloughlin, *Ibn Saud. Founder of a Kingdom*, New York 1993, hier S.77-82. Zur saudischen Monarchie vgl. auch B.Tibi, *Das arabische Staatensystem. Ein regionales Subsystem der Weltpolitik*, Mannheim 1996, Kap.5, S.83 ff.

66 Uriel Dann, *King Hussein and the Challenge of Arab Radicalism, Jordan 1955 – 1967*, New York 1989.

67 Die Rede wird hier zitiert nach *Washington Post* vom 15. August 1990, S. A 16.

68 B.Tibi, Wer ist der wahre Hüter von Mekka? König Husseins Pakt mit dem Irak gegen Saudi-Arabien, in: *St.Galler Tagblatt* vom 22.Oktober 1990, S.2 (ganzseitige Hintergrundanalyse).

69 Das Szenario ist entwickelt in einem Interview mit Bruno Etienne, in: *IHT* vom 3. September 1990, S.2.

70 So der Leitartikel von Ahmed Y. al-Qur'i, al-Quds wa al-qumma al-islamiyya (Jerusalem und der islamische Gipfel), in: *al-Ahram* vom 8. Dezember 1994, S.6.

71 B.Tibi, *Krieg der Zivilisationen* (wie Anm.3 zu diesem Kap.), S.291 ff.

72 N. Levtzion ist u.a. Herausgeber des Bandes: *Rural and Urban Islam in West Africa*, Boulder / CO 1987, und ist ein wichtiger israelischer Kenner des Islam in Afrika.

Kapitel 3: Die arabische Antwort auf Netanyahu:
Der arabische Gipfel von Kairo 1996 und die Intensivierung der arabischen Gipfeldiplomatie

1 Hierzu Kapitel 16 über die arabische Lösung im vierten Teil über den Golfkrieg von B.Tibi, *Die Verschwörung* (wie Anm.8 zu Kap.2), S.305-317.

2 William Pfaff, If Netanyahu Sticks to His Promises, War Could be the Result, in: *IHT* vom 8./9. Juni 1996. *Jordan Times* (Amman) hat diesen Pfaff-Artikel in der Ausgabe vom 13./14. Juni 1996, S.6, abgedruckt.

3 Zur Herstellung der geheimen Kanäle in Oslo siehe die arabische Geschichte von Mahmoud Abbas (zit. in Anm.7 zur Einl.); vgl. auch die arabische Darstellung von Omar Massalha, *Towards the Long Promised Peace*, London 1994.

4 Vgl. die in Anm.10 zur Einleitung zit. Wahlanalyse von Don Peretz / Gideon Doron.

5   Anthony Lewis, End of a Charade, in: *NYT* vom 11. Oktober 1996.
6   Wolfgang G. Lerch, *Der lange Weg zum Frieden*, München 1996, S.52.
7   Zur Rabin-Regierungszeit vgl. David Makovsky, *Making Peace with the PLO. The Rabin Government's Road to the Oslo Accord*, Boulder / CO 1995; sowie Robert O. Freedman (Hg.), *Israel under Rabin*, Boulder / CO 1995.
8   Zur Bedeutung der al-Aqsa-Moschee für die Muslime vgl. Anm.11 zur Einleitung sowie die Arbeiten von Lerch, Gilbert und Armstrong, zit. in Anm.61 zu Kap.2. Ferner: F. E. Peters, *Jerusalem. From the Days of Abraham to the Beginning of Modern Times*, Princeton / N.J. 1985.
9   Die »arabischen Afghanen« sind die arabischen Terroristen, die als Partisanen während des Afghanistankrieges gekämpft haben. Hierzu die arabischen Quellen Isam Draz, *al-'Aidun min Afghanistan* (Die Rückkehr aus Afghanistan), Kairo 1993; und Abdullah Imami, *Tanzimatz al-irhab fi al-alam al-Islami* (Die Terrororganisation in der Welt des Islam), Kairo 1993. Bekanntlich stand die CIA hinter der Ausbildung dieser Araber in Pakistan als Hinterland im Kampf gegen die sowjetische Präsenz in Afghanistan. Hierzu Kurt Lohbeck, *Holy War, Unholy Victory. Eyewitness to the CIA's Secret War in Afghanistan*, Washington D.C. 1993.
10 Vgl. die Ausgaben von *al-Hayat* und *al-Ahram* vom 24. Juni 1996, die den arabischen Wortlaut des Schlußkommuniqués enthalten; vgl. ferner die Berichte von David Gardner, Summit Insists on Land for Peace, in: FT vom 24. Juni 1996, S.4; von John Lancaster, Arabs Warn Israel, It Must Withdraw, in: *IHT* vom 24. Juni 1996, Frontpage u. S.10; sowie Arab Summit Déjà Vu, in: *The Economist* vom 29.Juni 1996, S.42.
11 Zitiert nach dem Bericht der *IHT* (wie Anm.10).
12 B.Tibi, Fi al-fikr al-arabi al-mu'asir, in: *Mawaqif*, Heft 3 / März-April 1969, S.93 – 117. Ders., al-Kuttab al-arab al-muhaddithun wa azmat al-mudjatama'at al-arabiyya (Die zeitgenössischen arabischen Schriftsteller und die Krise der arabischen Gesellschaften), in: CERES (Hg.), *al-Arab amama masirahum / Les arabes face á leur destin* (Die Araber vor ihrem Schicksal), Tunis 1980, S.177 – 215.
13 B.Tibi, Madha ta'allamna mina al-naksa al-akhirah? (Was haben wir aus der jüngsten Niederlage gelernt ?), in: *Dirasat Arabiyya*, Bd. 4 (1968), Heft 6, S.28-50.
14 Stephen Howe, in: *New Statesman and Society* vom 22. Februar 1991, S.36 u. 38.
15 Robert MacDonald, *The League of the Arab States*, Princeton / N.J. 1965, S.281.
16 Malcolm H. Kerr, *The Arab Cold War 1958 – 1970*, New York 1971[3].
17 So die Berichte in *al-Hayat* vom 9. Juni 1996; und *al-Quds al-Arabi* vom 22./23. Juni 1996, S.7.
18 Hierzu As'ad Ghanem, Founding Elections in a General Transitional Period: The First Palestinian Election, in: *The Middle East Journal*, Bd. 50 (1996), Heft 4, S.513 – 528.
19 Aqaba Hosts Summit Today, in: *Jordan Times* vom 5. Juni 1996, S.1.
20 Turkey, Israel and the Arabs. Will it Last?, in: *The Economist* vom 29. Juni 1996, S.42f.

21 Über den fundamentalistischen Iran als Gefahr für die arabischen Golfstaaten vgl. Graham E. Fuller, *The Center of the Universe. The Geopolitics of Iran*, Boulder / CO 1991, S.85ff. u. 103ff. Über den Khomeinismus als eine Herausforderung siehe Ervand Abrahamian, *Khomeinism*, Berkeley 1993; zum Iran als Quelle des fundamentalistischen Terrors vgl. Anm.38 zur Einl.

22 Hussein J. Agha/Ahmad S.Khalidi, *Syria and Iran*, London 1995.

23 Qummat Dimaschq – Nas al-Bayan (Damaskus-Gipfel – Das Kommuniqué), voller Wortlaut, in: *al-Scharq al-Ausat* vom 9. Juni 1996, S.4.

24 *al-Hayat* vom 9. Juni 1996, S.1.

25 Leitartikel: Bayan Dimaschq al-thulathi (Die Dreier-Deklaration von Damaskus), in: *al-Dustur* (Amman) vom 9. Juni 1996. Vgl. auch Anm.38 zur Einl.

26 Zitiert nach *al-Hayat* vom 9. Juni 1996, S.6.

27 Kings Call on Israel to Honour Commitments and Agreements, in: *Jordan Times* vom 9. Juni 1996. Der arabische Text des Interviews, nach dem hier zitiert wird, in: *al-Dustur* (Amman) vom 9. Juni 1996, S.6.

28 King, Clinton Meets Today to Discuss the Course of Peace, in: *Jordan Times* vom 13./14. Juni 1996, S.1.

29 Vgl. den Leitartikel: Liqa' al-Hussein-Clinton (Das Treffen Husseins mit Clinton), in: *al-Dustur* vom 14. Juni 1996.

Kapitel 4: Friedliche Neuordnung des Nahen Ostens: Golffrieden und arabisch-israelischer Frieden ergänzen einander

1 Willard A. Beling (Hg.), *Middle East Peace Plans*, New York 1986.

2 Hierzu die Arbeiten von Dan Tschirgi und W. B. Quandt, zit. in Anm.31 zur Einleitung.

3 Zu dieser Öldimension vgl. Kapitel 7 in B.Tibi, *Konfliktregion Naher Osten* (wie Anm.17 zu Kap.1); zum Einsatz der Ölwaffe vgl. Roy Licklider (zit. in Anm.27 zur Einl.).

4 Vgl. die Dokumente der großen Hamburger Veranstaltung: Derek Hopwood (Hg.), *Euro-Arab Dialogue. The Relations Between Two Cultures. Acts of the Hamburg Symposium 1983*, London 1985.

5 Der Begriff wurde autoritativ durch Schimon Peres, *Die Versöhnung. Der neue Nahe Osten*, Berlin 1993, geprägt. Zur politischen Diskussion vgl. B.Tibi, Ein Neuer Naher Osten? Regionale und mediterrane Zusammenarbeit als Friedensperspektive, in: *FAZ* vom 18.Februar 1995, S.12.

6 Edward Tivnan (wie Anm.30 zur Einl.), bes. S.29ff.

7 Stephen Green, *Taking Sides* (wie Anm.30 zur Einl.), bes. S.180ff.

8 Norbert Elias, *Über den Prozeß der Zivilisation*, Frankfurt/M. 1978[6], hier bes. Bd. 2.

9 George Corm, *Fragmentation of the Middle East*, London 1988.

10 Anke Houben (wie Anm.3 zu Kap.2), bes. Kapitel 7 – 9.

11 Vgl. meine unter der Patronage von Harvard's Center for International Affairs veröffentlichte Arbeit, zit. in Anm.11 zu Kap.1; sowie B.Tibi, *Das arabische Staatensystem. Ein regionales Subsystem der Weltpolitik*, Mannheim 1996.

12 Wolfgang G. Lerch, *Kein Frieden für Allahs Völker,* Frankfurt/M.
1991, S.257; der Titel des neuesten Buches von Lerch über den
Nahen Osten, *Der lange Weg zum Frieden,* München 1996, sagt
schon aus, wie schwierig dieser Prozeß ist.

13 Aus amerikanischer Perspektive Richard N. Haas, (zit. in Anm.14 zu
Kap.1), hier S.30 – 56.

14 Hierzu die in Anm.2 zu Kap.2 zit. Standardarbeiten aus der Zeit des
Kalten Krieges.

15 B.Tibi, *Konfliktregion Naher Osten* (wie Anm.3 zu diesem Kap.).

16 Hierzu Karen Armstrong, *Holy War. The Crusades and their Impact
on Today's World,* New York 1991; B.Tibi, *Die Verschwörung* (wie in
Anm.1 zu Kap.3, Teil 4).

17 Hierzu Ludwig Watzal, *Frieden ohne Gerechtigkeit? Israel und die
Menschenrechte der Palästinenser,* Köln 1994.

18 Ellis Goldberg u.a., *Rules and Rights in the Middle East. Democracy,
Law and Society,* Seattle 1993.

19 Zur arabo-islamischen Spielart eines orientalischen Bismarck vgl.
B.Tibi, *Der wahre Imam. Der Islam von Mohammed bis zur Gegenwart,* München 1997[2] (zuerst 1996), Kapitel 8.

20 Zum deutschen geistigen Einfluß auf den panarabischen Nationalismus (deutsche Einheit von 1871 als Vorbild) vgl. B.Tibi, *Vom
Gottesreich zum Nationalstaat. Islam und panarabischer Nationalismus,* Frankfurt/M. 1987 (Neuauflage 1991), Kapitel 6.

21 Saad Eddin Ibrahim, mit dem ich in Limassol / Zypern im Okt./
Nov. 1983 die »Arabische Organisation für Menschenrechte«
mitbegründet habe, hat in Kairo die Ibn Khaldun Gesellschaft
gegründet, zu deren Aufgaben auch die Verteidigung der Rechte der
Minderheiten gehört. Dieses Zentrum veröffentlichte unter der
Leitung von S.E.Ibrahim das Standardwerk: *al-Milal, wa al-nihal wa
al-a'raq* (alle drei Begriffe sind im Altarabischen sprachliche
Varianten für *Minderheiten,* B.T.): *Humum al-aqaliyyat fi al-watan
al-arabi* (Die Belange der Minderheiten in der arabischen Welt),
2.Aufl. Kairo 1994.

22 Hierzu ausführlich B.Tibi, Religious Fundamentalism, Ethnicity and
the Nation-State in the Middle East, in: T. K.Oommen, *Citizenship
and National Identity. From Colonialism to Globalism,* London –
New Delhi 1997, S.199 – 225; vgl. auch das Kapitel von Gabriel
Ben-Dor im Sammelband von Itamar Rabinovich / Milton Esman
(Hg.), *Ethnicity. Pluralism and the State in the Middle East,* Ithaca –
London 1988, S.71 – 92; und mein Kapitel in dem Band von John
Hutchinson / Anthony D. Smith (Hg.), *Ethnicity,* Oxford 1996,
S.174 – 179.

23 Mustafa A. Mursi, *al-Arab al-muftaraq al-turuq* (Die Araber am
Kreuzweg), Kairo 1995.

24 Sayed Yassin, *al-Wa'i al tarikhi wa al-thaura al-kauniyya. Hiwar al-
hadart fi alam mutaghair* (Das historische Bewußtsein und die revo-
lutionäre Globalisierung. Der Dialog zwischen den Zivilisationen in
einer sich wandelnden Welt), Kairo 1995, bes. Teil 2.

25 Allgemein hierüber Mohammed Dharif, *al-Islam al-siyasi fi al-watan
al-arabi* (Der politische Islam in der arabischen Welt), Rabat /
Marokko 1992; und über Ägypten Hala Mustafa, *al-Islam al-siyasi fi*

misr (Der politische Islam in Ägypten), Kairo 1992. Einen Überblick in englischer Sprache gibt der Araber Nazih Ayubi, *Political Islam. Religion and Politics in the Arab World,* London 1991.

26 Zur Islamisierung des Konflikts vgl. die parteiergreifenden Veröffentlichungen von Rifa'at S.Ahmad sowie Ziad Abu-Ghanima, zit. in Anm.63 zu Kap.2.

27 Hierüber aufklärend und informativ Mohammed Said al-Aschmawi, *al-Islam al-Siyasi* (Der politische Islam), Kairo 1987, 1989². Zum Fundamentalismus als Auswirkung des Sechstagekrieges vgl. Fouad Ajami, *The Arab Predicament. Arab Political Thought and Practice Since 1967,* Cambridge 1981, zum Fundamentalismus S.50ff.

28 Graham E. Fuller / Ian O. Lesser, *A Sense of Siege. The Geopolitics of Islam and the West,* Boulder / CO 1995.

29 B.Tibi, *The Challenge of Fundamentalism. Political Islam and the New World Disorder,* Berkeley 1997, i.E.

30 John Kelsay, *Islam and War,* Louisville / Kentucky 1993, bes. Kapitel 1, S.7ff.

31 Zum Versuch eines Brückenbaus zwischen den Zivilisationen vgl. B.Tibi, *Krieg der Zivilisationen,* Hamburg 1995 (darin S.279 – 304).

32 Siegfried Kohlhammer, *Die Feinde und die Freunde des Islam,* Göttingen 1996.

33 Ausführlich zu dieser Verzahnung die Arbeiten von Rosemary und Herman Ruether (zit. in Anm.32 zu Kap.2), bes. Teil 1; vgl. auch Michael Wolffsohn, *Wem gehört das heilige Land? Die Wurzeln des Streits zwischen Juden und Arabern,* München 1992.

34 Hierzu B.Tibi, *Krieg der Zivilisationen* (wie Anm.31), S.291ff.

35 Bernard Lewis, *Die Juden in der islamischen Welt,* München 1987; und dazu B.Tibi, Die Geschichte einer Symbiose, in: *FAZ* vom 24.Mai 1989, S.14.

36 B.Tibi, *Der religiöse Fundamentalismus im Übergang zum 21. Jahrhundert,* Mannheim 1995.

37 Barry Buzan, *People, States and Fear. An Agenda for International Security Studies in the Post-Cold War Era,* 2. Aufl. Boulder / CO 1991.

38 Aus diesem Harvard-Projekt ist die erweiterte »second edition« meines Harvard-Buches *Conflict and War in the Middle East* (vgl. Anm.11 zu Kap.1) hervorgegangen.

39 Zu Arafat vgl. die in Anm.36 zu Kap.2 zitierten Arbeiten.

40 Diese arabische Version vom Nahen Osten ist autoritativ und einflußreich enthalten in dem weitverbreiteten Buch von Ali Hilal Dessouki / Djamil Matar, *al-Nizam al-iqlimi al-arabi* (Das arabische regionale System), dritte Auflage Beirut 1983 (zuerst 1979).

41 Zu dieser Diskussion vgl. Kapitel 4 in B.Tibi, *Das arabische Staatensystem* (wie Anm.11 zu diesem Kap.), S.63-80.

42 Herbert C. Kelman, Conversation with Arafat, in: *American Psychologist,* Bd. 38 (Feb. 1983), H. 2, S.203-216.

43 Vgl. den in Anm.8 zur Einleitung angegebenen Aufsatz von Kelman.

44 Louis Kriesberg / Stuart Thorson (Hg.), *Timing the De-Escalation of International Conflict,* Syracuse 1992; und dazu B.Tibi, Es gibt keine plötzliche umfassende Versöhnung zwischen den Gegnern. Wie man internationale Konflikte deeskaliert, in: *FAZ* v. 4.September 1992, S.10.

45 Hierzu Anm.16 zu diesem Kapitel.
46 Zu den Schiiten im Irak vgl. Y. Nakash, *The Schi'is of Iraq*, Princeton / N.J. 1994.
47 Das Konzept des ethnischen »Power Sharing« ist angeführt in dem Beitrag von Gabriel Ben-Dor in dem Band von I. Rabinovich / M.Esman, zit. in Anm.22 zu diesem Kapitel.
48 Wolfgang G. Lerch, *Halbmond, Kreuz und Davidstern. Nationalitäten und Religionen im Nahen und Mittleren Osten*, Frankfurt / M. 1992, S.37f.
49 Zum Potential einer islamischen Aufklärung im Mittelalter vgl. Kapitel 4 in B.Tibi, *Der wahre Imam* (wie Anm.19 zu diesem Kap.).
50 Zu dieser Konferenz siehe Werner Weidenfeld (Hg.), *Herausforderung Mittelmeer*, Bertelsmann Stiftung, Gütersloh 1992.
51 B.Tibi, *Das Mittelmeer als Grenze oder als Brücke Europas zur Welt des Islam*, Broschüre aus der Vortragsreihe der Bosch Stiftung: Umbrüche und Aufbrüche. Europa vor neuen Aufgaben, Stuttgart 1994.

Kapitel 5: Im Vorfeld des skandinavischen Umwegs:
Von der internationalen Nahostkonferenz in Madrid zu den erfolglosen Verhandlungen in Washington

1 Vgl. Kai W. Dierke, *Krieg und Ordnung, Eine Studie über regionale Kriege und regionale Ordnung am Beispiel des Nahen Ostens*, Frankfurt / M. 1996.
2 Zur internationalen Madrid-Konferenz vgl. aus arabischer Perspektive Omar Massalha (wie Anm.3 zu Kap.3), S.25ff.; und aus israelischer Friedensperspektive Ziva Flamhaft, *Israel on the Road to Peace. Accepting the Unacceptable*, Boulder / CO 1996, S.75ff. Chronologisch Ian J. Bickerton / Carla L. Klausner (siehe Anm.19 zur Einl.), S.250ff.
3 Dan Diner, *Israel in Palästina*, Königsstein / TS.1980; eine hervorragende Habilitationsschrift eines aufgeklärten Israeli, betreut von einem Araber, diesem Verfasser, an der Universität Göttingen. Engstirnige und provinzielle deutsche Professoren haben diese, im arabisch-israelischen Dialog entstandene Habilitation in Göttingen abgelehnt; in der alten liberalen Tradition der Frankfurter Goethe-Universität wurde das Verfahren dann durchgeführt. Dan Diner wurde dort mit einem glänzenden Gutachten des jüdischen Gelehrten Maxime Rodinson habilitiert. Vgl. auch Maxime Rodinson, *People juif ou problème juif?*, Paris 1981, bes. das Kap.»fait colonial«, S.153ff. Die Deutschen müssen ihre dunkle Vergangenheit verarbeiten, aber doch rational und nicht auf Kosten des arabisch-israelischen Friedens!!
4 Hierzu Itamar Rabinovich, *The War for Lebanon* (wie in Anm.20 zu Kap.1).
5 Daniel Heradsveit, *Nahost-Guerillas*, Berlin 1973; und Bard E. O'Neill, *Armed Struggle in Palestine. A Political-Military Analysis*, Boulder / CO 1978.
6 Zur Ideologie der Mörder Sadats vgl. Johannes J. G. Jansen, *The Neglected Duty: The Creed of Sadat's Assassins and Islamic Resurgence in the Middle East*, New York – London 1976.

7 Hierzu im einzelnen Joseph P. Lorenz, *Egypt and the Arabs. Foreign Policy and the Search for National Identity,* Boulder /CO 1990, Kap.9, S.92ff.

8 Hierzu Sharam Chubin / Charles Tripp, *Iran and Iraq at War,* Boulder / CO 1988, hier S.145-147. Vgl. auch die Beiträge in Efraim Karsh (Hg.), *The Iran-Iraq War. Impact and Implications,* New York 1989, darin bes. den Beitrag von I. Rabinovich, S.101-109.

9 Zur Westbank siehe Arthur R. Day, *East Bank / West Bank. Jordan and the Prospects for Peace,* New York 1986. Zu Gaza vgl. Sara Roy (angegeben in Anm.36 zur Einl.).

10 Helena Cobban, *The Palestinian Liberation Organization. People, Power and Politics,* Cambridge 1984 (mehrfach neu verlegt). Vgl. auch Helga Baumgarten, *Palästina: Befreiung in den Staat,* Frankfurt 1991, bes. Kap.V, S.216ff.; sowie die Literatur in Anm.36 zu Kap.2.

11 James Piscatori (Hg.), *Islamic Fundamentalisms and the Gulf Crisis,* Chicago 1991; und B.Tibi, *Die fundamentalistische Herausforderung. Der Islam und die Weltpolitik,* München 1993² (zuerst 1992), Kap.1, bes. S.24 – 34.

12 Zu den Palästinensern vgl. allg. Michael Hudson (Hg.), *The Palestinians. New Directions,* Washington D.C. 1990. Zu den Palästinensern in Israel: Elia Zureik, *The Palestinians in Israel. A Study in Internal Colonialism,* London 1979; in den besetzten Gebieten: Emile Sahliyeh, *In Search of Leadership. Westbank Politics since 1967,* Washington D.C. 1988; als Flüchtlinge in den arabischen Ländern: Laurie A. Brand, *Palestinians in the Arab World. Institution Building and Search for State,* New York 1988.

13 Zur Eigendynamik des Nahostkonflikts vgl. B.Tibi, *Konfliktregion Naher Osten* (zit. in Anm.17 zu Kap.1).

14 Literatur zur amerikanischen Nahostpolitik ist angegeben in Anm.26 – 32 zur Einleitung.

15 Zum Folgenden vgl. William B. Quandt, *Peace Process. American Diplomacy and the Arab-Israeli Conflict since 1967,* Washington D.C. – Berkeley 1993, S.359-380. Der Wortlaut des unten anzuführenden Briefes von Schultz (vom 4. März 1988) auf S.486f.

16 Auf diesem arabischen Amman-Gipfel wurde formell die über Ägypten verhängte Blockade als Sanktion gegen die Anerkennung Israels aufgehoben. Der Grund: der militärische Nachschub nach Irak kam aus Ägypten und wurde von Saudi-Arabien finanziert. Hierzu B.Tibi, *Ägyptens Rückkehr als arabische Vormacht,* in: *Schweizer Monatshefte,* Bd. 68 (1988), H. 4, S.192-296, zum Amman-Gipfel S.292f.

17 Zur Rolle der Sowjetunion bei militärischen Auseinandersetzungen im Nahen Osten vgl. Bruce Porter, *The USSR in Third World Conflicts. Soviet Arms and Diplomacy in Local Wars 1945 – 1980,* Cambridge 1984 (mehrfach neuverlegt), hier S.66ff., 90ff. Siehe auch Galia Golan, *Soviet Politics in the Middle East. From World War II to Gorbachev,* Cambridge 1990; sowie die revidierte Neuauflage von Robert O. Freedman, *Soviet Policy toward the Middle East since 1970,* New York 1978.

18 Zum euro-arab. Dialog vgl. die Dokumentation von Hopwood (zit. in Anm.4 zu Kap.4); von einer arabischen »Golf«-Perspektive Saleh

al-Mai / Salah al-Shaikhly, *The Euro-Arab Dialogue. A Study in Associative Diplomacy,* New York 1983.
19 Zur außenpolitischen Unfähigkeit der Europäer im Bosnienkonflikt vgl. das Kap.13 »Die islamische Dimension des Bosnienkrieges«, in: B.Tibi, *Im Schatten Allahs. Der Islam und die Menschenrechte,* München 1994 (SP-Ausgabe 1996), S.315 – 335.
20 Hierzu der Schwede Sune O. Persson, *Mediation and Assassination: Count Bernadotte's Mission to Palestine 1948,* London 1979.
21 Vgl. die Memoiren von James Baker in deutscher Übersetzung: James A. Baker, *Drei Jahre, die die Welt veränderten. Erinnerungen,* Berlin 1996, hier S.478 ff., bes. S.501ff.
22 Ziva Flamhaft (zit. in Anm.2 zu diesem Kap.), hier S.83 u. 89.
23 Bohdan Nahaylo / Victor Swoboda, *Soviet Disunion,* New York 1990.
24 Vgl. den Artikel von Mallet in: *FT* vom 30. Oktober 1991.
25 *NYT* vom 1., 2. und 3. November 1991.
26 Vgl. die arabischen Berichte in der Ausgabe von Freitag, den 28. Februar, und Samstag, den 1. März 1997, in *al-Hayat, al-Scharq al-Aqsat* und *al-Ahram.*
27 *Schmuel Noah Eisenstadt, Die Transformation der israelischen Gesellschaft,* Frankfurt / M. 1987, S.756. Zu diesem wertvollen Buch vgl. den Besprechungsessay von B.Tibi, Zwischen Traum und Wirklichkeit, in: *FAZ* vom 8. Dezember 1987 (Literaturbeilage); es behandelt den »Traum« vom Frieden.
28 Friedman in *NYT* vom 18. September 1991.
29 Bernard Lewis, *Die Juden in der islamischen Welt,* München 1987; und dazu B.Tibi, Die Geschichte einer Symbiose, in: *FAZ* vom 24. Mai 1989, S.14.
30 Vgl. das Kapitel über Saudi-Arabien in: B.Tibi, *Das arabische Staatensystem,* Mannheim 1996, S.83-100.
31 Vgl. den Artikel von Seib in: *World Street Journal* vom 11. November 1991.
32 Vgl. den Essay im Samstags-Wirtschaftsteil von B.Tibi, Politik und Geld am Golf in: *FAZ* vom 20. Juli 1991.
33 Efraim Karsh (zitiert in Anm.13 zu Kap.1).
34 Clyde Haberman in *NYT* vom 28. November 1991.
35 Yehoshafat Harkabi, *Israel's Fateful Hour,* zuerst Tel Aviv 1986, dann New York 1988.

Kapitel 6: Vom ersten Katjuschakrieg zum Frieden von Oslo
1 John King, *Handshake in Washington. The Beginning of the Middle East Peace?,* Reading / England 1994, S.1-4.
2 Schimon Peres, *Die Versöhnung* (zit. in Anm.5 zu Kap.4).
3 Mahmoud Abbas (Abu Mazen), *Secret Channels. The Road to Oslo,* Reading 1995, S.105.
4 Zum Folgenden Abu Mazen (wie Anm.3), S.103 ff.
5 Zu diesem von Hirschfeld und mir unter Förderung von Frank Wössner von Bertelsmann geführten jüdisch-islamischen Dialog vgl. B.Tibi, *Krieg der Zivilisationen,* Hamburg 1995, S.291ff.
6 Herbert C. Kelman, Informal Mediation by Scholar/Practitioner, in:

J. Bercovitch / J. Z. Rubin (Hg.), *Mediation in International Relations*, New York 1992, S.64-96.

7 Zur Würdigung von Kelman vgl. meinen Artikel zu seinem 70. Geburtstag, in: FAZ vom 18. März 1997, S.38; sowie die große Würdigung (mit Lebenslauf und Bibliographie), in: *The American Psychologist*, Bd. 37 (Jan. 1982), H. 1, anläßlich einer Preis-Verleihung. Kelmans Hauptwerk ist: *International Behavior. A Social Psychological Analysis*, New York 1965.

8 Vgl. den in Anm.8 zur Einleitung zitierten Aufsatz von Kelman.

9 Michael Wolffsohn, *Wem gehört das Heilige Land?*, München 1992; ferner Deborah J. Gerner, *One Land Two Peoples. The Conflict Over Palestine*, Boulder / CO 1991; und B.Tibi, Ein Land, zwei Völker. Wird es einen Frieden zwischen Israelis und Palästinensern geben?, in: *FAZ* vom 30. Dezember 1992, S.6.

10 Abu Mazen (wie Anm.3 zu diesem Kap.), Kapitel 8 bis 10.

11 Mark Heller, *A Palestinian State. The Implications of Israel*, Cambridge / MA 1983. Vgl. auch Anm.2 zu Kapitel 8.

12 Zur Prinzipienerklärung vgl. Abu Mazen (Anm.3 zu diesem Kap.), S.225ff. Die deutsche Übersetzung hiervon ist enthalten in Victor Kocher, *Der neue Nahe Osten. Die arabische Welt im Friedensprozeß*, Zürich 1996, S.177ff. Vgl. auch Omar Massalha (wie Anm.3 zu Kap.3), S.303-312.

13 Abu Mazen (wie Anm.3 zu diesem Kap.), S.187.

14 Ebd., S.185f.

15 Hierüber autoritativ die Arbeit von Theodor Hanf (zit. in Anm. 6 zu Kap.1).

16 Zur Hizbullah: Martin Kramer (zit. in Anm.5 zu Kap.1).

17 Hierzu das Standardwerk in einer aktualisierten Fassung von Nikolaos Van Dam (zit. in Anm.18 zu Kap.1).

18 Hierzu die Arbeit von Shalev (zit. in Anm.53 zu Kap.2).

19 Hierzu das Kapitel über den irregulären Krieg im Islam in: John Kelsay, *Islam and War*, Louisville / Kentucky 1993, S.77ff.; sowie das Djihad-Kapitel in B.Tibi, *Der wahre Imam*, München 1997[2] (zuerst 1996), S.83-99.

20 Die Arbeiten von van Creveld und Holsti sind in Anm.10 zu Kap.1 angegeben.

21 Vgl. Anm.11 zu Kap.1.

22 Zum Schia-Islam vgl. Moojan Momen, *An Introduction to Shi'i Islam*, New Haven 1985.

23 Zur Hizbullah vgl. die Arbeit von Kramer (wie Anm.5 zu Kap.1); zur Amal-Bewegung siehe Norton (zit. in Anm.6 zu Kap.1).

24 Avner Yaniv, *Dilemmas of Security. Politics, Strategy and the Israeli Experience in Lebanon*, New York 1987.

25 Rashid Khalidi (angegeben in Anm.25 zur Einl.). Zum Libanonkrieg im einzelnen vgl. Itamar Rabinovich, zit. in Anm.20 zu Kap.1, hierzu S.121ff.

26 Hierzu Anm.24 zu Kapitel 1.

27 Die Arbeit von Hussein J. Agha/Ahmad S.Khalidi, zitiert in Anm.7 zu Kap.1, ist eine hervorragende, informative Analyse.

28 Zum Wettbewerb der Supermächte im Nahen Osten vgl. die in Anm.2 zu Kapitel 2 angegebene Literatur.

29 Zur Landnahme vgl. die beste Arbeit hierüber von Dan Diner (zit. in Anm.3 zu Kap.5); historisch beschreibend Kenneth W. Stein, *The Land Question in Palestine 1917-1939*, Chapel Hill 1984.

30 Hierzu ausführlich Heinz Wagner, *Der arabisch-israelische Konflikt im Völkerrecht*, Berlin 1971, S.281ff.; neuer dazu Barry Rubin, *The Arab States and the Palestine Conflict*, Syracuse 1981, Kap.7 u. 8.

31 Literatur in westlichen Sprachen zur Intifada ist in Anm.40 zur Einleitung zitiert. Wichtige arabische PLO-Arbeiten sind die beiden Bände von Ahmad S.al-Dadjani, *al-Intifada al-Filastiniyya wa at-tahrir* (Die Intifada und die Befreiung); sowie Ders., *al-Intifada al-Filastiniyya wa al-sahwa al-arabiyya* (Die palästinensische Intifada und das arabische Erwachen), beide Kairo 1988.

32 So lautet das Kapitel in: Musin Antabawi, *Liamatha narfud al-salam ma a al-jahud* (Warum lehnen wir den Frieden mit den Juden ab), Kairo o.D., S.44-49.

33 Eine palästinensische Sichtweise über Jerusalem gibt der prominente Palästinenser Hisham Sharabi, *Palestine and Israel. The Lethal Dilemma*, New York 1969, S.141-153. Grundsatzliteratur ist angegeben in Anm.61 zu Kap.2.

34 Deborah J. Gerner (wie Anm.9 zu diesem Kap.), S.170.

35 B.Tibi, Die zweite Front im Golfkonflikt. Wie die Golfkrise mit dem Palästinenserproblem zusammenhängt, in: *St. Galler Tagblatt* vom 30.Oktober 1990, S.2 (ganze Seite).

Kapitel 7: Gotteskämpfer gegen den Frieden – Wer sind die jüdischen und islamischen Fundamentalisten?

1 Die Titel der Bände des Fundamentalismus Projekts sind im Text der Einführung aufgelistet und zwischen 1990 und 1995 bei Chicago University Press erschienen. Mein Beitrag ist in Band 2: *Fundamentalisms and Society*, Chicago 1993, S.73-102, enthalten. In deutscher Sprache sind die Projekt-Ergebnisse in folgenden Bänden enthalten: Martin Marty / Scott Appleby, *Herausforderung Fundamentalismus*, Frankfurt/M. 1996; und B.Tibi, *Der religiöse Fundamentalismus im Übergang zum 21. Jahrhundert*, Mannheim 1995 (zu diesem Projekt vgl. Anm.41 zur Einl.).

2 Ziad Abu-Amr (angegeben in Anm.39 zu Kap.2).

3 Robert I. Friedmann, *Zealots for Zion. Inside the West Bank Settlement Movement*, New Brunswick / N.J. 1994[2] (zuerst New York 1992). Zum jüdischen Fundamentalismus vgl. ferner Emmanuel Sivan/Menachem Friedman (Hg.), *Religious Radicalism and Politics in the Middle East*, New York 1990; und Ian S.Lustick, *For the Land and the Lord. Jewish Fundamentalism in Israel*, New York 1988.

4 B.Tibi, *Der wahre Imam. Der Islam von Mohammed bis zur Gegenwart*, München 1997[2] (zuerst 1996).

5 Rosemary and Herman Ruether (wie Anm.32 zu Kap.2).

6 Vgl. das Kapitel »Qu'est-que le sionisme«, in: Maxime Rodinson, (zitiert in Anm.3 zu Kap.5), S.135ff.

7 B.Tibi, *Vom Gottesreich zum Nationalstaat. Islam und pan-arabischer Nationalismus*, Frankfurt/M. 1991[2] (zuerst 1987).

8 Vgl. Anm.35 zu Kap.4.

9   Schmuel N. Eisenstadt (zitiert in Anm.27 zu Kap.5), S.754ff.; und dazu den Besprechungsessay von B.Tibi, Zwischen Traum und Wirklichkeit, in: *FAZ* vom 8. Dezember 1987, S.20 der Literatur-beilage. Es geht um den Traum der Juden, in Frieden zu leben.

10 Robert I. Friedman (wie Anm.3 zu diesem Kap.), hier S.247f.

11 Michael Wolffsohn, *Frieden jetzt? Nahost im Umbruch*, München 1994.

12 Robert I. Friedmann (wie Anm.3), S.24.

13 Ebd., S.249.

14 Hierzu Youssef M. Choueiri, *Islamic Fundamentalism*, Boston 1990, S.93ff.

15 Ebd., S.48-52; vgl. auch das Kapitel über die *Hakimiyyat Allah / Gottesherrschaft*, in: B.Tibi, *Der wahre Imam* (wie Anm.4 zu diesem Kap.), hier S.349-362.

16 Vgl. die Einleitung zu Eric Hobsbawm / Terence Ranger (Hg.), *The Invention of Tradition*, Cambridge 1983.

17 Ziad Abu-Amr (wie Anm.39 zu Kap.2), S.135.

18 Die Hamas-Charta ist in arabischer Sprache enthalten in: Ahmed Izzuldin, *Hamas fi Filastin* (Hamas in Palästina), Kairo 1989, S.44 ff., wonach hier auch zitiert wird.

19 Zur Djihad-Doktrin vgl. das entsprechende Kapitel in B.Tibi, *Der wahre Imam* (wie Anm.4), S.83-99; zur Tradition von Krieg / Frieden im Islam sowohl in der Geschichte als auch in der inter-nationalen Politik der Gegenwart vgl. Kapitel 4 in B.Tibi, *Krieg der Zivilisationen*, Hamburg 1995, S.191-239.

20 Zu dieser Zeit vgl. Robert O. Freedman (Hg.), *Israel under Rabin*, Boulder / CO 1995.

21 Chris Hedges, Arafat Raises Border Issue, but Signes Pact with Israel, in: *NYT* vom 5. Mai 1994.

22 Beispielsweise die arabische Berichterstattung: al-Haram al-Ibrahimi yaghraq fi al-damm (al-Haram al-Ibrahimi ertrinkt im Blut) in: *al-Scharq al-Ausat* vom 26. Februar 1994; und: Madjzarat al-musallin fi al-Haram al-Ibrahimi (Die Massakrierung der Betenden in al-Haram al-Ibrahimi), in: *al-Hayat* vom 26. Februar 1994, beide auf der Titel-seite.

23 Hamas wa hacham israeli jad'uwan ila al-hidad (Hamas und ein israelischer Rabbi rufen zur Trauer auf), in: *al-Hayat* vom 5. Mai 1994.

24 Vgl. Massacre at Mosque – 40 Dead, in: *San Francisco Chronicle* vom 26. Februar 1994, Titelseite und S.A 13; sowie: At Least 40 Slain in West Bank, in: *NYT* vom 26. Februar 1994, Titelseite und S.A 4-5; vgl. auch Roger Matthews, Hebron Massacre, in: *FT* vom 26. Februar 1994.

25 William Safire, Peacemaking after Hebron, in: *NYT* vom 28. Februar 1994, S.A 11.

26 So die Spezialnummern der arabischen Magazine *al-Muslimun* (fun-damentalistisch) und *al-Wasat* (gemäßigt) über Madhbahat al-Salam (die Massakrierung des Friedens) in der ersten März-Woche 1994.

27 Grundlegend zur Intifada F. Robert Hunter, *The Palestinian Uprising* (zit. in Anm.40 zur Einl., dort auch weitere Literatur).

28 Vgl. den Bericht von Joseph Contreras, A Soldier Rampage Mideast Peacemaking, in: *Newsweek* vom 13. Januar 1997, S.12-14.

29 Chris Hedges, Hebron Massacre Further Wounds Arafat's Image, in: *NYT* vom 5. März 1994, Titelseite und S.A 2.

30 Interview Edward Saids mit Diana Jean Schemo, America's Scholarly Palestinian Raises Volume against Arafat, in: *NYT* vom 4. März 1994, S.A 4. Zu Edward Saids Bedeutung vgl. Bassam Tibi, Orient und Okzident. Feindschaft oder interkulturelle Kommunikation? Anmerkungen zur Orientalismus-Debatte, in: *Neue Politische Literatur*, Bd. 29 (1984), H. 3, S.267-286.

31 »Arafat ist eine traurige Figur«, Interview mit Edward Said, in: *FOCUS* 9 / 1997 vom 24. Februar 1997, S.108-109.

32 Huda al-Husseini, Madjzarat al-Haram al-Ibrahimi (Massaker in al-Haram al-Scharif), in: *al-Scharq al-Ausat* vom 4. März 1994, die gesamte S.8.

33 Israel Orders Tough Measures against Militant Settlers, in: *NYT* vom 28. Februar 1994, Titelseite; sowie Clyde Haberman, Rabin is Tough, Maybe!, in: *NYT* vom 2. März 1994, Titelseite.

34 Crackdown on Settlers is Scorned, in: *NYT* vom 4. März 1994, S.A4.

35 Michael Lerner, Disarm the West Bank Settlers. The Massacre Was Predictable, in: *NYT* vom 26. Februar 1994, S.A 15.

36 David Horovitz, Settlers Pose Biggest Obstacle, in: *FT* vom 5. Mai 1994, S.6.

37 Julian Ozanne, Decades of Neglect Leave Unemployment as the Norm, in: *FT* vom 5. Mai 1994.

38 Vgl. Stanley Fischer u.a., (zit. in Anm.48 zu Kap.2); sowie Leonard Hausmann u.a., *Securing Peace in the Middle East. Project on Economic Transition*, Cambridge / MA 1994.

39 Vgl. B.Tibi, Islamischer Fundamentalismus als Antwort auf die doppelte Krise. Essay zur zweiten Auflage von B.Tibi, *Die Krise des modernen Islams*, Frankfurt / M . 1991, S.202-279.

40 Zur PLO vgl. geschichtlich Helena Cobban (angegeben in Anm.10 zu Kap.5); sowie die distanziertere politische Analyse von N. Livingstone / D. Halevy, *Inside the PLO*, New York 1990. Relativ neu: Barry Rubin, *Revolution Until Victory. The Politics and History of the PLO*, Cambridge / MA 1994.

41 Persönliche Notizen bei jenem Lunch mit Arafat auf dem Petersberg. Der Autor dankt dem Auswärtigen Amt für die Einladung.

42 B.Tibi, *Der religiöse Fundamentalismus* (wie Anm.1 zu diesem Kap.), S.51ff.

Kapitel 8: Von der Rhetorik des »neuen Nahen Ostens« zur erhofften euro-mediterranen »Realpolitik«: Die Rolle Europas im Friedensprozeß

1 Vgl. den Bericht mit Landkarte: West Bank Danger Signals, in: *The Economist* vom 15. März 1997, S.45 – 46. Zur politischen Geographie des Konflikts sehr nützlich: Martin Gilbert, *Atlas of the Arab-Israeli Conflict,* 6. neubearbeitete Edition, New York 1993.

2 Glenn Robinson, *Building a Palestinian State*, S.174ff. Dem

Anspruch auf einen palästinensischen Staat liegt auch die Problematik palästinensischer Identität zugrunde, hierzu neu der Palästinenser-Amerikaner aus Chicago / Jerusalem: Rashid Khalidi, *Palestinian Identity. The Construction of Modern National Consciousness,* New York 1997.

3 Shai Feldman, *Nuclear Weapons and Arms Control in the Middle East,* Cambridge / MA 1997, S.121ff. Vgl. auch Anm.26 zu Kapitel 2. Feldman bin ich für wertvolle Gespräche im Herbst 1996 und Frühjahr 1997 in Harvard dankbar.

4 Vgl. meinen in Anm.48 zu Kapitel 2 zitierten *FAZ*-Artikel.

5 Hierzu Werner Weidenfeld / Josef Janning (Hg.), *Peace and Stability in the Middle East and North Africa,* Bertelsmann Stiftung, Gütersloh 1996; sowie W. Weidenfeld / J. Janning / S.Behrendt, *Transformation in the Middle East and North Africa,* Gütersloh 1997.

6 Zur völkerrechtlichen Bestimmung der israelischen Okkupation vgl. Eyal Benvenisti, *The International Law of Occupation,* Princeton / N.J. 1993, hierzu Kapitel 5, S.107ff.

7 Hierzu St.Fischer, zit. in Anm.48 zu Kapitel 2, sowie Anm.38 zu Kap.7.

8 Benjamin Netanyahu, *Fighting Terrorism,* New York 1997[2] (zuerst 1995), für Muslime bes. empörend sind die Ausführungen auf S.75–98 über den Islam.

9 Werner Weidenfeld, *Herausforderung Mittelmeer: Aufgaben, Ziele und Strategien europäischer Politik,* Bertelsmann Stiftung, Gütersloh 1992.

10 Edgar O'Ballance, *Islamic Fundamentalist Terrorism. The Iranian Connection,* New York 1997.

11 B.Tibi, Der religiöse Fundamentalismus im Übergang zum 21. Jahrhundert, Mannheim 1995.

12 Zu diesem jüdisch-islamischen Dialog vgl. B.Tibi, *Krieg der Zivilisationen,* Hamburg 1995, S.291ff.

13 Zu I. Rabinovich vgl. Anm.20/21 zu Kapitel 1.

14 Zur Terrorismus-Problematik vgl. Walter Reich (Hg.), *Origins of Terrorism,* Cambridge 1990; und zuvor Ch. Dobson / Ronald Payne, *The Never-Ending War. Terrorism in the 1980s,* New York 1987. In bezug auf den Islam: Edgar O'Ballance (wie Anm.10).

15 Zu Hamas vgl. Anm.39 zu Kapitel 2 sowie Anm.37 unten.

16 Zur islamischen Djihad-Doktrin vgl. Anm.19 zu Kapitel 7.

17 Vgl. die Studie von Miriam R. Lowi, *Water and Power. The Politics of Scarce Ressource in the Jordan River Basin,* Cambridge 1995[2]; und auch J. A. Allan (Hg.), *Water, Peace and the Middle East,* London 1996.

18 Diese Diskussion erfolgte mit Huntington im gemeinsamen Harvard/MIT-Seminar über Political Development. Mein dort im März 1991 vorgelegtes Paper erschien in dt. Fassung in: Herfried Münkler (Hg.), *Die Chancen der Freiheit,* München 1992, S.199-223. Zur Geschichte dieser Diskussion B.Tibi, *Die Verschwörung* (wie Anm.8 zu Kap.2), S.210ff.

19 Aus diesem Projekt die Neuausgabe von *Conflict and War* mit dem neuen Untertitel: *From Interstate War to New Security* (Anm.11 zu Kap.1).

20 Janice Gross-Stein/Geoffrey Kemp (Hg.), *Powder Keg in the Middle East. The Struggle for Golf Security,* London 1995.

21 Aus meinen Notizen auf dem Ankara-Treffen des Harvard-Security-Teams im Juni 1995.

22 Zum nuklearen Wettrüsten Anm.3 oben sowie Anm.13 bis 17 zu Kapitel 2.

23 Lenore Martin, *The Unstable Gulf,* Lexington/MA 1984.

24 Vgl. die Beiträge in: Judith Kipper / Harald Saunders (Hg.), *The Middle East in Global Perspectives,* Boulder / CO 1991.

25 Vgl. die von Middle East Human Rights Watch bei Yale University Press erschienenen Bücher: Zu Syrien James A. Paul, *Syria Unmasked. The Supersession of Human Rights by the Asad Regime,* New Haven 1991; zum Irak David A. Korn, *Human Rights in Iraq,* New Haven 1990.

26 B.Tibi, *Das arabische Staatensystem,* Mannheim 1996.

27 Roger Owen, *State and Power in the Making of the Middle East,* London 1992.

28 Michael Hudson, *Arab Politics. The Search for Legitimacy,* New Haven 1977, S.1 – 30.

29 Bruce Russet, *Grasping Democratic Peace: Principle for a Post Cold War World,* Princeton 1993; vgl. auch Michael Brown (Hg.), *Debating the Democratic Peace,* Cambridge / MA 1996.

30 Hierzu B.Tibi, *Krieg der Zivilisationen,* Hamburg 1995.

31 John Hall (Hg.), *Civil Society. Theory, History, Comparison,* Cambridge 1995.

32 Das ist die problematische Vorgehensweise von John Voll / John Esposito, *Islam and Democracy,* New York 1996.

33 Hierzu B.Tibi, Multikultureller Werte-Relativismus und Werte-Verlust, in: *Aus Politik und Zeitgeschichte. Beilage zum Parlament,* B 52 – 53 / 1996 vom 20. Dezember 1996, S.27 – 36.

34 B.Tibi, *Der wahre Imam. Der Islam von Mohammed bis zur Gegenwart,* München 1997[2].

35 Sadiq J. al-Azm, *al-Naqd al-dhati ba'd al-Hazima* (Selbstkritik nach der Niederlage), Beirut 1968. Ders., *Naqd al-Fikr al-Dini* (Kritik des religiösen Denkens), Beirut 1969.

36 Zu dem großen islamischen Philosophen des 14. Jahrhunderts Ibn Khaldun vgl. B.Tibi, *Der wahre Imam* (wie Anm.34), Kapitel 6.

37 Vgl. Ziad Abu-Amr, Shaykh Ahmad Yasin and the Origins of Hamas, in: Scott Appleby (Hg.), *Spokesmen for the Despised,* Chicago 1997, S.225 – 256.

38 B.Tibi, Schleichende Entwestlichung. Die Politisierung des Islam in der Türkei, in: *FAZ* vom 5. März 1997, S.15.

39 Hierzu B.Tibi, Les Conditions d'une Euro-Islam, in: Robert Bistolfi / François Zabbal (Hg.), *Islams en Europe. Intégration ou Insertion Communitaire,* Paris 1995, S.230ff.; sowie das Euro-Islam-Kapitel in: B.Tibi, *Im Schatten Allahs,* München 1994 (SP-Ausgabe 1996).

40 Bichara Khader, *Le Partenariat Euro-Méditerranéen. Après la Conference de Barcelone,* Paris 1997.

41 Die Zeitschrift *Islam: Christian-Muslim Relations* erscheint beim gleichnamigen »Centre« in Birmingham/Engl.

42 Arabische Länder kritisieren Israels Siedlungspolitik. EU-Mittelmeer-konferenz in Malta, in: *FAZ* vom 16. April 1997, S.2.

43 Michael Stabenow, Belastungsprobe für die euro-mediterrane Part-nerschaft, in: *FAZ* vom 17. April 1997, S.2.

44 Tom Buerkle, Much Distress in Europe Over Talk, Talk, Talk. EU-Ministers on the Go, Achieve Less, in: *IHT* vom 30. April 1997, S.1 und 10.

Kapitel 9: Der ägyptisch-israelische Camp David-Frieden – ein Modell? – Ägypten und Palästina zwischen Camp David und Oslo

1 Hierüber die Ausführungen des damaligen ägyptischen Verteidigungs-ministers / Chefs der ägyptischen Delegation, Kamal Hassan Ali, *Muharibun wa mufawidun* (Krieger und Verhandler), Kairo 1996.

2 Alle Dokumente des »Camp David-Accords« sind im Anhang der autoritativen Monographie von William B. Quandt, *Camp David. Peacemaking and Politics*, Washington D.C. 1986, hier S.376ff., 381ff., nachzulesen.

3 So in der Einleitung von William B. Quandt (Hg.), *The Middle East. Ten Years after Camp David*, Washington D.C. 1988, S.7.

4 Zu diesem Unilateralismus vgl. Quandt, ebd., S.9. Zur Sowjetunion und Camp David vgl. Robert O. Freedman (Hg.), *The Middle East since Camp David*, Boulder / CO 1984, S.9ff. (zu Syrien S.123ff., zur PLO S.193ff.).

5 Seth P. Tillman, *The United States in the Middle East. Interests and Obstacles*, Bloomington 1982, S.275.

6 Vgl. hierzu das Kapitel »Sadat and the Electric Shock Diplomacy« in der Monographie von Michael I. Handel, *The Diplomacy of Surprise: Hitler, Nixon, Sadat*, Cambridge / MA 1981, S.241-297.

7 Mehr zu dieser Tradition B.Tibi, *Der wahre Imam. Der Islam von Mohammed bis zur Gegenwart*, München 1997[2], S.152f.

8 Koran, Sure 6, Vers 61; zur koranischen Ethik von Krieg und Frie-den vgl. B.Tibi, War and Peace in Islam, in: Terry Nardin (Hg.), *The Ethics of War and Peace*, Princeton / N.J. 1996, S.128 – 147.

9 John Waterbury, *The Egypt of Nasser and Sadat*, Princeton / N.J. 1983, S.97 – 100.

10 Zum Oktoberkrieg und seinen Folgen vgl. B.Tibi, *Conflict and War in the Middle East. From Interstate War to New Security*, neue Aus-gabe New York – London 1997 i.E. (erste Ausgabe 1993), Kapitel 5 und 6.

11 Shibley Telhami, *Power and Leadership in International Bargaining. The Path of the Camp David Accords*, New York 1990, S.198f.

12 Das anspruchsvollste der zahlreichen verfehmenden arabischen Bücher über Sadat ist: Sadiq G. al-Azm, *Ziyarat as-Sadat wa bu's as-salam al-'adil* (Sadats Besuch und das Elend des »gerechten Frie-dens«), Beirut 1978.

13 Barry Rubin, *The Arab States and Palestine*, Syracuse 1981.

14 Herbert C. Kelman, The Palestinianization of the Arab-Israeli Con-flict, in: Yehuda Lukacs / Abdalla M. Battah (Hg.), *The Arab Israeli Conflict. Two Decades of Change*, Boulder / CO 1988, S.332 – 343 (vgl. auch mein Kapitel in diesem Band auf S.147ff.).

15 William B. Quandt, *Peace Process.American Diplomacy and the Arab-Israeli Conflict Since 1967*, Washington D.C. 1993, S.292; vgl. auch Christian Hacke, *Amerikanische Nahostpolitik*, München 1985, S.90f.

16 Joseph Lorenz, *Egypt and the Arabs. Foreign Policy and the Search for National Identity*, Boulder / CO 1990, S.97 ff.

17 R. K. Ramazani, *Revolutionary Iran. Challenge and Response in the Middle East*, Baltimore 1986, Kap.10 u. 11 über Iran / Ägypten.

18 Malcolm Kerr, *The Arab Cold War*, New York 1974.

19 Rif'at Sayid Ahmed, *al-Islambuli*, Kairo 1988.

20 Einzelheiten hierüber bei B.Tibi, Ägypten und seine arabische Umwelt. Eine historische Retrospektive nach Sadats Friedensinitiative, in: *Beiträge zur Konfliktforschung*, Bd.12 (1982), H.4, S.33–60.

21 John Waterbury, *Egypt. Burdens of the Past – Options for the Future*, Bloomington 1978, S.318.

22 William B. Quandt, *The United States & Egypt*, Washington D.C. 1990, S.5ff., 40ff.

23 Michael N. Barnett, *Confronting the Costs of War. Military Power, State and Society in Egypt and Israel*, Princeton / N.J. 1992.

24 Hierzu im einzelnen B.Tibi, *Nationalismus in der Dritten Welt am arabischen Beispiel*, Frankfurt/ M. 1971; veränderte Neuausgabe: *Vom Gottesreich zum Nationalstaat. Islam und panarabischer Nationalismus*, Frankfurt / M. 1987 (Neuauflage 1991), S.167 – 180 der Neuausgabe. Anglo-amerikanische Ausgabe (nicht textidentisch): B.Tibi, *Arab Nationalism. Between Islam and the Nation-State* (dritte Ausgabe), New York – London 1997.

25 Fouad Ajami, *Arab Predicament. Arab Political Thought and Practice since 1967*, Cambridge 1981. Ajami beruft sich auch auf einen arabischsprachigen Aufsatz von mir aus dem Jahre 1969, der eine entsprechende Kritik an dieser Rhetorik enthält, vgl. Ajami, S.28f.

26 Vgl. hierzu B.Tibi, *Die Krise des modernen Islams. Eine vorindustrielle Kultur im wissenschaftlich-technischen Zeitalter*, München 1981, Neuausgabe Frankfurt / M. 1991, S.80ff., 94ff.

27 Vgl. das Standardwerk von E. W. Lane, *Manners and Customs of the Modern Egyptians*, London – Kairo 1978 (zuerst 1836).

28 Ulrich Haarmann, Regional Sentiment in Medieval Islamic Egypt, in: *Bulletin of the School of Oriental and African Studies*, Bd. 43 (1980), Teil 1, S.55-66, hier S.66.

29 Hierzu ausführlich Nadaf Safran, *Egypt in Search of Political Community, 1804 – 1952*, Cambridge / MA 1961.

30 Gamal Abdel Nasser, *Die Philosophie der Revolution*, Kairo o.J. (Informationsamt), S.54.

31 Zur Ideologie der »Freien Offiziere« vgl. B.Tibi, *Militär und Sozialismus in der Dritten Welt. Allgemeine Theorien und Regionalstudien über arabische Länder*, Franfurt/M. 1973, Kapitel 7, S.193ff.

32 Vgl. die Beiträge in Anis Sayigh (Hg.), *Abdul Nasser. Wa ma ba'd?* (Nasser und was danach?), Beirut 1980.

33 Einzelheiten hierüber in dem Ägyptenkapitel in: B.Tibi, *Das arabische Staatensystem*, Mannheim 1996, S.101ff., hier 111ff.

34 Hierzu im einzelnen Karen Dawisha, *Soviet Foreign Policy Towards Egypt*, New York 1979, S.63ff.

35 David Hirst / Irene Beeson, Sadat, London 1981, S.2. Vgl. auch das

Sadat-Kapitel in W. S.Adams (Hg.), *Television Coverage of the Middle East*, Norwood / N.J. 1981, S.53ff.

36 Nabil Raghib, *Anwar as-Sadat. Ra'id lil-ta'sil al-fikri* (Sadat als Pionier der Wiederherstellung der intellektuellen Originalität), Kairo 1977.

37 Zum Beispiel Karam Schalabi, *as-Sadat wa thaurat 23 Yulio. Dirasa fi fikr Anwar as-Sadat* (Sadat und die Revolution vom 23. Juli. Eine Studie über das Denken Sadats), Kairo 1977.

38 Nu'mat Fuad, *A'idu kitabat at-tarikh* (Plädoyer für eine Neu-Schreibung der Geschichte), Kairo 1974, S.144.

39 Raymond W. Baker, *Egypt's Uncertain Revolution under Nasser and Sadat*, Cambridge / MA 1978, S.158.

40 Von Sadat selbst liegen zwei autobiographische Veröffentlichungen vor, die in mehrere europäische Sprachen, auch ins Deutsche, übersetzt worden sind: vgl. Anwar al-Sadat, *Geheimtagebuch der ägyptischen Revolution*, Düsseldorf 1957; sowie Anwar al-Sadat, *Unterwegs zur Gerechtigkeit*, Wien – Zürich 1978.

41 Robert Springberg, *Mubarak's Egypt*, Boulder / CO 1989.

42 Hamdy M. Azzam, *Der Islam*, Stuttgart 1981, S.52. Mehr zur arabischen Sprache in dem ausführlichen Kapitel in: B.Tibi, *Der Islam und das Problem der kulturellen Bewältigung sozialen Wandels*, Frankfurt / M. 1991³ (zuerst 1985), S.99 – 130.

43 Patrick Seale ist der Autor der bis heute noch als ein Standardwerk anerkannten Monographie: *The Struggle for Syria. A Study of Post-War Arab Politics 1945 – 1958,* London 1965 (ein Neudruck liegt vor).

44 Patrick Seale, The Egypt-Israeli Treaty and its Implications, in: *The World Today*, Bd. 35 (1979), H. 5, S.189 – 196, hierzu S.196.

45 Benny Morris, *Israel's Border Wars 1949 – 1959. Arab Infiltration, Israeli Retaliation and the Countdown to the Suez War*, Oxford 1993; und dazu die Rezension von Nachum Orland in: *FAZ* vom 7. November 1994, S.9.

46 Vgl. außer Anm.2 den Anhang zu P. A. Jureidini / R. D. McLaurin, *Beyond Camp David. Emerging Alignments and Leaders in the Middle East*, Syracuse / N.Y. 1981, S.105 – 155.

47 F. Fukuyama / St. J. Rosen, Egypt and Israel after Camp David, in: *Current History*, Bd. 76 (1979), Nr. 443, S.1ff. und 39ff., hierzu S.41.

48 Avi Plascov, The Palestinian Predicament after Camp David, in: *The World Today*, Bd. 34 (1978), H. 12, S.467-471, hierzu S.467. Plascov ist Autor von: *The Palestinian Refugees in Jordan*, London 1979.

49 Peter Mangold, America, Israel and Middle East Peace: The Limits of Bilateral Influence, in: *The World Today*, Bd. 34 (1978), H. 12, S.458 – 466, hier bes. S.461. Vgl. auch A. F. K. Organski, *The 36 Billion Bargain. Strategy and Politics in US-Assistance to Israel,* New York 1990.

50 P. A. Jureidini / R. D. McLaurin (Anm.46), S.93.

51 Lange vor dem Ende des Ost-West-Konflikts hat die kritische jüdisch-amerikanische Politikwissenschaftlerin Cheryl A. Rubenberg, *Israel and the American National Interest. A Critical Examination,* Chicago 1986, diese von der Israel-Lobby geförderte Einordnung Israels in der US-Außenpolitik scharf kritisiert.

52 Michael C. Hudson, The U.S.Decline in the Middle East: Can it be stopped?, in: *ORBIS*, Bd. 26 (1982), H. 1, S.19-25, hierzu S.19.
53 Christian Hacke (wie Anm.15), S.116.
54 David Grossman, *Der geteilte Israeli. Über den Zwang, den Nachbarn nicht zu verstehen,* München 1992.

Kapitel 10: Vom Oslo-Frieden zurück zum Krieg?
Kann die Neubelebung der Camp David-Gipfelverhandlungen die verfahrene Situation retten?

1 Dan Diner, *Der Krieg der Erinnerungen,* Berlin 1991, S.101. Zu Dan Diner und seiner Arbeit vgl. Anm.3 zu Kap.5.
2 Zitiert nach dem Bericht: Arafat yutalib aliyya duwaliyya (Arafat fordert einen internationalen Mechanismus), in: *al-Hayat* vom 16. März 1997, S.7.
3 Zitiert nach Ethan Bronner, Israeli-Palestinian Negotiations Take a Paradoxical Turn, in: *Boston Globe* vom 13. April 1997 (Leitartikel), S.A 2.
4 Vgl. die Titelgeschichte Ightiyal Salam Madrid (Die Ermordung des Friedens von Madrid), in: *al-Wasat,* Heft 272 vom 20. April 1997, S.10 – 13.
5 Hierzu den Bericht Djabal Abu Ghunaim, in: *al-Hayat* vom 16. März 1997, S.1 u. 7.
6 Everett Mendelsohn/Jeffrey Boutwell (Hg.), *Israeli-Palestinian Security,* Cambridge / MA 1995; vgl. auch das Buch von Everett Mendelsohn, *A Compassionate Peace. A Future for Israel, Palestine and the Middle East,* veränderte Neuauflage New York 1987 (zuerst 1982).
7 Everett Mendelsohn, Grasping the Elusive Peace in the Middle East, in: *Harvard Middle Eastern and Islamic Review,* Bd. 1 (1994), H. 1, S.1 – 16.
8 Fahmi Huwaidi, Da'wa li i'lan ghadab Islami (Aufruf zur Verkündung islamischer Wut), in: *al-Scharq al-Ausat* vom 14. April 1997, S.9.
9 In *al-Scharq al-Ausat* vom 16. März 1997, S.8.
10 Vgl. den ausgezeichneten Bericht von Jörg Bremer, Jerusalem wächst nur für Juden. Muslime und Christen fühlen sich ausgegrenzt, in: *FAZ* vom 1. April 1997, S.9.
11 Leserbrief von E. Wiehn, »Jerusalems äußerste Grenze«, in: *FAZ* vom 22. März 1997; bezugnehmend auf W. G. Lerch, »Vergiftete Atmosphäre«, in: *FAZ* vom 19. März 1997, S.14.
12 Har Homa-Projekt verstößt gegen die Genfer Konvention, in: *NZZ* vom 12./13. April 1997.
13 Joseph Contrabas, As the Peace Talks Collapse, Netanyahu Keeps Reminding the Palestinians of Their Own Impotence, in: *NEWSWEEK* vom 14. April 1997, S.36.
14 *al-Sharq al-Ausat* vom 16. März 1997, S.5.
15 Vgl. die beste Einführung von Peter Paret, *Clausewitz and the State. The Man, His Theories and His Times,* Princeton / N.J. 1985. Sehr geistreich ist Raymond Aron, *Clausewitz. Den Krieg denken,* Frankfurt/M. 1980.

16 Judy Dempsey, Why Netanyahu and Arafat Need Each Other, in: *FT* vom 12./13. April 1997.

17 Erfolg der israelischen Geheimdienst-Kooperation mit Arafat, in: *NZZ* vom 12./13. April 1997; und Hamas Cell Broken with Arafat's Help, in: *IHT* vom 12./13. April 1997, S.2.

18 *Boston Globe* (wie Anm.3).

19 Stephen P. Cohen, Give Peace a Push, in: *NYT* vom 7. April 1997, S.A 23.

20 Johanna McGeary, Bibis Black Days, in: *Time* vom 31. März 1997, S.44 – 46.

21 Zu Jerusalem vgl. Anm.61 u. 63 zu Kap.2 und Anm.8 zu Kap.3.

22 Nach Joel Greenberg, Palestinians Killed and 100 Wounded in Clash with Settlers in Hebron, in: *NYT* vom 9. April 1997, S.A 12.

23 Serge Schemann, Arafat's Police Keeps Tight Grip on Arab Protests, in: *NYT* vom 31. März 1997, »Frontpage« und S.A 6. Vgl. auch Anm.18.

24 Hierzu der *FAZ*-Bericht auf S.1f. vom 1. April 1997.

25 »Zeit für Märtyrer«, Interview mit dem Hamas-Sprecher Ibrahim Ghausche, in: *SPIEGEL* vom 31. März 1997 / Heft 14, S.144f.

26 Steven Erlanger, Clinton to Press Israel to Assist Palestinians, in: *NYT* vom 7. April 1997, Frontpage u. S.A 6.

27 Nach James Bennet, No Mideast Progress is Reported as Netanyahu and Clinton Meet, in: *NYT* vom 8. April 1997, Frontpage u. S.A 8.

28 Steven Spiegel ist u.a. Autor von: *The Other Arab-Israeli Conflict. Making America's Middle East Policy*, Chicago 1985.

29 Marty Kaplan, Maybe Reason Isn't Enough, in: *NYT* vom 31. März 1997, S.A 2; und Thomas Friedman, *The Bill Tell for Oslo*, in derselben *NYT*-Ausgabe, S.A 2.

30 Nach Steven Erlanger, Wary of Speeded-Up Talks. Clinton Wants Israelis to Show Sincerity, in: *NYT* vom 9. April 1997, S.A 12.

31 Thomas Friedman, Tickets to Ride. If Bibi and Yasir won't pay, let it be, in: *NYT* vom 10. April 1997, S.A 33.

32 Zur Covert Action als Mittel, Regierungen zu stürzen, vgl. Abram N. Shulsky, *Silent Warfare. Understanding the World of Intelligence,* New York 1991, S.73ff.; und zur CIA Rhodri Jeffreys-Jones, *The CIA & American Democracy,* New Haven 1989.

33 Vgl. den Bericht über Israel: Bibi, the Champ, in: *The Economist* vom 26. April 1997, S.45f.

34 Leitartikel »Netanyahu Hangs On« in Washington Post, abgedruckt in: *IHT* vom 23. April 1997, S.8.

35 »Gewehre neben dem Bett«, Interview mit Ariel Scharon über die Zukunft des Friedensprozesses, in: *SPIEGEL,* Heft 22/1996, S.154 – 157.

36 Jörg Bremer, Weder Springer noch Turm. Die unklare politische Lage in Israel, in: *FAZ* vom 10. Mai 1997, S.12.

37 Zum folgenden den Bericht Hadith mutadjadid an Camp David (Ein neues Gerede über Camp David), in: *al-Sharq al-Ausat* vom 14. April 1997, S.3.

38 Nach dem Bericht von Jörg Bremer aus Jerusalem »Netanyahus Allon-Plus-Plan«, in: *FAZ* vom 6. Juni 1997, S.9.

Personenregister